사도행전
속로

제6권 비로소 그리스도인이라

사도행전 속으로
Into the Acts
6. called Christians first

지은이 이재철
펴낸곳 주식회사 홍성사
펴낸이 정애주
국효숙 김의연 박혜란 송민규
손상범 오민택 임영주 차길환

2012. 2. 28. 초판 발행   2024. 5. 24. 5쇄 발행

등록번호 제1-499호 1977. 8. 1.
주소 (04084) 서울시 마포구 양화진4길 3   전화 02) 333-5161   팩스 02) 333-5165
홈페이지 hongsungsa.com   이메일 hsbooks@hongsungsa.com
페이스북 facebook.com/hongsungsa
양화진책방 02) 333-5161

ⓒ 이재철, 2012

• 잘못된 책은 바꿔 드립니다.   • 책값은 뒤표지에 있습니다.

ISBN 978-89-365-0912-5 (04230)
ISBN 978-89-365-0531-8 (세트)

6 비로소 그리스도인이라

사도행전 11, 12장

이재철

서문
참된 교회를 그리며

저는 주일예배 시간에 늘 '순서설교'를 합니다. 순서설교는 제가 만든 용어로, 문자 그대로 성경을 순서대로 설교하는 것입니다. 강해설교도 성경의 순서를 따르지만 일반적으로 본문을 넓게 잡기에 각 구절에 대한 비중이 떨어지기 쉽습니다. 그러나 순서설교는 본문을 한두 구절씩 짧게 잡는 것이 특징입니다. 그러다 보니 성경 가운데 책 한 권의 설교를 끝내기 위해서는 상당한 햇수가 필요합니다. 그런데도 제가 목회를 시작한 이래 20여 년 동안 계속 순서설교를 해온 까닭이 있습니다. 1년에 주일은 52일밖에 없습니다. 그러므로 목회자가 한 교회에서 평생 목회해도 주일예배 시간에 성경 66권의 내용을 모두 심도 있게 설교하는 것은 물리적으로 불가능합니다. 주일예배는 물론이고 새벽 기도회, 수요 성경공부, 구역 성경공부 등에 빠짐없이 참석하는 교인은 예외겠지만, 주일예배에만 참석하는 대다수 교인은 결국 일주일에 한 번 설교자가 선호하거나 의도하는 구절에 대한 설교만 듣게 됩니다. 그렇게 해서는 하나님의 말씀이신 성경 전체를 바르게 이해하고 세상에서 하나님의 말씀을 좇아 사는 것은 지극히 어려운 일입니다. 그와 같은 단점을 보완하기 위해 매 주일 본문 구절의 깊이와 성경 전체의 넓이를 동시에 추구하자는 것이 순서설교입니다. 다시 말해 주일마다 각 구절을 깊이 있게 다루면서, 그 깊이만큼 해당 구절을 창으로 삼아 성경 전체를 들여다보고, 예배가 끝난 뒤에는 그 구절을 안경으로 쓰고 일주일 동안 세상에서 살자는 것입니다.

성경은 창세기부터 요한계시록까지 거미줄보다 더 정교하고 치밀하게 얽혀 있습니다. 그리고 성경 각 구절은 그 전체를 들여다보는 신비로운 창입니다. 똑같은 풍경도 창의 모양과 색깔에 따라 다르게 보이듯이, 성경을 들여다보는 창이 많고 다양할수록 성경 전체에 대한 이해가 더 깊어지고 넓어지기 마련입니다. 제가 순서설교를 선호하는 까닭이 여기에 있습니다. 구약성경의 초점이 '오실 예수'에, 신약성경의 초점이 '오신 예수'에 맞추어져 있기에, 즉 성경 전체의 초점이 '오직 예수' 한 분이시기에 순서설교와 절기설교는 상충하지 않습니다. 성경의 모든 구절이 예수님을 들여다보기 위한 창이기 때문입니다. 특정 절기와는 무관해 보이는 구절로 그 절기를 묵상함으로써 오히려 성경의 오묘함을 더 깊이 확인할 수 있습니다.

100주년기념교회 주일예배 설교 텍스트로 사도행전을 선택한 데엔 두 가지 이유가 있습니다. 저의 첫 목회지였던 '주님의교회'에서 요한복음 순서설교를 끝으로 10년 임기를 마친 것이 첫 번째 이유입니다. 목회의 장소와 형태 그리고 목적은 달라져도 목회의 영속성이 단절되는 것은 아니기에 요한복음에 이어 사도행전을 선택하였습니다. 두 번째 이유는 100주년기념교회로 저를 불러내신 주님께서 제게 부여하신 소명이 한국 교회의 출발점인 양화진외국인선교사묘원 묘지기이기 때문입니다. 이미 출판된 요한복음 설교집 〈요한과 더불어〉의 주제가 '주님과 동행'이라면 〈사도행전 속으로〉의 주제는 복음의 결과인 '교회 되기'이므로, 한국 교회의 출발점인 양화진에서 사도행전을 통해 참된 교회의 의미를 되새기기 위함입니다. 2005년 7월 10일 100주년기념교회 창립과 동시에 사도행전 1장 1절부터 순서설교를 시작한 이래 만 5년을 맞는 현재에도 사도행전을 계속 설교하고 있습니다. 주님께서 제 건강과 여건을 허락하신다면, 100주년기념교회에서 목회하는 동안 사도행전 순서설교를 끝내는 것이 제 소박한 바람입니다.

부족하기 짝이 없는 사람을 늘 변함없이 당신의 도구로 사용해 주시는 주님께 감사드릴 뿐입니다.

2010년 7월 양화진에서

이재철

차례

서문_ 참된 교회를 그리며 5

사도행전 11장

1. 할례자들이 비난하여 Ⅰ (행 11:1-6) 대림절 셋째 주일 13
2. 할례자들이 비난하여 Ⅱ 대림절 넷째 주일 26
3. 차례로 설명하여 (행 11:1-18) 송년 주일 39
4. 성령이 내게 명하사 신년 주일 52
5. 생각났노라 (행 11:15-18) 65
6. 같은 선물을 78
7. 내가 누구이기에 91
8. 듣고 잠잠하여 103
9. 생명 얻는 회개를 117
10. 그때에 (행 11:19-26) 사순절 첫째 주일 130
11. 몇 사람이 사순절 둘째 주일 143
12. 주의 손이 사순절 셋째 주일 157
13. 굳건한 마음으로 사순절 넷째 주일 170
14. 착한 사람이요 사순절 다섯째 주일 182
15. 바나바가 사울을 찾으러 고난 주일 193
16. 다소에 가서 만나매 부활 주일 207
17. 안디옥에 데리고 와서 219
18. 비로소 그리스도인이라 231
19. 부조를 보내기로 (행 11:27-30) 가정 주일 244
20. 작정하고 실행하여 257
21. 사울의 손으로 268

사도행전 12장

22. 야고보를 죽이니 (행 12:1-12) 281
23. 기뻐하는 것을 보고 (행 12:1-5) 성령강림 주일 293
24. 간절히 기도하더라 305
25. 그 전날 밤에 (행 12:6-12) 317
26. 누워 자는데 330
27. 홀연히 342
28. 쇠사슬이 벗어지더라 355
29. 띠를 띠고 100주년기념교회 창립 4주년 기념 주일 368
30. 깨닫고 382
31. 마가의 어머니 마리아 394
32. 야고보와 형제들에게 (행 12:13-17) 406
33. 다른 곳으로 가니라 420
34. 파수꾼들을 죽이라 I (행 12:18-19) 432
35. 파수꾼들을 죽이라 II 444
36. 말씀은 흥왕하여 I (행 12:20-25) 456
37. 말씀은 흥왕하여 II 468
38. 말씀은 흥왕하여 III 481
39. 바나바와 사울이 마가를 494

부록

오직 나의 영으로 신년 0시 예배 509

일러두기
*〈사도행전 속으로〉 제6권은 2008년 12월 14일부터 2009년 10월 11일 까지 100주년기념교회 이재철 목사가 주일예배에서 설교한 내용을 묶어 낸 것입니다.
*본문에 인용한 성경 구절은 개역개정판 성경을 기본으로 하였고, 그 외의 역본을 따랐을 경우 별도 표기 하였습니다.

사도행전 11장

세상 사람들이 주님을 믿는 사람들을 가리켜
'그리스도인'이라 부르기 시작한 것은
안디옥 교회 교인들로 인함이었습니다.
세상 사람들이 보기에, 안디옥 교회 교인들은
그만큼 자신들과 확연하게 구별되는
삶을 사는 사람들이었던 것입니다.

1. 할례자들이 비난하여 I 대림절 셋째 주일

사도행전 11장 1-6절
유대에 있는 사도들과 형제들이 이방인들도 하나님의 말씀을 받았다 함을 들었더니 베드로가 예루살렘에 올라갔을 때에 **할례자들이 비난하여** 이르되 네가 무할례자의 집에 들어가 함께 먹었다 하니 베드로가 그들에게 이 일을 차례로 설명하여 이르되 내가 욥바 시에서 기도할 때에 황홀한 중에 환상을 보니 큰 보자기 같은 그릇이 네 귀에 매어 하늘로부터 내리어 내 앞에까지 드리워지거늘 이것을 주목하여 보니 땅에 네 발 가진 것과 들짐승과 기는 것과 공중에 나는 것들이 보이더라

우리가 30주 동안 상세하게 살펴본 사도행전 10장은, 초기 기독교 역사에 대전환점을 이룬 내용을 담고 있습니다. 이미 우리가 알고 있는 바와 같이 이방인에게 최초로 복음을 전하고 세례를 베푼 사람은 사도행전 8장의 빌립 집사였고, 그 대상은 에티오피아의 관리였습니다. 2천 년 기독교 역사상 이방인에게 복음을 전하고 세례를 베푼 최초의 그리스도인이 된다는 것

은 빌립 집사 개인에게는 참으로 영광스러운 일이었습니다. 그러나 빌립 집사가 이방인인 에티오피아 관리에게 복음을 전하고 세례를 베푼 장소는, 아무도 보는 사람이 없는 유대 광야 길이었습니다. 따라서 빌립 집사는 유대인으로서 이방인에게 복음을 전하고 세례를 베푸는 자신의 행위에 대하여 그 누구의 시선도 의식할 필요가 없었습니다. 더욱이 빌립 집사가 예루살렘 교회 교인들에 의해 선출된 집사이기는 했지만, 초대교회의 최고 지도자였던 것은 아니었기에 자신의 행위에 대해 크게 부담을 느낄 필요도 없었습니다. 이를테면 빌립 집사가 이방인 에티오피아 관리에게 복음을 전하고 세례를 베푼 것은, 아무도 없는 광야 길에서 빌립 집사와 에티오피아 관리 사이에 지극히 개인적으로 이루어진 일이었습니다.

그러나 베드로의 경우는 달랐습니다. 당시 베드로는 명실공히 초대교회의 최고 지도자였습니다. 그리고 베드로와 이방인 고넬료의 만남은, 아무도 없는 곳에서 은밀하게 이루어진 개인적인 만남이 아니었습니다. 베드로는 욥바의 그리스도인과 함께 가이사랴의 이방인 고넬료 집을 공개적으로 찾아가서 고넬료와 그의 일행을 만났습니다. 그것은 베드로 일행과 고넬료 일행 간에 공개적으로 이루어진 집단적인 만남이었습니다. 그리고 베드로는 이방인 고넬료 일행에게 복음을 전했고, 자신과 동행한 욥바의 그리스도인들로 하여금 고넬료 일행에게 세례를 베풀도록 했습니다. 초대교회의 최고 지도자이면서도 유대인이었던 베드로가, 이방인과의 교제를 금하는 유대인의 관습을 스스로 파기하면서까지 공개적으로 이방인들에게 복음을 전하고 세례를 베푼다는 것은 결코 쉬운 일이 아니었습니다. 하지만 베드로는 조금도 주저하지 않았습니다. 그것이 성령님의 명령이었기 때문입니다.

교회는 건물이나 제도가 아니라 예수 그리스도를 주님으로 믿는 사람들의 모임이지 않습니까? 그러므로 그날 가이사랴의 이방인 고넬료의 집을 찾은 베드로와 욥바의 그리스도인들, 그들이 곧 그날 가이사랴의 교회인 셈이었습니다. 그들 가운데 베드로가 이방인 고넬료 일행에게 복음을 전하고, 베드로와 동행한 욥바의 그리스도인들이 그들에게 세례를 베풀었다는 것은, 그것이 한 개인이 아닌 교회가 공개적으로 이방인에게 복음을 전하고 세례를 베푼 최초의 역사적인 사건이었음을 의미했습니다. 이로써 교회가 주님께서 이 땅에 남기신 마지막 명령의 의미를 바르게 이해하고 실천하는 물꼬가 비로소 트이게 되었습니다.

주님께서 승천하시기 전에 "땅끝까지 이르러 내 증인이 되리라"(행 1:8)고 분명히 말씀하셨지만, 초대교회는 주님께서 말씀하신 '땅끝'이 이방인을 의미한다는 사실을 알지 못했고, 그것을 알지 못했으니 교회가 이방인에게 복음을 전할 생각 또한 가질 수 없었습니다. 그러나 베드로 일행이 최초로 이방인 고넬료 일행에게 공개적으로 복음을 전하고 세례를 베풂으로, 교회는 마침내 주님의 마지막 명령을 수행하는 일대 전기를 맞게 되었습니다. 바꾸어 말해 인종·국적·연령·직업을 초월하여 남녀노소 빈부귀천을 막론하고, 모든 이를 향해 열려 있어야 할 교회가 비로소 교회다운 교회가 될 수 있었습니다. 이런 관점에서 사도행전 10장의 중요성은 아무리 강조해도 지나침이 없을 것입니다.

이제 오늘의 본문인 사도행전 11장 1절을 보시겠습니다.

> 유대에 있는 사도들과 형제들이 이방인들도 하나님의 말씀을 받았다 함을 들었더니.

우리는 이때 베드로가 어디에서 무엇을 하고 있었는지 알고 있습니다. 베드로로부터 복음을 전해 듣고 세례까지 받게 된 고넬료 일행은 베드로에게 자신들과 함께 며칠 더 머물러 줄 것을 간청했습니다. 그들이 보기에 베드로는, 한 번 만나는 것으로 그쳐서는 안 될 생명과 진리의 전문가였기 때문입니다. 그 요청을 수락한 베드로가 정확하게 며칠 더 고넬료 집에 머물렀는지는 알 수 없습니다. 그러나 우리는 본문을 통해 베드로가 하루나 이틀이 아니라, 꽤 여러 날 동안 고넬료의 집에 머물렀음을 짐작할 수 있습니다. 베드로가 북쪽에 위치한 가이사랴의 고넬료 집에 머무는 동안, 이방인 고넬료 일행이 하나님의 말씀을 받았다는 소식이 남쪽 유대 지방에 있는 사도들과 믿음의 형제들에게까지 전해지기 위해서는 최소한 여러 날이 필요하기 때문입니다. 그때까지 유대 지방에서 유대인들에게만 복음을 전하고 있던 사도들과 믿음의 형제들에게는, 이방인 고넬료 일행이 하나님의 말씀을 받았다는 소식은 그야말로 놀라운 소식일 수밖에 없었습니다.

마침내 베드로는 가이사랴의 고넬료 집을 출발하여 예루살렘으로 상경하였습니다. 예루살렘은 초대교회의 모(母)교회인 예루살렘 교회의 본거지였습니다. 그렇다면 이방 선교의 물꼬를 터, 교회의 교회다움을 확립한 베드로는 초대교회의 본거지인 예루살렘에서 대대적인 환영을 받아야만 했습니다. 그러나 본문은 정반대의 사실을 밝혀 주고 있습니다.

　　　베드로가 예루살렘에 올라갔을 때에 할례자들이 비난하여(2절).

뜻밖에도 예루살렘에서 베드로를 비난하고 나선 사람들이 있었습니다. 그들은 소위 "할례자"들이었습니다. 유대인이라면 태어난 지 8일째 되는 날 예외 없이 할례를 받았습니다. 그러므로 당시 유대인 성인 남자치고 할례받지 않은 사람은 없었습니다. 다시 말해 당시 초대교회를 이루고 있던 유대 그리스도인들도 모두 할례받은 유대인들이었습니다. 그런데도 본문이 유독 '할례자'들이라고 지칭한 사람들은, 유대 그리스도인들 가운데 할례를 구원의 조건으로 주장하며 자신이 할례받은 데 대해 그릇된 우월의식을 지니고 있는 사람들을 의미했습니다. 그들이 베드로를 비난한 내용은 다음과 같았습니다.

> 이르되 네가 무할례자의 집에 들어가 함께 먹었다 하니(3절).

"무할례자"란 두말할 것도 없이 이방인을 지칭하는 말이었습니다. 할례받은 유대인들이 이방인에 대한 우월의식을 강조할 때, 그들은 이방인을 '무할례자'라고 불렀습니다. 할례도 받지 않은 짐승 같은 인간이라는 경멸의 의미였습니다. 유대인인 베드로가 이방인 고넬료의 집에서 며칠간 머물렀습니다. 그것은 베드로가 이방인 고넬료와 여러 끼니를 함께 먹었음을 뜻했습니다. 지금 예루살렘의 할례자들은 그것을 빌미로 베드로를 비난하고 나섰습니다. 베드로가 하나님의 말씀을 위반했기 때문이 아니라 랍비의 유전遺傳, 즉 그들의 관습을 어겼다는 이유에서였습니다.

할례받은 유대인들은 무할례자인 이방인과 함께 식사하는 것을 수치와 치욕으로 여기고 부정한 행위로 간주했습니다. 무할례자들의 식탁에는 우상에게 제물로 바쳐졌던 부정한 음식도 섞여 있을 수 있으므로, 유대인이 무할례자의 식탁에 참여한다는 것은 곧 자기 자신을 더럽히는 부정행위인 동시에 자기 자신에 대한 수치와 치욕으로 간주되었습니다. 따라서 유대인의 관습을 금과옥조로 삼는 유대교인들이 이방인 고넬료와 함께 며칠씩이나 식사를 나눈 베드로를 비난하였다면, 그것은 당연한 일일 뿐 조금도 이상한 일일 수 없었습니다. 그러나 예루살렘에서 지금 베드로를 비난하고 나선 할례자들은 유대교인들이 아니었습니다. 그들은 유대교에서 기독교로 개종한 그리스도인들이었습니다. 그런데도 자신들이 할례를 받았다는 이유만으로 그릇된 자기 우월감에 젖어 있던 그들은 이방인을 '무할례자'라 경멸하면서, 베드로가 부정한 무할례자들과 식사를 나누었다고 베드로를 비난하고 나섰습니다. 그 비난은 단지 베드로가 무할례자와 함께 식사한 그 행위만을 겨냥하는 것이 아니었습니다. 베드로가 무할례자인 고넬료와 함께 식사한 것이 그들의 관습을 어긴 잘못된 행위이므로, 결과적으로 무할례자인 고넬료 일행에게 복음을 전하고 세례를 베푼 것 또한 잘못된 행동이라는 비난이었습니다.

본문에서 우리말 '비난하다'로 번역된 헬라어 동사 '디아크리노διακρίνω'는 원래 '분리하다'라는 의미입니다. 본문 속 할례자들은 무할례자들로부터 자신들을 분리시켰을 뿐만 아니라, 무할례자들과 식탁을 함께한 사도 베드로로부터도 자신들을 분리시켰습니다. 바꾸어 말해 무할례자들은 말할 것도 없고, 무할례자들과 식사를 한 베드로보다도 자신들이 더 우월하다는 것이었습니다. 그 근거는 오직 하나, 자신들은 할례자들로서 베드로와는 달리 무할례자들과는 상종도 하지 않는다는 데 있었습니다.

주님께서 바울을 통해 에베소서 2장 8-9절에서 이렇게 말씀하십니다.

> 너희는 그 은혜에 의하여 믿음으로 말미암아 구원을 받았으니 이것은 너희에게서 난 것이 아니요 하나님의 선물이라 행위에서 난 것이 아니니 이는 누구든지 자랑하지 못하게 함이라.

하나님의 법정에서 사형을 언도받을 수밖에 없는 더러운 죄인인 우리에게 구원받을 만한 가치나 자격이 있어서 하나님께서 우리를 구원해 주신 것이 아닙니다. 우리에게 아무 자격이 없음에도, 하나님께서 당신의 독생자이신 예수 그리스도로 하여금 십자가 위에서 우리의 죗값을 대신 치르게 하심으로 우리를 구원해 주셨습니다. 그러므로 구원에 관한 한 우리에게는 스스로 자랑할 것이 아무것도 없습니다. 구원은 하나님께서 오직 당신의 은총으로 우리에게 거저 주신 하나님의 선물이기 때문입니다.

하나님께서 이 세상의 많은 민족 가운데 이스라엘 민족을 당신의 백성으로 선택하신 이유 역시 마찬가지였습니다. 이스라엘 백성이 다른 민족에 비해 잘났거나 혹은 그럴 만한 자격이 있어서가 아니었습니다. 하나님께서는 이스라엘 민족을 택하신 이유를 다음과 같이 밝히셨습니다.

> 너는 여호와 네 하나님의 성민이라 네 하나님 여호와께서 지상 만민 중에서 너를 자기 기업의 백성으로 택하셨나니 여호와께서 너희를 기뻐하시고 너희를 택하심은 너희가 다른 민족보다 수효가 많기 때문이 아니라 너희는 오히려 모든 민족 중에 가장 적으니라(신 7:6-7).

이스라엘 민족은 이 세상 민족 가운데 가장 강하고 가장 뛰어난 민족이 결코 아니었습니다. 오히려 그들은 모든 민족 중에서 가장 적은 민족이었습니다. '적다'는 의미의 히브리어 '메아트מְעַט'는 너무나 적어 제대로 보이지도 않는 것을 묘사하는 단어입니다. 사람의 수가 곧 부와 힘을 상징하던 그 옛날, 그 수가 미미하여 보이지도 않는 이스라엘 민족을 하나님께서 당신의 백성으로 선택하신 것은, 하나님의 구원은 하나님의 은총으로 거저 베풀어 주시는 하나님의 선물임을 세계만방에 보여 주시기 위함이었습니다.

하나님께서는 이스라엘 백성에게 선물로 거저 주신 구원의 증표로 할례를 행하게 하셨습니다. 그러므로 할례 그 자체는 할례받은 사람의 자기 우월감을 드러내는 표시나 자기 의義가 될 수 없었습니다. 그것으로 인해 자기 교만에 빠질 수는 더더욱 없었습니다. 그것은 전적으로 구원의 선물을 거저 주신 하나님을 좇아 살겠다는 순종과 겸손의 표시였기 때문입니다. 그러나 이스라엘 백성은 할례를 자기 우월감의 과시와 자기 의로 삼는 자기 교만에 빠지고 말았습니다. 하나님께서 무자격자인 자신들에게 구원을 선물로 거저 주셨기에 할례를 행하는 것이 아니라, 다른 민족과는 달리 자신들이 할례를 행하였기에 마땅히 구원받을 권리를 지녔다는 자기 도취에 빠진 마음으로는 절대로 하나님과 바른 관계를 맺을 수 없었습니다. 그래서 하나님께서 이스라엘 백성들에게 말씀하셨습니다.

너희는 마음에 할례를 행하고 다시는 목을 곧게 하지 말라(신 10:16).

하나님께서는 육체의 할례를 자랑할 것이 아니라 마음의 할례를 받으라고 명령하셨습니다. 구원의 선물을 거저 주신 하나님께 온 중심을 드릴 수 있는 겸손한 사람의 마음만 하나님을 온전히 주인으로 모실 수 있기 때문입니다.

그러나 본문 속 할례자들은 할례 그 자체를 자기 의로 삼는 자기 도취에 여전히 빠져 있었습니다. 그들이 자격이 있어서 유대인들 가운데 먼저 그리스도인으로 구원받았습니까? 그들이 할례를 받았기 때문에 예수 그리스도께서 그들을 위해 십자가의 제물이 되어 돌아가셨습니까? 결코 아닙니다. 하나님께서 예수 그리스도의 십자가를 통해 구원의 은총을 선물로 거저 주셨기에 그들이 그리스도인이 될 수 있었습니다. 구원에 관한 한 그들에게는 스스로 내세울 자랑거리나 자기 의가 전혀 있을 수 없었습니다. 그럼에도 그들은 자신들이 할례를 받았기에 구원받을 권리를 지닌 것처럼 착각했습니다. 그 결과 예수 그리스도를 믿는다면서도, 주님께서 구원하시려는 이방인을 마치 구원받지 못할 무할례자인 것처럼 경멸했습니다. 그뿐이 아니었습니다. 이방인 고넬료 일행에게 공개적으로 복음을 전하고 세례를 베풂으로 땅끝까지 주님의 증인이 되어야 할 교회가 비로소 교회다울 수 있게 한 베드로를 비난하고, 그릇된 우월감으로 베드로와 자신들을 분리하는 어리석음마저 범하고 말았습니다.

　잊지 마십시오. 그들은 그리스도인이 아닌 것이 아니었습니다. 그들은 엄연히 예수 그리스도를 주님으로 고백하는 그리스도인이요, 예루살렘 교회 교인들이었습니다. 그런데도 왜 그처럼 어처구니없는 어리석음을 범하고 말았습니까? 하나님으로부터 구원의 은총을 선물로 거저 받았으면서도, 할례 받았다는 이유만으로 마치 자신에게 자격이 있었기 때문인 것처럼 착각하는 높은 마음을 지녔기에, 그 높은 마음으로는 주님을 온전히 주인으로 모실 수 없었기 때문입니다.

　지금 우리는 우리를 구원해 주시기 위해 유월절 양으로 이 땅에 오신 예수 그리스도의 성탄을 기리는 대림절 세 번째 주일예배를 드리고 있습니다. 우리가 이 시간 이 예배당에서 이처럼 예배를 드리고 있는 것은, 우리가 모두 하나님으로부터 예수 그리스도 안에서 구원의 선물을 거저 받은 그리스도인들이기 때문입니다. 그러나 만약 우리 가운데 그 누구라도 자신에게 구원받을 만한 자격이 있었다거나, 내세울 만한 자기 의가 있다고 믿는 사람이 있다면, 그는 실은 주님과는 무관한, 본문 속의 어리석은 할례자와 같을 뿐입니다.

　이제 지난 수요일 세례를 받은 심○○ 성도님의 간증을 들어 보시겠습니다.

안녕하세요. 하나님을 알 수도 없었던 저를 하나님께서 만나 주시고, 또 하나님을 믿게 해주신 데 대하여 하나님께 진심으로 감사를 드립니다.

1996년, 저는 살기가 너무 어려워 하나밖에 없는 아들을 북한에 두고 두만강을 건넜습니다. 그때는, 이대로 있다가는 나도 아들도 다 죽는다는 생각뿐이었습니다. 북한 탈출 이후, 중국 땅에서 수시로 다가오는 체포의 불안과 위험을 피하며 살다가 그만 중국 공안에 붙잡혀 다시 북송되고 말았습니다. 북송과 함께 저에게 다가온 것은 죽지 못해 사는 처참한 삶이었습니다. 지옥 같은 강제수용소 울타리 안에서의 가혹한 노동과 극심한 굶주림, 그로 인한 영양실조로 저는 바로 걸을 수도 없었습니다. 매일같이 이름도 남기지 못하고 죽어 어디론가 실려가 버려지는 사람들을 보면서, 저도 누워서 죽는 날만 기다리는 죽음 직전의 삶이었습니다.

가련한 인생을 한탄하며 저절로 흘러내리는 눈물 속에서, 누구에겐가 기대고 싶고 애원하고 싶은 마음을 견딜 수 없어 매일같이 하늘에 대고 기원하였습니다. 저의 이 간절한 마음을 누군가가 알아주기라도 한 듯 어느 날, 바로 전날 밤만 해도 대낮같이 밝던 달이 감쪽같이 어딘가로 숨어버렸고, 한치 앞도 가려보기 힘들 정도의 칠흑같이 캄캄한 밤이 찾아왔습니다. 그날 밤 저는, 만약 오늘 밤 탈출하지 못하면 이곳에서 영영 죽는다는 생각과 함께, 마치 그 누군가 저를 재촉하는 것 같은 느낌에 이끌리어 2000년 7월 20일, 그 지긋지긋한 북한 땅을 다시 탈출하였습니다. 탈출하다 잡히면 영원히 죽는다는 생각으로 있는 힘을 다해 달아났어도, 바로 걸을 수조차 없었던 제가 달아나면 얼마나 멀리 달아났겠습니까? 그날 밤 60여 명이 저를 붙잡으려 동원되었는데, 한 번도 아니고 네 번씩이나 그들과 마주쳤지만, 참으로 희한하게 그때마다 그들 가운데 저를 알아보는 사람이 한 명도 없었습니다. 그때 하나님께서 어둠의 장벽을 쳐주셨다는 것을 저는 알지 못했습니다. 저는 그저 '내가 운이 참 좋았구나!' '하늘이 나를 도왔구나!'라고 막연히 생각했습니다. 그때까지만 해도 제 곁에 하나님이 계신다고 생각해 본 적이 없었기에, 그저 하늘이 준 행운으로만 여겼습니다.

그 후, 수시로 위험이 뒤따르는 북한의 삼엄한 감시와 경계를 피하여, 모든 것을 쓸어버릴 듯 무섭게 소용돌이치는 두만강을 건너 중국 하북성까지, 하북성 장강구에서 내몽골로, 내몽골에서 몽골 국경까지 오면서 중국 공안을 피해 아슬아슬한 죽음의 고비를 수도 없이 넘었습니다. 말로는 다 표현하지 못할 죽음의 고비를 넘길 때마다 '하늘이 오늘 또 나를 도와주고 있구나!'라고 생각하면서 하늘에 감사하였습니다.

그러던 제가 한국 땅에 와서야 비로소 그 모든 것이 단순히 운이 좋았거나, 그저 하늘이 도와준 것이 아니라는 것을 알게 되었습니다. 세상에 한 분이신 하나님께서 저의 걸음걸음을 인도해 주신 것이었습니다. 멀리 계시는 것 같으면서도 너무도 제 가까이에 계시는 하나님을, 저는 반생을 넘어서야 만나게 되었습니다. 저를 향한 하나님의 특별한 사랑과 은혜가 없었더라면 그 수많은 죽음의 고비들을 무사히 넘길 수 없었을 것이고, 한국 땅까지 이르지도 못했을 것입니다.

저는 인류 최초의 죄인의 후예로 살 수밖에 없었던 우리 모두의 죄를 위하여 십자가에 못박혀 죽으신, 하나밖에 없는 하나님의 아들 예수 그리스도를 뒤늦게 인생의 구주로 영접하였습니다. 그리고 전지전능하시며 영원하신 하나님의 자녀로 살기 위하여, 하나님의 진리와 생명의 말씀인 성경 말씀을 가슴 깊이 간직하겠습니다. 또한 하나님 앞에 날마다 회개와 믿음의 기도를 드리며, 은혜와 사랑의 소망을 담아 저의 숨이 멈추는 순간까지 섬김과 봉사의 삶을 다하는 영원한 하나님의 자녀로 살겠습니다.

오늘 저를 이 자리에 세워 주신 하나님께 모든 영광을 드립니다. 감사합니다.

우리에게 구원받을 만한 자격이 있어서 구원받은 것이 아니요, 하나님의 구원이 하나님께서 거저 주시는 선물임을 재확인시켜 주는 간증이었습니다. 하나님의 선물을 하나님의 선물로 뒤늦게 확인한 심 성도님은 홍해 이편의 삶을 버리고 홍해 저편의 삶을 좇기 위해 세례를 받으면서, 이제부터 하나님의 말씀 속에서 숨이 멎는 순간까지 영원한 하나님의 자녀로 살 것을 결단했습니다. 세례의 외적 형식을 통해, 오직 하나님을 마음의 주인으로 모시고 살기 위해 마음의 할례를 받은 것입니다. 심 성도님이 할례받은 그 마음을 고이 간직하고 사는 한, 그분의 삶은 하나님 보시기에 이 세상의 그 어떤 예술품보다 더 아름다울 것입니다. 그분을 위해 이 땅에 친히 오시어 십자가의 보혈로 그분에게 구원의 선물을 거저 주신 주님께서 친히 그분 인생의 주인이 되어 주실 것이기 때문입니다.

중요한 것은 심 성도님의 간증이 우리 모두의 신앙고백이라는 것입니다. 하나님께서 죄와 사망의 수용소에서 신음하던 우리에게 예수 그리스도를 통한 구원의 은총을 베풀어 주셨습니다. 우리에게 그럴 만한 자격이나 가치가 있었기 때문입니까? 우리에게 자격이 있어서, 하나님께서 예수 그리스도를 우리에게 보내 주셨습니까? 우리에게 그럴 만한 가치가 있어서, 예수 그리스도께서 우리의 죗값을 대신 치러 주시기 위해 십자가에 못박혀 돌아가셨습니까? 결코 아니었습니다. 오히려 이 세상에서 우리가 가장 볼품없고 가장 형편없는 죄인이었기에, 하나님께서 당신의 구원은 거저 주시는 선물임을 천하 만민에게 보여 주시기 위해 우리를 먼저 구원해 주셨습니다. 이 사실을 정녕 깨닫고 믿는다면, 그동안 우리 스스로 내세우던 자기 의와 자기 우월감을 미련 없이 버리십시다. 우리 자신에게 스스로 도취되어 있던 높고 높은 자기 교만의 마음을 십자가에 못박으십시다. 그리고 우리의 마음을 오직 주님께 온전히 드리는 마음의 할례를 행하십시다. 그때 우리를 위해 이 땅에 오신 주님께서 비로소 우리 마음의 온전한 주인이 되실 것이요, 우리는 언제 어디서나 생명의 도구로 쓰임 받는 진정한 땅끝의 증인이 될 것입니다.

주님! 우리는 그동안, 우리가 구원받은 것은 우리 자신이 그만큼 의로웠기 때문이라고 착각하는 자기 의에 빠져 있었습니다. 그리고 우리에게 구원받을 만한 자격이 있었다는 자기 도취와 자기 교만에 사로잡혀 있었습니다. 그래서 우리가 그동안 그리스도인으로 매해 대림절을 맞으면서도 막상 주님과는 무관한, 본문 속의 할례자와 같은 삶을 살아왔습니다. 이 시간 우리의 어리석음을 회개하오니, 용서하여 주옵소서.

우리를 구원해 주시기 위해 이 땅에 오신 주님의 성탄을 기리는 대림절 세 번째 주일을 맞이하여, 주님께서 십자가를 통해 우리에게 베푸신 구원이 거저 주신 선물임을 마음속에 새기며, 오직 주님께 우리의 마음을 드리는 마음의 할례를 행합니다. 이 시간 이후로, 주님을 위한 우리의 봉사가 우리 자신을 과시하는 자랑이 되지 말게 하옵소서. 주님을 위한 우리의 헌신이 우리의 의가 되지 말게 하옵소서. 주님을 좇아 사는 우리의 삶이 자기 도취와 자기 교만의 텃밭이 되지 말게 하옵소서. 오히려 그 모든 것을, 우리에게 구원의 선물을 거저 주신 주님께 대한 당연한 의무로 여기는 겸손한 마음을 지니게 하옵소서. 그리하여 이 땅에 오신 주님께서 항상 우리 마음의 주인이 되어 주셔서, 우리가 언제 어디서나 생명의 도구로 쓰임 받는 진정한 땅끝의 사람들이 되게 하옵소서. 아멘.

2. 할례자들이 비난하여 II 대림절 넷째 주일

사도행전 11장 1-6절
유대에 있는 사도들과 형제들이 이방인들도 하나님의 말씀을 받았다 함을 들었더니 베드로가 예루살렘에 올라갔을 때에 **할례자들이 비난하여** 이르되 네가 무할례자의 집에 들어가 함께 먹었다 하니 베드로가 그들에게 이 일을 차례로 설명하여 이르되 내가 욥바 시에서 기도할 때에 황홀한 중에 환상을 보니 큰 보자기 같은 그릇이 네 귀에 매어 하늘로부터 내리어 내 앞에까지 드리워지거늘 이것을 주목하여 보니 땅에 네 발 가진 것과 들짐승과 기는 것과 공중에 나는 것들이 보이더라

마태복음 5장에서 7장까지의 내용을 '산상수훈山上垂訓'이라 부릅니다. 예수님께서 산 위에서 제자들에게 가르치신 내용이기 때문입니다. 예수님의 가르침 중에 어느 가르침인들 중요하지 않겠느냐마는, 산상수훈이 더 큰 비중을 차지하는 것은, 그것이 이 땅에서 공생애를 시작하신 주님께서 행하신 최초의 체계적인 설교이기 때문입니다. 물론 그 이전에 주님께서 "회개하라.

천국이 가까이 왔느니라"고 전파하셨음을 마태복음 4장 17절이 전해 주고 있지만, 그것은 주님의 메시지를 단 한 줄로 요약한 압축문일 뿐이요, 체계적인 설교 전문이 수록되어 있는 것은 산상수훈이 처음입니다.

그 중요한 산상수훈은 놀랍게도 '복福'에 관한 설교로 시작되고 있습니다. 다시 말해 이 땅에 오신 주님의 체계적인 첫 설교의 첫 주제가 복이었습니다. 그래서 우리는 산상수훈의 첫 부분을 가리켜 '팔복'이라 부릅니다. 주님께서 여덟 가지의 복에 대해 설교하셨기 때문입니다. 주님께서 이 땅에서 행하신 첫 번째 체계적 설교의 첫 번째 주제가 왜 복이었겠습니까? 첫째 이유는, 복이 그만큼 중요하기 때문입니다. 창세기 1장 28절에 의하면, 사람을 창조하신 하나님께서 가장 먼저 하신 일은 사람에게 복을 주신 것입니다. 하나님께서 하나님의 복 속에서만 사람이 사람답게 살 수 있게끔 사람을 만드신 것입니다. 그러므로 하나님의 복을 떠나서는 사람이 짐승과 구별될 수가 없습니다. 복은 그 정도로 중요합니다.

주님께서 이 땅에서 행하신 첫 설교의 첫 주제가 복이었던 두 번째 이유는, 복이 그토록 중요함에도 주님 당시의 사람들이 복에 대해 그릇 알고 있었기 때문입니다. 당시 사람들 역시 오늘날 사람들처럼, 복을 현세의 물질적 가치에 국한시켜 생각하였습니다. 그런 현세적인 생각을 좇아서는 하나님과 영적으로 바른 관계를 맺을 수 없었습니다. 따라서 주님께서는 복에 관한 인간의 그릇된 생각을 교정해 주시기 위해 복을 산상수훈의 첫 번째 주제로 삼으셨습니다.

마태복음 5장이 전해 주는 그 내용은 다음과 같습니다.

심령이 가난한 자는 복이 있나니 천국이 그들의 것임이요(마 5:3).

9주 전에 말씀드린 것처럼 가난한 심령은 경제적 빈부에 상관없이 더 이상 자기 자신이나 자신의 것을 의지하지 않는 마음입니다. 그 가난한 마음은 자기 절망으로부터 시작됩니다. 자기 자신에 대해 철저하게 절망해 본 사람의 마음만, 더 이상 자기 자신이나 자신의 것을 의지하지 않고 온전히 하나님만 신뢰하게 됩니다. 그래서 주님께서는 그런 마음을 지닌 사람이 복된 사람이라고 말씀하셨습니다. 그런 마음을 지닌 사람만 천국을 소유할 수 있기 때문입니다.

애통하는 자는 복이 있나니 그들이 위로를 받을 것임이요(마 5:4).

'애통하다'는 의미의 헬라어 '펜데오πενθέω'는 가슴이 찢어지도록 처절하게 우는 것을 의미합니다. 하나님을 믿는 사람의 애통과 믿지 않는 사람의 애통은 동일하지 않습니다. 믿지 않는 사람의 애통은 자기 앞에서 자신이 우는 것입니다. 그것은 일시적으로 감정을 정리해 주는 것 같지만, 그 순간이 지나면 도리어 더 참담해집니다. 자기 앞에서 아무리 애통해도 근본적으로 해결되는 것은 아무것도 없기 때문입니다. 그러나 하나님 앞에서 애통하는 사람은 복된 사람입니다. 하나님 앞에서 애통하는 사람은 하나님의 위로와 소망으로 채움 받기에, 애통하는 만큼 그 애통은 새로운 삶으로 이어지기 때문입니다.

온유한 자는 복이 있나니 그들이 땅을 기업으로 받을 것임이요(마 5:5).

'온유'란 의미의 헬라어 '프라우테스πραΰτης'는 야생동물의 품성을 일컫는 단어입니다. 야생동물의 품성은 거칠지만 일단 조련사의 훈련을 거치면 야생동물은 자기 품성을 더 이상 자신을 위해 사용하지 않고, 오직 주인만을 위해 사용합니다. 그와 같이 자신의 모든 성품을 오직 하나님만을 위해 사용하는 온유한 사람이 복된 것은, 그런 사람이 하나님으로부터 땅을 기업으로 받기 때문이라는 것입니다. 그러나 우리말 '땅'으로 번역된 헬라어 '게 γῆ'는 부동산으로서의 땅이 아니라 '세상'을 뜻합니다. 하나님만을 위해 사는 온유한 사람이 복된 것은 세상을 얻기 때문입니다. 하나님의 뜻에 순종하여 십자가에서 당신의 생명을 버리실 만큼 온유하셨던 예수님께서 지상에서 단 한 평의 땅을 소유한 적도 없으셨지만, 2천 년이 지난 오늘날 그분의 태어나신 날이 세계인의 명절이 될 정도로 온 세상을 얻으실 수 있었던 이유가 바로 여기에 있습니다.

의에 주리고 목마른 자는 복이 있나니 그들이 배부를 것임이요(마 5:6).

사람이 살아 있다는 진정한 증거는, 때가 되면 배고픔과 갈증을 느끼는 데 있습니다. 중환자실에 무의식 상태로 누워 있는 환자는, 비록 심장과 뇌의 기능이 멈추지 않았다 해도 진정한 의미에서 살아 있는 것은 아닙니다. 아무리 시간이 지나도 갈증과 배고픔을 전혀 느끼지 못하기 때문입니다. 의에 주리고 목마른 사람이란 그 영혼이 하나님을 향해 싱싱하게 살아 있다는 증거입니다. 그런 사람이 복된 것은 그들이 배부를 것이기 때문입니다. 바꾸어 말해 그들의 영혼이 흡족해질 것이기 때문입니다. 하나님을 향해 싱싱하게 살아 있는 사람의 영혼이 하나님에 의해 흡족하게 되는 것은, 하나님께서 살아 계시는 한 당연한 이치 아니겠습니까?

긍휼히 여기는 자는 복이 있나니 그들이 긍휼히 여김을 받을 것임이요

(마 5:7).

'긍휼'은 흔히 오해하듯 어떤 느낌이나 감정을 의미하지 않습니다. 우리말 '긍휼'에 해당하는 헬라어 '엘레에오ἐλεέω'는 구체적인 행동을 뜻합니다. 이를테면 누군가가 힘들어할 때 말을 걸어 준다든가, 말 없이 손을 꼭 잡아 준다든가, 혹은 자신이 지닌 무언가를 나누어 주는 것과 같은 구체적인 행동이 긍휼입니다. 그처럼 긍휼을 베푸는 사람이 복된 것은, 하나님께서 그런 사람을 긍휼히 여기시기 때문입니다. 하나님께서 긍휼히 여겨 주시지 않는다면, 대체 이 세상 그 누가 한 시간인들 바로 설 수 있겠습니까? 하나님으로부터 긍휼히 여김을 받는 사람은 참으로 복된 사람입니다.

마음이 청결한 자는 복이 있나니 그들이 하나님을 볼 것임이요(마 5:8).

마음의 청결을 추구한다는 것은 결벽증을 의미하지 않습니다. 결벽증은 정신 질환의 일종으로, 왜 깨끗해야 하는지 이유도 모른 채 깨끗함에 대한 강박에 시달리는 증세입니다. 그러나 주님께서 말씀하신 '마음이 청결한 사람'은, 자기 마음의 중심을 하나님께 드려 하나님의 청결하심이 자신을 통해 드러나게 하는 사람입니다. 그 사람이 복될 수밖에 없는 것은, 바로 그런 사람이 그 청결한 마음으로 하나님을 볼 수 있기 때문입니다.

화평하게 하는 자는 복이 있나니 그들이 하나님의 아들이라 일컬음을 받을 것임이요(마 5:9).

주님께서는 평화를 사랑하는 사람이 복되다고 말씀하시지 않았습니다. 평화를 외치는 사람이 복이 있다고 말씀하신 것도 아닙니다. 이 세상에는 평화를 사랑한다며 평화의 구호를 외치는 사람이 셀 수도 없이 많습니다. 그러나 주님께서는 그런 사람이 복되다고 말씀치 않으셨습니다. 주님께서는 '화평하게 하는 사람', 즉 평화를 심고 경작하는 사람이 복되다고 말씀하셨습니다. 누군가와의 사이에 평화를 심고 경작하기 위해서는, 자신의 것 가운데 무엇을 버리지 않으면 안 됩니다. 사람들이 평화를 사랑하면서도 막상 평화를 누리지는 못하는 것은, 말로 평화를 이야기만 할 뿐 평화를 위해 자기 것을 버리려 하지는 않기 때문입니다. 그러므로 화평케 하는 사람은 복된 사람입니다. 평화를 위해 자기를 버릴 줄 아는 그 사람은 진정한 하나님의 자녀로 인정받기 때문입니다.

지금까지 살펴본 것처럼 주님께서 말씀하신 복은 세상의 부귀영화와 무병장수, 또는 세속적 출세나 성공을 의미하지 않았습니다. 주님께서 말씀하신 복은 하나님의 나라를 얻는 것이요, 하나님의 위로와 긍휼을 입는 것이요, 하나님을 보는 것이요, 하나님의 자녀로 일컬음을 받는 것이요, 하나님으로 인해 영혼이 흡족해지는 것입니다. 이렇듯 주님께서 말씀하신 복은 모두 영원하신 하나님과 관련된 것입니다. 한마디로 말해 참된 복은 하나님의 영원에 접속되어, 영원을 얻고, 영원을 누리는 것입니다. 하나님의 영원에 접속된 사람만 이 어둔 세상 속에서 세상의 노예로 전락하지 않고, 영혼을 지닌 사람답게 살 수 있기 때문입니다.

그런데 주님께서는 하나님의 영원에 접속된 복된 사람이 추구해야 할 마지막 여덟 번째의 복된 삶을 이렇게 밝히셨습니다.

의를 위하여 박해를 받은 자는 복이 있나니 천국이 그들의 것임이라

(마 5:10).

주님께서는 마지막 복된 사람을 '의를 위하여 박해를 받은 사람'이라고 정의하셨습니다. 우리말로 '받은'은 과거형을 나타내는 시제지만, 헬라어 원문에는 그 동사가 현재완료형으로 기록되어 있습니다. 헬라어에서 현재완료형은 어느 한 시점만의 동작이 아니라, 과거에서부터 현재까지 지속된 동작을 의미합니다. 따라서 과거나 현재 어느 한 시점에서 박해받은 사람이 아니라, 언제 어디서나 늘 박해받기를 두려워하지 않는 사람이 복되다는 것입니다. '박해하다'는 뜻으로 사용된 헬라어 '디오코διώκω'는 '집요하게 추적하다', '괴롭히다', '고통을 주다'라는 의미입니다. 그처럼 주님을 믿는 데 수반되는 박해, 즉 사람들로부터 받는 고통과 괴롭을 두려워하지 않는 사람이 복된 것은, 천국이 바로 그런 사람의 것이기 때문입니다. 그러나 마지막 여덟 번째 복에 대한 주님의 말씀은 그것으로 그치지 않고, 다음과 같이 계속되고 있습니다.

> 나로 말미암아 너희를 욕하고 박해하고 거짓으로 너희를 거슬러 모든 악한 말을 할 때에는 너희에게 복이 있나니 기뻐하고 즐거워하라 하늘에서 너희의 상이 큼이라 너희 전에 있던 선지자들도 이같이 박해하였느니라 (마 5:11-12).

주님께서 마지막 여덟 번째 복과 관련해서만은 하늘의 상을 약속하셨습니다. 주님을 믿음으로 인해 욕을 먹고 모함받고 박해를 당할 때에 오히려 기뻐하고 즐거워해야 할 것은, 하나님 나라에서 하나님으로부터 받을 상이 크기 때문이라는 것입니다. 이처럼 주님께서 마지막 복과 관련하여 하나님의 상을 언급하셨다는 것은, 이 세상에서 좀더 바르게 믿으려는 사람에게는 언제든지 박해가 있을 수 있음을 의미합니다. 인간이 사는 이 세상이 천사들이 사는 하나님의 나라가 아니라 죄인들이 사는 악한 곳이기 때문입니다. 그러므로 하나님께서 그런 사람에게 당신의 나라에서 큰 상을 주시는 것은 너무나도 당연합니다. 무엇을 하든 사람들로부터 칭찬받기 원하는 이 세상에서, 보다 바른 믿음을 위해 사람들로부터 욕과 괴롬과 고통 받기를 주저하지 않는 사람이야말로 진정한 믿음의 사람이기 때문입니다.

이런 관점에서 오늘의 본문을 보시겠습니다.

> 유대에 있는 사도들과 형제들이 이방인들도 하나님의 말씀을 받았다 함을 들었더니 베드로가 예루살렘에 올라갔을 때에 할례자들이 비난하여 이르되 네가 무할례자의 집에 들어가 함께 먹었다 하니(1-3절).

가이사랴의 이방인 고넬료 일행에게 공개적으로 복음을 전하고 세례를 베풂으로써, 교회가 '땅끝까지 이르러 내 증인이 되라'는 주님 최후의 명령을 비로소 이행할 수 있게끔 물꼬를 튼 베드로가 마침내 예루살렘으로 귀환했습니다. 그러나 교회의 교회다움을 회복시킨 베드로를 기다리는 것은 동료 그리스도인들의 환호나 환영이 아니라, 소위 '할례자'로 불리는 유대 그리스도인들의 혹독한 비난이었습니다. 할례자로 불리는 그들이 구체적으로 어떤 사람들이었는지, 그리고 그들이 왜 베드로를 비난했는지에 대해서는 지난 시간에 상세하게 살펴보았습니다. 이 시간에는 비난받은 베드로의 입장에서 본문을 생각해 보겠습니다.

만약 베드로가 이방인 고넬료의 집을 찾아가지 않았더라면 어떻게 되었겠습니까? 룻다의 중풍병자 애니아를 주님의 권능으로 치유하고, 죽은 욥바의 다비다를 기도로 살리기만 하고 곧장 예루살렘으로 되돌아갔다면, 예루살렘 교인들은 주님의 권능을 행한 베드로를 박수로 환영하였을 것입니다. 그런데도 왜 베드로는 이방인과의 교제를 엄금하는 유대인의 관습법을 어기면서까지 가이사랴의 이방인 고넬료 집을 공개적으로 찾아가 그들에게 복음을 전하고 세례를 베풀며, 또 이방인인 그들과 함께 음식을 나누기까지 했겠습니까? 그것이 하나님께서 원하시는 것이었기에, 하나님의 뜻에 전적으로 순종하기 위함이었습니다. 바꾸어 말하면, 유대인들이 짐승처럼 간주하는 이방인들을 구원하시려는 하나님의 의를 실천하기 위함이었습니다. 한마디로 말해 하나님을 좀더 잘 믿고, 하나님의 의를 좀더 바르게 실천하기 위함이었습니다. 그것이 전부였습니다. 그것은 칭찬받아 마땅한 일이지 절대로 비난받을 일이 아니었습니다. 그러나 결코 잘못일 수 없는 그 잘못으로 인해 베드로는 예루살렘에 당도하자마자 비난받았습니다. 의를 위해 박해를 당한 것입니다. 그것도 믿지 않는 불신자들로부터의 박해가 아니라, 소위 주님을 믿는다는 할례자들로부터의 박해였습니다.

그것은 주님을 위해 수고와 헌신을 다하고 돌아온 베드로의 입장에서는 말할 수 없이 큰 고통이요, 괴롬일 수 있었습니다. 그러나 베드로는 다음 시간에 살펴보겠습니다만, 자신을 비난하는 사람들에게 그들과 같은 방식으로 대응하지 않았습니다. 그것은 베드로가 그런 비난이나 박해쯤은 얼마든지 극복할 수 있었음을 의미합니다. 그것이 어떻게 가능할 수 있었는지는 베드로 자신의 증언을 통해 알 수 있습니다.

> 부당하게 고난을 받아도 하나님을 생각함으로 슬픔을 참으면 이는 아름다우나 죄가 있어 매를 맞고 참으면 무슨 칭찬이 있으리요 그러나 선을 행함으로 고난을 받고 참으면 이는 하나님 앞에 아름다우니라(벧전

2:19-20).

    베드로는 자신의 증언을 통해 오늘 본문과 관련하여 우리에게 세 가지를 일깨워 주고 있습니다. 첫째, 자신의 죄로 인해 세상으로부터 욕을 듣고 비난받는 것은 당연한 일이라는 것입니다. 둘째, 하나님을 더 잘 믿으려는 사람에게는 언제든지 박해와 고난이 있을 수 있다는 것입니다. 이 세상이 악하기 때문입니다. 마지막으로, 하나님을 더 잘 믿으려다 당하는 고난에 굴하지 않는 삶은 하나님 앞에서 아름답다는 것입니다. '아름답다'고 번역된 헬라어 '카리스κάρις'는 '보상의 선물'을 의미하기도 합니다. 보상의 선물이 곧 상을 뜻함은 두말할 필요가 없습니다.

    그렇다면 이제 우리는, 하나님의 의를 행하고도 예루살렘의 유대 그리스도인들로부터 비난받은 베드로가 그들에게 같은 방식으로 대응하지 않고 어떻게 극복할 수 있었는지 그 해답을 알게 됩니다. 베드로는 하나님의 의를 행할수록 얼마든지 비난받을 수 있음을 알고 있을 뿐 아니라, 그것을 두려워하지 않는 삶에는 반드시 하나님의 상이 주어질 것임을 믿었던 것입니다. 주님께서 산상수훈을 통해 그렇게 가르쳐 주셨고, 또 약속하셨기 때문입니다.

    많은 그리스도인들이, "하나님을 믿는 데 박해와 수난이 따르던 시대는 지나갔다"고 말합니다. 그것이 과연 사실입니까? 그렇다고 말하는 사람들은 실은, 단 한 번도 하나님의 의를 실천하고자 노력해 보지 않았음을 스스로 입증하는 사람들입니다. 실제로 하나님의 말씀대로 살려 하면, 하나님을 더 잘 믿고 하나님의 의를 더 바르게 좇으려 하면, 오늘날에도 어떤 형태로든 비난과 박해가 있을 수 있습니다.

오늘 본문과 관련하여 저 자신의 이야기를 드리는 것을 양해해 주시고, 또 오해 없이 들어 주시기를 바랍니다. 올해로 제가 목회를 시작한 지 만 20년이 넘었습니다. 지난 20년 동안 저는 같은 목회자들로부터 비난을 받았습니다. 20년 전 제가 '주님의교회'에서 목회를 시작하면서 한국 교회 최초로 목사의 임기를 정하고, 헌금의 50퍼센트로 선교와 구제를 행하고, 예배당을 소유하는 대신에 학교에 강당을 지어 주고, 예배 시간에 헌금 주머니 돌리는 순서를 없애고, 교인과 목사를 구별하는 가운을 입지 않고, 목사라고 해서 강대상 위에 앉지 않고, 모든 교역자들이 세금을 자진 납부한 것 등은, 그것이 성경의 바른 정신이요, 하나님의 뜻을 바르게 실천하는 것이라고 믿었기 때문입니다. 그러나 그와 같은 제 목회 철학을 불편하게 생각하는 일부 목회자들이, 왜 유난을 떠느냐며 저를 비난했습니다. 주님의교회에서 10년에 걸친 제 임기를 마친 뒤, 재정적으로 미자립 교회이던 제네바한인교회가 생활비를 60퍼센트밖에 지급할 수 없으니 가족을 서울에 두고 혼자 제네바로 와서 3년만 도와 달라고 요청했을 때, 제 가족을 위한 선교 후원회를 조직하여 가족을 동반하지 않고 저 혼자 간 것은, 저 자신은 불편하더라도 저를 부른 교회의 수준에 저를 맞추는 것이 목회자의 도리라고 믿었기 때문입니다. 그러나 그때에도 저로 인해 불편함을 느낀 목회자들이, "너만 의인 되려는 것이냐"며 저를 공박했습니다. 100주년기념사업협의회의 어른들의 요청으로 100주년기념교회의 담임목사가 되어 그동안 방치되고 훼손되던, 한국 개신교의 출발점이자 성지인 양화진을 지키기 위한 묘지기로 제 삶을 내어놓자, 이번에는 그동안 양화진을 이용하여 사익을 추구하던 개인과 집단으로부터 온갖 모함을 받았습니다.

이처럼 20년에 걸친 제 목회를 되돌아보면 비난당함의 연속이었습니다. 물론 여러분처럼 저와 함께 뜻을 같이하고 같은 신앙의 길을 걷는 동역자들이 훨씬 더 많았지만, 그와 동시에 저를 비난하는 사람도 적지 않았습니다. 주님을 좀더 잘 믿고 하나님의 의를 좀더 바르게 실천하기 위해 저 자신을 좀더 부인한다는 이유만으로 같은 그리스도인들로부터 욕을 듣고 비난받는 것은, 적어도 그 순간에는 고통이요 괴롭이었습니다. 그러나 그 순간을 훌훌 털고 하늘을 올려다보면 도리어 즐거워하고 기뻐할 수 있었습니다. 제가 제 사익을 추구하는 그릇된 삶을 살다가 비난받는 것이 아니라, 좀더 바른 목회의 길을 가려다가 받는 비난이기에 그 비난을 두려워하지 않는 한, 주님께서 약속하신 하나님의 상급이 반드시 있으리라 믿기 때문입니다.

사랑하는 교우 여러분!

이제 올해를 불과 열흘 남겨 둔 이 시점에서 지난 1년을 되돌아보십시다. 혹 주님을 좀더 잘 믿으려는 것 때문에 사람들로부터 비난받은 적이 있으십니까? 하나님의 의를 좀더 바르게 구현하려다 도리어 사람들로부터 욕을 듣고, 고통을 당하고, 괴롭을 당한 적이 있으십니까? 그렇다면 도리어 즐거워하고 기뻐하십시다. 하나님 나라에서 여러분이 받을 상급이 반드시 클 것이요, 여러분을 통해 이 시대의 역사는 반드시 새로워질 것입니다. 어떻게 그렇게 확언할 수 있느냐는 질문이 제기된다면, 대림절 넷째 주일을 맞아 우리를 위해 이 땅에 오신 나사렛 예수님을 보십시오. 하나님의 독생자셨던 나사렛 예수님은 인간의 박해와 조롱과 비난과 경멸 속에서 십자가에 못박혀 돌아가셨지만, 하나님께서 그분을 다시 살리사 온 인류를 구원하고 온 세상을 새롭게 하는 구세주로 세우셨습니다. 의를 위하여 박해받은 사람의 하늘 상급이 크고 그런 사람에 의해 세상이 새로워진다는 데에, 이보다 더 크고 확실한 증거가 어디에 있겠습니까? 이것이 대림절 넷째 주일을 맞아 주님께서 우리에게 이렇게 확약하시는 이유입니다.

"나로 말미암아 너희를 욕하고 박해하고, 거짓으로 너희를 거슬러 모든 악한 말을 할 때에는 너희에게 복이 있나니, 기뻐하고 즐거워하라. 하늘에서 너희의 상이 큼이라."

주님께서 말씀하셨습니다.

"좁은 문으로 들어가라. 멸망으로 인도하는 문은 크고 그 길이 넓어 그리로 들어가는 자가 많고, 생명으로 인도하는 문은 좁고 길이 협착하여 찾는 자가 적음이라"(마 7:13-14).

주님! 넓은 문으로 들어갈 때 세상으로부터 받는 환호와 갈채가 얼마나 허망한지를 깨달아, 지난 1년 동안 사람으로부터 받는 고통과 괴롬을 감수하면서도 좁은 문으로 들어가기를 마다하지 않은 주님의 백성을 위로하여 주옵소서. 주님을 좀더 잘 믿고, 주님의 의를 좀더 바르게 좇기 위해 비난받기를 주저하지 않은 주님의 자녀들을 긍휼히 여겨 주옵소서.

주님의 오심을 기리고 또 대망하는 대림절 넷째 주일을 맞이하여, 이 시간 우리 모두 주님을 바라봅니다. 인간을 위해 인간에게 박해와 조롱을 받으며 십자가에 못박혀 돌아가셨지만, 하나님의 권능으로 죽음을 깨뜨리고 부활하시어 인류의 역사를 새롭게 하시고, 온 인류를 구원하는 구세주가 되신 주님! 세월이 흘러갈수록 주님을 향한 우리의 마음이 더욱 확고해지게 하옵소서. 주님을 좇아 좁은 길을 걷는다는 이유로 사람들로부터 비난받게 될 때, 그것이야말로 우리가 하나님의 나라에서 큰 상급 받을 증거임을 깨달아 도리어 기뻐하고 즐거워하게 하옵소서.

그와 같이 복된 삶을 사는 우리로 인해 다가오는 2009년은, 모든 면에 걸쳐 이 사회가 새로워지는 진정한 새해가 되게 하옵소서. 아멘.

3. 차례로 설명하여 송년 주일

사도행전 11장 1-18절

유대에 있는 사도들과 형제들이 이방인들도 하나님의 말씀을 받았다 함을 들었더니 베드로가 예루살렘에 올라갔을 때에 할례자들이 비난하여 이르되 네가 무할례자의 집에 들어가 함께 먹었다 하니 베드로가 그들에게 이 일을 **차례로 설명하여** 이르되 내가 욥바 시에서 기도할 때에 황홀한 중에 환상을 보니 큰 보자기 같은 그릇이 네 귀에 매어 하늘로부터 내리어 내 앞에까지 드리워지거늘 이것을 주목하여 보니 땅에 네 발 가진 것과 들짐승과 기는 것과 공중에 나는 것들이 보이더라 또 들으니 소리 있어 내게 이르되 베드로야 일어나 잡아먹으라 하거늘 내가 이르되 주님 그럴 수 없나이다 속되거나 깨끗하지 아니한 것은 결코 내 입에 들어간 일이 없나이다 하니 또 하늘로부터 두 번째 소리 있어 내게 이르되 하나님이 깨끗하게 하신 것을 네가 속되다고 하지 말라 하더라 이런 일이 세 번 있은 후에 모든 것이 다시 하늘로 끌려 올라가더라 마침 세 사람이 내가 유숙한 집 앞에 서 있으니 가이사랴에서 내게로 보낸 사람이라 성령이 내게 명하사 아무 의심 말고 함께 가라 하시매 이 여섯 형제도 나와 함께 가서 그 사람의 집에 들어가니 그가 우리에게 말하기를 천사가 내 집에 서서 말하되 네가 사람을 욥바에 보내어 베드로라 하는 시몬을 청하라 그가 너와 네 온 집이 구원받을 말씀을 네게 이르리라 함을 보았다 하거늘 내가 말을 시작할 때에 성령이 그들에게 임하시기를 처음 우리에게 하신 것과 같이 하는지라 내가 주의 말씀에 요한은 물로 세례를 베풀었으나 너희는 성령으로 세례를 받으리라 하신 것이 생각났노라 그런즉 하나님이 우리가 주 예수 그리스도를 믿을 때에 주신 것과 같은 선물을 그들에게도 주셨으니 내가 누구이기에 하나님을 능히 막겠느냐 하더라 그들이 이 말을 듣고 잠잠하여 하나님께 영광을 돌려 이르되 그러면 하나님께서 이방인에게도 생명 얻는 회개를 주셨도다 하니라

오래전 예배를 드린 뒤 예배당을 나서려는데, 한쪽 구석에서 초등학교 3학년 어린이가 엄마의 품속에 얼굴을 파묻고 울고 있는 모습이 보였습니다. 제가 그 어린이에게 다가가 왜 그토록 속이 상했는지 까닭을 물었습니다. 이유인즉, 친구들과 좀더 놀고 싶은데 그다음 날 학교에 제출해야 할 숙제가 많아 그만 집으로 가야만 했기 때문입니다. 신나게 놀고 있는 친구들을 등 뒤로 하고 자기 혼자만 집으로 가는 것이 정말 싫었던 것입니다. 저는 그 어린이의 머리를 쓰다듬어 주며 이렇게 말해 주었습니다.

"하기 싫다고 해야 할 일을 하지 않으면 어른이 될 수 없단다."

어린이의 특성이 하고 싶은 것만 하려 하는 것이라면, 성숙한 사람의 특성은 하기 싫은 것도 기꺼이 행하는 것입니다. 어린이가 자기중심적이기에 하고 싶은 것만 골라 하려는 데 반해, 성숙한 사람은 자신과 타인에 대한 책임감과 의무감으로 하기 싫은 것도 자발적으로 행하게 됩니다. 미숙한 사람일수록 이기적이어서 하고 싶은 것을 하지 못할 경우에 속상해하지만, 성숙한 사람은 항상 모두를 생각하기에 하기 싫은 것을 하고서도 기뻐합니다. 자신이 하고 싶은 것만 골라서 하는 것은 자기 자신을 미숙의 우물 속에 가두는 것이기에 그것은 결국 자해 행위로 끝나기 마련이지만, 모두를 위해 하기 싫어도 하는 것은 자기 성숙의 경지를 넓혀 가는 것이기에 그것은 언제나 자

신과 타인을 더불어 유익하게 합니다.

참된 성숙은 세월의 흐름으로 결정되지 않습니다. 성숙과 미숙은 당사자의 나이에 상관없이, 자신이 하고 싶은 것만 하려는가 아니면 하기 싫은 것도 행하는가에 의해 판가름됩니다. 그러므로 나이 든 미숙아가 있을 수 있고, 반대로 젊은 성숙자도 얼마든지 있을 수 있습니다. 그뿐만 아니라 한평생을 살고서도 진정한 새해를 단 한 번도 누리지 못한 사람도 있을 수 있고, 매일 매해 새날과 새해를 누리는 사람도 있을 수 있습니다. 인간이 성숙해지는 만큼만, 그를 스쳐 지나가는 시간이 새로워지기 때문입니다.

주님께서 바울을 통해 에베소서 2장 20-22절에서 그리스도인을 이렇게 정의하셨습니다.

> 너희는 사도들과 선지자들의 터 위에 세우심을 입은 자라 그리스도 예수께서 친히 모퉁잇돌이 되셨느니라 그의 안에서 건물마다 서로 연결하여 주 안에서 성전이 되어 가고 너희도 성령 안에서 하나님이 거하실 처소가 되기 위하여 그리스도 예수 안에서 함께 지어져 가느니라.

"사도들과 선지자들의 터"란 사도들과 선지자들이 전해 준 말씀을 의미합니다. 우리는 그 말씀의 터전을 스스로 찾아, 그 말씀의 터전 위에 자력으로 선 사람들이 아닙니다. 우리 모두 그 말씀의 터전 위에 "세우심을 입은" 사람들입니다. 우리가 하나님을 선택한 것이 아니라, 하나님께서 우리를 먼저 선택하시고 말씀의 터전 위에 세워 주셨습니다. 마치 미숙한 어린아이와 같아서, 자신이 하고 싶은 것만 골라 하던 유치하기 짝이 없는 우리를 하나님께서 먼저 선택하시어 말씀의 터전 위에 세워 주신 것입니다. 놀라운 사실은 그처럼 유치하던 우리를 새롭게 지어 주시기 위해 예수 그리스도께서 친히 우리 인생을 위한 모퉁잇돌, 즉 주춧돌이 되어 주신 것입니다. 건축의 견고성과 높이와 크기는 주춧돌, 다시 말해 그 기초에 의해 결정됩니다. 죽음을 깨뜨리고 영원히 부활하신 주 예수 그리스도보다 더 분명하고 더 견고한 인생의 주춧돌이 이 세상 어디에 또 있을 수 있겠습니까? 그러므로 우리가 말씀의 터전 위에서 예수 그리스도를 인생의 주춧돌로 삼을 때, 우리는 예수 그리스도 안에서 하나님께서 거하시는 성전으로 지어져 가게 되는 것입니다.

황무지를 그대로 두면 계속 황무지일 뿐 새로울 것이라고는 아무것도 없습니다. 그런데 어느 날부터 건축가들이 황무지를 밀어내고 기초를 다지고 주춧돌을 놓은 다음, 그 위에 집을 짓기 시작합니다. 그러면 지어지는 그 집의 모습은 매일 달라질 것이요, 매일 어제보다 새로워질 것입니다. 이처럼 예수 그리스도 안에서 우리가 지어져 간다는 것 역시 우리가 매일 어제보다 새로워져 감을 의미합니다. 그렇기에 어제보다 오늘이 더 새롭고, 지난해보다 올해가 더 새롭고, 연초보다 연말이 더 새로우며, 결과적으로 노년에 이르러서는 새로움의 극치를 이루어 가게 됩니다. 평생 똑같은 일을 한다 할지라도 그 일을 행하는 당사자가 어제보다, 지난해보다, 연초보다 더욱 새롭게 지어졌기 때문입니다.

우리가 예수 그리스도 안에서 날로 새롭게 지어져 간다는 것은, 어제 하기 싫었던 것을 오늘, 하나님의 말씀을 좇아 기꺼이 행하는 사람이 되어 감을 뜻합니다. 어제 하기 싫었던 것을 오늘 하나님의 말씀을 좇아 행한다는 것은, 주님 안에서 어제보다 그만큼 더 성숙해졌다는 말입니다. 하나님의 말씀을 좇아 하기 싫은 것을 행한다는 것은, 그것이 궁극적으로 자신의 인생을 예수 그리스도 안에서 영원히 바르게 건축하는 것임을 깨달았음을 뜻하기 때문입니다.

 약이 쓰다고 좋지 않은 것이 아닙니다. 도리어 좋은 약은 늘 쓰기 마련입니다. 바로 그 쓴맛 속에 인체에 유익을 주는 약의 효능이 들어 있습니다. 물론 병들지 않았다면 약을 먹어야 할 까닭도 없습니다. 쓴맛의 약을 억지로라도 먹어야 하는 이유는 병이 들었기 때문입니다. 우리가 하나님의 말씀대로 살기 싫어하는 것 자체가 우리의 심령이 병들었음의 증거입니다. 그리고 하나님의 말씀을 좇아 사는 것이 때로 쓴맛처럼 여겨지는 것은, 그 말씀이 우리를 살리고 바로 세우는 효능을 지니고 있음의 반증입니다. 그래서 우리는 싫어도 하나님의 말씀을 좇아 살아야 합니다. 그 말씀만이 자기중심적인 우리의 소아병을 고쳐 주는 치료제요, 그 말씀 속에서만 우리가 날로 새로이 지어져 갈 수 있고, 그 말씀에 의해서만 우리의 인생이 영원토록 견고히 세워질 수 있기 때문입니다.

 유대인인 베드로가 이방인과의 교제를 엄금하는 유대인의 관습법을 스스로 파기하면서까지 가이사랴의 이방인 고넬료의 집을 찾아가 고넬료와 그의 일행에게 공개적으로 복음을 전한 것은, 그것이 하나님의 명령이었기 때문입니다. 베드로가 이방인 고넬료 일행에게 세례를 베푼 것도, 하나님의 영이신 성령님께서 그들에게 임하심을 자신의 눈으로 확인했기 때문입니다. 이처럼 이방인인 고넬료 일행 역시 예수 그리스도 안에서 자신과 똑같은 하나님의 자녀임을 확인한 베드로에게는, 이방인과의 식사를 금기시하는 유대인의 관례를 깨뜨리고 그들과 더불어 며칠씩이나 함께 지내며 식사를 나누는 것 또한 조금도 이상한 일이 아니었습니다. 평소라면 하기 싫어했을 그 모든 일을 베드로가 기꺼이 행한 이유는, 바로 그것이 하나님의 명령이요 하나님의 뜻이었기에, 하나님의 말씀에 전적으로 순종하기 위함이었습니다. 그리고 그 베드로에 의해 '땅끝까지 이르러 내 증인이 되리라'는 주님의 마지막 명령을 교회가 공식적으로 수행하는 물꼬가 비로소 트이게 되었습니다. 다시 말해, 하기 싫어도 하나님의 말씀을 좇아 행한 베드로에 의해 교회의 교회다움이 확립된 것입니다.

그 베드로가 초대교회의 본거지인 예루살렘으로 귀환했을 때, 그를 기다리고 있는 것은 예루살렘 그리스도인들의 환영이나 환대가 아니었습니다. 소위 할례자로 불리는 유대 그리스도인들의 혹독한 비난이었습니다. 우리말 '비난하다'로 번역된 헬라어 '디아크리노'는 2주 전에 말씀드린 것처럼 '분리하다'라는 뜻과 함께, '어떤 목적을 지니고 집요하게 따지며 물고 늘어지는 행동'을 의미합니다. 그렇듯 베드로를 집요하게 비난한 할례파들이 구체적으로 어떤 사람들이었는지, 그리고 그들이 왜 베드로를 비난했었는지에 대해서는 우리가 이미 잘 알고 있습니다. 오직 하나님의 말씀을 이행하기 위해 싫어도 수고와 헌신을 마다하지 않고 귀환한 베드로이고 보면, 다른 사람도 아닌 같은 그리스도인들로부터 혹독한 비난의 대상이 된다는 것은 참으로 곤혹스러운 일이었을 것입니다.

베드로는 잘 알려진 것처럼, 본래 성미가 불같이 급하고 또 변덕스러운 사람이었습니다. 주님께로부터 '천국의 열쇠'를 주시겠다고 극찬받은 사람도 베드로요, 그 직후 교만에 빠져 주님에 의해 사탄으로 질타당한 사람도 베드로였습니다. 베드로는 단 몇 초 사이에 천국과 지옥을 오가는 사람이었습니다. 대제사장의 명령을 받은 무리들이 겟세마네 동산에서 주님을 체포하려 하자, 칼을 휘둘러 제일 선두에 서 있던 말고의 귀를 베어 버린 사람도 베드로였습니다. 이 세상 모든 사람들이 다 주님을 버려도 자신만은 끝까지 주님을 따르겠다고 호언장담한 사람도 베드로였고, 바로 그날 밤에 주님을 세 번씩이나 공개적으로 부인하면서 주님을 배신한 사람도 베드로였고, 그 직후에 울려 퍼진 닭의 울음소리에 자신의 잘못을 뉘우치며 통곡한 사람도 베드로였고, 날이 밝은 뒤 십자가에 못박히시는 주님을 버리고 도망친 사람도 베드로였습니다. 그 모두 급하고 변덕스러운 그의 성미 탓이었습니다.

그렇다면 할례파들이 자신을 부당하게 비난하는 지금이야말로 베드로가 불같이 화를 냄이 우리가 아는 베드로다울 것입니다. 예루살렘에서 편안히 지내던 주제에, 주님 위해 먼 길 다녀오는 사람에게 비난이라니 대체 무슨 짓들이냐고, 그러고도 너희들이 감히 그리스도인이라고 말할 수 있느냐고, 도리어 베드로가 그들을 비난함이 마땅할 것입니다. 더욱이 베드로가 당시 초대교회의 최고 지도자 위치에 있었음을 감안한다면, 그들의 혹독한 비난을 베드로가 그냥 넘기기란 평소 그의 성미에 비추어 볼 때 거의 불가능한 일처럼 여겨집니다.

그러나 본문은 뜻밖의 사실을 전해 주고 있습니다.

> 베드로가 예루살렘에 올라갔을 때에 할례자들이 비난하여 이르되 네가 무할례자의 집에 들어가 함께 먹었다 하니 베드로가 그들에게 이 일을 차례로 설명하여(2-4절).

베드로는 할례자들의 부당한 비난에 동일한 비난으로 대응하지 않았습니다. 불처럼 화를 내지도 않았습니다. 말없이 절교를 선언한 것은 더더욱 아니었습니다. 베드로는 놀랍게도 자신을 비난하는 그들에게 자초지종을 상세하게 설명하였습니다. 못마땅해하거나 자존심 상해하며 대충 혹은 결과만을 통보해 준 것이 아니라, 왜 자신이 가이사랴에 갔는지, 가이사랴의 이방인 고넬료 일행에게 왜 복음을 전하고 세례까지 베풀었는지, 그리고 왜 이방인 고넬료 집에서 며칠씩이나 머물면서 이방인들과 함께 식사를 나누었는지, 하나도 빠뜨림 없이 온 성의를 다해 처음부터 차례대로 설명해 주었습니다. 그 내용이 본문 5절에서부터 17절까지 기록되어 있는바, 그 내용에 대해서는 우리가 사도행전 10장을 통해 이미 상세하게 살펴보았습니다. 따라서 오늘 우리가 주목하고자 하는 것은 그 내용이 아니라, 그 내용을 설명한 베드로의 자세입니다.

하나님의 말씀에 순종하여 선한 일을 하고서도 같은 그리스도인들로부터 혹독하게 비난받는 기막힌 상황 속에서, 있었던 모든 일을 빠짐없이 설명한다는 것은 대단한 인내심과 자제력 없이는 불가능한 일입니다. 어제의 베드로, 불같이 급하고 변덕스럽기만 하던 베드로라면 그것은 상상하기조차 어려운 일이었습니다. 어제의 베드로라면 칼을 휘둘러 말고의 귀를 베어 버리듯이, 자신을 부당하게 비난하는 사람들을 쓸어버렸으면 쓸어버렸지, 누군가가 차례대로 설명해 보라고 했더라도 당연히 싫다며 거부했을 것입니다. 상을 준다 한들 마다했을 것입니다. 그러나 그는 오늘, 어제와는 전혀 다른 모습을 보여 주고 있습니다. 어제라면 마땅히 싫어했을 일을, 오늘 그는 온 성의를 다해 기꺼이 행하고 있습니다.

에베소서 2장 22절의 표현을 빌리자면, 오늘의 베드로는 어제의 베드로에 비해 더 지어져 있었습니다. 그는 주님 안에서 말씀을 좇아 매일 지어져 가는 사람이었습니다. 말씀을 좇아 매일 더욱더 지어져 갔기에, 예전의 불같이 급하고 변덕스러운 성미의 베드로는 찾아볼 길이 없어지고 말았습니다. 그렇기에 어제라면 하기 싫어했을 일을, 오늘 기꺼이 행할 수 있게 되었습니다. 그의 앞에 전개된 상황은 부정적이었을지라도, 그 상황을 대하는 베드로가 변하여 있었습니다. 이처럼 주님 안에서 나날이 새롭게 지어져 가는 베드로를 스쳐 가는 시간들의 의미와 가치 또한, 그의 지어져 감과 정비례하여 새로워졌음은 두말할 나위도 없습니다.

이처럼 날로 새롭게 지어져 가는 베드로가 어제라면 싫어했을 일을 오늘 기꺼이 행하였을 때, 다시 말해 자신을 부당하게 비난하는 유대 그리스도인들에게 모든 것을 성의를 다해 차례대로 설명했을 때 그 결과가 어떠했었는지는 본문 18절이 밝혀 주고 있습니다.

그들이 이 말을 듣고 잠잠하여 하나님께 영광을 돌려 이르되 그러면 하나님께서 이방인에게도 생명 얻는 회개를 주셨도다 하니라.

베드로의 설명이 끝났을 때 베드로를 비난하던 사람들 가운데 감히 입을 열어 베드로를 재공박하는 사람은 단 한 명도 없었습니다. 그들은 모두 잠잠할 수밖에 없었습니다. 자신들이 짐승처럼 취급하는 이방인을 구원하기 위해 하나님께서 베드로를 통해 행하신 신묘막측한 구원의 섭리 앞에서, 그 누군들 또다시 베드로를 비난할 수 있었겠습니까? 그 대신 그들은 입을 열어 이방인도 구원하신 하나님을 진심으로 찬양하였습니다. 그것은 하나님에 대한 찬양인 동시에 베드로에 대한 사과의 표시였습니다. 베드로를 비난하던 사람들이 베드로의 설명을 듣고 하나님을 찬양했다는 것보다 베드로에 대한 더 큰 사과는 있을 수 없었습니다.

만약에 베드로가 자신을 부당하게 비난하는 유대 그리스도인들에게 자초지종을 차례대로 설명하는 것이 싫다 하여 자기 역시 그들과 같은 방식으로 맞대응했더라면, 그는 동료 그리스도인도 잃고 성경이 전해 주는 바대로의 사도가 되지도 못했을 것입니다. 그러나 욥바의 무두장이 시몬의 집에서도, 가이사랴의 이방인 고넬료의 집에서도, 자신을 부당하게 비난하는 예루살렘 교인들 앞에서도, 싫어도 하나님의 말씀을 좇아 마땅히 행하여야 할 바를 행함으로, 그는 이방인을 살리는 것은 물론이요 이방인에 대한 동료의 눈까지 열어 주었을 뿐 아니라, 인류의 역사를 새롭게 하는 위대한 사도가 되었습니다. 그것은 베드로가 주님 안에서 하나님의 말씀을 좇아 매일 지어져 가는 그리스도인이었기에 가능한 일이었습니다. 그러므로 갈릴리의 무식한 어부였던 예전의 베드로의 입장에서 본다면, 그것은 자신이 누릴 수 있으리라 감히 상상할 수도 없었던 아름다운 미래였습니다.

제 막내아이의 어릴 적 취미는 '레고 놀이'로, 그 실력이 제법이었습니다. 소위 '레고 테크닉'이라고 해서, 전자장치로 작동되는 난해한 구조의 레고 역시 설계도를 놓고 순식간에 조립하곤 했습니다. 레고의 본거지인 덴마크의 '레고랜드'에 가서 실력을 공인받기도 했습니다. 그러나 레고로 아무리 하이테크닉의 근사한 집을 지어도 그 집은 오래가지 못합니다. 얼마 있지 않아 그것을 허물고 다시 만들기 때문입니다. 그렇듯 만들기 위해 허물고, 허물기 위해 짓는 반복 속에 레고의 묘미와 매력이 있습니다.

그러나 인생은 레고 놀이가 아닙니다. 인생은 단순히 재미를 좇아 짓고 허물기를 반복하는 놀이가 아니라는 말입니다. 인생은, 제한된 시간 속에서 영원한 집으로 중단 없이 지어져 가는 삶의 여정입니다. 지어져 간다는 것은 어떤 경우에도 무의미한 반복을 의미하지 않습니다. 현재진행형으로 지어져 간다는 것은 계속 지어지고 있음을 뜻하기에, 그것은 항상 어제보다 나은 오늘, 지난해보다 나은 올해, 연초보다 나은 연말을 의미합니다.

이제 2008년도의 마지막 주일인 송년 주일을 맞아 우리 자신을 되돌아보십시다. 지난해보다 올해 우리 각자는 주님 안에서 좀더 하나님의 성전으로 지어졌습니까? 그리스도 안에서 새것이 된 우리의 삶은 금년 1월 1일에 비해 12월 28일인 오늘, 보다 더 새로워져 있습니까? 만약 그렇지 못하다면 그 이유는 한 가지, 올해에도 우리는 우리가 하고 싶은 것만 추구하고 살았을 뿐, 그리스도인으로서 주님 안에서 하나님의 말씀을 좇아 싫더라도 마땅히 행하여야 할 것을 하려 하지는 않았기 때문이 아니겠습니까? 그것이 대체 무엇입니까? 하나님과의 관계에서, 사람과의 관계에서, 하나님의 말씀을 좇아 마땅히 행하여야 함에도 단지 하기 싫다는 이유만으로 하지 않은 것이 무엇입니까? 올해가 끝나려면 아직도 사흘이나 남아 있습니다. 그 사흘 동안, 우리 모두 싫다고 하지 않은 바로 그 일을 행하십시다. 그래야 우리의 인생에서 2008년이란 벽돌이 제자리를 찾게 되고, 그 위에 2009년이란 벽돌이 제대로 쌓일 수 있으며, 결과적으로 우리 인생이 예수 그리스도 안에서 중단 없이 바르게 지어져 갈 수 있습니다.

올해 우리 교회의 표어는 '미래와 희망'이었습니다. 우리가 예수 그리스도 안에서 하나님의 말씀을 좇아 계속 지어져 가는 한, 우리에게는 언제나 우리가 상상할 수 없었던 새로운 미래가 하나님에 의해 주어지게 됩니다. 갈릴리의 무식한 어부였던 베드로가 주님 안에서 말씀을 좇아 계속 지어져 감으로, 위대한 사도 베드로가 되는 미래를 얻었던 것과 같은 이치입니다. 그러므로 우리가 예수 그리스도 안에서 하나님의 말씀을 좇아 계속 지어져 가는 한, 하나님께서 우리의 '미래와 희망'이시라는 표어는 올해가 끝났다고 효력을 상실하는 것이 아니라, 우리의 코끝에 호흡이 있는 한 계속 유효할 것입니다. 오늘 송년 주일을 맞아 남아 있는 사흘 동안 우리가 하기 싫더라도 마땅히 해야 할 것을 마무리함으로 2008년을 바르게 매듭지어야 할 이유가 여기에 있습니다. 2008년이 말씀 안에서 바르게 매듭지어져야 바로 그 매듭 위에, 하나님께서 주시려는 새로운 미래와 희망의 실체로서의 2009년이 얹힐 수 있기 때문입니다.

주님께서 베드로를 위한 말씀의 터전이 되어 주시고, 또 베드로의 인생을 위한 주춧돌이 되어 주셨습니다. 그래서 베드로는 욥바의 무두장이 시몬의 집에서도, 가이사랴의 이방인 고넬료의 집에서도, 예루살렘에서 자신을 혹독하게 비난하는 할례자들 앞에서도, 예전이라면 응당 싫어했을 일을, 오직 하나님의 말씀에 순종하여 자신이 마땅히 행하여야 할 일로 알고 행하였습니다. 이처럼 베드로가 주님 안에서 하나님의 말씀을 좇아 매일 지어져 가는 사람이었기에, 그는 인류의 역사를 새롭게 하는 위대한 사도라는 미래를 얻었습니다. 베드로가 주님 안에서 매일 말씀을 좇아 지어져 가는 사람이 아니었던들, 무식한 갈릴리의 어부 베드로로서는 그것은 절대로 불가능한 일이었습니다.

이제 2008년의 마지막 송년 주일을 맞아 올해를 되돌아봅니다. 지난 1년 동안에도 보잘것없는 우리를 주님의 넉넉한 사랑으로 품어 주셨음을 감사드립니다. 특히 주님께서 우리를 위해 변함없는 말씀의 터전이 되어 주시고, 우리 인생의 주춧돌이 되어 주신 것을 감사드립니다. 그러나 우리 자신이 그 터전과 주춧돌 위에서, 말씀으로 바르게 지어져 가는 삶에는 미흡하였음을 고백드립니다. 올 1년 동안에도 우리가 하고 싶은 것만 추구하고 행하려 했을 뿐, 싫어도 말씀을 좇아 마땅히 해야 할 일은 등한시하였습니다. 그 결과 올해 역시 진정한 새날, 새해로 엮어지지는 못했습니다. 주님께서 우리에게 주신 귀한 생명인 시간을 그렇듯 무의미하게 허비하였음을 회개하오니 용서해 주십시오.

그러나 올해가 끝나기 전, 아직 우리에게 사흘의 기회를 남겨 주심을 감사합니다. 이 사흘 동안 하나님과의 관계에서, 사람과의 관계에서, 우리가 마땅히 해야 할 일임에도 단지 싫다는 이유로 회피했던 일들을 매듭짓게 도와주십시오. 그 매듭 위에 2009년이 새로운 미래와 희망의 실체로 얹혀지게끔 도와주십시오. 그리하여 2009년에는, 주님 안에서 말씀을 좇아 매일 새롭게 지어져 가는 우리를 통해, 이 암울한 시대 속에 하나님의 뜻이 온전히 이루어지게 해주십시오. 아멘.

4. 성령이 내게 명하사 _{신년 주일}

사도행전 11장 1-18절
유대에 있는 사도들과 형제들이 이방인들도 하나님의 말씀을 받았다 함을 들었더니 베드로가 예루살렘에 올라갔을 때에 할례자들이 비난하여 이르되 네가 무할례자의 집에 들어가 함께 먹었다 하니 베드로가 그들에게 이 일을 차례로 설명하여 이르되 내가 욥바 시에서 기도할 때에 황홀한 중에 환상을 보니 큰 보자기 같은 그릇이 네 귀에 매어 하늘로부터 내리어 내 앞에까지 드리워지거늘 이것을 주목하여 보니 땅에 네 발 가진 것과 들짐승과 기는 것과 공중에 나는 것들이 보이더라 또 들으니 소리 있어 내게 이르되 베드로야 일어나 잡아먹으라 하거늘 내가 이르되 주님 그럴 수 없나이다 속되거나 깨끗하지 아니한 것은 결코 내 입에 들어간 일이 없나이다 하니 또 하늘로부터 두 번째 소리 있어 내게 이르되 하나님이 깨끗하게 하신 것을 네가 속되다고 하지 말라 하더라 이런 일이 세 번 있은 후에 모든 것이 다시 하늘로 끌려 올라가더라 마침 세 사람이 내가 유숙한 집 앞에 서 있으니 가이사랴에서 내게로 보낸 사람이라 **성령이 내게 명하사** 아무 의심 말고 함께 가라 하시매 이 여섯 형제도 나와 함께 가서 그 사람의 집에 들어가니 그가 우리에게 말하기를 천사가 내 집에 서서 말하되 네가 사람을 욥바에 보내어 베드로라 하는 시몬을 청하라 그가 너와 네 온 집이 구원받을 말씀을 네게 이르리라 함을 보았다 하거늘 내가 말을 시작할 때에 성령이 그들에게 임하시기를 처음 우리에게 하신 것과 같이 하는지라 내가 주의 말씀에 요한은 물로 세례를 베풀었으나 너희는 성령으로 세례를 받으리라 하신 것이 생각났노라 그런즉 하나님이 우리가 주 예수 그리스도를 믿을 때에 주신 것과 같은 선물을 그들에게도 주셨으니 내가 누구이기에 하나님을 능히 막겠느냐 하더라 그들이 이 말을 듣고 잠잠하여 하나님께 영광을 돌려 이르되 그러면 하나님께서 이방인에게도 생명 얻는 회개를 주셨도다 하니라

또다시 해가 바뀌고 오늘은 바뀐 해의 첫 번째 주일입니다. 약 두 달 전에 방송인 이윤철 집사님과 대화를 나누던 중, 이 집사님이 전해 준 말이 제 가슴을 쳤습니다. 그것은 미국의 작가인 에머슨R. W. Emerson이 '오늘'에 대해 정의한 내용이었습니다. "오늘은, 어제 죽은 사람이 그토록 살고 싶어 했던 내일"이라는 것입니다. 정말 그렇지 않습니까? 우리가 별생각 없이 맞은 오늘은, 어제 죽은 사람들이 그토록 간절히 살고 싶어 했지만 끝내 살지 못한 내일입니다. 그렇다면 우리는 올해 역시 똑같은 방식으로 정의할 수 있습니다. 올해는, 작년에 죽은 사람들이 그토록 살기를 소망했던 내년입니다. 그들이 그토록 살기 원했지만 끝내 살지 못했던 내일과 내년을, 우리는 지금 오늘과 올해로 맞고 있습니다. 이것은 어제 혹은 작년에 죽은 사람들은 다 불쌍하다는 의미가 결코 아닙니다. 그들 가운데 주님을 믿은 사람들은, 우리 모두의 목적지인 영광스럽고도 영원한 하나님의 나라에 이르렀기 때문입니다. 그럼에도 '오늘과 올해는 어제와 작년에 죽은 사람들이 그토록 살고 싶어 했던 내일과 내년'이란 표현이 우리의 가슴을 치는 것은, 우리에게 주어진 오늘과 올해의 중요성을 이보다 더 잘 표현할 수는 없기 때문입니다.

오늘은 어제 죽은 사람들이 그토록 살기 원했던 내일입니다. 올해는 작년에 죽은 사람들이 그토록 맞기를 소망했던 내년입니다. 그들은 결코 살 수

없었던 내일과 내년이, 우리에게는 오늘과 올해라는 시간으로 주어졌습니다. 그렇다면 그 시간의 중요성이야 두말해 무엇하겠습니까? 이 세상 그 어떤 금은보화가 지금 우리에게 주어진 이 시간보다 더 귀할 수 있겠습니까? 또다시 생각 없이 사느라, 오늘과 올해라는 귀한 시간을 무의미하게 헛날려 버릴 수는 없지 않습니까? 새해의 벽두부터 우리 모두 마음을 추스르고, 어제 그리고 작년에 죽은 사람들이 그토록 살기 원했던 내일과 내년인 오늘과 올해를 바르게 일구어 가기 위한 굳은 결단이 있어야 하지 않겠습니까? 그러나 우리는 우리의 결단의 유효기간이 고작 '작심삼일'에 지나지 않는다는 사실 또한 지난 삶의 경험으로 이미 알고 있지 않습니까?

10여 년 전에 미국에서는 기독교 계통의 교육기관을 중심으로 청소년들의 혼전 순결 서약이 성행했습니다. 혼전 순결 서약은 문자 그대로 결혼하기 전까지 성적 순결을 지키겠다는 것을 공개적으로 다짐하는 것이었습니다. 그 이후 미국 존스홉킨스 대학 공중보건학교의 로젠바움Janet Rosenbaum 교수가 평균 17세에 혼전 순결 서약을 한 청소년과 서약하지 않은 청소년들을 대상으로 조사를 실시했는데, 그 결과가 이번에 〈워싱턴 포스트〉지에 의해 밝혀졌습니다. 놀랍게도 혼전 순결 서약을 했든 하지 않았든 상관없이, 조사 대상자 전원이 21세 이전에 혼전 성 경험을 한 것으로 나타났습니다. 다시 말해 조사 대상자 가운데 혼전 순결 서약을 했던 청소년들 100퍼센트가 자신의 서약을 헌신짝처럼 내던진 것입니다. 이에 대하여 조사를 진행했던 로젠바움 교수는 "혼전 순결 서약 자체가 서약으로 내면화되지 못했다. 특히 성 절제 프로그램에 참여하는 것 역시 그들의 행동에 아무 동기도 부여하지 못했다"고 결론 내렸습니다. 자신의 서약 앞에서 인간이 얼마나 무기력한지를 보여 주는 단적인 예입니다.

자신의 서약을 몇 년 만에 스스로 파기한 이들이 도대체 누구입니까? 바로 우리 자신의 모습이지 않습니까? 매번 결단은 하지만, 결단한 대로 살지는 못하는 우리 자신 말입니다. 그렇다고 우리의 결단이 전혀 무가치한 것은 아닙니다. 결단할 줄 모르는 인간에게는 기대할 것도 없습니다. 우리는 지금 우리가 맞고 있는 오늘과 올해를 참된 삶으로 일굴 것을 결단하면서도, 그와 동시에 겸손하게 성령님의 도우심과 성령님의 인도하심을 구하지 않으면 안 됩니다. 하나님의 영이시요, 진리의 영이신 성령님의 도우심과 인도하심 속에서만 우리가 참된 삶을 살 수 있기 때문입니다.

가이사랴의 이방인 고넬료 일행에게 공개적으로 복음을 전하고 세례를 베풂으로, '땅끝까지 이르러 내 증인이 되리라'는 주님의 마지막 명령을 교회가 공식적으로 이행하는 물꼬를 튼 베드로가 마침내 초대교회의 본거지였던 예루살렘으로 귀환했습니다. 그러나 그곳에서 베드로를 기다리는 것은 예루살렘 교인들의 환대나 환영이 아니었습니다. 소위 할례파로 불리는 유대 그리스도인들의 혹독한 비난이었습니다. 베드로가 유대인의 관습과 관례를 어기고 이방인의 집에 가서 이방인과 교제하고 더욱이 이방인과 함께 식탁을 나누었다는 이유에서였습니다. 어제의 베드로라면 불처럼 화를 내어야 할 판이었습니다. 그러나 베드로는 더 이상 어제의 베드로가 아니었습니다. 베드로는 자신을 비난하는 할례자들에게 그들과 같은 방식으로 대응하지 않았습니다. 베드로는 도리어 모든 경위를 처음부터 차례대로 그들에게 성심성의껏 설명했습니다.

> 베드로가 그들에게 이 일을 차례로 설명하여 이르되 내가 욥바 시에서 기도할 때에 황홀한 중에 환상을 보니 큰 보자기 같은 그릇이 네 귀에 매어 하늘로부터 내리어 내 앞에까지 드리워지거늘 이것을 주목하여 보

니 땅에 네 발 가진 것과 들짐승과 기는 것과 공중에 나는 것들이 보이더라 또 들으니 소리 있어 내게 이르되 베드로야 일어나 잡아먹으라 하거늘 내가 이르되 주님 그럴 수 없나이다 속되거나 깨끗하지 아니한 것은 결코 내 입에 들어간 일이 없나이다 하니 또 하늘로부터 두 번째 소리 있어 내게 이르되 하나님이 깨끗하게 하신 것을 네가 속되다고 하지 말라 하더라 이런 일이 세 번 있은 후에 모든 것이 다시 하늘로 끌려 올라가더라(4-10절).

우리가 이미 알고 있는 것처럼, 욥바의 무두장이 시몬의 집에 체류하던 베드로가 낮 12시에 그 집 옥상에서 기도하다가 환상을 보았습니다. 하늘에서 큰 보자기 같은 그릇이 내려왔는데, 그 속에는 유대인들이 부정하게 간주하는 온갖 짐승과 새들이 들어 있었습니다. 그래서 그것들을 잡아먹으라는 음성을 베드로는 거부했지만, "하나님이 깨끗하게 하신 것을 네가 속되다고 하지 말라"는 음성이 다시 들렸습니다. 그 일이 세 번이나 반복되었습니다. 환상 속에 나타난, 베드로가 부정하다고 간주한 온갖 짐승과 새들은 이방인의 상징이었습니다. 그러므로 그 환상은, 하나님께서 유대인을 죄에서 구원하셨듯이 이방인의 죄 역시 씻어 주셨으므로 이방인 받아들이기를 꺼려 하지 말라는 뜻이었습니다. 그래서 동일한 환상과 음성이 세 번이나 반복되었습니다. 성령님께서, 그때까지 구원의 복음을 유대인만의 전유물로 그릇 이해하고 있던 베드로의 편견을 교정해 주시기 위함이었습니다.

그러나 당시 상황을 전해 주고 있는 사도행전 10장 17절에 의하면, 베드로는 자신이 본 환상과 음성이 무슨 뜻인지를 알지 못해 속으로 의아해했습니다. 우리말 '의아해하다'는 의미의 헬라어 '디아포레오$\delta\iota\alpha\pi o\rho\epsilon\omega$'는 '당황하다', '당혹스럽다'는 뜻입니다. 베드로는 똑같은 내용의 환상과 음성을 세 번씩이나 보고 들었음에도 그 의미를 알 수 없어 무척 당혹스러워했습니다. 바로 그 순간에 있었던 일을 본문 11절이 밝혀 주고 있습니다.

> 마침 세 사람이 내가 유숙한 집 앞에 서 있으니 가이사랴에서 내게로 보낸 사람이라.

마침 그때 가이사랴의 이방인 고넬료가 베드로에게 보낸 사람들이 당도했습니다. 그와 동시에 성령님께서 베드로에게 말씀하셨습니다.

> 성령이 내게 명하사 아무 의심 말고 함께 가라 하시매 이 여섯 형제도 나와 함께 가서 그 사람의 집에 들어가니(12절).

성령님께서 베드로가 결코 오해할 수 없는 분명한 말씀으로, 베드로를 찾아온 이방인들을 따라 이방인 고넬료 집을 찾아갈 것을 베드로에게 명령하셨습니다. 이에 베드로는 평소라면 절대로 찾아가지 않았을 가이사랴의 이방인 고넬료의 집을 욥바의 그리스도인들과 함께 찾아갔고, 자신의 집에서 베드로를 맞은 이방인 고넬료가 베드로에게 말했습니다.

> 그가 우리에게 말하기를 천사가 내 집에 서서 말하되 네가 사람을 욥바에 보내어 베드로라 하는 시몬을 청하라 그가 너와 네 온 집이 구원받을 말씀을 네게 이르리라 함을 보았다 하거늘(13-14절).

고넬료는 자신이 사람을 보내어 일면식도 없던 베드로를 청하게 된 것은, 자신이 기도하는 중에 하나님의 사자가 나타나 그렇게 하게끔 지시하였기 때문임을 밝혔습니다. 이에 베드로는 즉각 이방인 고넬료 일행에게 복음, 하나님의 말씀을 전하기 시작했습니다.

내가 말을 시작할 때에 성령이 그들에게 임하시기를 처음 우리에게 하신 것과 같이 하는지라(15절).

베드로가 하나님의 말씀을 전하기 시작하자 마치 오순절에 성령님께서 제자들에게 임하셨듯이, 하나님의 말씀을 듣는 이방인 고넬료 일행에게 성령님께서 임하시는 것이었습니다. 그 광경을 목격한 베드로는 주저 없이 그들에게 세례까지 베풀었습니다.

이상과 같은 베드로의 설명을 한마디로 압축하면, 그 모든 일을 행하신 분은 하나님의 영이신 성령님이셨다는 것입니다. 가이사랴에서 기도하던 이방인 고넬료로 하여금 가이사랴에서 50여 킬로미터나 떨어진 욥바에 체류 중이던 베드로를 청하게 하신 분도 성령님이셨고, 욥바에서 기도하던 베드로로 하여금 환상을 보고 가이사랴의 이방인 고넬료 집을 찾아가 복음을 전하게 하신 분도 성령님이셨고, 베드로를 통해 하나님의 말씀을 듣던 이방인 고넬료 일행에게 친히 임하신 분도 성령님이셨고, 베드로가 이방인에게 세례까지 베풀게 하신 분도 성령님이셨고, 베드로가 이방인 고넬료 집에서 며칠씩 이방인과 함께 먹고 자게 하심으로 이방인과 유대인 사이의 장벽을 깨뜨리신 분도 성령님이셨습니다. 성령님의 역사가 아니고서는, 그 어느 것 하나도 가능할 수 없는 일들이었습니다.

주님께서 이 땅을 떠나시기 전 '땅끝까지 이르러 내 증인이 되리라'는 마지막 명령을 남기셨을 때, 베드로인들 땅끝의 증인이 되리라고 왜 결단하지 않았겠습니까? 그러나 그의 결단만으로는, 그는 진정한 땅끝의 증인이 될 수 없었습니다. 그는 '땅끝'이 이방인을 가리킨다는 사실조차 알지 못했기 때문입니다. 베드로는 오직 성령님의 인도하심과 도우심 속에서 진정한 땅끝의 삶을 시작할 수 있었습니다. 만약 베드로가 성령님의 인도하심을 좇지 않았던들, 그가 일평생 수십 번의 새해를 맞았다 한들 무식한 갈릴리의 어부 베드로를 탈피하지는 못했을 것입니다.

올해 우리 교회의 표어는 구약성경 스가랴 4장 6절 말씀을 토대로 한 '오직 나의 영으로'입니다.

> 만군의 여호와께서 말씀하시되 이는 힘으로 되지 아니하며 능력으로 되지 아니하고 오직 나의 영으로 되느니라.

우리는 사흘 전 신년 0시 예배 시간에, 본 구절의 의미와 역사적 배경에 대하여 상세하게 생각해 보았습니다(본서의 부록 참조—편집자). 예루살렘 멸망과 함께 바빌로니아에 포로로 끌려갔다가 본토 예루살렘으로 귀환한 유대인들이 무엇보다 먼저 하려 했던 것은 무너진 예루살렘성전의 재건이었습니다. 그러나 예루살렘을 장악하고 있던 이방 세력과 혼혈 집단의 집요한 방해 공작으로 성전 재건 공사는 겨우 기초를 닦는 것으로 무려 16년간이나 중단되어야만 했습니다. 실의에 빠진 유대인들 가운데 예루살렘성전이 재건되리라고 생각하는 사람은 아무도 없었습니다. 그러나 하나님의 말씀이 선지자 스가랴에게 임하셨습니다. 사람의 힘이나 능력으로는 불가능해도, 인간의 군대나 권력으로도 불가능해도, 오직 하나님의 영이신 성령님께서는 하실 수 있다는 것이었습니다. 그리고 그로부터 4년 후인 주전 516년, 모든 사람이 불가능하리라 여겼던 예루살렘성전은 마침내 재건되었습니다. 오직 하나님의 영이신 성령님께서 행하신 일이었습니다.

2500여 년 전에 재건된 그 성전은, 단지 돌과 나무로 지어진 당시의 건축물만을 의미하지 않는다고 했습니다. 그것은 예수 그리스도 안에서 하나님의 성전으로 부름 받은 우리 자신을 일컫습니다. 우리의 힘과 능력만으로는 우리의 결단은 또다시 작심삼일일 수밖에 없지만, 오직 성령님께서는 우리가 결단한 대로 살 수 있도록 우리를 도우시고, 또 바로 세우실 수 있습니다. 또 그 성전은 우리를 통해 바로 세워져야 할 우리의 가정과 일터, 이 땅의 교회와 이 나라를 의미합니다. 우리는 유례없는 세계적인 경제 위기 속에서 새해를 맞았습니다. 아무리 경제적 위기가 우리 삶을 뒤흔들어도, 성령님께서는 우리의 가정과 일터를 바로 세우실 수 있습니다. 이 땅의 교회가 아무리 타락하고 부패했어도, 성령님께서는 당신의 교회를 다시 재건하실 수 있습니다. 이 나라를 끌어가는 정치 지도자들이 한심하기 짝이 없어도, 성령님께서는 이 나라를 새롭게 하실 수 있습니다. 성령님께서는 천지를 창조하신 전능하신 하나님의 영이시기 때문입니다. 그러므로 우리가 그 성령님에 대해 깨어 있는, 성령의 사람이 되는 것이 중요합니다.

성령님께서는 이방인 고넬료가 기도하는 중에 욥바의 베드로를 청하라는 천사의 음성을 듣게 하셨습니다. 성령님께서는 베드로가 기도하는 중에 환상을 보게 하시고, 이방인 고넬료를 찾아가라는 성령님의 음성을 듣게 하셨습니다. 성령님께서는, 이방인 고넬료 일행이 베드로의 입을 통해 나오는 하나님의 말씀을 들을 때 그들에게 친히 임하셨습니다. 이처럼 성령님 앞에서 깨어 있는 성령의 사람이 된다는 것은, 곧 말씀과 기도의 사람이 되는 것입니다.

지난 성탄 축하 예배 시간에 시인 정현종 선생의 시 〈방문객〉의 앞부분을 소개해 드렸습니다. 그 시의 전문全文은 다음과 같습니다.

사람이 온다는 건

실은 어마어마한 일이다.

그는

그의 과거와

현재와

그리고

그의 미래와 함께 오기 때문이다.

한 사람의 일생이 오기 때문이다.

부서지기 쉬운

그래서 부서지기도 했을

마음이 오는 것이다─그 갈피를

아마 바람은 더듬어 볼 수 있을

마음.

내 마음이 그런 바람을 흉내 낸다면

필경 환대가 될 것이다.

바람의 특징은 모든 것을 쓰다듬고 어루만지는 것입니다. 우리는 단지 길을 따라 걸을 뿐이지만 바람은 길도, 길 위의 행인과 돌멩이와 풀도, 길옆의 논과 밭과 집들도, 그리고 그 너머의 강과 숲 속의 나무도 모두 쓰다듬고 어루만지며 지나갑니다. 우리가 누군가를 만나는 것은 그의 과거와 현재 그리고 미래를 만나는 것인 동시에, 그의 마음을 만나는 것입니다. 그때 우리의 마음이 바람이 되어 때로는 상처 받고 때로는 눈물로 얼룩지고 때로는 돌처럼 굳어진 그의 마음을 쓰다듬어 줄 수 있다면, 그의 과거와 현재를 다 어루만져 주는 바람일 수 있다면, 그와의 만남을 통해 그와 우리의 미래의 의미가 동시에 달라지지 않겠습니까?

요한복음 20장 22절에 의하면, 부활하신 주님께서 당신의 제자들을 향해 '후' 하고 숨을 내쉬시며 "성령을 받으라"고 말씀하셨습니다. 성령이란 말 뜻이 본래 하나님의 바람, 하나님의 숨결을 의미하기 때문입니다. 성령님은 하나님의 바람이십니다. 그래서 우리가 하나님의 말씀을 묵상하고 하나님 앞에 무릎 꿇고 기도드릴 때, 하나님의 바람이신 성령님께서는 상처투성이인 우리의 과거와 현재를 보듬어 쓰다듬고 어루만져 주십니다. 성령님은 하나님의 숨결이십니다. 그래서 우리가 하나님의 말씀을 묵상하고 하나님 앞에 무릎 꿇고 기도드릴 때, 하나님의 숨결이신 성령님께서는 눈물로 얼룩지고 돌처럼 굳은 우리의 심령을 하나님의 생명의 숨결로 소생시켜 주십니다. 오직 성령님에 의해 우리의 과거와 현재 그리고 미래가 통틀어 새로워지는 이유가 여기에 있습니다.

그뿐이 아닙니다. 우리가 하나님의 말씀을 묵상하고 하나님 앞에 기도드릴 때, 하나님의 숨결이신 성령님께서는 우리로 하여금 하나님의 숨결로 호흡하게끔 우리를 도우십니다. 우리가 하나님의 말씀을 묵상하고 하나님 앞에 기도드릴 때, 하나님의 바람이신 성령님께서는 우리가 우리의 영으로 영이신 하나님을 쓰다듬고 어루만져, 하나님을 속속들이 알 수 있도록 우리를 도우십니다. '성령은 모든 것 곧 하나님의 깊은 것까지도 통달하신다'는 고린도전서 2장 10절의 증언처럼, 하나님의 영이신 성령님께서는 하나님의 숨결이요 하나님의 바람이시기에 하나님의 깊은 흉중胸中까지도 정확하게 아시기 때문입니다. 그러므로 우리가 말씀과 기도로 성령의 사람이 되어 갈수록 우리의 삶은 더욱 새로워지고, 더욱 굳건해지지 않을 수 없습니다.

개역한글 성경으로 신·구약성경은 총 1,754페이지로 이루어져 있습니다.

우리가 사용하고 있는 개역개정판 성경 역시 페이지만은 개역한글 성경과 같이 표기하고 있습니다. 우리 모두 올 1년 동안 하루에 다섯 페이지씩 성경 말씀을 먹으십시다. 그렇게 하면 올 1년 동안 우리는 성경을 완독할 수 있습니다. 그와 동시에 올 1년 동안 매일 하나님 앞에 무릎 꿇는 기도의 사람이 되십시다. 매일 열리는 우리 교회 새벽 기도회는 침묵의 기도 시간입니다. 매주 화요일 오전에 열리는 중보기도 모임은 타인과 민족과 나라와 세계를 위한 기도 시간입니다. 또 금년 들어 이번 주부터, 소리 내어 기도하기 원하는 분들을 위해 목요 기도회가 매주 목요일 밤 9시 30분부터 11시까지 열릴 예정입니다. 각자 자신의 집에서 기도하되, 한 달에 한 번 정도는 교회에서 열리는 기도회에도 참석하여 깊은 호흡의 기도를 훈련하십시오. 단 침묵의 기도를 드리든 혹은 소리 내어 울부짖든, 기도의 궁극적인 목적은 내 영혼이 하나님의 바람과 숨결을 느끼고 성령님의 빛 속에서 하나님의 뜻을 바르게 분별하는 것임을 잊지는 마십시다. 기도는 한풀이나 카타르시스를 위한 시간이 아니라, 살아 계신 하나님과의 인격적인 대화의 시간이기 때문입니다. 사람 간의 대화에서도 상대를 들으려는 마음가짐이 중요하다면, 하물며 하나님과의 대화에서야 두말해 무엇하겠습니까?

사랑하는 교우 여러분!

오늘은, 어제 죽은 사람이 그토록 살기 원했던 내일입니다. 올해는, 작년에 죽은 사람이 그토록 맞기를 소망했던 내년입니다. 그러므로 그 귀한 오늘과 올해를 우리가 또다시 무의미하게 허비할 수는 없습니다. 우리 모두 말씀과 기도를 통해 성령의 사람이 되십시다. 우리에게는 우리 자신을 바로 세울 수 있는 힘과 능력이 없어도, 성령님께서 우리의 올해를 반드시 새해로 엮어 주실 것입니다. 경제 위기가 아무리 우리를 뒤흔들어도, 성령님께서 우리를 통해 우리의 가정과 일터, 그리고 이 땅의 교회와 이 나라를 새롭게 해주실 것입니다. 하나님의 숨결이요 바람이신 그 성령님께서 지금, 우리 가운데 계십니다.

어제 죽은 사람이 그토록 살고 싶어 했던 내일을, 주님께서는 우리에게 오늘로 주셨습니다. 작년에 죽은 사람이 그토록 맞기를 소망했던 내년을, 주님께서 우리에게 새해로 주셨습니다. 우리에게 주어진 오늘과 올해의 소중함을 잊지 않도록 도와주시옵소서. 말씀과 기도 속에서, 오직 성령의 사람으로 올 1년을 살게 하옵소서. 말씀과 기도 속에서, 눈물로 얼룩지고 돌처럼 굳어 버린 우리의 심령을 소생시키시는 하나님의 생명의 숨결을 호흡하게 하소서. 말씀과 기도 속에서, 상처투성이인 우리의 과거와 현재는 말할 것도 없고 우리의 미래까지 보듬어 쓰다듬고 어루만져 주시는 하나님의 사랑의 바람결을 온 영혼으로 느끼게 하옵소서. 말씀과 기도 속에서, 하나님의 깊은 것까지도 통달하시는 성령님의 도우심을 힘입어 우리의 영이 하나님을 쓰다듬고 어루만져, 하나님을 속속들이 알아 가게 하옵소서.

그리하여 오직 하나님의 영으로 살아가는 우리 자신이 날마다 진리 위에 우뚝 서게 하옵소서. 이 세상의 그 어떤 위기 속에서도, 오직 하나님의 영으로 살아가는 우리를 통해 우리의 가정과 일터, 이 땅의 교회와 이 나라가 날로 새로워지게 하옵소서. 오직 하나님의 영으로 살아가는 우리의 올해가, 1년 열두 달 365일 내내, 새날 새해가 되게 하옵소서. 아멘.

5. 생각났노라

사도행전 11장 15-18절

내가 말을 시작할 때에 성령이 그들에게 임하시기를 처음 우리에게 하신 것과 같이 하는지라 내가 주의 말씀에 요한은 물로 세례를 베풀었으나 너희는 성령으로 세례를 받으리라 하신 것이 **생각났노라** 그런즉 하나님이 우리가 주 예수 그리스도를 믿을 때에 주신 것과 같은 선물을 그들에게도 주셨으니 내가 누구이기에 하나님을 능히 막겠느냐 하더라 그들이 이 말을 듣고 잠잠하여 하나님께 영광을 돌려 이르되 그러면 하나님께서 이방인에게도 생명 얻는 회개를 주셨도다 하니라

1980년대 초까지 우리나라에서는 밤마다 통행금지가 실시되었습니다. 젊은이들에게는 생소한 이야기겠지만 매일 밤 12시부터 이튿날 새벽 4시까지, 만 네 시간 동안 일체의 통행이 금지되었습니다. 그래서 저는 밤에 집에 들어가지 못하는 날이 종종 있었습니다. 그때는 술독에 빠져 살던 시절이어서, 친구들과 어울려 술을 먹다가 밤 12시를 넘겨 귀가 시간을 놓쳐 버리기 일

쑤였기 때문입니다. 그런 날은 어쩔 수 없이 통행금지가 해제되는 새벽 4시를 넘겨서야 귀가하였습니다. 저를 기다리느라 꼬박 밤을 지새우다 대문을 열어 주시는 어머님께 죄송하여, 그때마다 새벽 귀가의 변을 적당하게 둘러대었습니다. 그 당시 통행금지에 걸려 새벽에 귀가하는 대부분의 남자가 그랬듯이, 저 역시 초상집에서 밤을 새우고 왔다는 거짓말을 제일 많이 했습니다. 그러다 보니 멀쩡하게 살아 계신 제 친구나 동료의 부모치고 어머님 앞에서 돌아가시지 않은 분이 없었습니다. 심지어 어떤 분들은 제 착각으로 두 번이나 세 번씩 돌아가시기도 했습니다.

어느 날 새벽에 귀가하던 날에도 역시 초상집 핑계를 대었습니다. 제 말이 끝나자 그날따라 어머님께서 이렇게 말씀하셨습니다.

"이다음에 네가 결혼하면, 네 처에겐 어떤 경우에도 거짓말을 해서는 안 된다. 만약 피치 못해 어쩔 수 없이 거짓말을 했다면, 넌 그 거짓말이 반드시 참말이 되도록 해야 한다."

그 말씀을 듣는 제가 얼마나 부끄러웠겠습니까? 새벽에 귀가한 제가 아무리 그럴듯하게 핑계를 둘러대어도, 어머님은 그것이 모두 거짓말인 줄 다 알고 계셨기 때문입니다. 당신의 몸으로 낳으시고, 당신의 품으로 키우시고, 한평생 함께 사셨으니, 제 표정과 눈빛만 보고서도 제가 하는 말의 진위를 어찌 가리시지 못했겠습니까? 그런데도 평소에 어머님을 멋지게 속이고 있다는 착각으로 살다가 그날 새벽에 들통이 나고 말았으니, 그때 어머님 앞에서의 제 부끄러움이 얼마나 컸겠습니까?

그런데 어머님의 말씀 중 마지막 부분의 뜻을 알아차릴 수가 없었습니다. 어머님 당신께는 거짓말을 할지라도 결혼한 뒤 아내에게는 절대로 거짓말하지 말라는 말씀이면 족할 텐데, 왜 어쩔 수 없이 아내에게 거짓말을 했다면 그 거짓말이 반드시 참말이 되게 하라고 하셨는지, 그 의미를 도무지 이해할 수 없었습니다. 하지만 제 거짓말이 들통 나 어머님 앞에서 몸 둘 바를 알지 못했던 그 순간에는, 그 의미를 어머님께 여쭈어 볼 계제가 전혀 아니었습니다. 그러나 그 이후에 결혼하여 아내와 함께 사는 가운데, 어느 날 불현듯 어머님의 그 말씀이 생각나면서 그 말씀의 의미를 깊이 깨닫게 되었습니다.

사람들은 대개 자기에게 유리하기 위해 거짓말을 합니다. 나쁜 짓을 하고서도 하지 않았다고 시치미를 뗀다든가, 할 수 없는 것을 할 수 있다고 거짓말을 하는 것 등은 모두 자신의 유리함을 위해서입니다. 이것은 부부 사이에서도 마찬가지입니다. 따라서 어쩔 수 없이 거짓말을 했다면 더 이상 같은 거짓말을 반복하지 않도록, 그 거짓말이 참말이 되게끔 살라는 말씀이었습니다. 이를테면 밖에서 나쁜 짓을 하고서도 하지 않은 것처럼 아내에게 거짓말을 했다면, 자신의 말대로 그 나쁜 짓을 다시는 행하지 말라는 것이었습니다. 할 수 없는 것을 아내 앞에서 할 수 있는 것처럼 거짓으로 말했다면, 정말 그것을 할 수 있는 사람이 되라는 것이었습니다. 한마디로 말해 어머님의 말씀은, 부부간에 지켜야 할 가장 중요한 덕목은 신뢰라는 의미였습니다. 한평생을 함께 살아가야 할 부부에게 사랑이란, 상호 신뢰와 신의 외에 무엇일 수 있겠습니까? 그것 없이 각각 다른 두 사람이 어찌 한평생 부부로 한 인생을 살아갈 수 있겠습니까? 그러므로 아내 앞에서 어떤 경우에도 신뢰를 상실할 일은 절대로 하지 말라는 것이 어머님 말씀의 진의였던 것입니다.

제가 아내와 27년째 부부로 함께 살아오면서 아내로부터 신뢰받는 남편이 되는 것을 최우선시하는 것은, 아내와 결혼한 이후 어느 날, 30여 년 전 새벽에 어머님께서 하셨던 말씀이 불현듯 생각나면서 예전에는 이해할 수 없었던 그 의미를 깨달았기 때문입니다. 이처럼 인간에 불과한 부모의 말도 그 말을 뒤늦게 기억하고 그 말의 진의를 깨닫는 자식의 삶을 바로잡아 준다면, 인간이 삶 속에서 하나님의 말씀을 생각하고 그 의미를 바르게 깨달아 갈 때 그 자신이 바로 서는 것은 물론이요, 그를 통해 어찌 하나님의 역사가 일어나지 않겠습니까?

이 땅에서 3년에 걸친 공생애를 마친 주님께서 체포당하시기 전의 일이었습니다. 제자들과 최후의 만찬을 가지신 주님께서 제자들과 함께 겟세마네 동산으로 향하시면서 베드로와 나눈 대화의 내용을 마태복음 26장이 전해 주고 있습니다.

> 그때에 예수께서 제자들에게 이르시되 오늘 밤에 너희가 다 나를 버리리라 기록된바 내가 목자를 치리니 양의 떼가 흩어지리라 하였느니라 그러나 내가 살아난 후에 너희보다 먼저 갈릴리로 가리라 베드로가 대답하여 이르되 모두 주를 버릴지라도 나는 결코 버리지 않겠나이다 예수께서 이르시되 내가 진실로 네게 이르노니 오늘 밤 닭 울기 전에 네가 세 번 나를 부인하리라 베드로가 이르되 내가 주와 함께 죽을지언정 주를 부인하지 않겠나이다 하고 모든 제자도 그와 같이 말하니라(마 26:31-35).

이제 곧 주님의 고난이 시작되면 놀란 제자들이 뿔뿔이 흩어져 도망가 버릴 것을 주님께서 예고하셨을 때 베드로는, 모든 사람이 다 주님을 버릴지라도 자신만은 결코 주님을 버리지 않으리라 큰소리를 쳤습니다. 새벽닭이 울기 전에 주님을 세 번씩이나 부인할 것이라는 주님의 말씀마저 베드로는, 주님을 위해 목숨을 버릴망정 주님을 부인하는 일은 없을 것이라는 호언장담으로 일축하였습니다. 그러나 그는 자신이 철석같이 믿었던 주님께서 자신의 예상과는 달리 대제사장 무리에게 무기력하게 욕을 당하시는 현장을 보고 얼마나 두려웠던지, 주님의 면전에서 주님을 모른다고 세 번이나 공개적으로 부인해 버리고 말았습니다. 마태복음 26장은 그 이후의 일을 다음과 같이 밝혀 주고 있습니다.

> 그가 저주하며 맹세하여 이르되 나는 그 사람을 알지 못하노라 하니 곧 닭이 울더라 이에 베드로가 예수의 말씀에 닭 울기 전에 네가 세 번 나를 부인하리라 하심이 생각나서 밖에 나가서 심히 통곡하니라(마 26:74-75).

닭 울음소리가 새벽의 정적을 깨뜨리는 순간, 베드로는 주님께서 하셨던 말씀이 생각나서 그만 통곡을 터뜨리고 말았습니다. 주님으로부터 그 말씀을 들을 때만 해도, 베드로는 그것은 자신과는 전혀 무관하다고 확신했습니다. 스스로 자신을 상당히 괜찮은 사람으로 착각한 탓이었습니다. 그러나 실제로 주님을 부인한 뒤 닭 울음소리를 듣고서야, 베드로는 비로소 주님의 말씀을 생각하며 그 진의를 깨달을 수 있었습니다. 자신이 얼마나 형편없는 인간인지, 자신의 연약한 실체를 비추어 주는 그 말씀의 참뜻을 말입니다. 만약 그날 새벽 베드로에게 주님의 말씀이 생각나지 않아 그 말씀의 의미조차 깨달을 수 없었던들, 베드로의 몸은 주님을 따르면서도 그의 중심은 주님과 무관한 자기 교만과 자기 착각에서 벗어나지 못했을 것입니다. 그러나 그날 새벽, 주님의 말씀을 생각하며 그 말씀 속에서 자신의 연약한 실체를 재확인함으로 그는 주님을 겸손히 좇는 베드로가 될 수 있었습니다.

또 요한복음 12장은 이렇게 증언하고 있습니다.

> 그 이튿날에는 명절에 온 큰 무리가 예수께서 예루살렘으로 오신다는 것을 듣고 종려나무 가지를 가지고 맞으러 나가 외치되 호산나 찬송하리로다 주의 이름으로 오시는 이 곧 이스라엘의 왕이시여 하더라 예수는

한 어린 나귀를 보고 타시니 이는 기록된바 시온 딸아 두려워하지 말라 보라 너의 왕이 나귀 새끼를 타고 오신다 함과 같더라 제자들은 처음에 이 일을 깨닫지 못하였다가 예수께서 영광을 얻으신 후에야 이것이 예수께 대하여 기록된 것임과 사람들이 예수께 이같이 한 것임이 생각났더라 (요 12:12-16).

구약성경 스가랴 9장 9절은 인간을 구원하실 메시아가 어린 나귀를 타고 오실 것임을 예언하였습니다. 그러나 주님의 제자들은 그것이 주님에 대한 예언임을 알지 못했습니다. 주님께서 실제로 나귀 새끼를 타고 예루살렘에 입성하셨지만, 제자들은 그때에도 그 사실을 깨닫지 못했습니다. 그러나 죽음을 깨뜨리고 부활 승천하시는 주님의 영광을 목격한 뒤에야 제자들에게 스가랴 9장 9절 말씀이 새삼스럽게 생각나면서, 그 말씀이 곧 주님에 대한 예언이었음을 깨닫게 되었습니다. 이 땅에 오셨던 나사렛 예수—그분이 바로 하나님께서 당신의 말씀으로 약속하셨던 메시아였던 것입니다. 그 이후 제자들이 주님을 위해 자신들의 삶을 바칠 수 있었던 것은 그분이 메시아이심을 확증해 주시는 하나님의 말씀으로 인함이었습니다.

주님의 면전에서 주님을 세 번씩이나 공개적으로 부인하던 베드로가 주님만 좇아 살게 된 것도, 십자가에 못박혀 돌아가시는 주님을 배신하고 도망쳤던 제자들이 주님을 위해 자신들의 목숨마저 기꺼이 내어놓을 수 있었던 것도, 결정적인 순간 그들에게 필요한 하나님의 말씀이 생각났기 때문입니다. 만약 그들에게 필요할 때마다 필요한 말씀이 생각나지 않았더라면 그들의 삶은 전혀 다르게, 다시 말해 우리가 그들을 기억할 필요도 없을 만큼 무의미하게 전개되고 말았을 것입니다. 삶의 현장에서 하나님의 말씀을 생각하고 기억하는 것은 이처럼 중요합니다. 오늘의 본문이 우리에게 주는 메시지 역시 이것입니다.

　가이사랴의 이방인 고넬료 일행에게 공개적으로 복음을 전하고 세례를 베풂으로, '땅끝까지 이르러 내 증인이 되리라'는 주님의 마지막 명령을 교회가 공식적으로 이행하는 물꼬를 튼 베드로가 초대교회의 본거지인 예루살렘으로 귀환했습니다. 그러나 그곳에서 베드로를 기다리고 있는 것은, 교회의 교회다움을 확립한 베드로에 대한 예루살렘 교인들의 환대나 칭송이 아니었습니다. 그를 기다리고 있는 것은, 소위 할례파라 불리는 유대 그리스도인들의 혹독한 비난이었습니다. 베드로가 유대인의 관습과 관례를 어기고 이방인의 집을 찾아가 이방인과 교제하고, 더욱이 이방인과 식탁을 함께했다는 이유에서였습니다. 어제의 베드로라면 불처럼 화를 내어야 마땅할 판이었습니다. 그러나 베드로는 더 이상 어제의 베드로가 아니었습니다. 베드로는 자신을 비난하는 할례자들에게 가이사랴의 고넬료와 관련하여 그간 있었던 모든 일을 처음부터 차례대로 성심성의껏 설명해 주었습니다. 사도행전 10장을 통해 우리가 이미 익히 알고 있는 그 내용의 중요성에 대해서는 지난 3주 동안 깊이 생각해 보았습니다. 오늘 우리가 주목하고자 하는 것은 베드로 설명의 결론 부분입니다.

　유대 그리스도인들에게는 베드로가 이방인들에게 복음을 전했다는 것도 충격이었지만, 이방인들에게 세례까지 베풀었다는 것은 더 큰 충격이었습니다. 이방인에게 복음을 전한다는 것은, 유대인과 이방인의 차이를 부정하지 않고서도 가능할 수는 있는 일이었습니다. 그러나 이방인에게 세례까지 베푼다는 것은 이방인을 자신들과 대등한 믿음의 형제로 받아들이는 것을 의미하기에, 그것은 유대인과 이방인의 차이를 근본적으로 부정하는 행위였습니다. 그러므로 이방인을 짐승이나 지옥의 땔감으로 간주하던 유대 그리스도인들에게, 베드로가 이방인들에게 세례까지 베풀었다는 것은 엄청난 충격이 아닐 수 없었습니다. 베드로는 이방인이 아니었습니다. 그 역시 엄연한 유대인이었습니다. 그럼에도 유대인이었던 베드로가 그 충격적인 일을 거리낌 없이 행한 까닭을 베드로 자신이 다음과 같이 밝혔습니다.

> 내가 말을 시작할 때에 성령이 그들에게 임하시기를 처음 우리에게 하신 것과 같이 하는지라 내가 주의 말씀에 요한은 물로 세례를 베풀었으나 너희는 성령으로 세례를 받으리라 하신 것이 생각났노라 그런즉 하나님이 우리가 주 예수 그리스도를 믿을 때에 주신 것과 같은 선물을 그들에게도 주셨으니 내가 누구이기에 하나님을 능히 막겠느냐 하더라(15-17절).

베드로가 이방인 고넬료 일행에게 복음을 전하기 시작하자, 성령님께서 그들에게 임하시는 것을 베드로가 목격하였습니다. 그와 동시에 베드로에게 "요한은 물로 세례를 베풀었으나 너희는 성령으로 세례를 받으리라"는 주님의 말씀이 생각났습니다. 그 말씀 앞에서 베드로는 오순절에 자신을 포함한 그리스도인들이 성령세례를 받았듯이, 이방인 고넬료 일행 역시 성령세례를 받고 있음을 깨달았습니다. 이를테면 그날은 이방인을 위한 오순절인 셈이었습니다. 주님의 말씀 속에서 그 사실을 깨닫고 확인한 베드로는 즉각 이방인들에게 세례를 베푸는, 당시의 유대인으로서는 가히 혁명적인 일을 과감히 행하였습니다. 그들이 성령세례를 받는 것을 확인한 이상, 그들에게 형식적인 물세례를 베풀지 않는다는 것은 사도로서 직무를 유기하는 일이었습니다.

만약 그때 베드로에게 주님의 말씀이 생각나지 않았더라면, 설령 베드로가 이방인 고넬료의 집을 찾아가 고넬료 일행에게 복음은 전했을지라도 세례를 베풀지는 못했을 것이요, 그랬더라면 교회가 이방인을 형제로 받아들이는 교회다움이 베드로에 의해 확립되지는 못했을 것입니다. 베드로가 그 놀라운 일을 행할 수 있었던 것은, 오직 베드로에게 생각난 주님의 말씀으로 인함이었습니다.

지난 피정 기간 중에 어릴 적부터 친형제처럼 지내던 친구를 오랜만에 미국에서 만났습니다. 그 친구가 느지막이 가톨릭 신자가 되었기에, 지난 주일에는 그 친구를 위해 그가 미국에서 다니는 한인 성당에서 함께 미사를 드렸습니다. 마침 지난 주간은 가톨릭 교회력으로 교회 일치를 위한 기도 주간이어서, 신·구교 일치를 중요시하는 그 성당 신부님은 개신교 목사인 제가 미사에 참여한 것을 크게 반겨 주셨습니다. 그날 사무엘상 3장을 토대로 한 신부님의 강론의 요지는, 언제 어디서나 그리스도의 생각과 마음을 지닌 그리스도인으로 살아가라는 것이었습니다. 미사가 끝나고 주차장으로 나온 우리 일행은 친구의 자동차에 앉아, 바로 앞에 주차된 자동차가 빠지기를 기다렸습니다. 그러나 자동차의 주인은 좀처럼 나타나지 않았습니다. 출입구를 가로막고 있는 그 차로 인해 뒤쪽의 모든 차가 기다려야만 했습니다. 이윽고 그 자동차의 주인인 여성도님이 나타나, 줄지어 차 안에서 기다리고 있는 교인들에게 연신 고개를 숙여 죄송하다고 인사를 하며 자기 자동차로 뛰어갔습니다. 아마도 늦게 나올 수밖에 없는 피치 못할 사정이 있었던 것 같았습니다. 그 순간 왼편 앞쪽에 주차되어 있던 자동차에서 한 남자 성도가 뛰어내리더니 그 여성도를 향해 삿대질을 하며 욕을 했습니다. 깜짝 놀란 여성도는 단 한 마디도 하지 못한 채, 미안하다는 시늉과 함께 서둘러 자동차를 몰고 주차장을 빠져나갔습니다. 그것은 너무나도 뜻밖의, 충격적인 광경이었습니다. 그 남자 성도 역시 방금 전에, 언제 어디서나 그리스도의 생각과 마음을 지닌 그리스도인으로 살아가라는 강론을 들은 그리스도인이었습니다. 그러나 출구를 가로막고 있는 자동차의 주인이 빨리 나타나지 않음에 울화가 치민 그에게는, 조금 전 미사에서 들은 하나님의 말씀이 전혀 생각나지 않았던 것입니다. 만약 하나님의 말씀 중 단 한 마디라도 생각났다면 다른 곳도 아닌, 자신이 방금 미사를 드린 성당 경내에서 그런 언행을 하지는 못했을 것입니다.

우리가 아무리 열심히 예배에 참석하고 성경 말씀을 읽어도, 삶의 현장에서 막상 하나님의 말씀이 생각나지 않는다면 우리의 삶 또한 그와 같지 않겠습니까? 대체 어떻게 해야 우리 삶의 현장에서 필요한 하나님의 말씀이 우리에게 생각나게 할 수 있겠습니까?

제가 아내와 27년째 부부로 함께 살아오면서 신뢰를 가장 중요한 덕목으로 삼는 것은, 어느 날 불현듯 30여 년 전에 어머님께서 하신 말씀이 생각났기 때문이라고 했습니다. 그러나 생전의 어머님께서 제게 그 말씀만 하신 것은 아니었습니다. 어머님은 제 나이 48세 되던 해에 세상을 떠나셨습니다. 그렇다면 48년 동안 어머님께서 저를 위해 해주신 귀중한 말씀들이 얼마나 많았겠습니까? 그러나 그 많은 말씀들의 99.9퍼센트는 제 기억의 창고에 남아 있지 않습니다. 제 기억에서 벌써 지워져 버렸기 때문입니다. 이것이 인간 기억력의 한계입니다. 그러므로 우리가 하나님의 말씀과 관련하여 우리의 기억력만을 의존하려 하면, 방금 미사를 드리고서도 같은 교우에게 삿대질을 하며 욕을 퍼붓던 그 사람처럼, 우리 역시 삶의 현장에서 하나님 말씀과 무관하게 살 수밖에 없습니다.

그렇다면 어떻게 해야 우리가 매 순간 필요한 하나님의 말씀을 생각하며 살아갈 수 있겠습니까? 이 질문에 대하여 주님께서 친히 답변해 주셨습니다.

> 보혜사 곧 아버지께서 내 이름으로 보내실 성령 그가 너희에게 모든 것을 가르치고 내가 너희에게 말한 모든 것을 생각나게 하리라(요 14:26).

그렇습니다. 우리의 힘과 우리의 능력만으로는 불가능하지만, 오직 하나님의 영으로는 가능합니다. 하나님의 영이신 성령님께서 우리 삶의 현장에서 우리에게 하나님의 말씀이 생각나고 기억나게끔, 그리고 그 말씀의 의미를 깨닫게끔 우리를 도우시는 분이기 때문입니다. 그러나 이것이, 우리 자신은 하나님의 말씀에 나태하거나 소홀해도 좋다는 의미는 결코 아닙니다. 우리가 하나님의 말씀을 듣지 않으면, 하나님의 말씀을 읽지 않으면, 하나님의 말씀을 우리 심령 속에 담지 않으면, 성령님께서 삶의 현장에서 우리에게 필요한 하나님의 말씀을 생각나게 해주시고 또 깨닫게 해주시려고 해도 하실 수가 없습니다. 하나님의 말씀을 생각하거나 기억하거나 깨닫는다는 것은, 그 이전에 그 말씀을 듣거나 읽거나 체험한 전제 속에서만 가능한 일입니다. 베드로가 주님을 부인하던 새벽녘 닭 울음소리에 주님의 말씀이 생각난 것도, 이방인 고넬료 집에서 주님의 말씀이 기억난 것도, 그 이전에 베드로가 그 말씀을 들었고 그 말씀이 베드로의 심령 속에 담겨 있었기 때문입니다.

사랑하는 교우 여러분!

부지런히 하나님의 말씀을 듣고 읽어 우리의 마음속에 그 말씀을 차곡차곡 쌓아 가십시다. 그와 동시에 오직 하나님의 영으로 살아가십시다. 하나님의 영이신 성령님의 도우심을 매일 겸손하게 구하며, 성령님의 빛 속에 거하십시다. 성령님께서 삶의 현장에서 매 순간 우리에게 필요한 말씀을 생각나게 해주시고, 또 그 말씀의 진의를 깨달을 수 있도록 반드시 우리를 도와주실 것입니다. 그때부터 세상과 사람에 대한 편견으로부터 우리는 자유를 얻을 것입니다. 그때부터 타파되어야 할 이 사회의 폐습과 악습이 우리에 의해 제거될 것입니다. 그때부터 우리로 인해 누군가의 인생관이 새로워지게 될 것입니다. 무엇보다도 그때부터 하나님의 사랑과 하나님의 공의를 위해 우리 자신을 던질 줄 아는 우리는 이 어둔 세상을 밝히는 진리의 빛이 될 것입니다. 우리가 읽고 듣고 우리의 마음속에 담음으로 성령님께서 삶의 현장에서 우리에게 생각나게 해주실 그 말씀은, 천지를 창조하신 하나님의 말씀이기 때문입니다.

부모가 자식에게 필요한 많은 말을 해주지만, 부모가 세상을 떠난 뒤에 자식은 그 말의 99.9퍼센트를 기억조차 못합니다. 우리가 우리 자신의 힘과 능력만을 의지해서는, 하나님께서 우리에게 주신 말씀의 99.9퍼센트가 우리의 기억 속에서 지워지고 말 것입니다. 오직 하나님의 영이신 성령님께서, 이 혼탁한 세상 속에서 꼭 필요한 하나님의 말씀이 매 순간 우리에게 생각나고 기억날 수 있도록 우리를 도와주십시오.

자식은 부모가 하는 말을 다 알아듣지 못합니다. 생전에 전혀 알아들을 수 없었던 부모의 말을, 부모가 세상을 떠난 뒤에야 그 의미를 새록새록 깨닫게 되는 경우가 허다합니다. 하물며 유한한 우리가 영원하신 하나님의 말씀을 어찌 한순간에 모두 깨달을 수 있겠습니까? 오늘 본문을 통해 하나님의 말씀—그 진리의 깊은 의미를 캐어 내 것으로 만드는 데에는, 반드시 시간과 세월이 필요함을 일깨워 주셨습니다. 우리의 마음에서, 하나님의 말씀을 한순간에 모두 이해하려는 조급함을 제거하여 주십시오. 진리는 영원과 동의어이기에, 조급한 마음으로는 진리의 언저리에도 이를 수 없음을 잊지 않도록 도와주십시오. 하나님 말씀의 깊은 의미를 깨닫는 데에는 조급함이 없게 해주시고, 하나님의 말씀을 듣고 읽어 우리의 마음속에 담는 일에는 태만함이 없게 해주십시오. 그래서 하루하루 주신 삶을 열심히 살아가는 가운데, 우리 속에 담긴 말씀의 의미를 성령님의 도우심으로 깊이 깨달아 가는 진리의 사람이 되게 해주십시오.

그와 같은 우리로 인해 타파되어야 할 인간의 편견과 악습과 폐습이 타파되고, 누군가의 인생이 새로워지며, 이 어둔 세상이 밝아지게 해주셔서, 우리의 코끝에 호흡이 있는 동안, 우리가 진정한 그리스도인으로 살아가는 참된 생명의 희열을 누리게 해주십시오. 아멘.

6. 같은 선물을

> 사도행전 11장 15-18절
> 내가 말을 시작할 때에 성령이 그들에게 임하시기를 처음 우리에게 하신 것과 같이 하는지라 내가 주의 말씀에 요한은 물로 세례를 베풀었으나 너희는 성령으로 세례를 받으리라 하신 것이 생각났노라 그런즉 하나님이 우리가 주 예수 그리스도를 믿을 때에 주신 것과 **같은 선물을** 그들에게도 주셨으니 내가 누구이기에 하나님을 능히 막겠느냐 하더라 그들이 이 말을 듣고 잠잠하여 하나님께 영광을 돌려 이르되 그러면 하나님께서 이방인에게도 생명 얻는 회개를 주셨도다 하니라

신·구약성경의 주요 현장인 터키를 제가 처음으로 찾은 것은 2001년 1월 한겨울의 일이었습니다. 오직 주님만을 위해 그 넓은 터키 대륙을 종횡무진 누비고 다닌 사도 바울의 발자취를 따라 무려 5천여 킬로미터의 거리를 여행하면서, 저 역시 주님을 제 인생의 주인으로 모시고 살아가는 한 명의 그리스도인으로서 많은 것을 느끼고, 생각하고, 배우고, 또 결단하게 되었습니다.

여행 나흘째가 되던 날이었습니다. 그날은 터키 남부의 아다나Adana를 떠나, 사도 바울이 1차 선교 여행 시 들렀던 안탈리아Antalya에 도착할 예정이었습니다. 지도상에 거리가 518킬로미터로 나타나 있어, 아침 9시에 아다나를 떠난 우리 일행은 저녁 식사 시간 이전에 안탈리아에 충분히 도착할 것으로 예상했습니다. 그러나 막상 길을 떠나고 보니 상황은 전혀 딴판이었습니다. 지중해 해안을 따라 나 있는 도로는 협소한 편도 1차선 산길이었습니다. 왼쪽 절벽 아래로는 지중해의 절경이 그림처럼 아름답게 펼쳐지고 있었지만, 끝없이 굽어 있는 산길은 시속 40~50킬로미터 이상의 속도를 허락하지 않았습니다. 더 큰 문제는, 그 외진 산길에서는 요기하기에 마땅한 식당을 찾을 수 없다는 것이었습니다. 원래는 그날의 목적지인 안탈리아 130여 킬로미터 전방에 위치한 알라니아Alanya에서 점심을 먹을 계획이었지만, 오후 3시가 가까워지기까지 목표 지점의 절반에도 미치지 못하고 있었습니다.

우리 일행은 어쩔 수 없이 오후 3시 30분경이 되어서야 아나무르Anamur의 산속에서 발견한 외딴 식당에서 점심을 먹게 되었습니다. 마당 여기저기에 짐승의 오물이 널려 있고 화장실마저 재래식인, 불결하기 짝이 없는 산중 식당이었습니다. 그곳은 위치상 터키의 최남단이어서, 북쪽 이스탄불의 매서운 겨울 날씨와는 달리 마치 늦봄처럼 따뜻하고 포근한 날씨였습니다. 따라서 따뜻한 날씨에 불결한 그 식당 주위 환경은, 파리들이 활개 칠 최적의 조건을 갖추고 있었습니다. 식사 시간 내내 손으로 파리를 쫓으며 겨우 식사를 끝낸 우리 일행이 다시 자동차를 탔을 때는, 이미 자동차 속에도 파리 몇 마리가 들어와 있었습니다. 터키인 운전기사는 시도 때도 없이 윙윙거리는 그 파리들이 못마땅하여, 운전을 하면서도 기회만 있으면 신문지로 파리를 때려잡으려 했습니다.

그 광경을 보는 제게 갑자기 재미있는 생각이 들었습니다. 만약 그 파리들을 그대로 둔다면, 그 파리들은 우리 일행과 함께 최종 목적지인 이스탄불까지 갈 수 있으리라는 생각이었습니다. 터키 대륙 최남단 아나무르의 파리가 무슨 수로 북쪽 이스탄불까지 날아갈 수 있겠습니까? 파리의 자력으로는, 도로 거리만도 무려 1천 킬로미터 이상인 이스탄불에 결코 이를 수 없습니다. 아나무르의 파리는 아나무르에서 부화하여, 아나무르에서 잠시 살다가, 고작 아나무르의 파리로 죽을 뿐입니다. 그 파리들은 같은 터키에 살면서도 터키 내에 이스탄불이라는 도시가 있다는 것도, 그 이스탄불이 얼마나 세계적이며 역사적인 대도시인지도 전혀 알지 못합니다. 따라서 우리 자동차에 들어온 파리들을 가만히 내버려만 둔다면, 그 파리들은 이스탄불에 입성한 최초의 아나무르 파리들이 될지도 모를 일이었습니다. 그래서 운전석 옆자리에 앉아 있던 저는 말이 통하지 않는 터키인 기사에게 파리를 잡지 말라는 시늉을 했고, 그가 알아들었다는 표시로 "오케이"라 말함과 동시에 그 파리들은, 기사에 의한 죽음의 위험으로부터 벗어나 우리 일행과 동행하게 되었습니다.

그날 이후부터 이스탄불에 도착하기까지 엿새 동안, 아침에 차를 타면 저는 제일 먼저 아나무르의 파리들이 여전히 살아 있는지를 확인했습니다. 자동차가 매일 북진하느라 바깥 날씨가 남쪽 아나무르에 비해 엄청나게 추워져 가기 때문인지, 하루에도 몇 번씩이나 자동차의 문을 여닫았지만 파리들은 밖으로 나가려 하지 않았습니다. 그 결과 그 파리들은 우리 일행과 함께 마침내 이스탄불 입성에 성공할 수 있었습니다. 그때까지 따뜻한 자동차 안에서 틈만 나면 쉬지 않고 윙윙거리는 파리들을 보면서, 저는 주님과 저 자신을 비교하여 생각해 보곤 했습니다.

터키 최남단 아나무르 산속의 파리가 1천 킬로미터나 떨어진, 머나먼 북쪽 이스탄불까지 이를 수 있었던 것은 자신의 힘이나 능력에 의해서가 결코 아니었습니다. 그것은 그 파리들이 이스탄불로 향하는 우리 일행의 자동차에 들어왔기에 가능할 수 있었습니다. 그 파리들이 한 것이라고는, 우리 일행의 자동차에 들어온 뒤에 밖으로 나가지 않고 자동차 속에 그대로 있었던 것뿐입니다. 그때 자동차의 힘, 자동차 엔진의 강력한 힘에 의해 이스탄불에 이를 수 있었습니다. 만약 그 파리들이 우리 일행의 자동차를 타지 않았거나, 탔더라도 몇 시간 혹은 며칠 만에 자동차에서 빠져나와 버렸다면, 그것들이 이스탄불에 이른다는 것은 불가능했을 것입니다. 하지만 자동차는 스스로는 움직일 수 없습니다. 반드시 사람이 운전하지 않으면 안 됩니다. 따라서 자동차의 힘은 결국 자동차를 운전하는 사람의 능력이라 할 수 있습니다.

그렇다고 자동차의 힘, 즉 사람의 능력만으로는 파리들이 이스탄불에 이를 수 없습니다. 사람이 자동차에 파리를 싣고 1천 킬로미터가 아니라 1만 킬로미터라도 달릴 수 있는 능력을 지닌 것은 분명하지만, 그것만으로는 부족합니다. 자동차 속의 파리들이 이스탄불에 이르기 위해서는, 그 자동차를 타고 있는 사람들의 자비가 수반되지 않으면 안 됩니다. 자동차를 운전하는 기사에서부터 승객에 이르기까지, 누구 한 명이라도 자동차 속에 들어온 파리를 잡거나 쫓아내려 해서는 안 됩니다. 비록 파리들의 부산 떪이 성가시도록 귀찮았지만 우리 일행이 그냥 내버려 두는 자비를 베풀어 주었기에, 아나무르의 파리들은 우리와 함께 이스탄불에 입성할 수 있었습니다. 자동차를 운전하는 기사의 능력과 우리 일행의 자비에 의해 아나무르의 보잘것없는 파리들은, 그 어떤 여권이나 차표도 없이 이스탄불의 파리로 그 신분이 바뀌게 된 것이었습니다.

이 세상 그 어느 인간도 죽음의 굴레에서 벗어날 수 없습니다. 죄의 삯은 사망이기에, 죄인인 인간에게는 죽음을 물리치거나 깨뜨릴 힘과 능력이 없기 때문입니다. 그러므로 죄인인 인간 그 자체로는 죄인으로 태어나, 죄인으로 살다가, 죄인으로 죽을 뿐입니다. 그러나 주님께는 죽음을 이기실 힘과 능력이 있습니다. 주님께서는 그 힘과 능력을 십자가 위에서 친히 보여 주셨습니다. 인간이 받아야 할 죄의 형벌을 대신 받으시기 위해 십자가에 못 박혀 돌아가셨다가, 사흘째 되는 날 죽음을 깨뜨리고 영원히 부활하셨습니다. 그러므로 누구든지 주님 안에 있기만 하면, 죽음을 뛰어넘어 영원한 생명에 이를 수 있습니다. 인간은 미약하지만 죽음을 이기신 주님의 힘과 능력에 의해서입니다.

그러나 그것만으로는 부족합니다. 주님의 자비가 없이는 안 됩니다. 만약 주님께서 죽음을 깨뜨리신 그 힘과 능력으로 인간을 심판하기만 하신다면, 인간 중에 살아남을 사람은 단 한 명도 없습니다. 주님께서는 하찮은 인간에게 자비 또한 베풀어 주는 분이시기에, 우리는 주님의 능력과 자비를 덧입어 사망의 자식에서 생명의 자식으로 바뀌게 되었습니다. 마치 아나무르의 파리가 이스탄불의 파리가 된 것처럼 말입니다.

아나무르의 파리들과 함께 이스탄불까지 동행하는 자동차 안에서 이런 생각을 하면서, 저 자신이 아나무르의 파리들에게 메시아라도 된 듯한 뿌듯함을 느꼈습니다. 애당초 자동차 안에 들어온 파리들을 때려잡으려는 터키인 운전기사를 제가 만류하지 않았던들, 터키 최남단 아나무르의 파리들이 세계적인 도시 이스탄불에 입성하는 대선물을 받을 수는 없었기 때문입니다. 그러나 터키 여행에서 돌아와 주님의 은혜를 더 깊이 묵상하는 가운데, 아나무르의 파리들과 함께 이스탄불로 향하는 자동차 안에서 주님과 저 자신을 비교한 것은 저의 어처구니없는 착각이었음을 깨달았습니다.

우리 일행이 탄 자동차를 몰던 운전기사의 능력과 우리 일행의 자비심으로 아나무르의 파리들이 이스탄불에 입성할 수 있었던 것은 분명한 사실이었습니다. 그러나 그것은 그 파리들을 둘러싸고 있던 외적 상황의 변화에 지나지 않을 뿐, 그것이 그 파리들에게 존재 자체의 변화를 가져다준 것은 아니었습니다. 그 파리들은 남쪽 아나무르의 외진 산속에서도 파리요, 세계적인 대도시 이스탄불에서도 여전히 파리였습니다. 제가 그 파리들을 이스탄불에 이르게 해주었다고 해서, 그 이후에 그 파리들의 생명을 지켜 주거나 보호해 준 것도 아니었습니다. 따뜻한 남쪽 아나무르에 살던 파리들을 매서운 추위의 이스탄불에 데리고 가긴 했지만, 갑자기 한겨울의 추위에 빠진 그 파리들의 생존에 필요한 것들을 책임져 준 것도 아니었습니다. 아나무르에서 이스탄불까지 저와 동행한 파리들에게 정작 필요한 것을 제가 해준 것이라고는 아무것도 없었습니다. 아니, 무엇을 해줄 수 있는 힘이나 능력이 제겐 전혀 없었습니다.

이스탄불에 도착하던 날 밤에 지독한 한파가 몰아쳤습니다. 얼마나 추운지, 꽤 괜찮은 식당에서 저녁 식사를 하는 동안에도 두터운 겉옷을 벗을 수가 없을 정도였습니다. 그렇다면 이스탄불에서 저와 헤어진 그 파리들은 그 이후에 어떻게 되었겠습니까? 필경 둘 중의 하나일 것입니다. 그 파리들을 눈엣가시처럼 여기던 터키인 운전기사에 의해 잡혀 죽었거나, 아니면 이스탄불의 혹한 속에서 얼어 죽고 말았을 것입니다. 그러므로 따뜻한 남쪽 지방에서 살던 그 파리들이 추운 북쪽에서도 생존할 수 있게끔 그 존재 자체를 변화시켜 주거나, 그 생명을 책임져 줄 능력도 없는 제가 남쪽 파리들을 북쪽으로 데리고 간 것은, 결코 그 파리들에 대한 자비나 선물일 수가 없었습니다. 그것은 도리어 그 파리들에게는 무서운 저주요, 재앙이었을 뿐입니다. 그 파리들에게 진정으로 필요했던 자비는, 그것들이 남쪽 아나무르에서 우리 일행의 자동차 안으로 들어왔을 때 계속 남쪽에서 살 수 있도록 자동차

밖으로 내보내 주는 것 이외에는 달리 있을 수 없었습니다.

대체 남쪽 파리가 북쪽 이스탄불에 입성했다 한들, 여전히 파리일 뿐인 그것들에게 그것이 무슨 보람과 의미를 지닐 수 있겠습니까? 그 파리들에게 낙원은, 따뜻한 날씨에 짐승의 오물이 여기저기 널려 있고 재래식 화장실까지 있는, 아나무르 산속의 지저분한 식당 근처가 아니겠습니까? 그 낙원 속의 파리들을 혹한의 이스탄불로 데려가서는 나 몰라라 해버렸으니, 저는 그 파리들에게 정말 못할 짓을 한 셈이었습니다. 그러고서도 스스로 그 파리들의 메시아라도 된 듯한 자족감을 느꼈으니, 그것이야말로 무지의 소치였습니다.

하나님께서는 당신의 능력과 자비하심으로 예수 그리스도 안에서 우리를 사망에서 생명으로 옮겨 주셨습니다. 그 이후 하나님께서는 너희들 자력으로 살아 보라며 우리를 내버려 두시지 않았습니다. 하나님께서는 우리가 생명의 사람으로 살아갈 수 있도록 당신의 영이신 성령님을 선물로 주셨습니다. 그러므로 하나님께서 당신의 자비로 우리에게 주신 선물—곧 성령님은, 제가 아나무르의 파리들을 재미 삼아 혹한의 이스탄불까지 몰고 가 얼어 죽게 만들고서도 그 파리들에게 자비로운 선물을 주었다고 착각하는 것과 같은 선물과는 근본적으로 다릅니다. 하나님의 그 선물은 이 세상의 그 어떤 선물과도 비교될 수 없습니다. 하나님의 그 선물은, 우리를 영원히 새로운 존재로 가꾸어 주시는 하나님의 생명 그 자체이기 때문입니다.

오늘 본문 15-17절은 다음과 같이 증언하고 있습니다.

내가 말을 시작할 때에 성령이 그들에게 임하시기를 처음 우리에게 하신 것과 같이 하는지라 내가 주의 말씀에 요한은 물로 세례를 베풀었으나 너희는 성령으로 세례를 받으리라 하신 것이 생각났노라 그런즉 하나님이 우리가 주 예수 그리스도를 믿을 때에 주신 것과 같은 선물을 그들에게도 주셨으니 내가 누구이기에 하나님을 능히 막겠느냐 하더라.

이미 잘 아시는 바와 같이 이 본문은, 가이사랴의 이방인 고넬료 집에서 복음의 대역사를 이룬 베드로가 예루살렘으로 되돌아왔을 때, 베드로를 혹독하게 비난하던 소위 할례파로 불리는 유대 그리스도인들에 대한 베드로의 설명 중 결론에 해당합니다. 베드로가 할례받지 않은 이방인과의 교제를 엄금하는 유대인의 관습과 관례를 어기면서까지 이방인 고넬료 집을 찾아가 고넬료 일행에게 하나님의 말씀을 전한 것은, 그것이 성령님의 명령이었기 때문입니다. 그러나 베드로는 그 이방인들에게 단지 복음을 전하는 것으로 그치지 않고, 과감하게 세례까지 베풀었습니다. 할례받은 유대인과 할례받지 않은 이방인의 차이를 부정하지 않고도 복음을 전할 수는 있는 일이었습니다. 그러나 이방인에게 세례를 베푼다는 것은 이방인을 유대인과 대등한 존재로 간주하여 유대인과 이방인 사이의 차이를 근본적으로 부정하는 행위였기에, 유대인에게 그것은 가히 혁명적인 일이었습니다.

그런데도 유대인이었던 베드로는 그 혁명적인 일을 과감하게 행하였습니다. 베드로가 이방인 고넬료 일행에게 복음을 전하기 시작하자 성령님께서 그들에게 임하시는 것을 베드로가 목격함과 동시에, '요한은 물로 세례를 베풀었으나 너희는 성령으로 세례를 받으리라'는 주님의 말씀이 생각났기 때문입니다. 이방인 고넬료 일행에게 성령님께서 임하시는 광경은, 오순절에 베드로 자신을 포함한 유대 그리스도인들에게 성령님께서 강림하시던 것과 조금도 다를 바가 없었습니다. 그래서 베드로는 자신을 비난하는 유대 그리스도인들에게, 우리가 예수 그리스도를 믿을 때 하나님께서 우리에게 주신 것과 같은 선물을 그 이방인들에게도 주셨으므로 나는 그들에게 응당 세례를 베풀 수밖에 없었다는 결론을 피력하였습니다. 중요한 것은 베드로가 자신의 결론을 통해 성령님의 임재를 '하나님의 선물'로 표현한 것입니다. 그 이유는 간단했습니다. 베드로 자신을 포함한 유대 그리스도인들과 이방인 고넬료 일행에게 성령님께서 임하신 것은 그들의 능력이나 노력의 결과가 아니라, 오직 하나님께서 당신의 자비로우심으로 그들에게 거저 주셨기 때문입니다.

'하나님께서 우리에게 주신 것과 같은 선물'이라는 베드로의 증언 중에서, '같은'이라 번역된 헬라어 '이소스ἴσος'는 외적 형태가 같다는 말이 아니라, 질과 양적인 면에서 동일하다는 의미입니다. 유대 그리스도인들에게 임하신 성령님과 이방인 고넬료 일행에게 임하신 성령님이 질적으로나 양적인 면에서 정확하게 동일하셨다는 것입니다. 다시 말해 성령님께서 유대인과 이방인에게 그 어떤 차이도 없이 동일한 능력과 은혜로 임하셨다는 것입니다. 이것은 우리에게는 더없이 중요한 증언입니다. 하나님께서 유대인에게 주셨던 것과 동일한 선물을 주신 그 이방인 속에는 바로 우리 자신도 포함되어 있기 때문입니다. 우리는 혈통적으로 유대인이 아닙니다. 유대인의 관점에서 본다면 우리 역시 짐승이나 지옥의 땔감 정도에 불과한 이방인일 뿐입니다. 그런데도 하나님께서는 베드로나 바울과 같은 유대인에게 주셨던 것과 똑같은 선물을 우리에게도 주셨습니다. 십자가를 통한 구원을 선물로 주셨습니다. 믿음을 선물로 주셨습니다. 하나님의 말씀을 선물로 주셨습니다. 무엇보다도 우리가 구원받은 그리스도인답게 살 수 있게끔 당신의 영이신 성령님을 선물로 주셨습니다. 그것은 결코 우리의 힘이나 능력으로 인함이 아니었습니다. 오직 하나님께서 당신의 자비로우심으로 이방인인 우리에게 일방적으로 거저 베풀어 주신 선물이었습니다.

이 사실을 누구보다도 정확하게 깨달은 베드로였기에, 그는 이미 2천 년 전에 우리에게 쓴 베드로후서를 이렇게 시작하였습니다.

> 예수 그리스도의 종이며 사도인 시몬 베드로는 우리 하나님과 구주 예수 그리스도의 의를 힘입어 동일하게 보배로운 믿음을 우리와 함께 받은 자들에게 편지하노니(벧후 1:1).

베드로는 우리를 가리켜 '자신과 동일하게 보배로운 믿음을 받은 사람'이라고 정의하였습니다. 하나님께서 예수 그리스도 안에서 베드로 자신과 우리에게 똑같은 믿음의 선물을 주셨다는 것입니다. 그 믿음의 선물 속에 성령님이 포함됨은 두말할 나위도 없습니다. 이것은 우리를 위한 크나큰 복음이 아닐 수 없습니다. 하나님께서 위대한 사도 베드로나 바울에게 주신 것과 같은 선물인 성령을 우리에게도 주셨으므로, 하나님께서 그들을 영원히 책임져 주신 것처럼 우리 또한 영원히 책임져 주시지 않겠습니까? 하나님께서 위대한 사도 베드로나 바울에게 주신 것과 같은 선물인 성령을 우리에게도 주셨으므로, 우리 역시 성령님의 인도하심 속에서 얼마든지 사도 베드로나 바울처럼 살 수 있지 않겠습니까?

선물은 선물이 주어지기까지는 선물을 주는 이가 주체이지만, 일단 선물이 건네지고 나면 그다음부터는 선물을 받은 사람의 책임이 됩니다. 아무리 귀한 선물이라도 그 선물을 받은 사람이 제대로 간수하지 못한다면, 그것은 더 이상 선물일 수가 없습니다. 베드로는 무식한 갈릴리 어부에 지나지 않지 않았습니까? 그러나 하나님께서 선물로 주신 성령님을 좇아 이방인 고넬료 일행에게 복음을 전하고 세례까지 베풂으로, '땅끝까지 이르러 내 증인이 되리라'는 주님의 마지막 명령을 교회가 공식적으로 수행할 수 있는 혁명적인 물꼬를 튼 위대한 사도 베드로가 되었습니다. 바울은 베드로와는 달리 유식하긴 했지만, 본래 예수 그리스도를 대적하고 그리스도인들을 핍박하던 잔인한 박해자가 아니었습니까? 그러나 그 역시 하나님께서 선물로 주신 성령님을 좇아 삶으로 세계의 역사를 새롭게 하는 위대한 사도 바울이 되었습니다. 그리고 하나님께서는 2천 년이 지난 지금까지도 그들을 위대한 사도로 영원히 책임져 주고 계십니다.

성령님께서 우리와 함께하시면서 오늘도 우리를 구원받은 그리스도인으로 이 자리에 인도해 주신 것은, 결코 우리의 힘이나 능력으로 인함이 아닙니다. 하나님께서 오직 당신의 자비로우심으로, 우리에게 당신의 영이신 성령님을 선물로 거저 주셨기 때문입니다. 만약 하나님께서 우리에게 그 선물을 주시지 않았다면 우리가 지금 이 자리에 있을 수 없음은 두말할 것도 없고, 추악한 욕망에 사로잡혀 자기 생명을 갉아먹다가 어느 날 불현듯 덮치는 죽음 앞에 속절없이 무너져 버릴 우리와, 더러운 쓰레기통이나 오물에 붙어살다가 무의미하게 사라져 버릴 파리 사이에는 그 어떤 차이도 있을 수 없을 것입니다.

사랑하는 교우 여러분!

하나님께서 우리에게 주신 그 선물은, 하나님께서 위대한 사도 베드로와 사도 바울에게 주신 것과 똑같은 선물임을 믿으십니까? 하나님께서 그들에게 주신 것과 똑같은 선물을 우리에게도 주셨으므로, 하나님께서 그들을 영원히 책임져 주신 것처럼 우리 또한 영원히 책임져 주실 것을 믿으십니까? 하나님께서 베드로와 바울에게 주신 것과 똑같은 선물을 우리에게도 주셨으므로, 우리 역시 베드로와 바울처럼 살 수 있는 길이 우리 앞에 활짝 열려 있음을 믿으십니까?

그렇다면 이제부터 우리 모두 하나님의 영을 선물로 받은 그리스도인답게 살아가십시다. 오직 말씀과 기도로 성령님의 인도하심을 좇으십시다. 그때부터 우리에게 당신의 영을 선물로 주신 하나님의 뜻이 우리의 삶을 통해 드러날 것이요, 우리는 반드시 이 세상을 새롭게 하는 이 시대의 베드로, 이 시대의 바울이 될 것입니다. 우리의 힘이나 능력으로는 불가능하지만, 오직 하나님의 영이신 성령님으로는 가능합니다. 성령님께서는, 아나무르의 파리들을 재미 삼아 이스탄불까지 끌고 가 얼어 죽게 만드는 무책임하고 고약한 인간과는 달리, 우리를 영원히 책임져 주시는 영원한 하나님의 영이시기 때문입니다.

우리의 힘과 능력으로는, 우리의 가장 작은 습관 하나 고칠 수 없습니다. 하나님께서 예수 그리스도 안에서 우리의 죄를 씻어 주시고 구원해 주셨지만, 우리의 힘과 능력으로는 구원받은 그리스도인다운 삶을 살아갈 방도가 전혀 없습니다. 우리의 힘과 능력만을 의지해서는, 더러운 쓰레기통이나 오물에 붙어사는 파리 떼와 우리 사이에 아무런 차이가 있을 수 없습니다. 우리는 이처럼 추하고, 미약하고, 볼품없고, 유한한 존재에 지나지 않습니다. 그런데도 하나님께서 우리를 사랑하셔서, 오직 하나님의 자비로우심으로, 우리에게 하나님의 영이신 성령님을 선물로 주셔서 감사합니다. 그 선물은, 위대한 사도 베드로와 사도 바울에게 주신 선물과 똑같은 선물임을 이 시간 확인시켜 주셔서 감사합니다. 우리에게 임해 계신 성령님께서, 사도 베드로와 사도 바울에게 역사하신 것과 똑같은 능력과 은혜로 우리에게도 역사하는 분이심을 일깨워 주셔서 감사합니다. 보잘것없는 우리 역시, 사도 베드로와 사도 바울처럼 살 수 있는 길을 성령님께서 우리 앞에 활짝 열어 주셔서 감사합니다. 성령님께서 2천 년이 지난 지금까지 사도 베드로와 사도 바울을 영원 속에서 책임져 주시는 것처럼, 우리 역시 영원토록 책임져 주실 것을 믿고 감사드립니다.

성령님께서는 하나님 아버지의 영이시오니, 우리가 예수 그리스도 안에서 얻은, 하나님의 자녀라는 우리의 신분에 걸맞은 삶을 살 수 있도록 도와주십시오. 성령님께서는 거룩하신 하나님의 영이시오니, 우리를 명실상부한 성도로 가꾸어 주십시오. 성령님께서는 진리의 영이시오니, 성령님의 빛 속에서 우리가 참다운 진리의 삶을 살게끔 이끌어 주십시오. 성령님께서는 하나님의 숨결이시오니, 우리가 성령님을 힘입어 날마다 하나님의 숨결로 호흡하며 살도록 인도해 주십시오. 우리의 힘과 능력으로는 불가능하지만, 오직 말씀과 기도 속에서 성령님과 동행함으로, 우리 모두 우리 자신과 이 세상을 동시에 살리는, 이 시대의 사도 베드로와 사도 바울로 살게 해주십시오. 아멘.

7. 내가 누구이기에

> 사도행전 11장 15-18절
> 내가 말을 시작할 때에 성령이 그들에게 임하시기를 처음 우리에게 하신 것과 같이 하는지라 내가 주의 말씀에 요한은 물로 세례를 베풀었으나 너희는 성령으로 세례를 받으리라 하신 것이 생각났노라 그런즉 하나님이 우리가 주 예수 그리스도를 믿을 때에 주신 것과 같은 선물을 그들에게도 주셨으니 **내가 누구이기에** 하나님을 능히 막겠느냐 하더라 그들이 이 말을 듣고 잠잠하여 하나님께 영광을 돌려 이르되 그러면 하나님께서 이방인에게도 생명 얻는 회개를 주셨도다 하니라

낮이 밤에게 밀려나 온 세상이 흑암의 천지가 되는 것은, 낮이 죄를 지었기 때문이 아닙니다. 여름 바다에 태풍이 휘몰아치는 것은, 그 바다가 하나님 앞에서 범죄한 탓이 아닙니다. 가을이 되어 무성하던 나뭇잎들이 낙엽으로 모두 떨어져 나무가 앙상한 가지로만 남는 것은, 그 나무의 범죄로 인함이 아닙니다. 혹한의 겨울이 찾아와 온 자연의 생명이 꽁꽁 얼어붙는 것은,

자연이 죄를 범한 까닭이 아닙니다. 그것은 천지 만물을 창조하신 하나님께서 당신의 피조물인 이 세상을 보존하시는 하나님의 섭리요, 법칙입니다. 우리의 인생도 이와 같습니다. 우리의 인생길 위에도 흑암의 터널이 있는가 하면 폭풍도 있고, 모든 것이 낙엽처럼 떨어지는 가을도 있고, 또 아무것도 할 수 없는 혹한의 겨울도 있습니다. 그 역시 우리의 인생을 바로 세워 주고 지켜 주시려는 하나님의 은총이요, 섭리입니다. 그러므로 우리가 인생길을 걷는 동안 원치 않는 상황이나 뜻밖의 상황을 맞았을 때, 그 상황을 두려워하거나 근심하려 하기 이전에 그 상황에 바르게 대처하는 것이 중요합니다. 우리에게 주어진 모든 상황 자체가 하나님의 섭리이기 때문입니다.

현재 국제 라브리L'Abri 공동체 회장직을 맡고 있는 네덜란드의 신학자 빔 리트께르크Wim Rietkerk는 그의 저서 《믿을 수만 있다면》에서 사도 바울을 예로 들어, 그리스도인들이 뜻밖의 상황을 맞았을 때 어떻게 대처해야 할 것인지를 일깨워 주고 있습니다.

고린도후서 12장 7절에 의하면 바울에게는 '육체에 가시a thorn in my flesh'가 있었습니다. 대부분의 주석가들은 그것을 바울이 지니고 있었을 것으로 짐작되는 질병과 연결시킵니다. 젊은 시절에 주님을 대적하던 사울이 다메섹 도상에서 주님께 사로잡힐 때, 그는 사흘 동안 시력을 상실한 적이 있었습니다. 그로 인해 그가 안질로 시달렸을 것이라 주장하는 주석가들이 있습니다. 혹은 편두통이나 우울증, 심지어는 간질병으로 시달렸다고 주장하는 주석가들도 있습니다. 또 그와는 전혀 다른 견해도 있습니다. 고린도후서 12장 7절에서 '육체에 가시'로 번역된 원어를 더 정확하게 번역하면 '육체를 노리는 가시'가 되고, 성경 속에서 '육체'라는 단어는 육신뿐 아니라 '인간'을 가리키기도 합니다. 그래서 사도 바울이 밝힌 '육체에 가시'는 질병이 아니라, 바울을 괴롭힌 인간관계였다고 주장하는 주석가들도 있습니다. 이를테면 바울을 끊임없이 모함하던 거짓 선지자들, 혹은 바울이 진심으로 돌보았지만 적반하장으로 바울에게 등을 돌린 사람을 가리켜 바울이 '육체에 가시'라고 불렀다는 것입니다.

그러나 우리로서는 사도 바울이 말한 '육체에 가시'가 구체적으로 무엇을 지칭하는지는 정확하게 알 수 없습니다. 중요한 것은 사도 바울이 자신의 당면 문제를 '가시'라고 표현했다는 것입니다. 가시는 사람의 눈에 잘 보이지 않습니다. 그러므로 가시가 보이지 않는 다른 사람의 눈에는 아무 문제도 없는 것처럼 보입니다. 가시는 오직 가시가 박힌 사람만 그 통증을 느낍니다. 밤낮 쉬지 않고 찔러 대는 가시의 통증은 그 가시가 빠지기까지 당사자를 괴롭힙니다. 바울이 당면한 문제가 육체의 질병이었든 혹은 인간관계였든 간에 상관없이, 그 상황이 얼마나 바울을 괴롭히고 또 바울이 그 상황에 얼마나 시달렸으면 그 상황을 '가시'라고 불렀겠습니까?

자신의 인생에 박힌 가시에 대한 사도 바울의 대처는 세 단계로 나타났습니다.

첫 번째 단계는 '적극적인 저항'이었습니다. 사도 바울은 자기 인생에 가시가 박힌 상황을 순순히 받아들이지 않았습니다. 사도 바울은 그 상황과 맞서기 위해 적극적으로 대항했습니다. 그러나 이것이, 사도 바울이 특정 대상과 맞서 투쟁했다는 말이 아닙니다. 사도 바울의 적극적인 저항은 기도로 나타났습니다. 바울은 자신이 원치 않는 상황에서 벗어날 수 있도록, 다시 말해 자기 인생에 박힌 가시가 제거될 수 있도록 하나님께 간구했습니다. 그것도 똑같은 기도 내용을 놓고 세 번씩이나 하나님께 간구했습니다. 바울은 2천 년 기독교 역사상 가장 영성 깊은 그리스도인이었습니다. 그가 하나님께 세 번 기도드렸다는 것은 단지, '이 가시를 제거해 주십시오'라는 말을 세 번 되풀이했다는 의미가 아닙니다. 어쩌면 바울이 일주일에 걸친 금식기도를 세 번 반복했는지 모릅니다. 40일 작정기도를 세 번 되풀이했는지도 모릅니다. 우리가 정확하게 아는 것은, 위대한 사도 바울이 자신의 인생에 박힌 가시가 제거되기를 하나님께 반복하여 간구했다는 것입니다.

우리가 인생길을 걷다가 원치 않는 상황이나 뜻밖의 상황을 맞았을 때, 우리는 그 상황으로부터 벗어날 수 있기를 하나님께 기도할 수 있어야 합니다. 한 번 기도하는 것으로 그치는 것이 아니라, 반복하여 간구할 수 있어야 합니다. 기도는 하나님과 우리를 긴밀하게 연결시켜 주는 유일한 끈입니다. 그래서 우리 인생의 크고 작은 문제는 우리를 향한 하나님의 은총입니다. 인간은 문제가 없으면 기도하려 하지 않기에, 그만큼 하나님과 멀어질 뿐입니다. 그러나 원치 않는 상황을 만남으로 인간은 자신의 능력으로는 물리칠 수 없는 그 상황에서 벗어나기 위해 기도하게 되고, 기도하는 만큼 하나님과 더 긴밀하게 됩니다. 하나님과의 긴밀한 관계―이 긴밀함이 중요합니다. 기도를 통해 하나님과 긴밀한 관계를 맺은 사람만 자신의 기도가 응답되어 원치 않는 상황에서 벗어나도 하나님을 외면하는 교만에 빠지지 않을 수 있고, 자신의 기도가 응답되지 않을 경우에도 그다음 단계로 나아가는 성숙함을 지닐 수 있기 때문입니다.

위대한 사도 바울이 자기 인생의 가시가 제거되기를 세 번씩이나 간절히 기도드렸지만, 그의 기도는 응답되지 않았습니다. 다메섹 도상에서 시력을 상실했던 바울은 아나니아의 안수로 시력을 되찾은 경험을 지니고 있었습니다. 어디 그뿐입니까? 사도 바울 자신이 선천성 하반신 불구자를 일으키고, 죽은 사람을 살리며, 귀신을 쫓아내는 능력의 소유자였습니다. 그와 같은 사도 바울의 기도라면, 인생의 가시를 제거해 달라는 그의 기도는 쉬 응답됨이 마땅할 것입니다. 그러나 하나님께서는 그의 기도에 응답하시지 않았습니다. 그것은 하나님의 뜻이 아니었기 때문입니다. 이런 경우에 사람들은 대개 믿음이라는 미명하에 동일한 기도를 계속 고집하다가 스스로 지쳐 자기 실망에 빠져 버리거나, 아예 믿음을 저버리고 하나님을 외면해 버립니다.

그러나 사도 바울은 그와는 전혀 다른 두 번째 단계로 나아갔습니다. 그것은 '경청하는 믿음'이었습니다. 자기 인생의 가시를 제거해 달라는 자신의 기도가 하나님의 뜻에 합당하지 않다면, 이제는 기도를 통해, 그 가시를 자신에게 주신 하나님의 뜻을 자신이 경청해야 할 순서였습니다. 기도의 위력이 여기에 있습니다. 기도는 단순히 자신의 뜻을 이루려는 수단이나 방편이 아닙니다. 그것은 무당의 푸닥거리일 수는 있지만, 하나님을 믿는 참된 그리스도인의 기도는 아닙니다. 기도는 먼저 자신의 뜻을 이루기 위해 시작되지만, 그러나 기도하는 가운데 자기의 뜻을 버리고 하나님의 뜻을 분별하며 경청하게 되는 데에 기도의 신비한 능력이 있습니다.

바울은 자기 인생의 가시가 제거되기를 간구했지만, 하나님께서는 그 가시를 제거해 주시지 않고 도리어 그 가시를 통해 바울의 삶 속으로 들어오셨습니다. 그리고 하나님께서는 당신이 바울에게 그 가시를 주신 것은, 하나님으로부터 누구보다도 많은 계시와 은혜를 받은 바울이 자만심에 빠져 실족하지 않도록 배려해 주시기 위함임을 말씀하셨고, 바울은 그 말씀을 믿음으로 경청했습니다. 과연 그 말씀을 듣고 보니 바울은 그 말씀에 동의하지 않을 수 없었습니다. 이미 말씀드린 것처럼 바울은 선천성 하반신 불구자를 일으키고 죽은 사람을 살리며 귀신을 쫓는 능력의 소유자였습니다. 그가 가는 곳마다 사람들의 인생관이 바뀌고 교회가 세워졌습니다. 그 바울에게 만약 인생의 가시가 없었던들, 그는 언젠가부터 더 이상 하나님을 필요로 하지 않았을 것입니다. 그 정도의 능력을 지니고 살다 보면, 필경 스스로 하나님이라 착각하는 자기 교만에 빠지고 말았을 것이기 때문입니다. 생각하면 할수록 바울의 인생에 박힌 가시는, 하나님께서 바울을 지켜 주기 위해 베풀어 주신 크나큰 은총이었습니다. 바울이 맞닥뜨린 상황에는 아무 변화도 없었습니다. 그의 인생에 박힌 가시는 여전히 그대로였습니다. 그러나 그 가시를 보는 바울이 변화된 것입니다. 하나님의 말씀을 경청하는 믿음 덕분이었습니다. 그 믿음의 연장선상에서 마침내 바울은 마지막 세 번째 단계로 진입했습니다.

그것은 '묵묵한 순종'이었습니다. 바울은 다음과 같이 고백했습니다.

> 그러므로 도리어 크게 기뻐함으로 나의 여러 약한 것들에 대하여 자랑하리니 이는 그리스도의 능력이 내게 머물게 하려 함이라 그러므로 내가 그리스도를 위하여 약한 것들과 능욕과 궁핍과 박해와 곤고를 기뻐하노니 이는 내가 약한 그때에 강함이라(고후 12:9하-10).

바울은 오직 주님을 좇기 위해 세상에서 당해야 하는 능욕과 궁핍과 박해와 곤고를 조금도 두려워하지 않았습니다. 그것은 바울의 인생에서 바울을 괴롭히던 가시가 제거되었기 때문이 아니었습니다. 오히려 인생의 가시가 그대로 있었기에 바울에게 그런 삶이 가능할 수 있었습니다. 인생의 가시로 인해 자신의 연약함을 결코 잊을 수 없었던 바울은, 자신의 연약함으로 인해 일평생 하나님의 도우심을 겸손하게 구할 수밖에 없었고, 그 결과 바울은 자신의 연약함 때문에 역설적이게도 일생토록 하나님의 강함으로 살 수 있었습니다.

그처럼 하나님의 섭리에 대한 완전한 순종의 삶을 사는 자신을 비난하는 사람들을 향해 바울은 이렇게 말했습니다.

이 사람아 네가 누구이기에 감히 하나님께 반문하느냐 지음을 받은 물건이 지은 자에게 어찌 나를 이같이 만들었느냐 말하겠느냐 토기장이가 진흙 한 덩이로 하나는 귀히 쓸 그릇을, 하나는 천히 쓸 그릇을 만들 권한이 없느냐(롬 9:20-21).

바울은 하나님 앞에서 자기 자신은 토기장이 앞에 있는 진흙에 불과함을 잊지 않았습니다. 다시 말해 하나님은 자신을 창조하신 절대주권자요, 자신은 하나님의 피조물에 지나지 않음을 잊지 않았습니다. 그래서 자신이 원치 않는 인생의 가시를 놓고서도 그 가시를 제거하기 위한 기도를 통한 저항에만 집착하지 않고, 기도를 통해 하나님의 말씀을 경청하는 믿음과 묵묵한 순종으로 나아감으로, 자신의 연약함 속에서 도리어 인류의 역사를 새롭게 하는 위대한 사도가 될 수 있었습니다. 이 관점에서 보면 본문의 베드로 역시 마찬가지였습니다.

욥바의 무두장이 시몬의 집 옥상에서 기도하던 베드로가 환상을 보았습니다. 하늘에서 큰 보자기 같은 그릇이 내려왔는데 그 속에는 들짐승들과 공중의 새들이 들어 있었습니다. 그것들은 평소에 베드로가 부정하게 간주하던 것으로, 곧 부정한 이방인의 상징이었습니다. 그때 그것들을 잡아먹으라는 하나님의 음성이 들렸습니다. 부정한 짐승을 잡아먹으라는 것은 부정한 이방인을 받아들이라는 의미이기도 했습니다. 그것은 베드로에게는 전혀 뜻밖의 상황이었습니다. 베드로는 정통 유대인이었습니다. 유대인이라면 부정한 짐승을 입에 대지 않고, 이방인을 짐승이나 지옥의 땔감 정도로 여기며 그들과 상종하지 않는다는 것은 삼척동자도 아는 일이었습니다. 그래서 베드로는 그 부정한 짐승들을 잡아먹어야 하는, 자신이 원치 않는 상황에 저항했습니다. 세 번씩이나 적극적으로 저항했습니다. 베드로가 "주님, 그럴 수 없나이다. 속되거나 깨끗하지 아니한 것은 결코 내 입에 들어간 일이 없나이다" 하고 세 번씩이나 하나님께 말씀드렸다는 것은, 그것이 기도를 통한 적극적인 저항이었음을 뜻합니다. 베드로로서는 그 부정한 짐승들을 잡아먹는 상황을 상상조차 할 수 없었던 것입니다. 그러나 베드로는 원치 않는 상황에 대해 기도를 통한 적극적인 저항에만 집착하지 않았습니다.

베드로는, 너를 찾아온 이방인들을 의심하지 말고 함께 가라는 성령님의 말씀을 경청하였습니다. 그들을 따라 찾아간 이방인 고넬료의 집에서는 고넬료의 말을 경청했습니다. 고넬료가 베드로에게 이른 말은 다음과 같았습니다.

> 그가 우리에게 말하기를 천사가 내 집에 서서 말하되 네가 사람을 욥바에 보내어 베드로라 하는 시몬을 청하라 그가 너와 네 온 집이 구원받을 말씀을 네게 이르리라 함을 보았다 하거늘(13-14절).

그것은 이방인 고넬료 일행에게 구원의 복음을 전하라는 하나님의 명령이었습니다. 베드로는 그 말씀을 경청했습니다. 그리고 그 말씀에 묵묵히 순종했습니다. 이방인 고넬료 일행에게 하나님의 말씀을 전하기 시작한 것입니다. 그때 성령님께서 이방인 고넬료 일행에게 임하심과 동시에, 베드로에게 '요한은 물로 세례를 베풀었으나 너희는 성령으로 세례를 받으리라'는 주님의 말씀이 생각났습니다. 베드로는 불현듯 생각난 그 말씀을 떨쳐 버리지 않고, 그 말씀을 경청했습니다. 그리고 그 말씀에 묵묵히 순종하여 세례까지 베풀었습니다.

부정한 것을 잡아먹으라는 뜻밖의 상황에 기도를 통해 세 번씩이나 완강히 저항하던 베드로가, 이방인의 집을 찾아가 이방인에게 말씀을 전하고 이방인에게 세례를 베풀기까지 성령님의 말씀을 경청하고, 그 말씀에 묵묵하게 그리고 절대적으로 순종한다는 것은 결코 쉬운 일이 아니었습니다. 그것은 이방인과의 교제를 엄금하는 유대인의 관습과 관례를 파기하는 것으로서 유대인인 베드로가 유대인이기를 포기하는 것을 의미하기에, 베드로의 그런 행동이 같은 유대인으로부터 얼마나 큰 비난을 받게 될는지는 상상조차 힘든 일이었습니다.

아니나 다를까, 베드로가 이방인 고넬료의 집을 떠나 예루살렘으로 올라갔을 때, 다른 사람도 아닌 같은 그리스도인인, 소위 할례파로 불리는 유대 그리스도인들이 베드로를 혹독하게 비난하고 나섰습니다. 유대인의 금기를 깨뜨렸다는 이유에서였습니다. 이에 베드로는 그들에게 자신이 왜 이방인 고넬료 집을 찾아갔는지, 왜 이방인 고넬료 일행에게 복음을 전했는지, 왜 그들에게 세례까지 베풀었는지, 그간의 일을 처음부터 차례대로 성심성의껏 설명하면서 그 결론을 오늘의 본문 17절 하반절을 통해 이렇게 맺었습니다.

내가 누구이기에 하나님을 능히 막겠느냐.

지극히 짧은 문장이지만, 그러나 그것이야말로 베드로 신앙의 핵심이었습니다. 대체 베드로는 자신을 어떻게 인식하고 있었습니까? 베드로에게 하나님은 누구셨습니까? 왜 베드로는 능히 하나님을 막을 수 없었습니까? 두말할 것도 없이 베드로가 자신은 진흙과 같은 피조물이요, 하나님은 토기장이처럼 자신을 만드신 창조주이심을 바르게 깨닫고 있었기 때문입니다. 베드로 역시 피조물인 자신의 정체성을 잊지 않음으로써 자신이 원치 않는 상황에 대해 기도를 통한 적극적인 저항에만 집착하지 않고, 기도를 통해 하나님의 말씀을 경청하는 믿음과 묵묵한 순종으로 나아감으로, '땅끝까지 이르러 내 증인이 되리라'는 주님의 마지막 명령을 교회가 공식적으로 수행하는 혁명적인 물꼬를 튼 위대한 사도가 되었습니다.

갈릴리의 무식한 어부였던 베드로, 예수 그리스도의 대적이었던 바울—그들이 위대한 사도의 삶을 살 수 있었던 것은 자신들이 피조물임을 잊지 않는 믿음의 소유자들이었기 때문입니다.

어제 프로야구 두산베어스 김경문 감독의 인터뷰 기사가 모 일간지에 보도되었습니다. 김경문 감독은 2003년 두산베어스에 취임한 이후 5년 동안 포스트시즌 진출 네 차례, 한국시리즈 준우승 세 차례, 특히 2008 베이징 올림픽에서 한국 야구 사상 최초의 우승을 일궈 낸 명장입니다. 그 김경문 감독의 인터뷰는 "지도자의 자기 관리는 허명虛名을 경계하는 것으로부터 시작한다"는 말로 끝났습니다. 얼마나 놀라운 통찰력입니까? 어떤 분야에서든 한 사람의 경륜이 쌓이면 그에게는 허명이 뒤따르게 됩니다. 그때 허명에 빠져 허명을 탐하게 되면, 그 사람은 반드시 몰락하게 됩니다. 허명이란 문자 그대로 실제보다 부풀려진 헛된 명성이기 때문입니다. 무릇 허명을 경계하고, 실제의 자기 자신을 늘 바르게 갈고닦는 사람만 자신을 지킬 수 있습니다. 신앙도 이와 똑같습니다. 하나님께서는 살아 계십니다. 그래서 하나님께서는 당신을 경외하는 사람을 어떤 형태로든 당신의 도구로 사용하십니다. 그때 그것이 마치 자신의 능력으로 인함인 양 자기 허명과 자기 착각에 빠지는 사람은 하나님과 무관한 사람으로 전락해 버리고 맙니다. 하나님께서 아무리 귀하게 쓰셔도 자기 허명이나 자기 교만에 빠지지 않고, 베드로나 바울처럼 자신이 하나님의 피조물임을 잊지 않는 사람을 통해서만 하나님의 역사는 계속됩니다.

　독일의 신학자 헬무트 틸리케Helmut Thielicke는 《세계를 부둥켜안은 기도》라는 책에서 "나는 인간의 우상이 되기보다 예수님의 눈이 주시하는 한 마리의 벌레가 되고 싶다"고 고백했습니다. 인간은 조금만 알려져도 자기 허명, 자기 교만에 빠져 하나님을 외면하고 스스로 하나님이 되고 맙니다. 그러나 벌레는 어떤 경우에도 자기 허명이나 자기 교만에 빠지지 않습니다. 벌레는 하나님에 의해 창조된 피조물의 자리를 결코 넘어서지 않기 때문입니다. 그래서 틸리케는 하나님이 보시는 앞에서 일평생 벌레처럼, 겸손한 피조물로 살겠다고 고백한 것입니다. 그때에만 인생을 무의미하게 낭비하지 않고, 하나님의 뜻을 바르게 분별하고 실천하는 영원한 삶을 살 수 있기 때문입니다.

　나는 대체 누구입니까? 가정에서 나는 누구입니까? 일터에서 나는 누구입니까? 이 세상 속에서 나는 도대체 누구입니까?

　사랑하는 교우 여러분! 우리는 언제 어디서나 하나님의 피조물이요, 그렇기에 우리를 창조하신 하나님의 법칙대로 살아야 할 그리스도인임을 잊지 마십시다. 우리의 피조물 됨을 잊지 않는 한, 우리 역시 반드시 이 시대를 위한 베드로와 바울이 될 것입니다. 우리는 미약하지만, 우리를 창조하신 하나님께서 우리를 통해 당신의 뜻을 이루어 가실 것이기 때문입니다.

　'이 사람아, 네가 누구이기에 감히 하나님께 반문하느냐? 지음을 받은 물건이 지은 자에게 어찌 나를 이같이 만들었느냐, 말하겠느냐? 토기장이가 진흙 한 덩이로 하나는 귀히 쓸 그릇을, 하나는 천히 쓸 그릇을 만들 권한이 없느냐?'—주님, 바울의 이 믿음이 나의 믿음이 되게 해주십시오.

'내가 누구이기에 하나님을 능히 막겠느냐?'—주님, 베드로의 이 선언이 나의 선언이 되게 해주십시오.

'지도자의 자기 관리는 허명을 경계하는 것으로부터 시작한다'—주님, 김경문 감독의 이 통찰력이 나의 통찰력이 되게 해주십시오.

'나는 인간의 우상이 되기보다, 예수님의 눈이 주시하는 한 마리의 벌레가 되고 싶다'—주님, 헬무트 틸리케의 이 고백이 나 자신의 고백이 되게 해주십시오.

언제 어디서나 내가 하나님의 피조물임을 기억하며 살아가게 해주십시오. 어떤 상황 속에서든 나를 창조하신 하나님의 뜻을 좇아 사는 것이, 나를 영원히 세우고 지키는 길임을 잊지 말게 해주십시오.

혹 원치 않는 상황이 나를 덮칠 때, 그 상황에서 벗어나기 위해 하나님께 간절히 기도할 줄 알게 해주십시오. 기도하되 쉬지 않고 간구하게 해주십시오. 그 간구를 통해 하나님과 날로 친밀하게 해주십시오. 나의 기도가 하나님의 뜻에 합당하여 혹 원치 않는 상황으로부터 벗어나면, 하나님의 그 응답으로 인해 하나님과 더욱 친밀하게 동행하게 해주십시오. 만약 나의 기도가 응답되지 않는다면 더 이상 나의 뜻을 고집할 것이 아니라, 내가 원치 않는 상황을 내게 주신 하나님의 뜻을, 기도 속에서 경청하는 믿음을 지니게 해주십시오. 그리고 그 하나님의 뜻에, 나의 묵묵한 순종으로 응답하게 해주십시오.

그리하여 피조물인 나의 허망한 뜻이 아니라 천지를 창조하신 하나님의 영원한 뜻이, 나의 삶을 통해 날마다 이루어지게 해주십시오. 아멘.

8. 듣고 잠잠하여

> 사도행전 11장 15-18절
> 내가 말을 시작할 때에 성령이 그들에게 임하시기를 처음 우리에게 하신 것과 같이 하는지라 내가 주의 말씀에 요한은 물로 세례를 베풀었으나 너희는 성령으로 세례를 받으리라 하신 것이 생각났노라 그런즉 하나님이 우리가 주 예수 그리스도를 믿을 때에 주신 것과 같은 선물을 그들에게도 주셨으니 내가 누구이기에 하나님을 능히 막겠느냐 하더라 그들이 이 말을 **듣고 잠잠하여** 하나님께 영광을 돌려 이르되 그러면 하나님께서 이방인에게도 생명 얻는 회개를 주셨도다 하니라

똑같은 새소리를 듣고 어떤 사람은 '새가 노래한다'고 말하고, 또 어떤 사람은 '새가 운다'고 합니다. 그 차이는 새소리에 있는 것이 아니라, 동일한 새소리를 듣는 사람의 마음에 기인합니다. 마음이 슬픔에 젖어 있는 사람에게는 새소리가 울음소리로 들리고, 마음이 즐거운 사람에게는 똑같은 소리가 노랫소리처럼 들리는 것입니다. 이와 같은 현상은 각각 다른 두 사람에게만

일어나는 것이 아니라, 동일한 한 사람에게도 시차를 두고 일어날 수 있습니다. 이를테면 마음이 즐거울 때는 새소리가 즐거운 노랫소리로 들리다가도, 갑자기 슬픈 일을 당하게 되면 똑같은 새소리가 이내 서글픈 울음소리처럼 들리는 것입니다. 이것은 비단 새소리에만 국한된 이야기가 아닙니다. 사람이 어떤 마음을 지니고 있느냐에 따라 동일한 사람의 말에 대한 각 사람의 이해가 달라집니다. 어디 그뿐이겠습니까? 인간은 마음 상태에 따라 주님의 말씀마저도 전혀 다르게 알아듣게 됩니다.

요한복음 21장은 사복음서의 마지막 장입니다. 무엇이든 처음과 마지막이 중요하지 않습니까? 사복음서의 마지막 장인 요한복음 21장 역시 구구절절 중요한 의미를 지니고 있습니다. 그 중요한 요한복음 21장의 마지막 사건은 특히 우리가 잊어서는 안 될 중요한 교훈을 던져 주고 있습니다. 그 마지막 사건과 맞물려 교회의 역사와 사도들의 행적을 밝혀 주는 사도행전이 시작되기 때문입니다.

주님께서 베드로에게 말씀하셨습니다.

> 내가 진실로 진실로 네게 이르노니 네가 젊어서는 스스로 띠 띠고 원하는 곳으로 다녔거니와 늙어서는 네 팔을 벌리리니 남이 네게 띠 띠우고 원하지 아니하는 곳으로 데려가리라(요 21:18).

베드로가 지금까지는 천방지축 자신이 원하는 대로 살아왔지만, 앞으로는 순교하기까지 오직 주님의 이끄심 속에서 살게 될 것을 주님께서 베드로에게 밝히셨습니다. 베드로는 그 말씀을 듣는 즉각 요한을 가리키며 주님께 "주님, 이 사람은 어떻게 되겠사옵나이까?" 하고 여쭈었습니다. 한글 성경이 점잖게 번역을 해서 그렇지, 헬라어 원문의 문맥과 뉘앙스를 그대로 옮기면 베드로는 주님께 이렇게 여쭈었습니다. "주님, 얘는 어떻게 됩니까?" 베드로가 다른 제자들은 다 제쳐 놓고 유독 요한을 지목하여 주님께 그런 질문을 드렸다는 것은, 평소에 베드로가 요한과 라이벌 관계에 있었음을 의미합니다. 베드로 자신은 주님께 이끌려 끝내 주님을 위해 순교해야 한다면, 자신의 라이벌인 요한은 어떻게 될 것인지 궁금해서 견딜 수가 없었던 것입니다. 이에 대한 주님의 답변은 요한복음 21장 22절이 밝혀 주고 있습니다.

내가 올 때까지 그를 머물게 하고자 할지라도 네게 무슨 상관이냐 너는 나를 따르라.

주님께서는 베드로에게, 설령 주님께서 재림하실 때까지 요한을 이 땅에 살려 두신다 할지라도, 그것은 베드로 네가 상관할 바가 아니므로 너는 나를 따르기만 하라고 말씀하셨습니다. 요한의 삶을 어떻게 인도하실 것인지는 주님의 소관이요, 베드로의 몫은 주님을 따르는 것임을 주님께서 분명히 하신 것입니다. 이것은 신앙의 기본입니다. 신앙은 하나님의 영역에 뛰어들어 하나님의 섭리에 간섭하는 것이 아닙니다. 피조물인 인간은 하나님의 뜻을 분별하며 하나님을 좇아 살 뿐입니다. 따라서 주님께서 베드로에게 하신 말씀은 조금이라도 오해하거나 곡해할 내용이 아니었습니다. 그 내용 그대로 듣고 순종하면 될 말씀이었습니다. 그러나 요한복음 21장 23절은 기가 막힌 사실을 증언하고 있습니다.

이 말씀이 형제들에게 나가서 그 제자는 죽지 아니하겠다 하였으나.

주님께서는 당신의 재림 때까지 요한을 살려 두실 것이라고 단정적으로 말씀하신 것이 아니었습니다. 주님께서는 베드로에게 당신의 재림 때까지 '설령 요한을 살려 둔다고 할지라도' 하고 가정법으로 말씀하셨을 뿐입니다. 그러나 주님의 말씀은 엉뚱하게도 사실과 다르게 퍼지기 시작했습니다. 요한은 절대로 죽지 않는다는 것이었습니다. 그것은 명백한 거짓말이었습니다. 그 거짓 소문의 발설자는 두말할 것도 없이, 주님의 말씀을 직접 들었던 베드로였습니다. 당시의 베드로는 언어 습득이 끝나기 이전의 어린아이가 아니었습니다. 그에게 일상 대화를 주고받는 데 장애가 있었던 것도 아닙니다. 주님께서 어려운 문자를 쓰신 것도 아니요, 베드로가 주님의 그 말씀을 이해하지 못할 정도의 지능이나 수준은 결코 아니었습니다. 그런데도 베드로는 '내가 올 때까지 그를 머물게 하고자 할지라도 네게 무슨 상관이냐'는 주님의 말씀을, '내가 올 때까지 그를 머물게 할 것인즉 그것이 네게 무슨 상관이냐'고 알아들었습니다. 베드로가 주님의 말씀을 완전히 잘못 알아들은 것입니다. 대체 그 이유가 무엇이겠습니까?

주님께서 이 땅에 계시는 3년 동안 주님을 좇았던 열두 명의 제자들은 평소 서로 사이가 좋지 않았습니다. 그들 사이에 서열상 누가 높은지를 따지는 다툼이 있었기 때문입니다. 그들 중에서도 특히 베드로와 요한 그리고 야고보의 라이벌 의식이 심했습니다. 주님께서 제자들 가운데 그 세 사람을 총애하셨기 때문입니다. 주님께서는 그 세 제자만 데리고 변화산으로 올라가셔서, 당신의 모습이 변형되고 하늘에서 내려온 모세와 엘리야와 함께 대화를 나누시는 신비로운 광경을 그들에게만 보여 주셨습니다. 회당장 야이로의 딸이 죽었을 때, 주님께서 그 죽은 소녀를 살리시는 현장에도 베드로와 요한 그리고 야고보만 입회하게 하셨습니다. 주님께서 체포당하시기 전 겟세마네 동산에서 임박한 당신의 죽음을 놓고 처절하게 기도하실 때에도, 베드로와 요한 그리고 야고보에게만 당신을 위해 기도해 줄 것을 부탁하셨습니다. 이처럼 주님께서는 그 세 제자들을 항상 특별 대우하셨습니다. 누가 보아도 열두 제자의 우두머리가 그 세 사람 중의 한 명임이 분명해 보였습니다. 그런데 그 세 사람 가운데 요한과 야고보는 친형제였습니다. 베드로의 입장에서 본다면 자신은 언제나 2대 1로 열세였습니다. 그러므로 요한 형제에 대한 베드로의 견제 심리와 라이벌 의식은 유별날 수밖에 없었습니다. 그러던 어느 날 대형 사건이 터지고 말았습니다.

주님께서 3년에 걸친 공생애를 마무리하시기 위해 예루살렘으로 향하실 때였습니다. 주님께서 인간을 구원하기 위한 십자가의 제물이 되시기 위해 예루살렘으로 올라가시는 것이었습니다. 그러나 제자들은, 주님께서 예루살렘으로 입성하시면 로마제국을 몰아내고 정치적 권력을 장악하실 것이라고 굳게 믿었습니다. 그래서 마가복음 10장에 의하면 요한과 야고보 형제가 은밀하게 주님께 나아가, 주님께서 집권하시면 자신들을 주님의 오른팔과 왼팔로 중용해 주실 것을 청탁드렸습니다. 그러나 마태복음 20장에 의하면 요한과 야고보의 어머니도 주님께 똑같은 청탁을 드렸습니다. 세상에 비밀은 없지 않습니까? 그 소문을 접한 나머지 열 명의 제자들은 부당한 청탁을 시도한 요한과 야고보에게 불같이 화를 내었습니다. 그중에서도 평소 요한 형제에 대해 심한 라이벌 의식을 갖고 있던 베드로가 가장 크게 화를 내었을 것임은 의심할 여지도 없습니다.

베드로와 요한이 그와 같은 관계였으니, 그 두 사람 사이에 과연 말이 통했겠습니까? 상대가 무슨 말을 하든 그 말의 진의가 바르게 들렸겠습니까? 오히려 오해하고 곡해하기 마련이지 않았겠습니까? 자기 어머니까지 동원하여 주님께 부당한 청탁을 드린 요한에 대해 베드로가 피해의식마저 지니고 있었을 것인즉, 그 요한에 대한 주님의 말씀이 베드로에게 제대로 들렸겠습니까? 결국 베드로는 '내가 올 때까지 그를 머물게 하고자 할지라도 네게 무슨 상관이냐'는 주님의 말씀을, '내가 올 때까지 그를 머물게 할 것인즉 그것이 네게 무슨 상관이냐'는 말씀으로 듣고 말았습니다. 요한에 관한 한 베드로의 마음이 질투심과 경쟁심, 피해의식으로 가득 차 있었기에, 베드로는 요한과 관련된 주님의 말씀을 바르게 알아들을 수가 없었던 것입니다.

이와 관련하여 요한복음 21장 23절은 다음과 같이 계속됩니다.

이 말씀이 형제들에게 나가서 그 제자는 죽지 아니하겠다 하였으나 예수의 말씀은 그가 죽지 않겠다 하신 것이 아니라 내가 올 때까지 그를 머물게 하고자 할지라도 네게 무슨 상관이냐 하신 것이러라.

베드로에 의해 발설된, 요한은 절대로 죽지 않는다는 소문은 거짓 소문임을 지적함과 동시에, 주님께서 요한과 관련하여 베드로에게 실제로 하셨던 말씀 내용을 다시 한 번 분명히 밝히고 있습니다. 이처럼 베드로가 주님의 말씀을 잘못 알아듣고 엉뚱하게도 거짓 소문을 퍼뜨린 해프닝이 사복음서 마지막 장의 마지막 사건이요, 이 사건에 뒤이어 교회의 역사와 사도의 행적을 전해 주는 사도행전이 이어지고 있습니다. 그렇다면 이것은 얼마나 중요한 교훈입니까? 아무리 그리스도인이라 할지라도 바른 마음을 지니지 않으면 같은 그리스도인 간에도 말이 엉뚱한 오해와 억측을 낳고, 심지어 주님의 말씀조차 제대로 알아들을 수 없다는 것입니다.

성도 간에 서로 진실을 말함에도 불구하고 진의가 제대로 전달되기는커녕 계속 심각한 부작용을 초래한다면 그것은, 쌍방이 진실을 말했다는 전제하에서는, 말의 문제가 아니라 말을 듣는 사람의 마음의 문제입니다. 아무리 진실을 말해도 그 말을 듣는 사람의 마음이 바르지 않으면 그에게 진실은 왜곡될 수밖에 없습니다.

요한복음 21장 이후에 베드로와 요한은 어떻게 되었겠습니까? 그릇된 질투심과 경쟁심으로 서로 상대의 말을 곡해하면서 계속 견원지간으로 살았겠습니까? 사도행전은 그 반대의 사실을 증언해 주고 있습니다.

> 제구 시 기도 시간에 베드로와 요한이 성전에 올라갈새 나면서 못 걷게 된 이를 사람들이 메고 오니 이는 성전에 들어가는 사람들에게 구걸하기 위하여 날마다 미문이라는 성전 문에 두는 자라 그가 베드로와 요한이 성전에 들어가려 함을 보고 구걸하거늘 베드로가 요한과 더불어 주목하여 이르되 우리를 보라 하니(행 3:1-4).

베드로가 성전 미문 앞에서 날 때부터 하반신 불구자를 예수 그리스도의 이름으로 치유하던 그 역사적인 현장에 베드로가 홀로 있었던 것이 아니었습니다. 베드로는 요한과 함께였습니다. 그뿐이 아니었습니다. 유대인들은 본래 같은 동족이었음에도 이방인의 피가 섞였다 하여 사마리아인들을 사람으로 취급하지 않았습니다. 사람으로 취급하려 하지 않았으니 사도들 가운데 그 누구도 사마리아 사람들에게 복음을 전할 생각을 하지 않았습니다. 그런데 사마리아 성을 찾아간 빌립 집사에 의해 사마리아 사람들이 복음을 받아들이는 역사가 일어났습니다. 그 소문은 예루살렘에 있는 사도들에게도 전해졌습니다. 그때 사도들이 취한 행동을 사도행전 8장 14절이 전해 주고 있습니다.

예루살렘에 있는 사도들이 사마리아도 하나님의 말씀을 받았다 함을 들고 베드로와 요한을 보내매.

예루살렘 교회가 새로이 복음을 받아들인 사마리아에 급히 파견한 사람이 베드로와 요한이었습니다. 놀랍게도 사도들 중에서 베드로와 요한은 그 누구보다도 긴밀한 동역의 관계를 이루고 있었습니다. 그들은 더 이상 서로 말귀를 알아듣지 못하는 견원지간이 아니었습니다. 그들이 서로 긴밀한 동역 관계를 이룰 수 있었다는 것은, 그들이 더 이상 그릇된 라이벌 관계가 아니었음을 의미했습니다. 다시 말하면 그들은 헛된 질투심과 경쟁심을 버리고, 서로 상대의 말을 바르게 알아듣는 바른 마음을 지니고 있었습니다. 서로 앙숙이던 그들에게 어떻게 그런 일이 가능할 수 있었겠습니까? 베드로와 요한이 라이벌 관계로 등장하는 요한복음 21장과 그들이 동역자가 되었음을 밝혀 주는 사도행전 3장 사이에, 그들에게 대체 무슨 일이 있었습니까?

그 해답은 사도행전 2장의 성령강림 사건입니다. 베드로와 요한이 모두 하나님의 영이신 성령님을 받은 것입니다. 그들의 마음은 더 이상 자신만 내세우던 베드로 개인의 마음, 요한 개인의 마음이 아니었습니다. 그들의 마음은 성령님께서 내주하시는 성령의 전殿이 되었습니다. 성령님을 모시고 보니, 그들은 서로 경쟁자가 아니었습니다. 주님을 위해 함께 힘을 모아 충성해야 할 동역자였습니다. 성령님을 모시고 보니, 비로소 상대가 하는 말의 진의를 알아들을 수 있었습니다. 성령님을 모시고 보니, '내가 올 때까지 그를 머물게 하고자 할지라도 네게 무슨 상관이냐'는 주님의 말씀의 의미를 비로소 알아들을 수 있었습니다. 믿음은 하나님의 영역에 뛰어들어 하나님을 간섭하는 것이 아니라, 묵묵히 주님의 뜻을 좇는 것이었습니다. 그래서 베드로와 요한은 서로 묵묵히 주님의 뜻을 좇으면서 아름다운 동역의 관계를 이루어 갈 수 있었습니다. 만약 그들이 자신들에게 임하신 성령님을 자기 마음의 주인으로 모시려고 하지 않았던들 불가능했을 대반전이었습니다.

그와 똑같은 일이 사도행전 11장에서도 반복되었습니다. 우리가 10주째 살펴보고 있는 사도행전 11장은 1절이 이렇게 시작됩니다.

유대에 있는 사도들과 형제들이 이방인들도 하나님의 말씀을 받았다 함을 들었더니.

한글 성경에는 어순상 '들었다'는 동사가 제일 뒤에 나옵니다. 그러나 헬라어 원문에는 '들었다'는 동사가 문장의 제일 앞에 기록되어 있습니다. 사도행전 11장은 '들었다'는 동사로 시작하는 것입니다. 사도행전 11장에서 '들었다'는 동사가 그만큼 중요한 비중을 차지한다는 의미입니다. 대체 누가 무슨 말을 들었다는 것입니까? 유대에 있는 사도들과 형제들이, 다시 말해 유대에 있는 그리스도인들이 이방인들도 베드로로부터 하나님의 말씀을 받았다는 소식을 들었습니다. 이방인들이 베드로에게서 돈을 받은 것이 아닙니다. 물품을 받은 것도 아닙니다. 유대인들이 짐승처럼 간주하는 이방인들이 하나님의 말씀을 받았습니다. 그렇다면 어찌 그것이 하나님의 역사가 아니겠습니까? 하나님의 역사가 아니고서는 어찌 이방인이 하나님의 말씀을 내뱉지 않고 받아들일 수 있겠습니까? 그것은 같은 그리스도인으로서 하나님께 영광을 돌려야 할 일이요, 그 일을 감당한 베드로의 수고를 치하해야 할 일이요, 그동안 이방인에 대해 지니고 있던 자신들의 그릇된 편견을 버려야 할 일이었습니다.

그러나 베드로가 예루살렘으로 귀환했을 때 베드로를 혹독하게 비난하고 나선 사람들이 있었습니다. 무할례자와의 교제를 엄금하는 유대인의 관습과 규례를 어겼다는 이유에서였습니다. 그들은 소위 할례자로 불리는 유대 그리스도인들이었습니다. 당시 예루살렘의 그리스도인들은 모두 유대인들이었고, 유대인 남자 성인은 예외 없이 할례받은 사람들이었습니다. 그런데도 베드로를 비난한 사람들을 성경이 유독 '할례자'라고 부르는 것은, 그들이 그리스도인이긴 했지만 할례를 절대시하는 유대인의 전통을 고수하는 사람들이었기 때문입니다. 이를테면 그들의 마음속에는 자신들의 죗값을 십자가에서 대신 치러 주신 예수 그리스도의 구원의 은혜보다는, 그릇된 유대교의 전통과 관습으로 가득 차 있었습니다. 그런 마음으로는 이방인도 하나님의 말씀을 받았다는 소식을 들어도 그 말의 진의를 깨닫기는커녕, 오히려 그 말을 곡해하면서 베드로를 비난할 수밖에 없었습니다.

그러나 본 단락의 마지막 구절인 본문 18절은 이렇게 끝나고 있습니다.

> 그들이 이 말을 듣고 잠잠하여 하나님께 영광을 돌려 이르되 그러면 하나님께서 이방인에게도 생명 얻는 회개를 주셨도다 하니라.

이 구절 역시 헬라어 원문에는 '듣다'라는 동사가 제일 앞에 기록되어 있습니다. 사도행전 11장 1-18절의 단락은 '듣다'라는 동사에서 시작해서 '듣다'라는 동사로 끝나고 있습니다. 베드로를 비난하던 할례자들이 잠잠해졌습니다. 그저 잠잠해지기만 한 것이 아니라, 하나님께서 이방인에게도 생명 얻는 회개를 주셨다며 하나님께 영광을 돌리기까지 했습니다. 그들이 베드로의 말을 들었기 때문입니다. 베드로를 혹독하게 비난하던 그들이 베드로의 말을 듣고 하나님께 영광을 돌리기까지 했다는 것은, 베드로를 그릇되게 비난했던 자신들의 경솔함에 대한 사과의 표시이기도 했습니다.

도대체 그들이 베드로로부터 무슨 말을 들었기에 그들의 태도가 그토록 돌변했습니까? 우리가 이미 잘 알고 있는 것처럼 사도행전 11장 5절에서부터 17절에 이르기까지 베드로가 그들에게 설명한 내용을 한마디로 표현하면, 그 모든 것은 성령님의 역사였다는 것입니다. 다시 말해 베드로는 자신의 설명을 통해, 자신들을 비난하던 할례자들의 심령이 성령님께 집중되게 했습니다. 본문의 할례자들이 그리스도인이 되었다는 것은 그들 역시 성령님의 은혜를 경험했음을 의미했습니다. 고린도전서 12장 3절 말씀처럼 성령님의 역사 없이는, 인간 스스로는 예수님을 구주로 믿을 수 없기 때문입니다. 그러나 본문의 할례자들은 성령님의 은혜를 체험하기만 했지, 성령님을 자기 마음의 주인으로 모시고 있지는 않았습니다. 그들의 마음은 여전히 유대교의 전통과 관습으로만 가득 차 있었기에, 이방인도 하나님의 말씀을 받았다는 소식을 듣고서도 그 깊은 의미를 깨닫지 못한 채 도리어 베드로를 비난하는 어리석음을 범하고 말았습니다. 그러나 베드로의 설명을 들으면서 그들의 심령이 성령님께 집중했을 때, 성령님의 빛이 그들의 마음에 스며들기 시작했을 때, 그들은 이방인을 짐승처럼 간주하는 유대인의 그릇된 사고와 관습에서 벗어나, 이방인도 하나님의 말씀을 받았다는 말의 의미를 비로소 깨달을 수 있었습니다. 이방인도 하나님의 말씀을 받아들임으로 '땅끝까지 이르러 내 증인이 되리라'는 주님의 마지막 명령을 교회가 공식적으로 수행하는 물꼬가 비로소 트였음을 깨닫게 되었습니다. 그들이 성령님의 빛 속에서 사람의 말귀를 알아들음으로, 주님께서 말씀하신 '땅끝'이 이방인을 의미한다는 주님의 말씀 또한 바르게 알아듣게 된 것이었습니다. 다시 말해 그들의 마음이 성령의 전이 됨으로써, 그들은 주님의 말씀과 사람의 말을 동시에 알아듣는 진정한 그리스도인이 될 수 있었습니다.

로마서 10장 17절 말씀처럼, 믿음은 하나님의 말씀을 듣는 것으로부터 시작됩니다. 그러나 요한복음 21장의 베드로처럼, 하나님의 말씀을 듣고서도 그 말씀을 곡해한다면 차라리 듣지 않음만 못합니다. 같은 성경 말씀을 놓고도 이단과 사이비가 나오는 것은 하나님의 말씀을 듣지 않기 때문이 아니라, 말씀을 곡해하여 듣기 때문입니다. 오직 성령님의 빛 속에서만 하나님의 말씀을 바르게 이해할 수 있습니다. 성령님은 하나님의 깊은 것까지도 통달하시는(고전 2:10) 하나님의 영이신 까닭입니다. 대인 관계에서 인간의 인격은 상대의 말을 듣는 것으로 나타납니다. 그러나 요한복음 21장의 베드로와 요한 그리고 사도행전 11장의 할례자들처럼 상대의 말을 들어도 말귀를 알아듣지 못한다면, 도리어 상대의 말을 들을수록 상대를 곡해하고 결과적으로 관계마저 뒤틀어질 뿐입니다. 오직 성령님의 조명 속에서만 사람이 하는 말의 진의를, 그리고 마음속에 담긴 말까지도 알아들을 수 있습니다. 성령님은 인간을 창조하신 하나님의 영이시기에 인간의 마음속까지도 읽으시는 분이기 때문입니다. 그렇다고 성령의 사람이 아무 말이나 다 듣고 따르는 것은 결코 아닙니다. 유대인의 생살여탈권生殺與奪權을 쥐고 있던 유대교 최고 지도자들이 베드로와 요한을 사로잡아 다시는 예수의 이름으로 말하지도 가르치지도 말라고 엄히 명령했을 때, 베드로와 요한은 한마음이 되어 이렇게 말했습니다.

> 하나님 앞에서 너희의 말을 듣는 것이 하나님의 말씀을 듣는 것보다 옳은가 판단하라 우리는 보고 들은 것을 말하지 아니할 수 없다 하니(행 4:19-20).

오직 성령님의 도우심 속에서만, 듣고서도 듣지 않아야 할 불의한 말을 물리칠 수 있습니다. 하나님의 영이신 성령님은 정의와 진리의 영이시기 때문입니다.

사랑하는 교우 여러분!

우리 모두 우리에게 임해 계신 성령님을 우리 마음의 주인으로 모시어 들이십시다. 말씀과 기도로 우리의 심령을 성령의 전으로 일구어 가십시다. 우리 마음속에 성령님의 빛이 소멸되지 않도록, 오직 말씀과 기도를 통해 성령님께 집중하십시다. 성령님의 빛 속에서 우리는 하나님의 말씀을 바르게 듣고 바르게 이해하며, 들어야 할 사람의 말귀를 알아들으며, 듣고서도 듣지 말아야 할 불의한 말을 과감하게 물리치는 참된 그리스도인이 될 것입니다. 그리고 그때에만 우리의 코끝에서 당장 호흡이 멎어도 우리는 후회하지 않을 것입니다. 종적縱的으로 하나님과 바른 관계를 맺고 횡적橫的으로 사람과 바른 관계를 맺으며 불의를 물리치는 것은, 곧 우리에게 십자가의 삶이 완성되는 것을 의미하기 때문입니다.

우리가 요한복음 21장의 베드로처럼 주님의 말씀을 곡해하면서 우리의 인생을 허비하기에는, 우리의 인생이 너무나도 짧습니다. 우리가 요한복음 21장의 베드로와 요한 그리고 사도행전 11장의 할례자들처럼, 사랑해야 할 사람들의 말귀도 알아듣지 못한 채 서로 오해하고 원망하며 살기에는, 우리의 인생이 너무나도 아깝습니다. 우리가 가룟 유다처럼 들어서는 안 될 불의한 말을 좇느라 우리의 인생을 스스로 갉아먹기에는, 우리의 인생이 너무나도 소중합니다.

이 시간 우리 모두, 우리에게 임하신 성령님을 우리 마음으로 모시어 들입니다. 우리의 심령을 성령의 전으로 일구어 가기를 원합니다. 우리의 심령에서 성령님의 빛이 꺼지지 않도록, 말씀과 기도를 통해 성령님께 집중할 수 있도록 우리를 도와주십시오. 성령님의 빛 속에서 하나님의 말씀을 바르게 알아듣고, 들어야 할 사람의 말귀를 제대로 알아들으며, 들어서는 안 될 불의한 말을 물리칠 수 있도록 우리를 도와주십시오.

그리하여 성령강림 이후에 베드로와 요한의 삶이 그랬던 것처럼, 우리의 삶을 통해서도 생명의 십자가, 사랑의 십자가, 정의의 십자가, 진리의 십자가, 영원한 십자가가 우뚝 세워지게 해주십시오. 아멘.

9. 생명 얻는 회개를

사도행전 11장 15-18절

내가 말을 시작할 때에 성령이 그들에게 임하시기를 처음 우리에게 하신 것과 같이 하는지라 내가 주의 말씀에 요한은 물로 세례를 베풀었으나 너희는 성령으로 세례를 받으리라 하신 것이 생각났노라 그런즉 하나님이 우리가 주 예수 그리스도를 믿을 때에 주신 것과 같은 선물을 그들에게도 주셨으니 내가 누구이기에 하나님을 능히 막겠느냐 하더라 그들이 이 말을 듣고 잠잠하여 하나님께 영광을 돌려 이르되 그러면 하나님께서 이방인에게도 **생명 얻는 회개를** 주셨도다 하니라

주님께서 이 땅에 계실 때의 일입니다. 어느 날 부친상을 당한 제자가 주님께 아버지 장례식을 치르고 오겠다고 말씀드렸습니다. 마태복음 8장 22절에 의하면 주님께서는 그 제자에게, "죽은 자들이 그들의 죽은 자들을 장사하게 하고 너는 나를 따르라"고 말씀하셨습니다. 누구든 죽은 사람의 장례식을 치러 주는 사람들이라면, 그들은 살아 있는 사람들임이 분명하지 않겠습

니까? 그렇지만 주님께서는 죽은 자들이 그들의 죽은 자들을 장사하게 하라고 말씀하셨습니다. 주님께는 죽어서 관 속에 누워 있는 사람이나, 죽은 사람을 장사 지내 주는 사람이나, 똑같은 송장으로 보였던 것입니다.

우리는 분명히 살아 있습니다. 살아 있기에 우리는 오늘 하루도 살고 있습니다. 그러나 그것이 사실입니까? 우리는 분명히 살았고, 또 살고 있는 것입니까? 아닙니다. 실은 우리는 매일매일 사는 것이 아니라, 날마다 죽어 가고 있습니다. 오늘 하루 산다는 것은, 오늘 하루 또 죽는 것을 의미합니다. 시계의 초침이 1초 1초 나아가는 만큼 우리는 매 순간 죽어 가고 있습니다. 이처럼 인간은 그 누구도 예외 없이 모두 죽음의 덫에 갇혀 사는 존재입니다.

솔로몬은 죽음을 피할 수 없는 인간의 말년을 이렇게 묘사하였습니다.

> 그때가 되면, 너를 보호하는 팔이 떨리고, 정정하던 두 다리가 약해지고, 이는 빠져서 씹지도 못하고, 눈은 침침해져서 보는 것마저 힘겹고, 귀는 먹어 바깥에서 나는 소리도 못 듣고, 맷돌질 소리도 희미해지고, 새들이 지저귀는 노랫소리도 하나도 들리지 않을 것이다. 높은 곳에는 무서워서 올라가지도 못하고, 넘어질세라 걷는 것마저도 무서워질 것이다. 검은 머리가 파뿌리가 되고, 원기가 떨어져서 보약을 먹어도 효력이 없을 것이다. 사람이 영원히 쉴 곳으로 가는 날, 길거리에는 조객들이 오간다 (전 12:3-5, 새번역).

솔로몬은 부귀영화의 대명사 아닙니까? 그 솔로몬이 인생 말년에 깨달은 것은, 인간이란 송장을 찾아가는 조문객이거나 그 자신이 송장으로 드러눕는 존재에 불과하다는 것이었습니다. 저는 장례식에 참석할 때마다 솔로몬의 이 말을 기억합니다. 그리고 저 나름대로 송장과 조문객 사이에 유족을 덧붙여 인생에 대해 생각하곤 합니다. 저는 제가 태어나고 얼마 지나지 않아, 친형이 세상을 떠나 처음으로 유족이 되었습니다. 아버님을 잃고 상주가 된 것은 열다섯 살 때였고, 마흔여섯 살이 되던 해에 어머님의 소천으로 또다시 상주가 되었습니다. 그동안 제가 조문객으로 상가를 문상한 횟수는 헤아리기조차 불가능합니다. 목회자로서 제가 집례한 장례식은 또 얼마나 많았겠습니까? 세 살 때 유족이 되는 것으로부터 시작해서 그동안 때로는 유족으로 때로는 조문객으로 살던 제게 이제 남은 것이 있다면, 언젠가 저 자신이 관 속에 송장으로 드러눕는 것입니다.

이것은 저 자신만의 이야기가 아닙니다. 이 세상에 태어난 모든 인간은 코끝에 호흡이 있는 동안 유족과 조문객 사이를 오가다가, 그 자신이 송장이 되는 것으로 그 생이 끝나고 맙니다. 인간은 이와 같이 태어나면서부터 철저하게 죽음의 덫에 갇혀 살다가 마침내 죽음의 나락으로 떨어지고 맙니다. 그 이유는 죄로 인함입니다. 거룩하신 하나님의 법은 죄의 삯을 사망으로 규정하고 있기에, 범죄한 아담의 후손으로 죄성을 타고난 모든 인간은 죽음의 덫에서 벗어날 도리가 없습니다. 그러므로 주님께서 '죽은 자들이 그들의 죽은 자들을 장사하게 하라'고 하신 것은 조금도 이상한 말씀이 아니었습니다. 관 속에 누워 있는 송장이나, 그 송장을 장사 지내는 사람이나, 영원의 관점에서 모두 송장이라는 의미에서는 본질적으로 아무 차이가 없기 때문입니다.

이처럼 인간이 죽음의 덫에 빠진 존재라면, 인간에게 구원은 과연 무엇이겠습니까? 돈이겠습니까? 돈은 인간의 코끝에 호흡이 있는 동안 인간의 삶을 편리하게 해주는 수단일 뿐, 공동묘지의 죽음으로부터 인간을 결코 구원해 내지는 못합니다. 이 세상의 그 무엇도 죽음의 덫에 빠진 인간에게 참된 구원일 수는 없습니다. 죽음의 덫에 빠진 인간, 살았지만 본질적으로 죽은 송장과 다를 바 없는 인간에게 구원은 단 하나—오직 생명입니다. 죽음을 이기고 죽음의 덫을 깨뜨리는 생명만 죽음에 빠진 인간에게 진정한 구원일 수 있습니다.

그렇다면 우리는 '죽은 자들이 그들의 죽은 자들을 장사하게 하고 너는 나를 따르라'는 주님의 말씀의 참뜻을 이제야 알게 됩니다. 그것은 부친상을 당한 제자에게 운명한 아버질랑 아랑곳하지 말고 주님만 좇으라는 반인륜적이고도 독선적인 명령이 아니었습니다. 예수 그리스도 안에 있는 참생명을 좇지 않으면, 너 역시 산 사람 같지만 실제로는 죽은 송장과 다를 바 없음을 일깨워 주시는 사랑의 가르침이었습니다.

왜 예수 그리스도에게는 참생명이 있습니까? 왜 예수 그리스도에게만 참생명이 있습니까? 인간을 죽음의 덫에서 구원해 낼 생명이 왜 예수 그리스도에게만 있습니까? 예수 그리스도께서 죄인인 인간을 대신하여 죄의 삯인 사망의 형벌을 십자가 위에서 대신 받아 주셨기 때문입니다. 그 십자가가 세워진 곳은 '골고다'였습니다. 요한복음 19장 17절에 의하면 골고다는 '해골'이라는 말입니다. 왜 그곳 지명이 '해골'로 불리게 되었는지에 대해서는 여러 설이 있습니다. 첫째는, 그 동산의 모양이 사람의 해골처럼 생겼기 때문이라는 것입니다. 둘째는, 예로부터 그 언덕이 사형 집행장으로 사용되었기에 여기저기에 해골들이 나뒹굴고 있기 때문이라는 것입니다. 셋째는, 최초의 인간인 아담의 무덤이 그곳에 있었고 또 그의 유골이 거기에서 발굴되었기 때문이라는 것입니다. 지구 반대편에 앉아 있는 우리로서는 그 가운데 어느 설이 옳은지 전혀 알 길이 없습니다. 그러나 그것은 우리에게는 전혀 중요하지 않습니다. 우리에게 중요한 것은, 넓고 넓은 이스라엘 천지에서 인간의 죗값을 대신 치러 주시기 위한 예수 그리스도의 십자가가 '해골' 위에 세워졌다는 사실 그 자체입니다.

이제 우리 모두 그 장면을 믿음의 눈으로 바라보십시다. 죽음의 상징인 해골이 있습니다. 그 해골의 정수리에 예수 그리스도의 십자가가 세워집니다. 그리고 그 십자가를 통해 예수 그리스도의 생명의 피가 해골 위로 흘러내립니다. 그 생명의 피가 해골을 적십니다. 예수 그리스도의 피에 흠뻑 젖은 해골이, 마침내 그 피의 생명력에 의해 소생합니다. 바로 이것이 복음의 핵심입니다. 성경 66권을 단 한 컷의 영상으로 표현한다면 바로 이것, 해골의 정수리에 세워진 예수 그리스도의 십자가입니다. 죄로 인해 죽음의 덫에 빠진 인간은 본질적으로 해골일 뿐입니다. 그러나 그 어떤 해골도 자기 인생의 정수리에 십자가를 세우기만 하면, 그 십자가를 타고 흘러내리는 예수 그리스도의 생명의 피에 의해 소생하게 됩니다.

이것이 주님께서 이렇게 말씀하신 이유입니다.

> 나는 부활이요 생명이니 나를 믿는 자는 죽어도 살겠고 무릇 살아서 나를 믿는 자는 영원히 죽지 아니하리니 이것을 네가 믿느냐(요 11:25-26).

주님께서 당신 자신을 가리켜 죽음을 이기고 죽음의 덫을 깨뜨리는 생명이라 밝히셨습니다. 주님께서 말씀하신 '생명'이 헬라어 원문에 인간 육체의 생명을 뜻하는 '프쉬케ψυχή'가 아니라, 주님을 통해서만 얻을 수 있는 참되고 영원한 생명을 의미하는 '조에ζωή'로 기록되어 있습니다. 이처럼 우리말로는 모두 생명이라 번역되어 있지만, 헬라어 원문에는 생명이란 단어가 의미에 따라 구별되어 있음을 안다면, 우리는 생명과 관련된 성경 구절들의 의미를 보다 명확하게 깨달을 수 있습니다.

주님께서 말씀하셨습니다.

자기의 생명을 사랑하는 자는 잃어버릴 것이요 이 세상에서 자기의 생명을 미워하는 자는 영생하도록 보전하리라 (요 12:25).

여기에서의 생명은 육체의 생명을 뜻하는 프쉬케입니다. 인간이 프쉬케, 자기 육체의 생명을 사랑한다는 것은 결국 해골인 인간이 해골인 자기 자신에게 집착하는 것인즉, 그는 육체의 프쉬케가 멈추는 순간 모든 것을 잃을 수밖에 없습니다. 그러나 자기 육체의 프쉬케를 미워하는 사람이란 자기 인생이 해골로 끝나는 것을 미워하는 사람인즉, 그는 자기 해골의 정수리에 십자가를 세우고 그 십자가를 통해 흘러내리는 예수 그리스도의 영원한 생명—조에를 누리지 않겠습니까?

사도 바울은 이렇게 고백했습니다.

내가 달려갈 길과 주 예수께 받은 사명 곧 하나님의 은혜의 복음을 증언하는 일을 마치려 함에는 나의 생명조차 조금도 귀한 것으로 여기지 아니하노라 (행 20:24).

그가 조금도 귀하게 여기지 않았던 생명 역시 프쉬케였습니다. 프쉬케를 귀하게 여긴다는 것은 해골로 끝날 죽음의 삶을 귀하게 여기는 것임을 그는 잘 알고 있었습니다. 그래서 그는 예수 그리스도께서 그의 앞에 펼쳐 주신 조에의 길을 일평생 떠나지 않았습니다.

그는 또 이렇게 고백했습니다.

그러므로 우리가 낙심하지 아니하노니 우리의 겉사람은 낡아지나 우리의 속사람은 날로 새로워지도다 (고후 4:16).

사도 바울은 자기 육체가 쇠퇴해 가는 데 대하여 전혀 낙심하지 않았습니다. 자기 육체의 프쉬케가 해골로 하루하루 소멸해 가는 것과 반비례하여, 그의 심령 속에는 주님의 십자가로부터 흘러내리는 조에가 날로 충만해 갔기 때문입니다.

그렇다면 우리가 예수 그리스도 안에 있는 그 영원한 생명, 조에를 어떻게 얻을 수 있겠습니까? 우리는 오늘의 본문 속에서 그 해답을 찾을 수 있습니다.

베드로가 가이사랴의 이방인 고넬료의 집을 찾아가 그의 일행에게 복음을 전하고 세례까지 베풀었습니다. 그것은 '땅끝까지 이르러 내 증인이 되리라'는 주님의 마지막 명령을 교회가 공식적으로 수행할 수 있는 물꼬를 비로소 튼 획기적인 사건이었습니다. 그러나 그가 예루살렘으로 귀환했을 때, 그를 기다리고 있는 것은 예루살렘 교인들의 환대나 환영이 아니었습니다. 소위 할례자로 불리는 유대 그리스도인들이 베드로를 혹독하게 비난하고 나섰습니다. 베드로가 무할례자와의 교제를 엄금하는 유대인의 관습과 관례를 어겼다는 이유에서였습니다. 베드로는 자신을 비난하는 할례자들에게, 성령 하나님께서 가이사랴의 이방인 고넬료 일행을 구원하시기 위해 얼마나 오묘하게 역사하셨는지를 처음부터 차례대로 성심성의껏 설명했습니다. 베드로의 설명이 끝나자, 베드로를 비난했던 할례자들이 보인 반응을 본문 18절이 밝혀 주고 있습니다.

그들이 이 말을 듣고 잠잠하여 하나님께 영광을 돌려 이르되 그러면 하나님께서 이방인에게도 생명 얻는 회개를 주셨도다 하니라.

베드로의 말을 들은 할례자들은 베드로를 비난하던 입을 다물었습니다. 그 대신 그들은 입을 열어 하나님께 영광을 돌리면서, "하나님께서 이방인에게도 생명 얻는 회개를 주셨다"고 하나님을 찬양했습니다. 본문이 언급하고 있는 '생명'이 육체의 생명을 뜻하는 프쉬케가 아니라, 영원한 생명을 뜻하는 조에임은 두말할 나위도 없습니다. 본문을 통해 우리는 영원한 조에를 얻을 수 있는 방법이 무엇인지를 알게 됩니다. 그것은 바로 회개입니다. 회개는 조에를 얻는 관문입니다. 그러나 이것이, 회개가 예수 그리스도의 조에를 얻는 선행적 조건이라는 의미는 아닙니다. 본문에 '생명 얻는 회개'의 원문을 보다 정확하게 번역하면 '생명을 향한 회개'입니다. 인간이 회개함으로 이 땅에 없던 조에가 그제야 비로소 주어지는 것이 아니라, 예수 그리스도의 조에가 이미 선행적으로 임해 있기에 그 조에를 향해 회개하기만 하면 되는 것입니다.

그렇다면 회개는 구체적으로 무엇을 의미합니까? 흔히 오해하듯이 회개는 말로 하는 것이 아닙니다. 입으로 죄를 고하고 뉘우치는 것은 자백이나 자복自服이요, 그것이 성경이 말하는 회개인 것은 아닙니다. 본문에 '회개'로 번역된 헬라어 '메타노이아μετάνοια'는 '돌아서는 것'이요, '방향을 바꾸는 것'입니다. 자신이 송장이면서도 송장인지 알지 못하고 해골이면서도 해골임을 자각하지 못해 하루하루 죽어 가던 죽음의 삶으로부터, 이미 우리에게 선행적으로 임해 계신 예수 그리스도의 조에를 향해 돌아서는 것, 그 조에를 향해 삶의 방향을 바꾸는 것이 회개입니다. 예수 그리스도를 영접한다는 것은, 예수 그리스도를 향해 삶의 방향을 회개하는 것입니다. 예수 그리스도를 믿는다는 것은, 해골에 지나지 않는 자기 인생의 정수리에 예수 그리스도의 십자가를 세우고 그 십자가에서 흘러내리는 예수 그리스도의 조에를 향해 삶의 중심을 회개하는 것입니다. 그때 이미 선행적으로 임해 계신 예수 그리스도의 조에가 우리에게 역사하게 됩니다.

　이것은, 우리가 우리 집 안방의 스위치를 올리면 그때부터 발전소가 전기를 발전하여 우리 집으로 송전하는 것이 아니라, 우리 집 안방 스위치까지 이미 전기가 들어와 있기에 우리가 스위치를 올림과 동시에 전구가 켜지는 것과 같습니다. 베드로와 바울이 위대해서 사도가 된 것이 아닙니다. 무식한 어부요 주님의 대적이었던 그들이 한 것이라고는, 그들에게 임하신 주님을 향해 삶의 방향을 회개한 것뿐입니다. 그때 그들을 통해 역사하신 예수 그리스도의 조에로 인해 그들은 위대한 사도의 삶을 살 수 있었습니다.

　지금부터 100여 년 전, 막 태동한 한국 교회가 획기적인 전기를 맞는 사건이 있었습니다. 이른바 '대부흥운동'입니다. 대부흥운동을 통해 한국 교회가 문자 그대로 대부흥을 이루게 된 것입니다. 대부흥운동이라고 해서 부흥을 위한 구체적인 전략이나, 치밀한 프로그램이나, 조직적인 군중 동원이 있었던 것은 아닙니다. 당시의 대부흥운동은, 1903년 원산감리교회에서 시작되어 1907년 평양장대현교회에서 절정을 이룬 '회개운동'이었습니다. 당시의 그리스도인들이 함께 모여 회개했을 뿐입니다. 그런데도 그 회개운동이 1909년 '백만인구령운동'으로 이어지면서 폭발적인 부흥을 수반했습니다. 그 이유가 무엇이었겠습니까? 옥성득 교수가 지은 《한반도 대부흥》은 당시의 회개운동을 다음과 같이 설명하고 있습니다.

> 죄의 회개에서 시작된 신앙운동은 게으름과 거짓, 주색잡기 등의 그릇된 습성을 버리고, 축첩蓄妾과 반상班常 차별 등의 악습을 철폐하며, 노비를 해방하는 등 기독교 윤리의 실천을 자극했고, 이를 통해 한국의 봉건사회를 개혁하는 데 큰 동력이 되었다.

당시 그리스도인들의 회개운동은 말로 이루어진 것이 아니었습니다. 그들의 회개운동은 예수 그리스도를 향해 돌아서고, 예수 그리스도를 향해 방향을 바꾸는 삶의 회개였습니다. 생각해 보십시오. 게으름 속에 빠져 살던 사람이 근면한 삶을 시작하는 것, 거짓으로 먹고살던 사람이 거짓된 삶을 청산하는 것, 주색잡기에 골몰하던 사람이 주색잡기를 벗어던지는 것, 조강지처를 내팽개쳐 두고 애지중지하던 첩과의 관계를 단절하는 것, 양반이 상놈이라 업신여기던 사람을 자신과 같은 양반으로 대해 주는 것, 재산목록 제1호인 노비 문서를 불태우고 노비를 해방시켜 주는 것—이 모든 것은 결코 쉬운 일이 아닙니다. 그것은 당시의 사회 풍습상 맨정신으로는 도저히 불가능한 일이었습니다. 그런데도 당시의 그리스도인들은 실제로 그렇게 회개했습니다. 어떻게 그것이 가능할 수 있었겠습니까? 그들에게 임한 예수 그리스도의 조에 앞에 비추어 보니, 자신들이 당연한 듯 집착하며 살았던 삶은 송장 같은 삶이요, 해골 같은 죽음의 삶에 지나지 않음을 깨달았기 때문입니다. 그래서 그들은 그 죽음의 삶으로부터 미련 없이 예수 그리스도를 향해 삶의 방향을 회개하였습니다. 해골과도 같은 자기 인생의 정수리에 예수 그리스도의 십자가를 세우고, 그 십자가를 통해 흘러내리는 조에를 향해 그들의 삶을 회개한 것입니다. 그때 그들의 삶 속에서 역사하시는 예수 그리스도의 조에로 인해 어찌 이 땅에 부흥의 역사가 일어나지 않을 수 있었겠습니까? 예수 그리스도의 조에 속에서 살아가는 그들에 의해, 어찌 악습과 폐습에 젖어 있는 한국 사회에 일대 변혁이 일어나지 않을 수 있었겠습니까? 예수 그리스도를 향해 삶의 방향을 회개한 그들이야말로 진정한 그리스도인들이었습니다.

그 대부흥운동 100주년을 기념하는 2007년, 한국 교회는 100년 전의 대부흥을 이 땅에 재현하기 위해 대대적인 대부흥운동을 전개했습니다. 각종

행사와 프로그램이 이어졌고, 여기저기에 대형 기념비와 기념물들이 세워졌습니다. 물론 회개운동도 병행되었습니다. 그러나 그 어디에서도 100년 전과 같은 부흥은 일어나지 않았습니다. 그 이유는 지극히 간단합니다. 오늘날의 한국 교회는, 저 자신을 포함하여 오늘의 한국 교회를 이루고 있는 우리 자신이 말로만 회개할 뿐, 주님을 향해 삶의 방향을 완전히 바꾸려 하지는 않기 때문입니다. 그리스도인이면서도 주님을 향해 삶의 방향을 바꾸려 하지는 않는다는 것은, 지금처럼 송장으로 사는 것을, 결국엔 해골로 끝나 버릴 죽음의 삶을 더 값지게 여기고 있음을 의미합니다. 그런 사람은 사람들로부터 그리스도인이라 불릴 수는 있지만, 성경이 말하는 그리스도인일 수는 없습니다. 성경이 말하는 그리스도인은, 자신의 근본이 송장이요 해골일 뿐임을 알아 영원한 조에 되시는 예수 그리스도를 향해 돌아선 사람입니다. 그리스도인이 아무리 많아도 그들이 예수 그리스도를 향해 돌아서지 않는다면 이 세상이 새로워질 수는 없습니다. 그들은 자신의 프쉬케만으로는 송장이요 해골일 뿐일진대, 자기 자신조차 바로 세울 수 없는 송장과 해골이 어찌 이 세상을 새롭게 할 수 있겠습니까? 그런 사람들이 모여 집단을 이루면 도리어 이 세상에 해악을 끼칠 따름입니다.

우리는 예수 그리스도 안에서 구원받은 그리스도인 아닙니까? 우리가 구원받았다는 것은, 예수 그리스도 안에 있는 조에가 우리에게 이미 임했음을 의미하지 않습니까? 그럼에도 불구하고 그 조에를 등진 채 여전히 송장이나 해골과 같은 죽음의 삶에 집착하고 있다면, 이 세상에 그보다 더 어리석은 사람이 어디에 있겠습니까?

이번 수요일부터 사순절이 시작됩니다. 사순절은 우리를 살리기 위해 십자가에서 돌아가신 예수 그리스도의 고난과 부활을 기리는 참회의 절기로서 부활절 전날까지 40일간 계속됩니다. 그러나 이번 수요일인 2월 25일부터 부활절 전날인 4월 11일까지의 날수를 계산하면 46일이 됩니다. 그런데도 그 기간을 40일을 뜻하는 사순절이라 부르는 것은, 주일예배를 드리는 6일간의 주일을 제외하고 주중 40일 동안을 온전한 회개의 기간으로 삼기 위함입니다.

사랑하는 성도 여러분!

우리 모두 이번 사순절 기간 동안 회개의 사람들이 되십시다. 송장 같은 삶을 버리고, 예수 그리스도를 향하여 확실하게 삶의 방향을 회개하십시다. 해골 같은 우리 인생의 정수리에 십자가를 세우고, 그 십자가를 통해 흘러내리는 예수 그리스도의 조에를 향해 삶의 중심을 회개하십시다. 그때 우리를 통해 역사하시는 예수 그리스도의 조에로 인해 이 땅에는 생명의 대부흥이 일어날 것입니다. 우리의 가정도, 우리의 일터도, 우리가 속한 교회와 사회도, 우리가 변한 만큼만 새로워지고, 우리의 변화는 우리의 프쉬케가 아니라 오직 예수 그리스도의 조에로만 가능합니다.

우리는 이 세상에 태어난 이래 때로는 유족으로, 때로는 조문객으로, 유족과 조문객 사이를 오가고 있습니다. 이제 남은 것이 있다면, 언젠가 우리 자신이 관 속에 송장으로 드러눕는 것입니다. 우리는 우리의 죄로 인해, 이처럼 철저하게 죽음의 덫에 갇힌 죽음의 존재에 지나지 않습니다. 그래서 아무리 잘난 사람도 하나님 앞에서는 실은 송장과 다름없고, 화려한 비단옷을 입은 사람도 하나님 보시기에는 해골과 같을 뿐입니다. 그런데도 주님께서 우리를 대신하여 죄의 삯인 사망의 형벌을 십자가에서 받아 주시고, 죽음을 깨뜨리고 부활하시어, 죽음의 덫에 갇힌 우리에게 영원한 조에를 주셨음을 감사합니다.

이번 수요일부터 시작되는 참회의 절기인 사순절 기간 동안, 우리 모두 확실한 회개의 사람이 되기를 원합니다. 우리를 구원해 주신 예수 그리스도를 향하여 확실하게 돌아설 수 있게끔, 성령님께서 우리를 도와주십시오. 주님을 믿는다면서도 송장 같은 삶, 해골 같은 죽음의 삶에 집착하느라, 귀한 생명을 허비하는 어리석은 사람이 우리 중에 단 한 사람도 없게 해주십시오. 우리 모두 해골 같은 우리 인생의 정수리에 십자가를 세우고, 그 십자가를 타고 흘러내리는 예수 그리스도의 조에를 향해 삶의 방향을 확실하게 회개할 수 있도록 인도해 주십시오. 언제 어디서나 예수 그리스도의 조에 속에서 살아갈 수 있도록 항상 우리를 붙들어 주십시오. 예수 그리스도의 조에 속에서 살아가는 우리로 인해, 우리의 가정과 일터 그리고 우리의 교회와 사회 속에, 100년 전 이 땅에 있었던 생명의 대부흥이 다시 일어나게 해주십시오. 아멘.

10. 그때에 사순절 첫째 주일

사도행전 11장 19-26절

그때에 스데반의 일로 일어난 환난으로 말미암아 흩어진 자들이 베니게와 구브로와 안디옥까지 이르러 유대인에게만 말씀을 전하는데 그중에 구브로와 구레네 몇 사람이 안디옥에 이르러 헬라인에게도 말하여 주 예수를 전파하니 주의 손이 그들과 함께하시매 수많은 사람들이 믿고 주께 돌아오더라 예루살렘 교회가 이 사람들의 소문을 듣고 바나바를 안디옥까지 보내니 그가 이르러 하나님의 은혜를 보고 기뻐하여 모든 사람에게 굳건한 마음으로 주와 함께 머물러 있으라 권하니 바나바는 착한 사람이요 성령과 믿음이 충만한 사람이라 이에 큰 무리가 주께 더하여지더라 바나바가 사울을 찾으러 다소에 가서 만나매 안디옥에 데리고 와서 둘이 교회에 일 년간 모여 있어 큰 무리를 가르쳤고 제자들이 안디옥에서 비로소 그리스도인이라 일컬음을 받게 되었더라

우리가 지난 40주 동안 함께 살펴본 사도행전 10장 1절부터 11장 18절까지는 가이사랴의 이방인 고넬료 일행과 관련된 내용입니다. 사도 베드로가 유대인이 아닌, 이방인 고넬료 일행에게 복음을 전하고 세례를 베푼 것은 2천

년 기독교 역사에 큰 획을 긋는 사건이었습니다. 물론 우리는 이방인에게 최초로 복음을 전하고 세례를 베푼 사람은 사도행전 8장의 빌립이었음을 잘 알고 있습니다. 빌립이 에티오피아 내시에게 복음을 전하고 세례를 베푼 것입니다. 그러나 이미 말씀드린 바가 있듯이, 그것은 아무도 보는 이가 없는 유대 광야 길에서 빌립과 에티오피아 내시 간에 개인적으로 이루어진 일이었습니다. 게다가 빌립은 초기 기독교 공동체를 대표하는 최고 지도자도 아니었습니다. 그러므로 빌립은 아무도 보는 이가 없는 광야 길에서 이방인에게 개인적으로 복음을 전하고 세례를 베푸는 자신의 행위에 대해 조금이라도 거리끼거나, 누구의 눈치를 살필 필요가 전혀 없었습니다.

그러나 사도 베드로의 경우는 빌립과는 달랐습니다. 사도 베드로는 당시 명실상부하게 초대교회 최고 지도자 중 한 사람이었습니다. 베드로가 이방인 고넬료를 찾아간 것은 아무도 보는 이가 없는 광야거나 한밤중이 아니었습니다. 베드로는 백주의 대낮에 공개적으로 이방인 고넬료의 집을 찾아가 복음을 전하고 세례를 베풀었습니다. 그것은 무할례자인 이방인과의 교제를 엄금하는 유대인의 관례와 관습을 위반하는 것으로서, 유대인의 관점에서 본다면 그 자체만으로도 파문감이었습니다. 더욱이 베드로가 이방인 고넬료의 집에서 복음을 전하고 세례를 베푼 것은 베드로와 고넬료 간에만 이루어진 개인적인 일이 아니었습니다. 사도행전 11장 12절에 의하면, 베드로가 욥바의 무두장이 시몬의 집을 출발하여 가이사랴의 이방인 고넬료 집으로 갈 때, 베드로는 욥바의 그리스도인 여섯 명을 대동하였습니다. 베드로 자신을 포함하면 일곱 명의 그리스도인이 이방인 고넬료의 집을 찾아간 것입니다. 그리고 그날 복음을 영접하고 세례를 받은 사람은 고넬료 한 개인이 아니라, 고넬료의 집안사람과 친척과 친구를 망라한 고넬료 일행이었습니다. 즉 그날의 만남은 베드로 일행과 고넬료 일행 간의 집단적인 만남이었습니다.

교회는 건물이나 조직이나 제도가 아닌, 예수 그리스도를 주님으로 모신 사람들의 모임입니다. 한 사람으로는 모임이 불가능합니다. 그러나 두 사람 이상이면 모임이 됩니다. 주님을 믿는 그리스도인 한 사람으로는 교회가 이루어질 수 없지만, 두 사람 이상이면 그 모임은 곧 교회가 됩니다. 주님께서 마태복음 18장 20절을 통해 "두세 사람이 내 이름으로 모인 곳에는 나도 그들 중에 있느니라"고 말씀하신 이유가 여기에 있습니다. 그리스도인 두세 사람만 모여도, 그것은 주님께서 머리 되신 주의 몸 된 교회이기에 충분하기 때문입니다.

그러므로 베드로 자신을 포함하여 이방인 고넬료의 집을 찾아간 일곱 명의 그리스도인들, 주님의 명령에 순종하여 유대인의 관습과 관례를 파기하면서까지 이방인 고넬료의 집을 찾아간 그 모임 자체가 곧 주님의 몸 된 교회였습니다. 이방인 고넬료 일행에게 복음을 전한 사람은 베드로였지만, 그러나 그들에게 세례를 베푼 사람은 베드로와 동행한 여섯 명의 그리스도인들이었습니다. 일곱 명의 그리스도인들로 구성된 교회가 합력하여 이방인 고넬료 일행에게 복음을 전하고 세례를 베푼 것이었습니다.

그날 베드로로부터 복음을 들은 이방인 고넬료 일행은 그저 복음을 한 번 듣는 것으로 그치지 않았습니다. 그들은 모두 예수 그리스도의 이름으로 세례를 받았습니다. 그것은 그들이 주님을 주인으로 모시고 살아가는 그리스도인이 되었음을 의미했습니다. 그 고넬료 일행은 개인이 아니라 복수의 사람이 모인 모임이었습니다. 주님을 주인으로 모신 그 모임 역시 교회였습니다. 그날 고넬료의 집에 교회가 새롭게 태동한 것입니다. 그 이전의 교회와 차이가 있다면, 그 교회는 팔레스타인 즉 이스라엘 영토 내에 세워진 최초의 이방인 교회였습니다. 그 이전의 교회는 모두 유대교로부터 개종한 유대 그리스도인으로 구성된 유대인의 교회인 데 반해, 고넬료 집에 태동된 교회는 이방인들로 구성된 이방인의 교회였습니다.

그것은 평소에 복음을 유대인의 전유물로 간주하던 유대 그리스도인들로서는 상상할 수도 없는 일이었습니다. 그래서 베드로가 무할례자인 이방인 고넬료 집을 찾았다 해서 베드로를 혹독하게 비난하던 예루살렘 교회의 할례자들마저도 베드로의 설명을 다 듣고 난 뒤에는, '하나님께서 이방인에게도 생명 얻는 회개를 주셨다'고 하나님을 찬양할 수밖에 없을 정도로 그것은 획기적인 사건이었습니다. 그 획기적인 사건 한가운데 사도 베드로가 자리 잡고 있었습니다. 이를테면 사도 베드로는 '땅끝까지 이르러 내 증인이 되리라'는 주님의 마지막 명령을 빌립처럼 아무도 보는 이가 없는 곳에서 개인적으로 행하는 것이 아니라, 교회가 공개적이면서도 공식적으로 수행할 수 있는 역사적인 물꼬를 튼 최초의 그리스도인이었습니다.

그 후속 내용인 오늘의 본문은 또 하나의 획기적인 사건을 증언하고 있습니다. 그것은 안디옥 교회의 출현입니다. 헬라제국의 알렉산더대왕이 죽은 뒤, 그의 휘하 장군이었던 셀레우코스 1세Seleucos I Nicator는 주전 312년 중동 지방을 석권하고 셀레우코스 왕조를 세웠습니다. 그는 자신이 지배하는 영토 내에 자신의 아버지 안티오쿠스Antiochus의 이름을 붙여 안디옥이란 도시를 열여섯 개나 건설하였습니다. 오늘 본문에 등장하는 안디옥은 그중에서 예루살렘 북쪽 480여 킬로미터 지점에 위치한 수리아Syria 안디옥을 의미합니다. 본문 당시의 안디옥은 로마제국의 행정구역상 수리아 지역의 수도였습니다. 그 이후 오랜 역사의 변천을 거친 안디옥은 1939년 터키공화국에 편입되어, 지금은 안타키아Antakya란 지명으로 불리고 있습니다.

오늘날 안타키아 역시 인구 30만 명으로 터키에서 큰 도시에 속하지만,

2천 년 전 로마제국 시대의 안디옥은 훨씬 더 거대한 도시였습니다. 로마의 역사가 요세푸스는 당시 안디옥의 인구수를 지금보다 월등하게 많은 50만 명이었다고 기록하였으니, 2천 년 전 안디옥이 얼마나 거대한 도시였는지 능히 짐작할 수 있습니다. 실제로 동서를 잇는 요충지인 안디옥은 로마제국 내에서 로마, 알렉산드리아에 이어 세 번째로 큰 도시였습니다. 그 거대한 안디옥에 교회가 세워진 것입니다.

안디옥 교회의 출현이 2천 년 교회사에서 또 하나의 획기적인 사건이라는 것은, 그 교회가 태동된 도시 안디옥의 거대함 때문이 아니었습니다. 그것은 안디옥 교회가 지니고 있는 세 가지의 중요성 때문입니다. 첫째로, 안디옥 교회는 이방 세계에 세워진 최초의 이방인 교회였습니다. 가이사랴의 이방인 고넬료의 집에 태동된 교회가 이스라엘 영토 내에 세워진 최초의 이방인 교회였다면, 안디옥 교회는 이스라엘 영토 밖에서 이방인을 위해 태동된 최초의 이방인 교회였습니다. 둘째로, 안디옥 교회는 세계 선교의 선두 주자인 사도 바울을 배출한 교회였습니다. 본문 25-26절 상반절을 보시겠습니다.

> 바나바가 사울을 찾으러 다소에 가서 만나매 안디옥에 데리고 와서 둘이 교회에 일 년간 모여 있어 큰 무리를 가르쳤고.

안디옥에 출현한 이방인 교회를 위해 예루살렘 모교회가 파송한 바나바는, 그때까지 고향 다소에 칩거 중이던 사울을 청하여 안디옥 교회를 공동으로 목회하였습니다. 사울은 사도 바울의 옛 이름이었습니다. 그리고 1년 후 바울은 안디옥 교회의 파송을 받아 세계 선교에 나섰고, 세 차례에 걸친 선교 여행을 통해 지중해 세계뿐 아니라 인류의 역사가 뒤바뀌게 되었습니다. 이를테면 안디옥 교회가 파송한 사도 바울을 필두로 하여 교회가 본격적인 이방 세계 선교에 나서게 된 것이었습니다. 안디옥 교회의 세 번째 중요성은 본문 26절 하반절이 증언해 주고 있습니다.

제자들이 안디옥에서 비로소 그리스도인이라 일컬음을 받게 되었더라.

세상 사람들이 주님을 믿는 사람들을 가리켜 '그리스도인'이라 부르기 시작한 것은 안디옥 교회 교인들로 인함이었습니다. 세상 사람들이 보기에, 안디옥 교회 교인들은 그만큼 자신들과 확연하게 구별되는 삶을 사는 사람들이었던 것입니다. 이상과 같은 이유로 안디옥 교회의 출현을 2천 년 교회사에서 또 하나의 획기적인 사건으로 간주하는 것은 조금도 과장된 일이 아닙니다.

이처럼 출현 그 자체가 획기적인 사건으로 기록되는 안디옥 교회는 대체 누구에 의해 세워졌습니까?

그때에 스데반의 일로 일어난 환난으로 말미암아 흩어진 자들이 베니게와 구브로와 안디옥까지 이르러 유대인에게만 말씀을 전하는데(19절).

사도행전 8장이 증언하고 있는 것처럼 스데반의 순교로 촉발된 유대교의 대박해를 피해 예루살렘의 수많은 그리스도인들이 사방으로 흩어졌습니다. 그들 가운데 베니게와 구브로 그리고 안디옥까지 이른 사람들이 있었습니다. 이스라엘 영토 밖의 베니게는 현재의 레바논 지역을 가리키는 명칭입니다. 구브로는 현재 지중해에 위치한 키프로스 섬을 의미합니다. 그리고 안디옥은 이미 언급한 수리아 안디옥이었습니다. 그 지역으로 흩어진 유대 그리스도인들은 그곳에 살고 있는 유대인들에게만 복음을 전했습니다. 그들 역시 복음을 유대인의 전유물로 여기는 사람들이었기 때문입니다.

> 그중에 구브로와 구레네 몇 사람이 안디옥에 이르러 헬라인에게도 말하여 주 예수를 전파하니 주의 손이 그들과 함께하시매 수많은 사람들이 믿고 주께 돌아오더라(20-21절).

놀랍게도 2천 년 교회사에 획기적인 사건으로 기록되는 안디옥 교회의 출현은 구브로와 북아프리카의 항구도시인 구레네에서 온 몇 명의 교인들에 의해 이루어졌습니다. 이것은 사도 베드로의 입장에서 본다면 너무나도 아쉬운 일이었습니다.

유대 그리스도인들로만 구성된 초기 기독교 교회들이 복음을 유대인의 전유물로 그릇 알고 있는 상황에서, 이스라엘 영토 내인 가이사랴의 이방인 고넬료 집에 베드로에 의해 이방인 교회가 세워지는 획기적인 사건이 일어났습니다. 그것은 본래 베드로의 의도가 아니었습니다. 유대인이었던 베드로 역시 복음을 유대인만을 위한 것으로 알고 있었습니다. 베드로가 이방인 고넬료의 집을 찾아가 그곳에 이방인 교회를 세우게 된 것은 전적으로 성령님의 강권적인 인도하심에 의해서였습니다. 성령님께서 복음을 유대인의 전유물로 오인하고 있는 베드로의 그릇된 생각을 교정해 주신 것입니다. 그렇다면 베드로는 그다음에는 응당, 이스라엘을 넘어 이방 세계로 뛰어 들어가야만 했습니다. 이스라엘 영토 내에 최초의 이방인 교회를 세웠던 것처럼, 그는 이방 세계에서도 최초의 이방인 교회를 세웠어야만 했습니다. 그러나 베드로는 전혀 그런 생각을 하지 못한 채, 사도행전 12장에 의하면 계속 예루살렘에 눌러앉아 있었습니다. 그 사이에 또 하나의 획기적인 사건인 안디옥 교회의 출현은 사도도 아닌, 일반 교인 몇 명에 의해 이루어졌습니다. 참으로 아쉬운 일이 아닐 수 없습니다.

그러나 베드로에 대한 이런 아쉬움은 이번이 처음이 아닙니다. 우리는 사도행전 8장에서도 똑같은 아쉬움을 느꼈던 적이 있습니다. 스데반의 순교로 촉발된 대박해를 피해 예루살렘을 떠난 그리스도인 가운데 빌립이 사마리아 성에 이르러 사마리아 사람에게도 복음을 전했습니다. 유대인들은, 본래는 같은 민족이었지만 이방인의 피가 섞이게 된 사마리아 사람들을 인간으로 취급하지 않았습니다. 인간으로 취급하지 않았으니 그들에게 복음을 전하려 한 사도도 없었습니다. 그런데 빌립에 의해 짐승 같은 사마리아 사람들이 복음을 받아들이게 된 것 역시 2천 년 교회사에 큰 획을 긋는 사건이었습니다. 그 소문을 접한 예루살렘 모교회가 진상 파악을 위해 사마리아 현장에 급파한 사도가 베드로와 요한이었습니다. 베드로는 자신의 두 눈으로, 그동안 자신이 짐승처럼 여기던 사마리아 사람들이 주님을 영접하였음을 직접 확인했습니다. 그가 사마리아 사람들의 머리에 손을 얹고 기도할 때 성령님께서 자신을 통해 그들에게 임하시는 것도 생생하게 목격했습니다. 그 사마리아 사람들은 의심할 여지없이 주님 안에서 구원받은 그리스도인들이었습니다.

주님의 마지막 명령의 전문이 무엇이었습니까?

> 오직 성령이 너희에게 임하시면 너희가 권능을 받고 예루살렘과 온 유대와 사마리아와 땅끝까지 이르러 내 증인이 되리라 하시니라(행 1:8).

베드로는, 주님의 말씀이 예루살렘에서부터 유대를 거쳐 사마리아에까지 이르렀음을 사도 가운데 가장 먼저 확인하였습니다. 그렇다면 그는 누구보다도 앞장서서 이방 세계로 뛰어드는 첫 번째 사도가 되어야만 했습니다. 그러나 베드로는 그때도 예루살렘으로 되돌아가 버리고 말았습니다. 주님께서 말씀하신 '땅끝'이 이방 세계의 이방인을 포함한다는 사실을 전혀 깨닫지 못한 것입니다. 그리고 그 이후에는 이스라엘 영토 내인 가이사랴의 이방인 고넬료의 집에 최초의 이방인 교회를 세우는 위대한 역할을 감당하고서도, 여전히 이스라엘 경계를 벗어날 엄두를 내지는 못했습니다. 그것은 히브리파 유대인이요, 무식한 어부 출신이었던 베드로의 한계였다는 것 외엔 달리 설명할 수가 없습니다.

　사도행전 6장에서 말씀드린 것처럼 유대인들은 헬라파 유대인과 히브리파 유대인으로 나누어졌습니다. 헬라파 유대인은 오래전 이스라엘을 떠나 이방 세계에 정착한 사람들로, 2천 년 전 당시 지중해 세계의 공용어이던 헬라어를 모국어로 사용하는 소위 해외파였습니다. 반면에 히브리파 유대인은 조상 대대로 이스라엘 땅에서 살면서 히브리말을 모국어로 삼아 온 국내파로서, 이방 세계에서 살던 헬라파 유대인에 비해 이방인에 대한 배타심이 더욱 강했습니다. 베드로는 바로 그 히브리파 유대인이었습니다. 그래서 이방 세계로 뛰어드는 첫 번째 사도가 될 기회가 두 번이나 있었음에도, 그는 '땅끝'이 이방 세계의 이방인을 포함한다는 사실을 깨닫지 못해 두 번 다 예루살렘에 주저앉고 말았습니다. 게다가 그는 배운 것 없는 갈릴리 어부 출신이었으니, 그가 땅끝을 이방 세계의 이방인과 연결 지어 생각한다는 것은 애당초 무리였는지도 모릅니다. 결국 그는 '땅끝까지 이르러 내 증인이 되리라'는 주님의 마지막 명령을 교회가 공개적이면서도 공식적으로 수행하는 물꼬를 트긴 했지만, 이스라엘을 넘어 이방 세계에 이방인 교회를 세우는 첫 번째 증인이 되지는 못했습니다. 그 역할을 감당한 사람은 본문 속의, 구브로와 구레네에서 온 몇몇 교인들이었습니다. 그것은 누구보다 먼저 이방 세계로 뛰어들 수 있는 기회를 두 번씩이나 무산시켜 버린 사도 베드로에게는 크나큰 수치요, 모욕과도 같은 일이었습니다.

항상 최고를 지향하고 최고만이 최고의 가치를 지니는 세상의 관점에서 본다면, 이방 세계 최초의 이방인 교회가 몇몇 교인들에 의해 세워졌다는 것은, 자신이 그 역사적인 일을 수행할 수 있었던 두 번의 기회를 스스로 차버린 베드로에게는 분명 수치요 모욕일 수밖에 없습니다. 그러나 중요한 것은 세상이나 사람의 판단이 아니라 주님의 판단입니다. 그와 같은 베드로에 대해 주님께서는 어떻게 판단하고 계십니까?

본문 19절은 '그때에'라는 단어로 시작되고 있습니다. '그때'란 그 단어의 이전 내용과 이후 내용의 동시성을 나타낼 때 사용되는 단어입니다. 즉 가이사랴의 이방인 고넬료에게 복음을 전한 베드로가 예루살렘에서 자신을 비난하는 할례자들에게 자신이 왜 그렇게 했는지 차례대로 설명한 것과 동일한 시점에 안디옥 교회가 세워졌다는 것입니다. 이처럼 '그때'라는 단어를 사이에 두고 그 이전 사건과 그 이후 사건이 동시에 일어났으므로, 언뜻 그 두 사건 사이에는 어떤 연관성이 없는 것처럼 보입니다.

그러나 헬라어 원문을 보면 그것은 사실이 아닙니다. 헬라어 원문에는 그 단어가 '확실히certainly'를 뜻하는 'μέν'과, '그러므로' '결과적으로therefore'를 뜻하는 'οὖν'으로 기록되어 있습니다. 그 의미를 그대로 번역하면 동시성을 뜻하는 '그때에'가 아니라, 필연적인 결과를 뜻하는 '확신하건대 그러므로'가 됩니다. 이전 사건의 필연적인 결과로 이후 사건이 일어났다는 말입니다. 다시 말하면 베드로가 이스라엘 영토 내인 가이사랴의 이방인 고넬료 집에 최초의 이방인 교회를 세웠기에, 그 필연적인 결과로 이스라엘 영토 밖 이방 세계인 안디옥에 최초의 이방인 교회가 세워질 수 있었다는 것입니다. 베드로가 이방인 고넬료 일행에게 복음을 전했고, 또 예루살렘 모교회가 그 사실을 공식적으로 수용했다는 소문은 삽시간에 사방으로 퍼져 나가지 않았겠습니까? 그 놀라운 소식을 접한 그리스도인들 중에 안디옥을 찾아간 몇 명의 교인에 의해, 2천 년 교회사에 또 하나의 획을 긋는 이방 세계 최초의 이방인 교회가 세워지게 된 것이었습니다.

이처럼 본문은 베드로가 가이사랴의 이방인 고넬료 집에 이방인 교회를 태동시킨 연장선상에서 안디옥 교회를 소개하고 있습니다. 바꾸어 말해 이방 세계 최초의 이방인 교회는 베드로의 수고와 헌신의 결과라는 것입니다. 주님께서는 베드로가 이방 세계에 가장 먼저 뛰어들 수 있는 기회를 두 번이나 맞고서도 무산시켰다고 해서, 베드로를 결코 부정하거나 비난하시지 않았습니다. 주님께서 말씀하신 '땅끝'을 베드로가 이방 세계의 이방인과 연결 지어 생각하지 못했다고 해서, 히브리파 유대인인 데다 무식한 갈릴리 어부 출신이기 때문이라고 그를 업신여기시지도 않았습니다. 오히려 자신의 한계 내에서 주님을 위해 자기 몸을 던져 최선을 다한 베드로에게, 주님께서는 본문을 통해 아낌없는 찬사의 박수를 보내셨습니다.

우리는 여기에서 주님께서 원하시는 사람은 최고가 되려는 사람이 아니라 최선을 다하는 사람임을 알게 됩니다. 인간의 모든 문제는 따지고 보면 세속적 관점에서 최고가 되려는 데서부터 파생됩니다. 최고가 되기 위해 다른 사람을 짓밟습니다. 최고가 되기 위해 지성인이라는 사람들조차 불의와 타협합니다. 최고가 목적이기에 자기보다 못해 보이는 사람을 업신여기게 됩니다. 그런 사람은 최고가 되어도 하나님의 도구로 쓰임 받을 수는 없습니다. 세속적 관점에서 최고를 추구한다는 것은 욕망의 산물이기 때문입니다. 주님께서는 언제나 주어진 상황 속에서 최선을 다하는 사람을 당신의 도구로 쓰십니다. 어떤 상황 속에서든 최선을 다하는 것은 믿음의 행위이기에, 그 사람만 주님의 온전한 통로로 쓰임 받을 수 있기 때문입니다.

오늘은 참회의 절기인 사순절 첫째 주일입니다. 주님을 믿는다면서도 그동안 까닭 없이 최고를 지향하느라 참된 그리스도인의 길을 걷지 못했던 우리의 그릇된 삶을 회개하십시다. 지금 우리에게 주어진 상황 속에서 최선을 다하는 그리스도인이 되십시다. 혹 지닌 것이 부족하십니까? 다른 사람에 비해 배운 것이 모자라십니까? 자신이 보잘것없이 여겨지십니까? 실패의 아픔 속에 계십니까? 그런 것은 조금도 문제될 것이 없습니다. 가진 것도 없고, 배운 것도 부족하고, 보잘것없는 모습의 우리를 부르신 분이 주님이십니다. 지금 우리의 모습 이대로 그리스도인답게 최선의 삶을 살아가십시다. 그때 주님께서는 주님을 위해 최선의 삶을 사는 우리에게 찬사의 박수를 보내주시면서, 우리의 삶을 통해 이 시대 속에 우리가 상상할 수도 없는 일을 이루어 가실 것입니다. 이것이 사순절 첫 번째 주일을 맞는 오늘, 주님께서 본문을 통해 우리에게 주시는 약속입니다.

배운 것 없는 갈릴리 어부 출신인 베드로는, 주님께서 말씀하신 땅끝을 이방 세계의 이방인과 연결 지어 생각할 능력이 없었습니다. 대대로 이스라엘 땅에서 살아온 히브리파 유대인이었던 베드로는, 이방 세계에 대한 안목이나 지식도 전혀 없었습니다. 그래서 이방 세계에 최초의 이방인 교회를 세울 절호의 기회가 두 번이나 있었지만 모두 무산시켜 버리고 말았습니다. 그러나 주님께서는 그 베드로를 무식하다고 경멸하시거나, 어리석은 인간이라고 비난하시거나, 그의 존재 자체를 부정해 버리시지 않았습니다. 오히려 사마리아 사람들과 가이사랴의 이방인 고넬료 일행을 위해 자신의 한계 내에서 자기 몸을 던져 최선을 다한 베드로에게 오늘의 본문을 통해 아낌없는 찬사의 박수를 보내 주시고, 이방 세계에 세워진 최초의 이방인 교회인 안디옥 교회가 그의 수고와 헌신의 연장선상에서 이루어진 일이라고 밝혀 주셨습니다. 만약 히브리파 유대인이요 갈릴리의 무식한 어부 출신이었던 베드로가 최선을 다하지 않고, 도리어 최고가 되기 위해 집착했다면, 지난 2천 년 동안 뭇사람들로부터 존경받는 위대한 사도 베드로가 되지는 못했을 것입니다.

오늘의 본문 앞에서, 그동안 세속적 관점에서 최고가 되기 위해 안달하던 나의 실상을 깨닫게 해주셔서 감사합니다. 언제나 최고가 목표였기에 감사의 조건 속에서도 감사할 줄 몰랐습니다. 양심의 가책을 느끼면서도 불의와 거짓을 친구 삼아 왔습니다. 나보다 못하다고 여겨지는 사람들을 업신여기며 살았습니다. 오늘 사순절 첫째 주일을 맞아 이 모든 잘못된 삶을 회개하오니, 우리의 허물을 용서하여 주십시오. 이제부터 주어진 상황 속에서 최선을 다하는 그리스도인이 되게끔, 성령님께서 우리를 도와주십시오. 비록 가진 것이 부족하고, 배운 것이 모자라고, 보잘것없어도, 그와 같은 모습의 나를 부르신 분이 주님이시기에, 이 모습 이대로 주님을 위해 최선을 다하게 해주십시오. 자신의 한계 내에서 주님을 위해 최선을 다했던 베드로의 삶의 연장선상에서 인류의 역사를 새롭게 한 안디옥 교회가 태동되었듯이, 우리의 삶을 통해서도 이 시대 속에 똑같은 일이 일어날 것을 믿는 믿음 속에서, 날마다 더더욱 최선의 삶을 살게 해주십시오. 그리하여 우리의 삶이 끝났을 때, 우리 모두 주님으로부터 찬사의 박수를 받는 영광을 누리게 해주십시오. 아멘.

11. 몇 사람이 사순절 둘째 주일

사도행전 11장 19-26절

그때에 스데반의 일로 일어난 환난으로 말미암아 흩어진 자들이 베니게와 구브로와 안디옥까지 이르러 유대인에게만 말씀을 전하는데 그중에 구브로와 구레네 **몇 사람이** 안디옥에 이르러 헬라인에게도 말하여 주 예수를 전파하니 주의 손이 그들과 함께하시매 수많은 사람들이 믿고 주께 돌아오더라 예루살렘 교회가 이 사람들의 소문을 듣고 바나바를 안디옥까지 보내니 그가 이르러 하나님의 은혜를 보고 기뻐하여 모든 사람에게 굳건한 마음으로 주와 함께 머물러 있으라 권하니 바나바는 착한 사람이요 성령과 믿음이 충만한 사람이라 이에 큰 무리가 주께 더하여지더라 바나바가 사울을 찾으러 다소에 가서 만나매 안디옥에 데리고 와서 둘이 교회에 일 년간 모여 있어 큰 무리를 가르쳤고 제자들이 안디옥에서 비로소 그리스도인이라 일컬음을 받게 되었더라

우리가 지난 시간부터 살펴보고 있는 본문은 안디옥 교회의 출현과 관련된 내용입니다. 안디옥 교회는 이스라엘 영토 밖 이방 세계에 세워진 최초의 이방인 교회였습니다. 또 안디옥 교회는 위대한 사도 바울을 배출함으로써

최초로 세계 선교의 교두보 역할을 감당한 교회였습니다. 그리고 안디옥 교회 교인들은 세상 사람들로부터 최초로 그리스도인이라 일컬음을 받은 사람들이었습니다. 이상과 같은 관점에서 안디옥 교회의 출현은 2천 년 교회 역사에서 또 하나의 획을 긋는 사건이었습니다.

그 안디옥 교회의 등장을 전해 주는 본문은 '그때에'라는 말로 시작되고 있습니다. 그러나 헬라어 원문에 기록되어 있는 '멘 운'은 앞뒤 내용의 동시성을 나타내는 '그때에'라는 의미가 아니라, 앞내용의 필연적인 결과로 뒷내용이 수반되었음을 밝히는 '확실하건대 그러므로'라는 뜻이라고 했습니다. 베드로가 무할례자인 이방인과의 교제를 엄금하는 유대인의 관례와 관습을 파기하면서까지 가이사랴의 이방인 고넬료 일행을 찾아가 그들에게 복음을 전하고 세례를 베풂으로써, 이스라엘 영토 내에 최초의 이방인 교회가 세워지게 된 연장선상에서 이스라엘 영토 밖 이방 세계에 최초의 이방인 교회인 안디옥 교회가 세워지게 되었다는 것입니다. 베드로가 가이사랴의 이방인 고넬료 일행에게 복음을 전했고, 예루살렘 모교회가 그 사실을 공식적으로 수용했다는 소문은 사방으로 퍼져 나갔고, 그 소문을 들은 사람들 가운데 안디옥에 이르러 안디옥 교회를 세운 사람이 있었습니다.

본문 19절을 보시겠습니다.

> 그때에 스데반의 일로 일어난 환난으로 말미암아 흩어진 자들이 베니게와 구브로와 안디옥까지 이르러 유대인에게만 말씀을 전하는데.

안디옥 교회를 세운 사람들보다 먼저 안디옥에 이른 유대 그리스도인들이 있었습니다. 스데반의 순교로 촉발된 유대교의 대박해를 피해 예루살렘을 떠난 유대 그리스도인들 가운데, 예루살렘에서 북쪽으로 480여 킬로미터나 떨어진 안디옥까지 먼저 이른 사람들이었습니다. 앞에서 언급한 원문의 '멘운'이라는 단어가 그들 역시 베드로가 이방인에게 복음을 전했다는 소식을 이미 접한 사람들임을 밝혀 주고 있지만, 그러나 그들은 안디옥에 있는 유대인들에게만 복음을 전하는 것으로 그쳤습니다.

안다는 것과, 아는 것을 실천하는 것은 전혀 별개의 문제입니다. 알지만 실천하지 않는 경우가 더 많기 때문입니다. 우리는 하나님의 말씀이 모두 진리임을 알고 믿는 그리스도인들입니다. 진리란 참된 이치, 참된 도리라는 뜻입니다. 이처럼 하나님의 말씀이 참된 도리, 참된 이치임을 알고 또 믿으면서도 왜 그리스도인들이 하나님의 말씀대로 살지는 않습니까? 하나님의 말씀대로 살 때 자신이 현재 지니거나 누리고 있는 것들, 장차 지니거나 누리게 될 것들을 혹 잃지나 않을까 하는 두려움 때문입니다.

그래서 믿음은 용기입니다. 오직 용기 있는 사람만 하나님을 전적으로 신뢰하면서 하나님의 말씀을 좇아 살 수 있습니다. 75세의 아브라함이 고향과 친척과 아버지의 집을 등지고, 오직 하나님의 말씀을 좇아 미지의 세계로 나아가는 것은 용기였습니다. 미디안 광야에서 양치기를 하던 80세의 노인 모세가 마른 지팡이 하나만을 들고 하나님의 명령에 순종하여, 당시 세계 최강의 제국 이집트의 파라오와 맞서 이스라엘 백성을 해방시키러 가는 것은 용기 없이는 불가능한 일이었습니다. 처녀 마리아가, 처녀가 임신하면 돌에 맞아 죽어야 함을 알면서도 하나님의 명령에 따라 성령으로 예수님을 잉태한 것도 용기였습니다. 유대인인 베드로가 유대인의 관습과 관례를 어기면서까지 하나님의 명령을 좇아 이방인 고넬료 일행을 찾아가 복음을 전하고 세례를 베푼 것 역시 용기였습니다. 그러나 본문 19절에서 누구보다도 안디옥에 먼저 이른 유대 그리스도인들은, 그곳의 이방인들에게도 복음을 전할 만큼 용기 있는 그리스도인들이었던 것은 아니었습니다. 공연히 이방인에게 복음을 잘못 전했다가 구설수에 휘말리는 것을 원치 않았기 때문일 것입니다. 그들은 단지 자신들과 같은 유대인들에게만 복음을 전했을 뿐입니다.

20절을 보시겠습니다.

> 그중에 구브로와 구레네 몇 사람이 안디옥에 이르러 헬라인에게도 말하여 주 예수를 전파하니.

마침내 용기 있는 그리스도인들이 안디옥에 나타났습니다. 지중해의 섬 구브로와 북아프리카 항구도시 구레네에서 안디옥에 이른 유대 그리스도인들은, 자신들보다 먼저 안디옥에 이르렀던 19절의 유대 그리스도인들과는 달리, 이방인인 헬라인들에게도 용기 있게 예수 그리스도의 복음을 전했습니다. 그런데 본문의 '헬라인'이란 단어 앞에 각주 번호가 붙어 있어, 아래쪽 주註란의 해당 내용을 보면 '어떤 사본에, 헬라파 유대인에게도'라고 기록되어 있습니다. 사본 중에는 '헬라인' 대신 '헬라파 유대인'이라고 기록된 사본도 있다는 것입니다. 이를테면 20절의 그리스도인들이 안디옥의 헬라인이 아니라 헬라파 유대인에게 복음을 전했다는 것입니다. 그러나 거의 모든 학자들은 그런 사본에는, 그런 사본도 있다는 정보 이상의 가치를 부여하지 않습니다. 19절에서 안디옥에 먼저 이른 사람들이 유대인들에게만 복음을 전했다는 그 유대인 속에 헬라파 유대인도 이미 포함되어 있고, 20절의 헬라인은 19절의 유대인과 대칭되는 이방인의 의미로 사용되었기 때문입니다. 만약 20절의 헬라인이 이방인이 아닌 헬라파 유대인을 의미한다면, 안디옥 교회가 2천 년 교회사에서 이방 세계에 세워진 최초의 이방인 교회로 기려질 이유는 전혀 없었을 것입니다.

이 시간에 우리가 주목하고자 하는 것은, 그 중요한 안디옥 교회를 세운 사람들의 이름이 밝혀져 있지 않다는 것입니다. 20절을 다시 보시겠습니다.

그중에 구브로와 구레네 몇 사람이 안디옥에 이르러 헬라인에게도 말하여 주 예수를 전파하니.

2천 년 교회사에서 또 하나의 중요한 획을 긋는 안디옥 교회를 세운 사람들을 본문은 단지 "몇 사람"이라고만 밝히고 있습니다. 헬라어 원문의 '티네스 안드레스τινες ἄνδρες'를 그대로 옮기면 '어떤 사람들'이라는 의미입니다. 그 중요한 안디옥 교회를 세운 사람들의 이름은 말할 것도 없고, 그들이 몇 명이었는지조차도 밝혀져 있지 않습니다. 그렇다면 그들이야말로 특별히 복된 사람들임이 분명합니다.

사도행전 24장 24-26절은 사도 바울이 벨릭스 총독에게 복음을 전한 내용을 전해 주고 있습니다. 벨릭스 총독이 감옥에 갇힌 사도 바울을 불러내어 '예수 그리스도의 도'가 무엇인지 묻자, 바울은 복음의 요체를 세 단어로 설명했습니다. 첫째 '의', 둘째 '절제', 셋째 '심판'이었습니다. 이 세 단어야말로 복음의 핵심입니다. 첫째로 '의'란 하나님과의 바른 관계를 의미합니다. 하나님과의 바른 관계란, 자기 삶의 우선순위를 하나님께 두는 것입니다. 결혼하는 젊은이들이 자신의 배우자에게 삶의 우선순위를 두지 않고 혼수에 우선순위를 둘 경우, 아무리 성대하게 결혼 예식을 치러도 그들 사이에 바른 부부 관계가 성립될 수는 없습니다. 하나님과 인간 관계도 마찬가지입니다. 인간이 삶의 우선순위를 하나님께 드림으로 하나님과 바른 관계를 맺게 되고, 의로우신 하나님과 바른 관계 속에 있는 것이 인간에게 의가 됩니다. 그러나 죄인인 인간의 능력으로는 결코 의로우신 하나님과 바른 관계를 맺을 수 없습니다. 의로우신 하나님 앞에서 모든 죄인은 죽어야 하기 때문입니다. 그러므로 우리는 십자가에 못박혀 돌아가심으로 우리의 죗값을 대신 치러 주신 예수 그리스도를 통해서만 의로우신 하나님과 바른 관계를 맺을 수 있습니다. '이신칭의以信稱義', 즉 예수 그리스도를 믿음으로 의로운 하나님의 자녀로 인정되어 하나님과 바른 관계를 맺을 수 있는 것입니다.

바울이 말한 복음의 두 번째 요체는 '절제'입니다. 우리말 사전은 '절제'를 "정도를 넘지 않도록 알맞게 조절하여 제한함"이라 정의하고 있습니다. 그러나 우리말로 '절제'라고 번역된 헬라어 '엥크라테이아ἐγκράτεια'는 절제가 아니라 'put aside', 아예 제쳐 놓는 것입니다. 마약이나 알코올중독자에게 엥크라테이아는 정도껏 절제하는 것이 아니라, 칼로 무를 자르듯 끊어 버리는 것입니다. 마약이나 알코올중독자가 마약이나 술을 정도껏 절제하겠다는 것은 일평생 마약이나 알코올중독자로 살아가겠다는 말입니다. 하나님과 바른 관계 속에 있다는 것은 하지 말아야 할 것을 정도껏 절제하는 것이 아니라, 아예 용기 있게 끊어 버리는 것입니다. 이 과정을 다른 용어로 표현하면 '성화聖化'입니다. 예수 그리스도 안에서 믿음으로 의로우신 하나님과 바른 관계를 맺는 의로운 하나님의 자녀가 되었으므로, 하나님의 자녀답게 하지 말아야 할 것을 용기 있게 끊어 버리면서 거룩한 삶을 살아가는 것입니다. 그렇다면 하지 말아야 할 것에 대한 집요한 유혹을 어떻게 끊어 버릴 수 있겠습니까? 우리 자신의 힘이나 의지만으로는 백전백패할 수밖에 없습니다. 헬라어 '엥크라테이아'의 원형은 '……안에'를 의미하는 전치사 '엔ἐν'과 '힘'을 의미하는 '크라토스κράτος'의 합성어입니다. 우리의 힘만으로는 불가능하지만 사탄의 유혹과 죽음의 권세를 깨뜨리신 주님의 힘, 그 힘을 의지하여 우리는 이 세상의 모든 유혹을 이기고 끊어야 할 것을 용기 있게 끊는 성화의 삶을 살 수 있습니다.

바울이 말한 복음의 마지막 요체는 '심판'입니다. 우리는 오늘도 사도신경을 통하여 주님께서 '산 자와 죽은 자를 심판하러 오실 것'을 믿는다고 고백했습니다. 심판은 하나님께서 성경을 통해 헤아릴 수도 없을 만큼 많이 예고하신 것입니다. 하나님과 바른 관계를 맺고 의로운 삶을 산 사람과 그릇된 관계 속에서 불의한 삶을 산 사람, 하나님을 자기 인생의 주인으로 삼아 영원한 삶을 추구한 사람과 자기 스스로 자기 인생의 주인이 되어 고작 공동묘지를 인생의 목적지로 삼은 사람, 그 양자가 하나님 앞에서 구별되는 것이 하나님의 공의입니다. 하나님께서 이 세상을 더럽힌 불의한 사람들을 멸하시기 위해서도, 그리고 당신과 바른 관계 속에 있는 의로운 사람을 보호하시기 위해서도 하나님의 심판은 필연적입니다.

바울로부터 복음의 세 요체를 전해 들은 벨릭스 총독의 반응을 사도행전 24장 25절 하반절이 전해 주고 있습니다.

> 벨릭스가 두려워하여 대답하되 지금은 가라 내가 틈이 있으면 너를 부르리라 하고.

바울의 설교를 들은 벨릭스는 분명히 두려움을 느꼈습니다. 벨릭스는 다음에 틈이 있으면 다시 바울을 부르기로 하고 그날은 바울을 감옥으로 되돌려 보냈습니다. 그래서 그는 그다음에 바울로부터 복음을 다시 듣고 예수 그리스도를 영접했습니까?

> 동시에 또 바울에게서 돈을 받을까 바라는 고로 더 자주 불러 같이 이야기하더라(행 24:26).

그 이후에 벨릭스는 여러 번이나 바울을 불러 바울의 이야기를 들었습니다. 그러나 주님을 믿지도, 영접하지도 않았습니다. 그가 바울을 불러내어 수차례나 바울의 이야기를 듣고자 한 것은, 혹 바울로부터 뇌물을 받을 수 있으리라는 헛된 기대 때문이었습니다.

바울이라면 2천 년 기독교 역사상 가장 뛰어난 설교자가 아닙니까? 그러나 그 영성 깊은 바울의 설교를 수차례나 듣고서도 벨릭스는 주님을 영접하지 않았습니다. 처음 바울의 설교를 듣고 두려움을 느끼기도 했지만, 그러나 그의 주된 관심사는 보이지 않는 영원한 생명이 아니라 눈앞에 보이는 돈이었습니다. 위대한 사도 바울의 설교를 여러 번이나 듣고서도 끝내 돈을 더 신봉한 벨릭스는 참으로 어리석기 짝이 없는 인간이었습니다. 그러나 잊지 말아야 할 것은 그 어리석은 벨릭스가 실은 우리 자신들이란 사실입니다. 그리스도인이라면 의, 성화, 심판이라는 믿음의 요체에 대하여 수도 없이 들었을 것입니다. 그런데도 많은 그리스도인들이 말씀대로, 배운 대로 살지 않습니다. 믿음으로 의롭다 인정받은 그리스도인답게 용기 있게 성화의 삶을 살지 않는 것입니다. 오히려 하나님의 말씀보다도 돈으로 대표되는 세상의 것들을 더 신봉하고, 그것들의 힘을 더 신뢰합니다. 그 결과 그리스도인이라면서도 하나님과 바른 관계 속에 있지 못한 사람들이 허다합니다. 그 이유가 대체 무엇이겠습니까?

믿음의 요체는 의, 성화, 심판이지만, 믿음의 진행은 역순으로 이루어짐을 자각하지 못하기 때문입니다. 즉 하나님의 심판을 믿는 사람, 언젠가 지엄하신 하나님의 심판대 앞에 반드시 서야 할 것을 믿는 사람만 그날에 대비하여 매일 용기 있게 성화의 삶을 살 수 있고, 결과적으로 하나님과 바른 관계 속에 있을 수 있습니다. 주님께서 나를 구원해 주셨음을 믿는다면서도 의와 성화의 삶이 수반되지는 않는다면, 그것은 결국 하나님의 심판을 믿지 않는 것을 의미합니다. 학생이 시험의 중요성을 자각하지 못하면 시험 전날에도 무사태평일 수밖에 없습니다. 이와 마찬가지로, 오늘날 이 땅이 그리스도인 천지이면서도 하나님과의 바른 관계 속에서 용기 있게 성화의 삶을 사는 그리스도인을 찾아보기 어려운 것은, 결국 오늘날의 그리스도인들이 하나님의 심판을 믿지 않기 때문입니다. 우리 각자에게 한번 자문해 보십시다. 우리 각자는 과연 하나님의 심판을 믿고 있습니까?

혹 누군가가 주님의 말씀을 들어 이의를 제기할지도 모르겠습니다.

> 하나님이 그 아들을 세상에 보내신 것은 세상을 심판하려 하심이 아니요 그로 말미암아 세상이 구원을 받게 하려 하심이라 그를 믿는 자는 심판을 받지 아니하는 것이요 믿지 아니하는 자는 하나님의 독생자의 이름을 믿지 아니하므로 벌써 심판을 받은 것이니라(요 3:17-18).

주님의 말씀처럼, 주님을 믿는 그리스도인에게는 심판이 없지 않느냐는 이의 제기가 있을 수 있습니다. 물론입니다. 주님을 믿는 그리스도인에게는 불의한 사람에게 임하는 멸망으로서의 심판은 없습니다. 반면에 주님을 믿는 그리스도인에게는, 주님께서 마태복음 25장의 달란트 비유를 통해 일깨워 주신 것처럼 하나님의 '셈하심'의 심판이 있습니다. 하나님께서 우리에게 맡겨 주신 생명과 물질을 우리가 어떻게 사용했는지, 하나님께서 반드시 친히 셈하시는 것입니다. 그러나 하나님의 셈하심은 단순히 셈 그 자체로 그치지 않고, 반드시 하나님의 '상 주심'으로 이어집니다. 주님을 믿는 그리스도인에 대한 하나님의 심판은 하나님의 셈하심을 통한 상 주심인 것입니다. 이것이 히브리서 11장 6절이 다음과 같이 증언하는 이유입니다.

> 믿음이 없이는 하나님을 기쁘시게 하지 못하나니 하나님께 나아가는 자는 반드시 그가 계신 것과 또한 그가 자기를 찾는 자들에게 상 주시는 이심을 믿어야 할지니라.

참된 신앙인이 되기 위해서는 반드시 두 가지 사실을 믿어야 합니다. 첫째로, 하나님께서 언제 어디에나 계심을 믿어야 합니다. 이것은 그리스도인에게는 너무나도 기본적인 이야기입니다. 그러나 많은 그리스도인들이 예배당 밖에서 하나님의 말씀대로 살지 않는 것은 바로 이 사실을 믿지 못하기 때문입니다. 그래서 하나님이 계신다고 믿어지는 예배당 안에서만, 혹은 주일에만 그리스도인으로 살아가고 있습니다. 참된 신앙인이 되기 위해서는 둘째로, 하나님께서 상 주시는 분이심을 믿어야 합니다. 하나님의 상 주심을 믿지 않는 사람이 하나님과 바른 관계를 맺으면서 구태여 성화의 삶을 추구하려 할 리가 만무하기 때문입니다. 오늘날 그리스도인들이 믿지 않는 사람들처럼 세상의 부귀영화만을 탐할 뿐 용기 있게 진리를 좇는 성화의 삶을 살려 하지 않는 것은, 자기 삶에 대한 하나님의 셈하심을 통한 상 주심을 믿지 않는 까닭입니다.

그리스도인에게 주어지는 하나님의 상이 얼마나 중요한지, 주님께서도 하나님의 상에 대하여 열두 번이나 언급하셨습니다. 하나님의 상 주심을 믿는 사람만 용기 있게 성화의 삶을 살 수 있기 때문임은 두말할 나위가 없습니다. 주님께서 하나님의 상과 관련하여 특별히 강조하신 내용이 있습니다.

> 사람에게 보이려고 그들 앞에서 너희 의를 행하지 않도록 주의하라 그리 하지 아니하면 하늘에 계신 너희 아버지께 상을 받지 못하느니라 그러므로 구제할 때에 외식하는 자가 사람에게서 영광을 받으려고 회당과 거리

에서 하는 것같이 너희 앞에 나팔을 불지 말라 진실로 너희에게 이르노니 그들은 자기 상을 이미 받았느니라(마 6:1-2).

하나님의 상과 세상의 상을 혼동하지 말라는 것입니다. 다시 말해 세상의 시선과 인간의 박수갈채를 하나님의 상으로 착각하지 말라는 것입니다. 인간의 박수갈채를 위해 사는 것은 하나님을 위한 삶일 수도 없으려니와, 인간의 박수갈채를 받는 것으로 당사자에 대한 포상은 끝나 버리기 때문입니다. 그런 사람에게는 영원하신 하나님의 상이 주어질 수가 없습니다. 세상의 박수갈채가 대체 무엇입니까? 그것은 순간적인 공기의 진동에 지나지 않습니다. 혹시 사람들로부터 박수갈채를 받아 본 적이 계십니까? 그 박수갈채의 감격이 얼마나 지속됩디까? 박수갈채의 여운이 채 사라지기도 전에, 박수갈채와 똑같은 크기의 허무감이 엄습하지 않습디까? 인간의 박수갈채는 실체가 없기 때문입니다. 실체도 없는 단순한 공기의 진동에 불과한 인간의 갈채를 위해 영원하신 하나님의 영원한 상을 상실한다면, 하나님을 믿지 않으면 모르려니와, 하나님을 믿는 그리스도인에게 그보다 더 어리석은 짓이 어디에 있겠습니까?

그래서 참된 그리스도인은 오른손이 하는 것을 자신의 왼손이 모를 정도로 자신을 내세우지 않고 도리어 자신을 가립니다. 그런 중심의 삶만이 하나님과의 바른 관계 속에서 하나님을 위한 용기 있는 성화의 삶이기에, 그 삶에는 반드시 하나님 나라에서 하나님의 상 주심이 있을 것임을 믿기 때문입니다. 하나님의 상 주심을 믿는 사람들이 이 세상에서 더욱 겸손한 주님의 도구로 쓰임 받는 까닭이 여기에 있습니다. 하나님의 영광을 위해 자신을 가릴 줄 아는 그 사람의 삶을 통해 하나님의 능력이 온전히 역사하실 수 있기 때문입니다.

2천 년 교회사에 또 하나의 획을 그은 안디옥 교회를 세운 분문의 '몇 사람'이, 왜 특별히 복된 사람들인지 이제 우리는 그 연유를 알게 됩니다. 그들은 자신들의 이름을 드러내지 않는 사람들이었기에 인간의 박수갈채라는 허망한 세상의 상 대신에, 하나님의 나라에서 하나님께서 약속하신 영원한 상을 받았을 것이기 때문입니다. 이처럼 그들은 자신들을 가릴 줄 아는 용기 있는 그리스도인들이었기에, 그들에 의해 세워진 안디옥 교회는 주님께서 온전히 역사하시는 명실상부한 주님의 몸 된 교회일 수 있었습니다. 만약 그들이 자기 이름을 앞세우려는 자기 공명심에 빠진 사람들이었던들, 그들에 의해 세워진 안디옥 교회는 성경에 기록될 필요조차 없었을 것입니다.

　우리는 오늘 본문을 통해, 세 사람 건너 한 사람이 그리스도인인 이 땅의 교회가 왜 무기력하기만 한지, 왜 우리를 통해 생명의 역사가 일어나지 않는지 그 까닭을 깨닫게 됩니다. 우리 자신을 포함한 이 땅의 그리스도인들이 하나님의 심판을, 하나님의 셈하심을 통한 상 주심의 심판을 믿지 않기 때문입니다. 하나님의 셈하심을 통한 상 주심의 심판을 믿지 않기에 하나님의 영광을 위해 자신을 가리는 용기 있는 성화의 삶보다는, 하나님을 이용하여 자신을 드러내고 높이려는 자기 공명심에서 벗어나지를 못합니다. 그래서 그리스도인들이 모인 곳마다 인간의 이름만 난무할 뿐, 하나님과의 인격적인 만남은 어렵습니다. 인간의 이름이 하나님을 압도하는 곳은 하나님과는 무관한 곳이기 때문입니다. 도리어 인간의 이름이 난무하는 곳에는 자신을 드러내려는 인간들로 인해 대립과 분열, 갈등과 다툼만 있을 뿐입니다.

　사랑하는 교우 여러분!

　참회의 절기인 사순절 둘째 주일을 맞이하여, 하나님을 믿는다면서도 하나님의 심판은 믿지 못했던 우리의 불신을 회개하십시다. 하나님의 셈하심을 통한 상 주심의 심판을 믿지 못해 우리 자신을 가리는 성화의 삶을 외면한 채, 순간적인 공기의 진동에 불과한 인간의 박수갈채와 영원하신 하나님의 영원한 상을 맞바꾸어 온 우리의 어리석음을 회개하십시다. 우리 모두 하나님의 셈하심을 통한 상 주심의 심판을 믿고 사모함으로, 우리의 코끝에 호흡이 있는 한, 하나님과의 바른 관계 속에서 오직 하나님만 드높이는 용기 있는 성화의 삶을 살아가십시다. 비록 우리 자신은 보잘것없어도, 우리를 통해 온전히 역사하시는 하나님으로 인해 우리의 가정과 일터 그리고 교회는, 이 시대를 새롭게 하는 또 하나의 안디옥 교회가 될 것입니다.

사탄의 유혹에 빠진 아담과 하와는, 스스로 하나님처럼 되기 위해 금단의 열매를 먹는 죄를 범했습니다. 하나님 앞에서 자신을 더 내세우려 한 것이 그들의 죄였고, 그로 인해 그들은 실낙원하고 말았습니다. 노아의 홍수 이후에 인간이 가장 먼저 한 것은, 자신들의 이름을 내세우기 위해 바벨탑을 건립하는 것이었습니다. 그러나 그들의 노력은 끝내 무위로 돌아갔고, 그들은 모두 뿔뿔이 흩어지고 말았습니다. 패역한 사울 왕은 하나님을 외면하고 대신 자기 이름을 드러내기 위한 기념비를 세웠습니다. 아버지 다윗의 왕좌를 빼앗기 위해 아버지의 목에 비수를 겨누었던 패륜아 압살롬도, 자신의 이름을 과시하기 위한 기념비를 세웠습니다. 그리고 그 사울 왕과 압살롬의 인생은 모두 하나님 앞에서 비참하게 끝나고 말았습니다.

우리 역시 하나님을 믿는다면서도 하나님의 심판을 믿지는 못해, 도처에 우리의 기념비를 세우려 했습니다. 하나님의 셈하심을 통한 상 주심의 심판을 믿지 못해, 순간적인 공기의 진동에 지나지 않는 세상 사람들의 박수갈채를 위해 우리의 이름을 드러내느라 하나님의 영광을 가리는 삶을 살았습니다. 그 결과 우리의 삶은 공허하고, 무기력하며, 무의미하기만 했습니다. 오늘 사순절 둘째 주일을 맞이하여, 그와 같은 우리의 어리석은 삶을 회개하오니 용서해 주십시오.

우리 모두 하나님의 심판을 믿는 진정한 믿음의 사람들이 되게 해주십시오. 실체도 없는 세상의 박수갈채보다도, 하나님의 셈하심을 통한 상 주심을 사모하는 겸손한 그리스도인들이 되게 해주십시오. 하나님의 셈하심을 통한 상 주심의 심판을 믿고 사모하기에 하나님과의 바른 관계 속에서, 본문의 안디옥 교회를 세운 몇 사람들처럼, 무슨 일을 하든 오직 하나님의 영광을 위해 날마다 자신을 가리는 성화의 삶을 살게 해주십시오. 사도 바울처럼, 하나님의 상을 푯대로 삼아 매일 자기 부인의 삶을 용기 있게 살게 해주십시오. 우리가 하나님을 위해 헌신을 다하고서도 우리의 이름이 세상에 드러나지 않을 때 오히려 하나님께 깊이 감사하게 하시고, 우리의 이름이 두드러지게 드러날 때 도리어 하나님 앞에서 두려워하며 더욱 겸손하게 해주십시오. 언제 어디서나 하나님의 영광을 위해 우리 자신을 가리는 우리의 삶을 통해, 이 시대를 위한 하나님의 역사가 온전히 일어나게 해주십시오.

그리하여 우리로 인해 우리가 속해 있는 우리의 가정과 일터 그리고 교회가, 이 세상을 새롭게 하는 우리 시대의 안디옥 교회가 되게 해주십시오. 훗날 이 세상을 떠나는 날, 우리 모두 하나님의 나라에서 하나님의 영원한 상을 얻고 누리는, 진정한 믿음의 승리자들이 되게 해주십시오. 아멘.

12. 주의 손이 사순절 셋째 주일

사도행전 11장 19-26절

그때에 스데반의 일로 일어난 환난으로 말미암아 흩어진 자들이 베니게와 구브로와 안디옥까지 이르러 유대인에게만 말씀을 전하는데 그중에 구브로와 구레네 몇 사람이 안디옥에 이르러 헬라인에게도 말하여 주 예수를 전파하니 **주의 손이** 그들과 함께하시매 수많은 사람들이 믿고 주께 돌아오더라 예루살렘 교회가 이 사람들의 소문을 듣고 바나바를 안디옥까지 보내니 그가 이르러 하나님의 은혜를 보고 기뻐하여 모든 사람에게 굳건한 마음으로 주와 함께 머물러 있으라 권하니 바나바는 착한 사람이요 성령과 믿음이 충만한 사람이라 이에 큰 무리가 주께 더하여지더라 바나바가 사울을 찾으러 다소에 가서 만나매 안디옥에 데리고 와서 둘이 교회에 일 년간 모여 있어 큰 무리를 가르쳤고 제자들이 안디옥에서 비로소 그리스도인이라 일컬음을 받게 되었더라

혹 최원균 씨를 아십니까? 또 이삼순 씨를 아시는지요? 그 두 분의 성함만 들어서는 그분들이 누구인지 모르는 분들이 대부분일 것입니다. 그러나 그 두 분이 영화 〈워낭소리〉의 주인공 할아버지와 할머니라고 하면, 그 영

화를 보지 않은 분들 중에도 그 두 분에 대한 기사나 소문을 접한 분들이 많을 것입니다. 관객 10만 명이면 대성공이라는 한국 독립영화계의 현실에서 〈워낭소리〉는 관객 수가 이미 300만 명에 육박하는 신기록을 수립하고 있고, 그 기록은 매일 경신되고 있습니다. 언론의 입장에서 보면 그것은 좋은 뉴스거리입니다. 그래서 그동안 한국의 거의 모든 언론 매체가 어떤 형태로든 〈워낭소리〉와 관련된 기사를 보도했습니다. 그 결과 〈워낭소리〉의 주인공인 최원균 할아버지와 이삼순 할머니는 정치인과 연예인 그리고 운동선수를 제외하고, 근래 언론에 그 성함이 가장 자주 거명된 분들이라 해도 과언이 아닙니다. 그런데도 사람들은 그 두 분의 성함을 기억하지 못합니다. 영화 〈워낭소리〉를 본 관객조차도 마찬가지입니다. 영화를 통해 드러난 그 두 분의 숭고한 삶이 그분들의 성함을 기억할 겨를이나 여유를 주지 않기 때문입니다.

 한쪽 다리가 불편한 몸으로 남의 집 머슴살이를 했던 최원균 할아버지는 19세 되던 해 16세의 이삼순 할머니와 결혼했습니다. 그 이후 63년 동안 할아버지와 할머니는 손바닥만 한 논과 밭을 갈면서 9남매를 키웠습니다. 지난 30년 동안 할아버지와 할머니를 돕던 소가 죽자, 할아버지는 죽은 소의 장례를 치러 주고 무덤을 만들어 주었습니다. 그리고 새로 구입한 젊은 소를 부리며 날이면 날마다 논밭으로 계속하여 일을 나갑니다. 장성한 자녀들이 자신들이 모실 테니 이제 그만 일하시라고 만류하지만, 올해 82세의 최원균 할아버지는 당신의 몸이 움직이는 한 일하겠다는 당신의 뜻을 굽히지 않고, 올해 79세의 이삼순 할머니 역시 남편의 뜻을 받들고 있습니다. 그 두 분은 배운 것이 없습니다. 그 두 분은 가난합니다. 그 두 분은 사회적으로 변변한 직책 한 번 가진 적이 없습니다. 그러나 그 두 분은 일평생 세속적인 욕망을 좇은 적이 없습니다. 육체적인 쾌락을 추구한 적도 없습니다. 자신들의 야망을 위해 다른 사람을 짓밟은 적도 없습니다. 자신들의 이름을 드러내기 위해 거짓과 야합한 적도 없습니다. 그 두 분은 자연의 법칙에 순응하고, 유일한 일벗인 소를 사랑하면서, 일평생 쉬지 않고 근면하게 일해 오는 가운데, 자기 자신에게 충실한 삶이 얼마나 숭고한지를 세상 사람들에게 몸소 보여 주었습니다. 그분들의 그 숭고한 삶 앞에서, 오늘도 물거품 같은 허망한 욕망을 좇는 현대인들이 스스로 부끄러움을 느끼고 있습니다.

만약 그 두 분이 다른 사람들처럼 자신들의 이름을 드러내며 세상 사람들의 박수갈채를 목표로 살아왔던들, 그분들의 삶이 우리에게 그토록 숭고한 감동을 주지는 못했을 것입니다. 배운 것도 없고, 가난하고, 변변하게 내세울 것도 없는 그분들의 삶이 우리에게 숭고한 감동을 주는 것은, 그분들이 일평생 한 치의 어긋남도 없이 자기 삶의 길에 충실했기 때문입니다. 이렇듯 자신을 드러내려 하지 않고 자기 삶에 일평생 충실한 인간의 삶도 우리에게 숭고한 감동을 안겨 준다면, 하나님을 위해 헌신을 다하고서도 하나님의 영광을 위해 자신을 가리는 사람을 통해 어찌 하나님의 감동적인 역사가 일어나지 않겠습니까?

예루살렘 북쪽 480여 킬로미터 지점에 위치한 수리아의 안디옥에 세워진 안디옥 교회는, 이방 세계에 세워진 최초의 이방인 교회였습니다. 안디옥 교회는 위대한 사도 바울을 배출함으로써, 최초로 이방 선교의 교두보 역할을 감당한 교회이기도 했습니다. 그리고 안디옥 교회 교인들은 세상 사람들로부터 최초로 그리스도인이라 일컬음을 받은 사람들이었습니다. 이와 같은 이유로 안디옥 교회의 출현은 2천 년 교회사에 또 하나의 획을 긋는 사건이었습니다. 그러나 안디옥 교회가 그토록 중요하고 의미 있는 교회라고 해서, 그 교회가 세상에 널리 알려진 사도들에 의해 세워진 것은 아니었습니다.

그중에 구브로와 구레네 몇 사람이 안디옥에 이르러 헬라인에게도 말하여 주 예수를 전파하니(20절).

지난 시간에 살펴본 것처럼 안디옥 교회를 세운 사람들은 놀랍게도 지중해의 섬 구브로와 북아프리카의 항구도시 구레네에서 온, 이름이 전혀 드러나지 않은 '몇 사람'이었습니다. 이름은 고사하고 그들의 나이나 직업도 전혀 알려지지 않은 사람들이었습니다.

잘 아시다시피 사도행전을 기록한 사람은 직업이 의사였던 누가였습니다. 복음서인 누가복음을 기록한 바로 그 누가입니다. 누가는 직업이 의사였기에 매사에 치밀하고 분석적인 사람이었습니다. 또 그는 시기적으로 사도행전 이후의 사람이 아니었습니다. 그는 사도행전에 등장하는 사람들과 동시대의 사람이었습니다. 특히 그는 후에 사도 바울의 수행자가 되었기에 바울과 관련된 것은 누구보다 잘 알고 있었습니다. 앞으로 계속 살펴보겠지만 안디옥 교회는 사도 바울이 바나바와 함께 1년 동안 목회했던 교회였고, 바로 그 교회의 파송을 받아 바울은 세계 선교에 나서게 되었습니다. 그렇다면 사도 바울이 자신이 목회하던 안디옥 교회를 세운 '몇 사람'이 누구인지 왜 몰랐겠습니까? 사도 바울이 그 '몇 사람'이 누구인지 알았다면 사도 바울의 수행자였던 누가 역시 그들의 이름을 몰랐을 리가 없습니다. 그러나 누가는 사도행전의 본문을 기록하면서 그들이 구브로와 구레네 출신이라는 사실만 밝힐 뿐, 그들의 이름은 끝내 밝히지 않았습니다. 그 이유가 무엇인지 우리는 이미 알고 있습니다. 그 당사자들이 하나님의 영광을 위하여 자신의 이름을 드러내려 하지 않는, 겸손하고도 진정한 그리스도인들이었기 때문입니다.

주의 손이 그들과 함께하시매 수많은 사람들이 믿고 주께 돌아오더라 (21절).

'몇 사람'에 의해 세워진 안디옥 교회로 인해 수많은 이방인들이 주님을 믿고 주님을 영접하는 생명의 역사가 일어났습니다. 안디옥 사람들에게 복음을 전한 '몇 사람'은 유대인들이었고, 그 몇 명의 유대인들로부터 복음을 전해 들은 사람들은 이방인인 헬라인 즉 그리스인들이었음을 20절이 밝혀 주고 있습니다. 그 몇 명의 유대인들이 전한 복음의 내용이 무엇이었겠습니까? 유대인인 나사렛 예수가 온 인류를 구원하는 구세주라는 것입니다. 당시 지중해 세계를 석권한 로마제국에서 유대인은 지배 계층이 아니었습니다. 고작 로마제국 동쪽 끝자락의 변방인에 지나지 않았습니다. 그런데 그 변방인에 불과한 유대인 나사렛 예수가, 경력이라고 해봐야 가난한 목수 생활이 전부인 그 유대인이 인류의 구세주라는 것입니다. 유대인들로부터 그 말을 들은 헬라인들, 이 세상 누구보다도 자기 민족의 문화와 역사에 대해 긍지를 지닌 그리스인들이, 유대인들이 언급한 그 유대인을 주님으로 영접하는 이변이 일어났습니다. 어떻게 이런 일이 가능할 수 있었겠습니까?

본문 21절은 그 해답이 '주의 손', 즉 '하나님의 손'에 있음을 밝혀 주고 있습니다. 하나님께서는 안디옥의 이방인인 헬라인에게 담대히 복음을 전하고서도 하나님의 영광을 위해 자신들의 이름을 가렸던 '몇 사람'의 그리스도인들을 그냥 내버려 두시지 않았습니다. 하나님께서 당신의 손, 천지를 창조하신 손으로 그들과 함께하셨습니다. 그리고 하나님의 손으로 인해 안디옥의 이방인 가운데 생명의 역사가 일어나게 되었습니다. 그렇다면 우리는 오늘 본문을 통해 귀한 교훈을 얻게 됩니다. 누구든지 겸손하게 하나님의 손에 사로잡히기만 하면, 그의 삶을 통해 반드시 하나님의 감동적인 역사가 일어난다는 것입니다.

80세가 되기까지 미디안 광야의 양치기였던 모세에게 유일한 개인 재산이 있다면 양치기용 마른 지팡이 하나였습니다. 40년 동안 처갓집에 얹혀살았기에, 모세가 지닌 모든 것은 실은 장인의 소유였습니다. 결국 그의 소유라고는 나뭇가지를 꺾어 만든 지팡이 하나밖에 없었습니다. 하나님께서는 그 초라하고 가진 것 없는 노인 모세에게 이집트에서 노예로 신음하는 이스라엘 백성을 해방시킬 것을 명령하셨습니다. 모세가 비록 늙어서는 마른 지팡이 하나밖에 없는 초라한 노인이었을망정 40세까지는 이집트 제국의 왕자였습니다. 그래서 그는 당시 세계 최강인 이집트 제국의 군사력이 얼마나 막강하고 가공스러운지 잘 알고 있었습니다. 그런데도 하나님께서는 모세에게 단 한 명의 군사나 단 한 개의 무기도 주시지 않고, 이집트의 파라오와 맞서 이스라엘 백성을 해방시키라고 명령하셨습니다. 그것은 상식적으로는 도저히 불가능한 일이었습니다. 그러나 모세는 겸손하게 하나님의 명령에 믿음으로 순종하였습니다. 자신의 가족을 데리고, 자신의 유일한 재산인 마른 지팡이를 들고 이집트를 향해 출발한 것입니다. 바로 그 순간부터 모세의 지팡이에 대한 성경의 명칭이 달라졌습니다.

> 모세가 그의 아내와 아들들을 나귀에 태우고 애굽으로 돌아가는데 모세가 하나님의 지팡이를 손에 잡았더라(출 4:20).

조금 전까지는 분명히 모세의 지팡이였습니다. 그러나 모세가 하나님의 명령에 순종하여 이집트를 향해 출발하는 순간부터 모세의 지팡이는 "하나님의 지팡이"가 되었습니다. 하나님의 손이 모세와 함께하셨기 때문입니다.

그 지팡이는 평소 모세가 양을 칠 때 사용하던 바로 그 마른 막대기였습니다. 그러나 하나님의 손이 모세와 함께하시자, 그 지팡이는 더 이상 마른 막대기가 아니었습니다. 모세가 그 지팡이를 앞으로 내밀었을 때, 폭 32킬로미터의 홍해가 갈라졌습니다. 그 지팡이로 반석을 내리치자, 최소한 200만 명 이상의 대大무리가 마실 수 있는 생수가 강물처럼 터졌습니다. 하나님의 손이, 천지를 창조하신 하나님의 전능하신 손이, 그 마른 막대기를 잡고 있는 모세와 함께하셨기 때문입니다. 그 마른 막대기야말로 바로 모세 자신이었습니다. 미디안 광야에 묻혀 80세 노인이 되기까지 양치기였던 모세는, 세상적인 관점에서 본다면 마른 막대기처럼 아무 쓸모없는 존재에 지나지 않았습니다. 그러나 하나님께 자신을 겸손하게 맡기고 하나님의 손에 사로잡혔을 때, 그는 자기 민족을 이집트의 노예살이에서 해방시키는 위대한 출애굽의 지도자가 되었습니다.

베들레헴의 나어린 양치기였던 다윗이 이스라엘의 왕이 되어 이스라엘 역사를 새롭게 할 수 있었던 것 역시 그 자신의 능력으로 인함이 아니라, 하나님께서 당신의 손으로 다윗을 붙들어 주셨기 때문입니다. 다윗은 자신과 함께하시는 하나님의 손을 이렇게 찬양했습니다.

> 내가 주의 영을 떠나 어디로 가며 주의 앞에서 어디로 피하리이까 내가 하늘에 올라갈지라도 거기 계시며 스올에 내 자리를 펼지라도 거기 계시니이다 내가 새벽 날개를 치며 바다 끝에 가서 거주할지라도 거기서도 주의 손이 나를 인도하시며 주의 오른손이 나를 붙드시리이다(시 139:7-10).

하나님의 손이 아무리 자신과 함께하셔도 그 사실을 자각하지 못한다면 무슨 소용이 있겠습니까? 그러나 다윗은 달랐습니다. 그는 언제나 자신을 붙들고 계시는 하나님의 손을 잊지 않고, 하나님의 손에 사로잡혀 살았습니다. 그래서 그는 다음과 같이 고백하기도 했습니다.

> 나의 앞날이 주의 손에 있사오니 내 원수들과 나를 핍박하는 자들의 손에서 나를 건져 주소서(시 31:15).

다윗은 많은 사람들의 거짓 모함과 살해 위협에 시달렸습니다. 사울 왕은 다윗을 죽이기 위해 3천 명으로 구성된 특공대를 운영하기도 했습니다. 그렇지만 다윗은 자신을 모함하고 살해하려는 사람들과 똑같은 방법으로 그들에게 대응하지 않았습니다. 그의 미래가, 그의 시간이, 그의 생명이 하나님의 손 안에 들어 있기에 하나님께서 책임져 주실 것임을 믿었기 때문입니다. 오늘날 이스라엘 사람들이 그들의 국기에 별을 그려 놓고 '다윗의 별'이라 부를 정도로 다윗을 기리는 것은 결코 우연의 산물이 아닙니다. 3천 년 전 다윗이 자신을 붙들고 계시는 하나님의 손을 의식하며 하나님의 손에 사로잡혀 살았던 필연적인 결과입니다.

예수님 또한 마찬가지셨습니다. 인간을 구원하기 위해 이 땅에 오신 예수님께서는 제왕이나 재벌, 혹은 대학자의 모습으로 오시지 않았습니다. 그분은 달동네 나사렛의 목수, 그날 벌어 그날 먹고사는 빈민 목수에 지나지 않았습니다. 그 빈민 목수가 인간의 죗값을 대신 치르기 위해 십자가에 못박혀 죽은 것입니다. 요즈음 스스로 목숨을 끊는 사람들이 얼마나 많습니까? 그러므로 가난한 목수가 정신 나간 사람처럼 다른 사람의 죗값을 대신 치르기 위해 죽는 일이 혹 있을 수 있다고 가정하십시다. 그런데 그 빈민 목수가 죽은 뒤, 어떻게 죽음을 깨뜨리고 부활할 수 있었겠습니까? 십자가에 못박힌 예수님께서 운명하시기 직전 하나님을 향해 이렇게 기도드리셨습니다.

> 예수께서 큰 소리로 불러 이르시되 아버지 내 영혼을 아버지 손에 부탁하나이다 하고 이 말씀을 하신 후 숨지시니라(눅 23:46).

인간의 몸을 입고 이 땅에 오신 예수님께서는 동정녀 마리아를 통한 출생에서부터 십자가의 죽음에 이르시기까지 철저하게 하나님 아버지의 손에 당신을 맡기셨습니다. 오직 하나님 아버지의 손에 사로잡혀 사신 것입니다. 그래서 그분은 비록 나사렛의 빈민 목수로 사셨지만, 인간의 죗값을 대신 치르기 위해 십자가에 못박혀 돌아가신 그분을 하나님 아버지께서 당신의 손으로 다시 살리시고 영원한 부활의 구주로 세우심으로, 누구든지 예수 그리스도 안에 있으면 하나님의 손에 의해 영원히 살 수 있음을 만천하에 보여 주셨습니다.

본문 속 '몇 사람'이 하나님의 손에 사로잡혀 안디옥에서 이방인에게 생명의 역사를 일으키고, 미디안 광야의 마른 막대기 같은 노인 모세가 하나님의 손에 사로잡혀 출애굽의 대역사를 이루고, 베들레헴의 나어린 양치기 다윗이 하나님의 손에 사로잡혀 3천 년이 지난 지금까지 이스라엘의 별로 기려지고, 십자가에 못박혀 돌아가신 예수님께서 하나님의 손에 사로잡혀 죽음을 깨뜨리고 영원한 부활의 구주가 되셨다는 것은, 우리의 입장에서 본다면 모두 기적이 아닐 수 없습니다. 그러나 하나님의 손은 우리의 손과 다르지 않습니까? 하나님의 손은 천지를 창조하신 전능하신 손이지 않습니까? 하나님의 손에 의해 그런 일들이 일어나는 것은 지극히 당연한 일일 뿐, 결코 기적일 수는 없습니다. 기적은 따로 있습니다.

두려워하지 말라 내가 너와 함께함이라 놀라지 말라 나는 네 하나님이 됨이라 내가 너를 굳세게 하리라 참으로 너를 도와주리라 참으로 나의 의로운 오른손으로 너를 붙들리라(사 41:10).

기적은 하나님께서 보잘것없는 우리를 붙들어 주시기 위해 당신의 손을 이미 우리에게 내밀고 계시다는 것입니다. 그뿐이 아닙니다.

여인이 어찌 그 젖 먹는 자식을 잊겠으며 자기 태에서 난 아들을 긍휼히 여기지 않겠느냐 그들은 혹시 잊을지라도 나는 너를 잊지 아니할 것이라 내가 너를 내 손바닥에 새겼고(사 49:15-16상).

기적은 하나님께서 나를 잊지 않으시려 하나님의 손, 하나님의 전능하신 손바닥에 내 이름을 새겨 두셨다는 것입니다. 그렇다면 이제 남은 것은 우리 자신의 몫입니다. 우리의 손을 내밀어 하나님의 손을 잡는 것입니다. 말씀과 기도 속에서 하나님의 손에 우리의 삶을 온전히 맡기는 것입니다. 본문 속 안디옥 교회를 세운 몇 사람처럼, 모세처럼, 다윗처럼, 아니 우리 주 예수 그리스도처럼 하나님의 손에 사로잡혀 사는 것입니다. 생각해 보십시오. 비록 우리 자신은 보잘것없더라도 전능하신 하나님의 손에 사로잡힌 우리의 인생이 어찌 새로워지지 않겠습니까? 하나님의 손에 사로잡힌 우리를 이 세상 그 무엇이, 그 누가 흔들 수 있겠습니까? 하나님의 손에 사로잡힌 우리의 삶을 통해 어찌 하나님의 역사가 일어나지 않겠습니까?

몇 해 전 운보雲甫 김기창(1913~2001) 화백의 특별전에서 생전의 김기창 화백이 조그만 노트 용지에 연필로 스케치한 그림을 보았습니다. 스페인에서는, 피카소가 타계하기 직전 병상에서 작은 스케치 용지에 연필로 스케치한 그림을 보았습니다. 김기창 화백이 사용한 노트 용지나 피카소가 사용한 스케치 용지나, 작고 볼품없는 종이기는 매한가지였습니다. 만약 그 종이들 위에 연필로 스케치한 사람이 저였다면, 그 종이들은 이미 쓰레기로 버려져 형체도 없이 사라져 버리고 말았을 것입니다. 그러나 그 종이들이 위대한 피카소와 김기창 화백의 손에 잡혀 있었기에 비록 작고 볼품없는 종이들이지만 어엿한 예술품으로 대접받고 있습니다. 이처럼 쓸모없어 보이는 종이 한 장도 누구 손에 잡혀 있느냐에 따라 쓰레기로 버려질 수도 있고, 위대한 예술품으로 보존될 수도 있습니다. 그러므로 중요한 것은 무엇이냐가 아니라, 그것이 누구의 손에 잡혀 있느냐는 것입니다.

인생도 마찬가지입니다. 인간에게 중요한 것은 얼마나 출세하고 얼마나 많이 소유하느냐가 아니라, 누구의 손에 사로잡혀 사느냐는 것입니다. 아무리 출세하고 많은 것을 소유해도 하나님의 손에 사로잡혀 살지 않는다면, 언젠가 썩어 문드러질 자기 손만을 의지하려 한다면, 하나님 보시기에 그런 인생은 쓰레기와 같을 뿐입니다. 공동묘지에서 썩어지는 것으로 끝나 버릴 인생이라면, 역시 썩어져 없어질 쓰레기와 본질적으로 무슨 차이가 있겠습니까?

사랑하는 교우 여러분!

만약 우리가 지금까지 썩어 문드러질 자신의 손만 의지하느라 천하보다 귀한 자기 생명을 쓰레기처럼 버려 왔다면, 참회의 절기인 사순절 셋째 주일을 맞이하여 우리의 불신과 무지와 어리석음을 회개하십시다. 그리고 우리 모두 다시 시작하십시다.

혹 본문 속 안디옥 교회를 세운 '몇 사람'처럼, 아무도 알아주지 않는 무명의 존재이십니까? 80세 노인 모세의 마른 막대기처럼 초라한 인생을 살고 계십니까? 베들레헴의 나어린 양치기 다윗처럼 매사에 작고 미약하기만

하십니까? 보잘것없는 노트 용지나 스케치 용지처럼 자신에 대해 아무 가치도 느낄 수 없으십니까? 십자가에 못박히신 예수님처럼, 지금 죽음의 고통 혹은 고통의 죽음 속으로 떨어지고 계십니까? 그러나 두려워하지 마십시오. 전능하신 하나님께서 당신의 손을 이미 우리에게 내밀고 계심을 잊지 마십시다. 말씀과 기도 속에서 겸손하게 그 손을 잡으십시다. 하나님의 손에 온전히 사로잡혀 사십시다. 하나님의 손에 사로잡혀 살기만 하면 우리의 작은 행동, 남의 눈에 띄지도 않는 우리의 작은 삶을 통해서도 하나님의 역사는 반드시 일어납니다. 하나님의 손에 잡혀 사는 한 우리는 더 이상 쓰레기 같은 인생이 아니라, 인간이 만든 〈워낭소리〉가 감히 넘볼 수 없는 하나님의 명작품이 될 수 있습니다. 우리는 보잘것없지만, 우리를 붙들고 계시는 하나님의 손은 천지를 창조하신 전능하신 손이기 때문입니다.

언제나 우리에게 중요한 것은 무엇을 지니고 있느냐가 아니라, 누구의 손에 사로잡혀 사느냐는 것입니다.

하나님을 믿는다면서도, 언젠가 썩어 문드러질 나의 손만 의지하며 살아왔습니다. 썩어 문드러질 나의 손만 의지한 나의 삶 역시, 하나님 보시기에는 썩어 없어질 쓰레기와 같을 뿐입니다. 그런데도 그 사실을 자각하지 못한 채 하나님께서 나에게 맡겨 주신, 천하보다 더 귀한 생명을 덧없이 탕진하는 어리석음과 무지를 범해 왔습니다. 오늘 사순절 셋째 주일을 맞아 나의 잘못을 회개하오니 용서해 주십시오.

오늘 본문을 통해 하나님께서 나를 향해 하나님의 손을 이미 내밀고 계시며, 하나님의 손바닥에 내 이름을 새겨 두셨음을 일깨워 주셔서 감사합니다. 이 말씀을 믿음으로, 이제 나의 손을 내밀어 하나님의 손을 겸손히 붙잡습니다. 그리고 지금부터 오직 말씀과 기도 속에서, 천지를 창조하신 하나님의 전능하신 손에 사로잡혀 살기를 소망합니다. 비록 내가 팔십 노인 모세의 마른 막대기처럼 볼품없을지라도, 하나님의 손에 사로잡힌 나의 삶이, 이 민족의 앞길을 가로막고 있는 온갖 죄악과 불의의 홍해를 가르는 하나님의 지팡이가 되게 해주십시오. 비록 내가 안디옥 교회를 세운 몇 사람처럼 무명의 존재일지라도, 하나님의 손에 사로잡힌 나의 일거수일투족을 통해 이 땅에 하나님의 새 역사가 일구어지게 해주십시오. 비록 내가 십자가의 죽음과도 같은 고통 속에 처해 있다 하더라도, 하나님의 손에 사로잡힌 나의 고통이 부활의 기쁨으로 승화되게 해주십시오. 비록 내가 찢어진 종잇조각에 불과하다 할지라도, 하나님의 손 안에서 하나님의 영원한 예술품으로 빚어지게 해주십시오.

언제 어디서나 내게 무엇이 있느냐가 아니라, 내가 하나님의 손에 사로잡혀 있느냐가 중요함을 잊지 않도록 도와주십시오. 아멘.

13. 굳건한 마음으로 사순절 넷째 주일

사도행전 11장 19-26절

그때에 스데반의 일로 일어난 환난으로 말미암아 흩어진 자들이 베니게와 구브로와 안디옥까지 이르러 유대인에게만 말씀을 전하는데 그중에 구브로와 구레네 몇 사람이 안디옥에 이르러 헬라인에게도 말하여 주 예수를 전파하니 주의 손이 그들과 함께하시매 수많은 사람들이 믿고 주께 돌아오더라 예루살렘 교회가 이 사람들의 소문을 듣고 바나바를 안디옥까지 보내니 그가 이르러 하나님의 은혜를 보고 기뻐하여 모든 사람에게 **굳건한 마음으로** 주와 함께 머물러 있으라 권하니 바나바는 착한 사람이요 성령과 믿음이 충만한 사람이라 이에 큰 무리가 주께 더하여지더라 바나바가 사울을 찾으러 다소에 가서 만나매 안디옥에 데리고 와서 둘이 교회에 일 년간 모여 있어 큰 무리를 가르쳤고 제자들이 안디옥에서 비로소 그리스도인이라 일컬음을 받게 되었더라

이방 세계 최초의 이방인 교회였던 안디옥 교회의 출현은 2천 년 기독교 역사에 큰 획을 긋는 사건이었습니다. 그러나 안디옥 교회가 기독교 역사에서 그토록 큰 비중을 차지한다고 해서 그 교회가 이미 잘 알려진 사도들에

의해서 세워진 것은 아니었습니다. 놀랍게도 안디옥 교회를 태동시킨 사람들은 지중해의 섬 구브로와 북아프리카의 항구도시 구레네에서 온, 자신들의 이름을 전혀 드러내지 않은 '몇 사람'의 그리스도인들이었습니다. 그들은 하나님의 영광을 위하여 스스로 자신을 가리는 무명의 존재들이었지만, 그들에 의해 태동된 안디옥 교회는 생명이 넘치는 교회였습니다. 안디옥 교회로 인해 수많은 안디옥 사람들이 나사렛 예수님을 구주로 영접하는 생명의 역사가 일어난 것이었습니다.

그것은 지난 시간에 살펴본 것처럼 하나님의 손이, 하나님의 영광을 위하여 스스로 자신을 가렸던 그 '몇 사람'과 함께하셨기 때문이었습니다. 그 '몇 사람'은 보잘것없는 무명의 존재였을망정, 그들을 붙잡고 계시는 하나님의 손은 천지를 창조하신 전능한 손이었습니다. 그러므로 우리에게 중요한 것은 무엇을 지니고 있느냐가 아니라, 누구의 손에 사로잡혀 사느냐는 것이라고 했습니다. 똑같은 종이 한 장이지만, 그 종이가 누구의 손에 쥐어져 있느냐에 따라 쓰레기로 버려질 수도 있고 위대한 예술품으로 보존될 수도 있습니다. 이와 마찬가지로 내가 언젠가 썩어 문드러질 나의 손을 의지하고 사느냐 아니면 영원하신 하나님의 전능하신 손에 사로잡혀 사느냐에 따라, 나의 인생이 쓰레기처럼 공동묘지에서 썩어지는 것으로 허망하게 끝나 버릴 수도 있고 하나님의 영원한 작품으로 승화될 수도 있습니다.

본문 22절을 보시겠습니다.

> 예루살렘 교회가 이 사람들의 소문을 듣고 바나바를 안디옥까지 보내니.

이방 세계에서 생명의 역사를 일으키는 안디옥 교회의 소문은 마침내 480여 킬로미터나 떨어진 예루살렘의 모교회에까지 전해졌습니다. 그때까지만 해도 유대 그리스도인으로 구성되어 있던 예루살렘 모교회는, 할례받지 않은 이방인을 위한 교회가 이방 세계에 세워졌다는 사실에 대하여 이의를 제기하거나 비난하지 않았습니다. 그들은 가이사랴의 이방인 고넬료 일행에게 복음을 전하고 세례까지 베푼 베드로를 통해, 주님의 구원이 할례받지 않은 이방인도 포함하고 있다는 사실을 이미 알고 있었기 때문입니다. 예루살렘 모교회는 지체 없이 바나바를 안디옥 교회의 목회자로 파송하였습니다. 바나바에 대해서는 다음 시간에 상세하게 살펴보기로 하겠습니다.

> 그가 이르러 하나님의 은혜를 보고 기뻐하여 모든 사람에게 굳건한 마음으로 주와 함께 머물러 있으라 권하니(23절).

안디옥에 이른 바나바는 하나님께서 안디옥의 이방인에게 베푸신 구원의 은혜에 감격하면서, 안디옥 교회 교인들에게 "굳건한 마음으로 주와 함께 머물러 있으라"고 권했습니다. 헬라어 원문에는 우리말 '권하다'로 번역된 '파라칼레오$\pi\alpha\rho\alpha\kappa\alpha\lambda\epsilon\omega$'가 미완료형으로 기록되어 있습니다. 헬라어 문법상 미완료형은 반복과 계속의 동작을 의미합니다. 즉 바나바는 안디옥 교회 교인들에게 '굳건한 마음으로 주와 함께 머물러 있으라'고 한 번 권한 것이 아니라, 기회가 있을 때마다 그 권면을 반복하였습니다. 왜 그랬습니까? 굳건한 마음으로 주님과 함께 머물러 있는 것이 곧 믿음이기 때문입니다. 굳건한 마음으로 주님과 함께 머물러 있지 않고는 참된 신앙인이 될 수는 없습니다.

> 바나바는 착한 사람이요 성령과 믿음이 충만한 사람이라 이에 큰 무리가 주께 더하여지더라(24절).

바나바가 안디옥 교회의 목회자가 되면서 더 많은 사람들이 교회를 찾았습니다. 그들은 모두 바나바가 권면한 대로, 굳건한 마음으로 주님과 함께 머물러 있기 원하는 사람들이었습니다.

그렇다면 '굳건한 마음으로 주와 함께 머물러 있는 것'은 구체적으로 무슨 의미이겠습니까? 우리말 '함께 머물러 있다'고 번역된 헬라어 동사 '프로스메노προσμένω'는 '꼭 붙어 있다'는 의미입니다. 따라서 '굳건한 마음으로 주와 함께 머물러 있는 것'은 굳건한 마음으로, 흔들림이 없는 마음으로, 주님을 절대로 놓치지 않겠다는 결연한 마음으로 주님께 붙어 있는 것입니다. 이것이 믿음입니다. 믿음은 굳건한 마음으로 주님께 붙어 있는 것입니다. 주님을 믿는다면서도 굳건한 마음으로 주님께 붙어 있지 않는 사람은 자신의 욕망을 좇아 살려는 자기 자신을 넘어설 수 없습니다. 그런 사람이 아무리 하나님의 말씀을 많이 듣고 알아도 그에게 하나님의 말씀은 단순한 지식 혹은 정보 이상일 수는 없습니다. 오직 굳건한 마음으로 주님께 붙어 있는 사람만 하나님의 진정한 자녀로, 참된 그리스도인으로 살 수 있습니다. 굳건한 마음으로 주님께 붙어 있는 사람을 통해서만 주님의 말씀의 능력과 생명이 온전히 역사할 수 있기 때문입니다.

하나님께서 아담과 하와를 창조하신 이래 이 땅에 태어난 인간이 얼마나 많았겠습니까? 온 우주의 별과 이 세상 모든 바닷가의 모래알보다 더 많지 않겠습니까? 그러나 그 많은 인간들 가운데, 2천 년 전 이 땅에 오셨던 성자 하나님이신 예수 그리스도와 3년 동안 밤낮으로 함께 지낸 사람은 단 열두 명의 제자들뿐입니다. 그렇다면 그들은 모든 인간 중에서 특별히 선택된 사람들임에 분명합니다. 그들은 누구보다도 주님의 말씀을 많이 들었습니다. 그들은 주님께서 행하시는 모든 표적과 기사를 직접 목격한 증인들이었습니다. 그들은 주님께서 온갖 병자를 고치시고, 죽은 사람을 살리시며, 떡 다섯 조각과 물고기 두 토막으로 대군중을 먹이시며, 바다 위를 걸어오시고, 말씀 한마디로 폭풍을 잠재우시는 것을 소문이나 글로 접한 것이 아니라, 자신들의 두 눈으로 직접 생생하게 목격하였습니다. 그들은 그 정도로 주님의 특별한 은총을 입은 사람들이었습니다.

그렇지만 그들이 처음부터 주님의 온전한 제자로 산 것은 아니었습니다. 그들은 주님을 따르는 3년 동안 많은 실수를 저질렀습니다. 그들의 몸은 주님 곁에 있었지만, 그들의 마음은 주님께 굳건하게 붙어 있지 않았기 때문입니다. 굳건한 마음으로 주님께 붙어 있지 않을 때 그들은 주님을 이용하여 자신들의 야망을 이루려는 한심한 인간에 지나지 않았습니다. 그들이 주님의 참된 제자로 산 것은, 그들이 굳건한 마음으로 주님께 붙어 있기 시작한 이후였습니다. 그들은 모두 최하층민에 지나지 않았지만 그들이 굳건한 마음으로 주님께 붙어 있을 때, 주님께서 그들이 주님의 제자답게 살 수 있도록 그들의 삶 속에서 역사해 주셨기 때문임은 두말할 나위가 없습니다.

그러나 가룟 유다만은 예외였습니다. 그는 열두 명의 제자들 가운데 회계의 직책을 맡을 정도로 주님의 두터운 신임을 받았지만, 그의 마음은 끝내 주님께 붙어 있지 않았습니다. 몸은 주님 곁에 주님과 함께 있었지만, 그의 마음은 세상의 재물에 붙어 있었습니다. 결국 그는 은 30냥에 주님을 팔아먹는 희대의 배신자가 되고 말았습니다. 이 세상에 태어난 모든 인간 가운데 이 땅에 오신 예수 그리스도의 제자로 특별히 선택받은 열두 명 중의 한 명이 되는 은혜를 입었음에도, 굳건한 마음으로 주님께 붙어 있지 않을 때 가룟 유다는 자기 욕망에 눈먼 어리석은 욕망의 노예 이상일 수는 없었습니다.

굳건한 마음으로 주님께 붙어 있으라는 본문의 말씀을 사도 바울의 용어로 표현하면 '주님 안에' 있는 것입니다. 사도 바울은 자신의 서신서에서 '주 안에', '예수 안에', '그리스도 안에', '예수 그리스도 안에', '하나님 안에', '성령 안에'라는 말을 무려 164회나 반복하였습니다. 사도 바울은 본래 교회를 핍박하던 주님의 대적이었지 않습니까? 그러므로 그는 굳건한 마음으로 주님께 붙어 있지 않으면, 말씀과 기도를 통해 주님 안에 있지 않으면, 한순간도 참된 그리스도인으로 살 수 없음을 누구보다도 잘 알고 있었습니다. 그는 로마서 7장 19-24절을 통해 이렇게 탄식했습니다.

> 내가 원하는바 선은 행하지 아니하고 도리어 원하지 아니하는바 악을 행하는도다 만일 내가 원하지 아니하는 그것을 하면 이를 행하는 자는 내가 아니요 내 속에 거하는 죄니라 그러므로 내가 한 법을 깨달았노니 곧 선을 행하기 원하는 나에게 악이 함께 있는 것이로다 내 속사람으로는 하나님의 법을 즐거워하되 내 지체 속에서 한 다른 법이 내 마음의 법과 싸워 내 지체 속에 있는 죄의 법으로 나를 사로잡는 것을 보는도다 오호라 나는 곤고한 사람이로다 이 사망의 몸에서 누가 나를 건져 내랴.

사도 바울이 죄와 악의 노예로 살려는 자신과, 하나님의 말씀을 좇아 살려는 자신 사이에 언제나 싸움이 있음을 토로한 것입니다. 그리고 그는 자신이 굳건한 마음으로 주님께 붙어 있을 때만, 자신이 주님 안에 있을 때에만, 주님의 생명과 능력을 힘입어 자신과의 싸움에서 이길 수 있음을 잘 알고 있었습니다. 그래서 "이 사망의 몸에서 누가 나를 건져 내랴"라는 바울의 탄식은 곧 주님께 대한 찬양으로 이어졌습니다.

그러므로 이제 그리스도 예수 안에 있는 자에게는 결코 정죄함이 없나니 이는 그리스도 예수 안에 있는 생명의 성령의 법이 죄와 사망의 법에서 너를 해방하였음이라(롬 8:1-2).

누구든지 예수 그리스도 안에 있으면, 예수 그리스도의 생명의 능력으로 죄와 사망의 올무에서 벗어나 진정한 그리스도인으로 살 수 있습니다. 오직 예수 그리스도 안에서만 가능합니다. 예수 그리스도 밖에서는, 굳건한 마음으로 예수 그리스도에게 붙어 있지 않고서는 불가능한 일입니다. 위대한 사도 바울마저도 주님 안에 있음으로, 굳건한 마음으로 주님께 붙어 있음으로, 죄와 악을 좇으려는 자신을 이기고 참된 그리스도인으로 살 수 있었습니다. 그가 '주님 안에서'를 무려 164회나 강조한 이유가 여기에 있습니다. 주님 안에 있지 않고서는, 굳건한 마음으로 주님께 붙어 있지 않고서는, 자신과의 싸움에서 백전백패할 수밖에 없기 때문입니다. 위대한 사도 바울이 그랬다면, 하물며 우리야 두말해 무엇하겠습니까?

한 여성 교우님의 경험담을 본인의 허락하에 전해 드립니다. 그 교우님이 최근에 집 근처 세일 매장에서 4만 9천 원짜리 바지와 1만 원짜리 바지를 골라 계산대에 내려놓았습니다. 젊은 여직원이 4만 9천 원짜리 바지 가격표를 읽지 못해 동료의 도움을 요청했습니다. 동료 직원이 "만 원"이라고 대답했습니다. 교우님이 "그건 4만 9천 원짜리인데요" 하고 말하려다가, 그만 그 말을 꿀꺽 삼켜 버리고 말았습니다. 지극히 짧은 순간이었지만, 진실을 밝히는 것보다 차액 3만 9천 원에 대한 유혹이 더 컸기 때문입니다. 여직원이 바지를 접어 쇼핑백에 넣는 동안, '그래도 내가 그리스도인인데 지금 뭘 하는 거지?'라는 생각이 들었지만 그 생각도 접어 버렸습니다. 계산이 끝난 뒤에는 매장을 떠나지 않고, 다른 물건을 구경하는 척하며 계속 매장에서 서

성거렸습니다. 혹 직원이 자신의 실수를 깨닫고 차액을 요구하면 되돌려 주지만, 자신이 직원에게 충분히 기회를 주었음에도 끝내 모른다면 차액 3만 9천 원을 거리낌 없이 착복하기 위함이었습니다. 이를테면 차액 3만 9천 원을 자기 나름대로 합법적으로 착복하기 위한 알리바이를 만들기 위함이었습니다. 꽤 시간이 지났는데도 계산대 직원은 끝내 자신의 실수를 알지 못했고, 교우님은 마침내 결심한 듯 매장을 나섰습니다.

그러나 매장을 나서는 순간 교우님의 마음은 3만 9천 원을 벌었다는 기쁨은커녕, 도리어 누군가가 뒷덜미를 끌어당기는 것처럼 마냥 무겁고 불편하기만 했습니다. 저녁에 퇴근한 남편에게 낮에 있었던 이야기를 슬쩍 흘리자, 당신이 그러고서도 예수 믿는 사람이냐는 질책이 돌아왔습니다. 그날 밤은 금요일인지라 구역 성경공부에 참석했는데, 마침 그날 성경공부의 주제는 빌레몬서였습니다. 빌레몬서는 사도 바울이 주인 빌레몬의 돈을 훔쳐 도망친 오네시모에게 주인을 찾아가 회개할 것을 권하고, 또 주인 빌레몬에게는 자신의 잘못을 회개하는 오네시모를 용서해 줄 것을 촉구하는 내용 아닙니까? 결국 그 교우님은 빌레몬서를 통한 하나님의 말씀 앞에서 그날 있었던 일을, 자신이 얼마나 형편없는 그리스도인인지를 구역 식구들에게 고백했습니다. 그리고 이튿날 세일 매장을 다시 찾아갔습니다. 어제 실수한 젊은 여직원은 보이지 않았습니다. 교우님은 마침 매장에 나와 있던 사장님에게 자초지종을 설명하고 3만 9천 원을 되돌려 드렸습니다. 사장님은 오히려 교우님께 감사하면서 감사의 선물을 주려고 했습니다. 교우님은 자신이 행한 짓은 절대로 선물을 받을 행동이 아니었다며 사장님의 호의를 극구 사양하고 매장을 나섰습니다.

그런데 이상한 일이었습니다. 어제 부당한 차액 3만 9천 원을 착복하고 매장을 나설 때는 누가 뒷덜미를 끌어당기는 것처럼 마음이 무겁고 불편하기만 했는데, 그 돈을 되돌려 주고 나올 때의 마음은 마치 날아오를 것처럼 기쁘고 가볍기만 했습니다. 그 교우님은 주님께 굳건하게 붙어 있는 믿음의 마음을 회복함으로, 부당한 차액 3만 9천 원을 착복하려는 자신과의 싸움에서 승리한 것입니다. 앞으로도 그분이 굳건한 마음으로 주님께 붙어 있는 한, 그분은 자신과의 싸움에서 늘 승리하는 그리스도인이 될 것입니다. 그래서 그분의 간증은 눈부시도록 아름답습니다.

저는 목사입니다. 제가 주일예배 시간에 설교하고, 화요일 '새신자반'과 수요일 성경공부를 인도하는 것은 제가 목사이기 때문입니다. 이처럼 하나님의 말씀을 선포하고 가르치는 목사인 제가 굳건한 마음으로 주님께 붙어 있지는 않는다면, 제가 과연 제 야망을 좇으려는 저 자신과의 싸움에서 이길 수 있겠습니까? 그래서야 저는 하나님의 이름과 하나님의 말씀, 그리고 목사라는 직책을 이용하여 제 야망을 좇는 추악한 장사꾼에 불과할 뿐이지 않겠습니까? 제가 굳건한 마음으로 주님께 붙어 있을 때에만, 저 자신과의 싸움에서 이기는 한 명의 참된 그리스도인으로서 목사의 직분을 제대로 수행할 수 있지 않겠습니까?

안디옥 교회의 출현이 2천 년 교회사에서 또 하나의 획을 긋는 사건으로 받아들여지는 이유 중의 하나가, 안디옥 교회 교인들이 세상 사람들로부터 그리스도인이라 불린 최초의 사람들이기 때문이라고 했습니다. '그리스도인'이란 그리스도를 좇는 사람, 그리스도를 닮은 사람이라는 의미입니다. 그러나 안디옥 교회가 세워지기 전까지 이 세상에는 그런 말이 존재하지 않았습니다. 안디옥 교인들로 인해 이 세상에 그리스도인이라는 말이 비로소 생겨나게 되었습니다. 그들이 얼마나 예수 그리스도를 철저히 좇았으면, 얼마나 예수 그리스도를 닮은 삶을 살았으면, 세상 사람들이 없는 말을 만

들어서까지 그들을 그리스도인이라 불렀겠습니까? 그것이 가능할 수 있었던 것은 그들이 모두 굳건한 마음으로 주님께 붙어 있음으로, 주님 안에 거함으로, 주님의 생명과 능력을 힘입어 자신과의 싸움에서 이기는 사람들이었기 때문입니다. 그래서 세상 사람들은 자신들은 도저히 흉내도 낼 수 없는 삶을 사는 안디옥 교인들을 가리켜 그리스도를 닮은 그리스도인이라 부를 수밖에 없었습니다.

믿음은 굳건한 마음으로 주님께 붙어 있는 것입니다. 오직 말씀과 기도를 통해 주님 안에 거하는 것입니다. 그렇게 함으로써 주님의 생명과 능력을 힘입지 않고서는, 이 세상 그 누구도 죄와 악의 노예 된 자기와의 싸움에서 승리할 수 없기 때문입니다. 그렇다면 이제 우리 자신을 되돌아보십시다. 우리는 가룟 유다처럼 몸은 주일마다 예배당에 앉아 있지만 자신과의 싸움에서는 늘 지고 있습니까, 아니면 굳건한 마음으로 주님께 붙어 있던 안디옥 교인들과 주님 안에 거하던 사도 바울처럼 자신과의 싸움에서 항상 이기고 있습니까? 만약 우리가 가룟 유다처럼 몸은 주님 곁에 있으면서도 마음은 세상의 재물에 집착하느라 자신과의 싸움에서 백전백패하고 있다면, 우리는 참회의 절기인 사순절 넷째 주일을 맞이하여 우리의 그릇된 삶을 당장 회개해야만 합니다. 자기 욕망을 좇느라 자기와의 싸움에서 완패한 가룟 유다는 결국 목매어 자살하는 것으로 그 생을 마감했기 때문입니다. 자기 욕망을 섬기는 사람은 가룟 유다처럼 남이 갖지 못하는 은 30냥을 분명히 더 지닐 수는 있지만, 그것은 곧 자기 생명을 스스로 해치는 자해 행위임을 잊어서는 안 됩니다.

우리의 코끝에 호흡이 있는 한, 지금까지 그래 왔던 것처럼 앞으로도, 욕망을 좇아 살려는 우리 자신과 그리스도인으로 살아가기 원하는 우리 자신 사이에는 치열한 싸움이 계속될 것입니다. 가룟 유다라고 뿔 달린 도깨비도 아니고, 사도 바울이라고 인간이 넘볼 수 없는 신적 존재인 것도 아닙니다. 자신과의 싸움에서 패하면 가룟 유다가 되는 것이고, 이기면 사도 바울이 되는 것입니다. 그 차이는 굳건한 마음으로 주님께 붙어 있느냐 아니냐의 차이일 뿐으로 언뜻 종이 한 장 차이밖에 되지 않는 것처럼 보이지만, 그 결과는 영원한 죽음과 영원한 생명의 차이로 드러납니다.

단 한 번밖에 없는 인생을 어리석은 가룟 유다처럼 살고 싶지 않다면, 우리 모두 안디옥 교회 교인들처럼 굳건한 마음으로 주님께 붙어 있으십시다. 언제 어디서나 사도 바울처럼 살고 싶다면, 이제부터 오직 기도와 말씀을 통해 주님 안에 거하십시다. 그때 우리는 주님의 생명과 능력을 힘입어 우리 자신과의 싸움에서 이기는 그리스도인이 될 수 있고, 우리가 그리스도인으로 살아가는 동안에만 우리는 우리 자신을 스스로 해치는 미련한 가룟 유다가 아니라, 우리를 스쳐 가는 1초 1초를 영원으로 건져 올리는 지혜로운 바울이 될 수 있습니다. 그리고 그때 2천 년 전 안디옥에서처럼, 세상 사람들은 자신들이 흉내조차 낼 수 없는 삶을 살아가는 우리를 경탄의 눈으로 바라보면서, 우리를 가리켜 참된 그리스도인이라 부를 것입니다.

성자 하나님이신 예수님과 3년 동안이나 함께 지낸 사람들은 이 땅에 태어난 모든 인간 가운데 단 열두 명밖에 없었고, 가룟 유다는 그 특별한 은총을 입은 열두 명 중의 한 사람이었습니다. 그러나 그의 몸은 주님 곁에 있었을망정, 그의 마음은 세상의 재물에만 집착하였습니다. 그 결과 그는 다른 사람보다 은 30냥을 더 지닐 수는 있었지만, 오히려 그로 인해 비참한 최후를 맞고 말았습니다. 그 어리석은 가룟 유다가 실은 우리 자신의 모습임을 이 시간 깨닫게 해주셔서 감사합니다. 우리 역시 하나님을 믿는다면서도 우리의 마음은 세상을 향해 있었습니다. 그 결과 우리는 매 순간 자신과의 싸움에서 백전백패하며, 가룟 유다처럼 우리 자신의 생명을 스스로 해치는 자해 행위를 해왔습니다. 참회의 절기인 사순절 넷째 주일을 맞아 우리의 허물과 어리석음을 회개하오니 용서해 주십시오.

우리 모두 안디옥 교회 교인들처럼 굳건한 마음으로 주님께 붙어 있을 수 있도록 성령님께서 우리를 도와주십시오. 그래서 세상 사람들이, 자신들은 감히 흉내조차 낼 수 없는 삶을 사는 우리를 가리켜 진정한 그리스도인이라 부르게 해주십시오.

사도 바울처럼 언제 어디서나 오직 말씀과 기도를 통해, 예수 그리스도 안에 거하게 해주십시오. 그래서 주님 안에서 자신과의 싸움에 늘 백전백승하면서, 더 이상 자신의 생명을 자해하는 어리석은 가룟 유다가 아니라, 우리를 스쳐 지나가는 1초 1초를 영원으로 건져 올리는 이 시대의 바울이 되게 해주십시오. 아멘.

14. 착한 사람이요 사순절 다섯째 주일

사도행전 11장 19-26절

그때에 스데반의 일로 일어난 환난으로 말미암아 흩어진 자들이 베니게와 구브로와 안디옥까지 이르러 유대인에게만 말씀을 전하는데 그중에 구브로와 구레네 몇 사람이 안디옥에 이르러 헬라인에게도 말하여 주 예수를 전파하니 주의 손이 그들과 함께하시매 수많은 사람들이 믿고 주께 돌아오더라 예루살렘 교회가 이 사람들의 소문을 듣고 바나바를 안디옥까지 보내니 그가 이르러 하나님의 은혜를 보고 기뻐하여 모든 사람에게 굳건한 마음으로 주와 함께 머물러 있으라 권하니 바나바는 **착한 사람이요** 성령과 믿음이 충만한 사람이라 이에 큰 무리가 주께 더하여지더라 바나바가 사울을 찾으러 다소에 가서 만나매 안디옥에 데리고 와서 둘이 교회에 일 년간 모여 있어 큰 무리를 가르쳤고 제자들이 안디옥에서 비로소 그리스도인이라 일컬음을 받게 되었더라

우리 교회가 지원하고 있는 남아프리카공화국의 흑인 빈민 집단부락인 마자까넹Majakaneng에서 경험한 일입니다. 조그마한 예배당에 입추의 여지도

없이 모여든 흑인들과 몸을 밀착하고 앉아 드린 주일예배는 참으로 은혜로 웠습니다. 예배가 끝난 뒤, 예배당 마당에서 온 교인들과 함께 나눈 점심 식사 시간 역시 새로운 경험이었습니다. 그날은 마침 점심 식사 후에, 서울 강남의 어느 대형 교회가 보낸 헌 옷을 나누어 주기로 예정되어 있었습니다. 교회 사무실에 산더미처럼 쌓여 있는 헌 옷 박스를 풀자, 그것은 전혀 예상치 못했던 또 다른 놀라움이었습니다.

박스에서 나온 옷들은 대부분 헌 옷들이 아니라, 몇 번 입지도 않은 것처럼 보이는 새 옷들이었습니다. 어느 정도 새 옷인가 하면, 제가 입고 간 옷이 헌 옷으로 보일 정도였습니다. 놀라워하는 저를 향해 고명수 선교사님은, 서울 강남의 대형 교회에서 보내는 옷들은 이름만 헌 옷일 뿐 대부분 새 옷이나 마찬가지라고 했습니다. 제 어린 시절, 그러니까 한국전쟁이 끝난 1950년대에 한국에서도 미국의 그리스도인들이 보내 준 구호물자 옷 꾸러미를 흔히 볼 수 있었습니다. 그러나 그 옷들은, 입을 만큼 입은 뒤에 정성껏 손질하여 보낸 그야말로 헌 옷들이었습니다. 그 구호물자 옷 꾸러미에서 서울 강남의 대형 교회 교인들이 마자까넹에 보낸 것과 같은 새 옷을 본 기억이 제게는 전혀 없습니다. 멀쩡한 새 옷이 헌 옷으로 분류되어 흑인 빈민촌에 산더미처럼 쌓여 있는 것을 보면서 그것이 과연 한국 그리스도인들의 넘치는 사랑을 의미하는 것인지, 아니면 옷 치장에 관한 한 한국인의 도에 지나친 사치를 뜻하는 것인지, 혼란스럽기만 했습니다. 더욱이 고명수 선교사님은, 서울 강남의 대형 교회들이 보낸 옷들의 주머니 속에서 한국 동전은 말할 것도 없고 1만 원권 지폐에서부터 10만 원권 수표, 심지어는 여자의 귀고리 같은 귀금속까지도 심심찮게 나온다고 했습니다. 남자 옷보다는 여자 옷에서 나오는 빈도가 더 많다고 했습니다. 아니나 다를까, 그날 나누어 줄 옷들의 주머니를 미리 점검하던 흑인 청년들에 의해 그 즉석에서 발견된 돈만도

2만 원이 넘었습니다. 그것은 한국 그리스도인들의 물질관이 바르게 정립되어 있지 못함을 보여 주는 하나의 반증이었습니다.

드디어 흑인 빈민들에게 옷을 나누어 주는 시간이 되었습니다. 그리고 예배당 마당은 삽시간에 아수라장으로 변하고 말았습니다. 차례대로 한 사람당 옷 세 벌씩이라는 원칙이 분명히 정해져 있었지만, 더 좋은 옷을 더 많이 가지려는 인간의 욕망 앞에 그 원칙은 무용지물이 되고 말았습니다. 한 사람당 옷 세 벌씩이라는 원칙은 모든 빈민들에게 공평하게 옷이 돌아가게 하려는 공익을 위한 원칙입니다. 그럼에도 단지 사익과 사욕을 위해 공익을 짓밟으면서까지 더 가지려는 것은 분명 도리를 넘어서는 불의입니다. 그러나 그들은 그런 것엔 전혀 아랑곳하지 않았습니다. 마치 꿀 항아리에 파리 떼가 몰려들듯 저마다 옷더미에 달려들어 한 벌이라도 더 차지하기 위해 밀고 당기며 아우성을 치는 그들의 얼굴은 더 이상, 조금 전 예배드릴 때의 경건한 얼굴이 아니었습니다. 점심 식사를 나눌 때의 순박한 얼굴도 아니었습니다. 한편으로는 험악하고 또 한편으로는 보기에 민망할 정도로 추악한 그들의 얼굴은 예배당에서 예배드리던 사람들과는 전혀 다른 사람들처럼 보였습니다.

치열한 전투와도 같았던 옷 쟁탈전이 끝나자, 그들은 즉석에서 옷을 갈아입고 나머지 옷들은 미리 준비해 온 가방에 쓸어 넣었습니다. 마자까넹 흑인 빈민촌이 순식간에 강남 패션으로 뒤덮였습니다. 그리고 그들은 마치 아무 일도 없었던 것처럼, 언제 원수처럼 싸웠느냐는 듯, 서로 옷맵시를 뽐내거나 나무 그늘에 둘러앉아 한담을 나누었습니다. 잠시 후 오후 찬양 예배 시간이 되자, 그들은 모두 예배당으로 들어가 경건한 모습으로 찬양에 열중했습니다.

그들은 짧은 시간 동안에 전혀 다른 각각의 모습을 보여 주었습니다. 그 각각의 모습은 너무나도 대조적이어서 어느 것이 그들의 진짜 모습인지 분간키 어려울 지경이었습니다. 그러나 실은 그 각각의 모습이 모두 그들의 참모습이었습니다. 예배당에서는 경건한 그리스도인으로 예배드리고, 교회에서 무료로 제공하는 점심 식사를 나눌 때는 순박한 이웃이다가, 일단 사익과 사욕을 위해서는 공익을 짓밟는 불의를 저지르고, 상황이 종결되면 마치 아무 일도 없었던 것처럼 다시 예배당에 나와 찬양에 열중하는 그 각각의 모습이 한데 어우러져 그들이란 존재를 이루고 있었습니다.

그러나 그것은 그들만의 모습이 아니었습니다. 그것은 실은 현대 그리스도인의 모습이기도 합니다. 예배당에서는 경건한 그리스도인이고, 자신의 이해득실과 상관없는 사람에게는 좋은 이웃이지만, 사익과 사욕을 위해서는 공익을 짓밟는 불의마저 서슴지 않다가, 또다시 때가 되면 경건한 그리스도인으로 예배당을 찾는 것이 현대 그리스도인의 실상 아닙니까? 그래서 수는 많지만 세상을 새롭게 하는 생명력을 지니지는 못한 채, 영적 무기력 속에 빠져 있는 것이 오늘날 교회의 실태 아닙니까? 그리스도인은 언제 어디서나, 밤이나 낮이나, 예수 그리스도를 주인으로 모시고 좇는 사람입니다. 그런데도 왜 현대의 그리스도인들은 시간과 장소에 따라 각각 다른 모습을 지니고 살아가는 것입니까? 그 이유는 무엇이며, 또 어떻게 그 모순을 극복할 수 있겠습니까? 오늘의 본문 속에서 그 해답을 찾을 수 있습니다.

이방 세계 최초의 이방인 교회인 안디옥 교회를 통해 생명의 역사가 일어나고 있다는 소식을 접한 예루살렘 모교회는 즉각 바나바를 안디옥 교회의 목회자로 파송하였습니다.

그가 이르러 하나님의 은혜를 보고 기뻐하여 모든 사람에게 굳건한 마음으로 주와 함께 머물러 있으라 권하니(23절).

안디옥에 이른 바나바는 하나님께서 안디옥의 이방인들에게 베푸신 구원의 은혜에 감사하면서, 안디옥 교회의 교인들에게 '굳건한 마음으로 주님께 붙어 있으라'고 권했습니다. 지난 시간에 살펴본 것처럼, 믿음은 언제 어디서나 굳건한 마음으로 주님께 붙어 있는 것입니다. 굳건한 마음으로 주님께 붙어 있는 사람만 주님의 생명과 능력을 힘입어, 매사에 자신과의 싸움에서 이기는 참된 그리스도인으로 살아갈 수 있습니다.

바나바는 착한 사람이요 성령과 믿음이 충만한 사람이라 이에 큰 무리가 주께 더하여지더라(24절).

한글 성경에는 번역이 빠져 있지만, 헬라어 원문에는 24절 제일 앞에 '왜냐하면'을 뜻하는 접속부사 '호티ὅτι'가 붙어 있습니다. 그러므로 본문 23절과 24절의 원문을 그대로 우리말로 옮기면 다음과 같은 내용이 됩니다.

그가 이르러 하나님의 은혜를 보고 기뻐하여 모든 사람에게 굳건한 마음으로 주와 함께 머물러 있으라 권했다. 왜냐하면 바나바는 착한 사람이요 성령과 믿음이 충만한 사람이었기 때문이다. 그래서 큰 무리가 주께 더하여졌다.

바나바가 안디옥 교회 교인들에게 굳건한 마음으로 주께 붙어 있으라고 권할 수 있었던 것은, 바나바 자신이 착한 사람이요 성령과 믿음이 충만한 사람이었기 때문입니다. 그리고 그 결과로 더 많은 사람들이 안디옥 교회에 합류하게 되었습니다. 바꾸어 말하면, 바나바가 착한 사람이요 성령과 믿음이 충만한 사람이 아니었던들 안디옥 교회 교인들에게 굳건한 마음으로 주님께 붙어 있으라고 권하지는 못했을 것이고, 설령 그렇게 말했더라도 그로 인해 생명의 역사가 일어나지 않았을 것입니다.

이와 같은 사실을 통해 우리는 중요한 사실을 깨닫게 됩니다. 바나바가 착한 사람이요 성령과 믿음이 충만한 사람이었기 때문에 안디옥 교회 교인들에게 굳건한 마음으로 주께 붙어 있으라고 권했다는 것은, 굳건한 마음으로 주님께 붙어 있다는 것은 곧 착한 사람이 되는 것이요 성령과 믿음이 충만한 사람이 됨을 의미한다는 것입니다. 그런데 본문 24절을 보면 착한 사람과, 성령과 믿음이 충만한 사람이 동격으로 표현되어 있습니다. 우리가 흔히 말하는 성령과 믿음이 충만한 사람은 착한 사람을 의미한다는 말입니다. 그러므로 이제 우리는 23절과 24절의 참의미를 보다 명료하게 이해할 수 있습니다. 굳건한 마음으로 주님께 붙어 있다는 것은 성령과 믿음이 충만한 사람이 되는 것이요, 성령과 믿음이 충만한 사람이 된다는 것은 곧 착한 사람이 되는 것입니다.

그렇다면 성경이 말하는 착한 사람은 구체적으로 어떤 사람이겠습니까? 본문 24절이 착한 사람이라고 칭한 바나바의 삶을 들여다보면, 세상 사람이 말하는 착한 사람이 아니라 하나님께서 인정하시는 착한 사람이 어떤 사람인지 알게 됩니다.

첫째, 하나님께서 인정하시는 착한 사람은 투철한 청지기의식을 지닌 사람입니다. 2천 년 전 초대교회 교인들은 각자의 재산을 서로 통용하였습니다. 누구든 자기 재산의 소유권을 주장하지 않고 각 사람의 필요에 따라 서로 나누어 사용하는 유무상통有無相通의 삶을 산 것입니다. 그것은 자신이 무엇을 소유하고 있든 그 주인은 하나님이시요. 자신은 하나님의 것을 하나님의 뜻에 따라 관리하는 청지기에 불과하다는 투철한 청지기의식이 없이는 불가능한 일이었습니다. 사도행전 4장 37절에 의하면 바나바도 유무상통을 실천한 초대교회 교인들 중의 한 명이었습니다. 바나바 역시 투철한 청지기 의식을 지닌 사람이었던 것입니다. 자신이 지닌 모든 것을 자신의 것이라 착각하지 않고 하나님의 것이라고 삶으로 고백한 바나바를 하나님께서 착한 사람이라 인정하신 것은 너무나 당연한 일이었습니다.

둘째, 하나님께서 인정하시는 착한 사람은 하나님의 소명에 언제나 순종하는 사람입니다. 바나바는 본래 지중해의 섬 구브로 출신입니다. 그러나 하나님의 소명을 받들어 예루살렘에서 예루살렘의 모교회를 위해 헌신했습니다. 하나님께서 예루살렘 모교회를 통해 바나바를 안디옥 교회로 부르실 때에도 바나바는 즉각 순종했습니다. 그동안 예루살렘 모교회에 닦아 놓은 자신의 기반이나 기득권을 고수하려 안달하지 않았습니다. 안디옥 교회 목회를 시작한 지 1년 만에 하나님께서 바나바를 선교사로 파송하실 때에도 바나바는 단 한 마디의 이의도 제기하지 않았습니다. 그는 자신을 당신의 도구로 써주시는 하나님의 소명에 순종하는 것보다 더 가치 있는 삶이 있을 수 없음을 잘 알았기 때문입니다. 사람도 자신의 말을 잘 듣는 사람을 착하다고 말하지 않습니까? 하물며 하나님께서 당신의 소명에 언제나 순종하는 바나바를 어찌 착한 사람이라 인정하시지 않겠습니까?

마지막으로, 하나님께서 인정하시는 착한 사람은 선을 행하는 사람입니다. 주님께서 말씀하셨습니다.

> 선한 사람은 그 쌓은 선에서 선한 것을 내고 악한 사람은 그 쌓은 악에서 악한 것을 내느니라(마 12:35).

선한 일을 행한 자는 생명의 부활로, 악한 일을 행한 자는 심판의 부활로 나오리라(요 5:29).

이 두 구절에서 악과 대칭되는 '선'의 의미로 주님께서 사용하신 단어가, 본문 24절에서 '착하다'는 의미로 사용된 단어와 똑같은 헬라어 '아가도스 ἀγαθός'입니다. 즉 주님께서 말씀하시는 착한 사람은 어떤 경우에도 자신의 사익과 사욕을 위해 악과 불의를 행치 않고, 오직 하나님의 선과 하나님의 공의를 이루어 가는 사람입니다. 하나님은 선하시고 공의로우신 하나님이십니다. 그 하나님께서 착한 사람이라 인정하신 바나바가 하나님의 선과 하나님의 공의를 추구하는 사람이었음은 두말할 나위도 없습니다.

이처럼 하나님께서 인정하시는 착한 사람은 투철한 청지기의식을 지닌 사람이요, 하나님의 소명에 순종하는 사람이요, 악과 불의에 맞서 하나님의 선과 공의를 좇는 사람입니다. 바로 이 순서가 중요합니다. 투철한 청지기의식을 지닌 사람만 하나님께서 자신을 어디로 부르시든 하나님의 소명에 순종할 수 있습니다. 투철한 청지기의식을 지닌 사람은 자신의 소유나 직책은 말할 것도 없고 자신의 생명과 시간마저도 하나님의 것임을 고백하는 사람이기에, 그 사람만 자기 삶의 최우선 순위를 하나님께 드릴 수 있기 때문입니다. 또 투철한 청지기의식을 지닌 사람만 자신의 사익과 사욕을 위해 악과 불의를 행치 않고, 오직 하나님의 선과 하나님의 공의를 좇을 수 있습니다. 투철한 청지기의식을 지닌 사람은 하나님께서 하나님의 방법으로 자신에게 맡기신 이외의 것은 자신의 영역 밖에 있는 것임을 알기에, 단지 자신의 사익이나 사욕을 위해 자기 영역 밖에 있는 것을 취하려는 불의한 생각조차 하지 않기 때문입니다.

이런 의미에서 그리스도인이 청지기의식을 지니고 살아가는 것보다 더 중요한 것은 없습니다. 하나님의 은혜로 거저 구원 얻은 그리스도인이, 구원 받은 그리스도인답게 성화의 삶을 살아가는 관건이 청지기의식에 달려 있다 해도 과언이 아닙니다. 바나바 역시 투철한 청지기의식을 지녔기에 하나님의 소명에 매번 순종할 수 있었고, 하나님의 선과 공의를 좇을 수 있었음은 물론입니다. 다음 시간에 살펴보겠지만, 바나바가 자신보다 월등 뛰어난 바울을 청하여 안디옥 교회를 공동 목회한 것 역시 그가 투철한 청지기의식을 지녔기에 가능한 일이었습니다. 만약 바나바가 신설된 안디옥 교회의 초대 목사라고 해서 자신의 기득권을 보다 중요하게 여기거나, 목사직을 이용하여 자신의 사익과 사욕을 좇는 사람이었다면, 그는 자신보다 월등 뛰어난 바울을 안디옥 교회로 불러내어 세계의 역사를 새롭게 하시려는 하나님의 뜻을 이루어 드리는 착한 사람이 되지는 못했을 것입니다.

여기에서 우리는 하나님을 믿는 우리가 왜 시간과 장소에 따라 각각 다른 모습으로 살아가고 있는지 그 이유를 알게 됩니다. 우리가 예배당에서는 경건한 교인이요, 이해득실과 무관한 사람에게는 좋은 이웃처럼 행동하면서, 우리의 사익과 사욕을 위해서는 공익을 짓밟는 불의마저 서슴지 않다가, 때가 되면 아무 일도 없었다는 듯 태연하게 하나님을 찬양하는 다중의 모습 속에서 살아가는 이유가 대체 무엇입니까? 우리에게 청지기의식이 결여되어 있기 때문입니다. 청지기의식이 결여되어 있기에 구원받은 그리스도인답게 하나님의 소명을 따라 살지도 못하고, 자신의 몫이 아닌 것을 단지 욕망으로 취하기 위해 악과 불의마저 서슴지 않는 것입니다.

최근에 뇌졸중으로 뇌 수술을 받고 퇴원한 원로 연예인의 인터뷰 기사가 모 일간지에 게재되었습니다. 수십 년 동안 교회 장로로 살아온 그분은 "생사의 갈림길에 있다 보니 그리스도인의 온전한 삶을 살지 못한 것이 크게 후

회된다"고 탄식했습니다. 이것이 어찌 그분만의 탄식이겠습니까? 왜 수많은 그리스도인들이 그리스도인으로 일생을 다 산 뒤에 그리스도인답게 살지 못했음을 후회하며 탄식합니까? 청지기의식으로 살지 않았기 때문입니다. 그분은 또 "성도들이 주일에만 그리스도인이 되지 말고 일주일 내내 그리스도인의 정체성을 지니며 살아야 한다"고 강조했습니다. 왜 예배당 안에서는 그리스도인인 그리스도인들이 예배당 밖에서는 그리스도인과 거리가 먼 삶을 살고 있습니까? 청지기의식을 결여하고 있기 때문입니다. 그분은 마지막으로 "하나님의 정의와 사랑이 넘치는 사회가 되었으면 좋겠다"면서, "기독교계에도 이제 개혁의 바람이 불어야 할 것"이라며 자신의 인터뷰를 끝맺었습니다. 왜 국민의 4분의 1이 그리스도인인데도 이 사회에는 온갖 악과 불의가 득세하고 있습니까? 왜 세상을 개혁해야 할 교회가 개혁의 대상으로 전락했습니까? 이 땅의 교회를 이루고 있는 우리 자신들이 청지기의식을 상실했기 때문입니다.

  우리는 구원받은 그리스도인이지만, 구원받은 그리스도인이라고 해서 모두 하나님의 신뢰받는 도구가 되는 것은 아닙니다. 구원받은 그리스도인들 중에서 투철한 청지기의식으로 하나님의 소명에 순종하면서, 악과 불의에 맞서 하나님의 선과 하나님의 공의를 행하는 사람만이 바나바처럼 하나님의 도구로 쓰임 받는 착한 사람이 될 수 있습니다. 그렇다면 우리가 어떻게 투철한 청지기의식을 지닌 착한 사람으로 살 수 있겠습니까? 우리는 이미 그 해답을 알고 있습니다. 굳건한 마음으로 주님께 붙어 있으면 주님의 생명과 능력을 힘입어 성령과 믿음이 충만한 사람, 투철한 청지기의식을 지닌 착한 사람이 될 수 있습니다. 굳건한 마음으로 주님께 붙어 있는 사람은, 스스로 자기 인생의 주인이 되는 것은 단 한 번뿐인 자신의 인생을 물거품처럼 허망하게 날려 버리는 어리석은 짓이요, 하나님의 청지기가 되어 하나님을 자기 인생의 주인으로 모시고 사는 것은 자신을 영원히 살리는 유일한 길임을 알기 때문입니다.

사랑하는 교우 여러분!

참회의 절기인 사순절 다섯 번째 주일을 맞이하여, 구원받은 그리스도인 이면서도 구원받은 그리스도인답게 청지기의식을 지니지는 못했던 것을 회개하십시다. 이 세상을 새롭게 해야 할 우리가 청지기의식을 결여함으로 인해 이 세상에 악과 불의가 득세하게 하고, 주님의 몸 된 교회를 개혁의 대상으로 전락시켜 온 우리 자신의 어리석음과 허물을 회개하십시다. 이제부터 우리 모두 굳건한 마음으로 주님께 붙어 있음으로, 투철한 청지기의식으로 살아가는 성령과 믿음이 충만한 사람들이 되십시다. 그때 우리 모두는 본문의 바나바처럼, 이 세상을 새롭게 하는 착한 사람들이 될 것입니다. 우리 자신이 착해서가 아니라, 선하시고 공의로우신 하나님께서 청지기의식으로 살아가는 우리를 통해 친히 역사해 주실 것이기 때문입니다.

오늘 사순절 다섯 번째 주일을 맞아, 우리 자신들이 지니고 있는 여러 얼굴들을 보게 해주셔서 감사합니다. 경건하게 예배드리는 얼굴, 이해관계가 없을 때 순박해 보이는 얼굴, 하나님의 선과 공의를 좇기는커녕 사익과 사욕을 위해 악과 불의마저 서슴지 않는 얼굴, 그러고서도 아무 일도 없었다는 듯 다시 하나님을 찬양하는 얼굴. 이처럼 우리가 다중의 얼굴을 지니고 위선적인 삶을 사는 것은 우리가 구원받은 그리스도인이면서도, 구원받은 그리스도인다운 청지기의식을 결여하고 있기 때문입니다. 그래서 우리는 하나님의 소명에 순종하지 못했고, 세 사람 건너 한 사람이 그리스도인이라는 우리 사회는 악과 불의가 득세하고 있으며, 이 땅의 교회는 개혁의 대상으로 전락하고 말았습니다. 이 모든 것이 우리의 허물이요 우리의 어리석음 탓임을 회개하오니, 하나님 아버지의 자비하심으로 용서해 주십시오.

이제부터 정녕 단 하나의 얼굴, 오직 참된 그리스도인의 얼굴로 살아가기를 간절히 소망합니다. 우리 모두 굳건한 마음으로 주님께 붙어 있음으로, 투철한 청지기의식으로 살아갈 수 있도록 도와주십시오. 투철한 청지기의식 속에서 언제 어디서나 하나님의 소명에 순종하고 충실하며, 어떤 대가를 치르더라도 공익을 짓밟는 악과 불의에 맞서 하나님의 선과 하나님의 공의를 이루어 가게 해주십시오. 투철한 청지기의식으로 살아가는 우리 자신의 삶뿐 아니라, 우리를 통해 이 사회와 이 나라의 역사가 새로워지게 해주십시오. 그리하여 우리 역시 본문의 바나바처럼 하나님으로부터 성령과 믿음이 충만한 사람, 착한 사람으로 인정받게 해주십시오. 아멘.

15. 바나바가 사울을 찾으러 　고난 주일

사도행전 11장 19-26절

그때에 스데반의 일로 일어난 환난으로 말미암아 흩어진 자들이 베니게와 구브로와 안디옥까지 이르러 유대인에게만 말씀을 전하는데 그중에 구브로와 구레네 몇 사람이 안디옥에 이르러 헬라인에게도 말하여 주 예수를 전파하니 주의 손이 그들과 함께하시매 수많은 사람들이 믿고 주께 돌아오더라 예루살렘 교회가 이 사람들의 소문을 듣고 바나바를 안디옥까지 보내니 그가 이르러 하나님의 은혜를 보고 기뻐하여 모든 사람에게 굳건한 마음으로 주와 함께 머물러 있으라 권하니 바나바는 착한 사람이요 성령과 믿음이 충만한 사람이라 이에 큰 무리가 주께 더하여지더라 **바나바가 사울을 찾으러** 다소에 가서 만나매 안디옥에 데리고 와서 둘이 교회에 일 년간 모여 있어 큰 무리를 가르쳤고 제자들이 안디옥에서 비로소 그리스도인이라 일컬음을 받게 되었더라

오늘은 2천 년 전 예수님께서 우리를 위해 십자가에서 당하신 고난을 기리는 고난 주일입니다. 우리는 매년 이날이 되면 십자가에 못박히신 예수님의 고난만을 생각합니다. 그러나 깊이 생각해 보면, 그날 고난당하신 분이

예수님만이셨던 것은 아님을 알게 됩니다.

사랑하는 자식이 부모가 보는 앞에서 불량배들에게 몰매를 맞을 때, 피투성이가 된 자식이 부모를 향해 살려 달라고 절규할 때, 그 광경을 가만히 지켜보기만 하는 부모가 있겠습니까? 자기 자식이 맞아 죽어 가는 현장을 보면서도 자기 자식은 아랑곳하지 않고 옆집 자식을 걱정하는 부모가 있겠습니까? 자신에게 못된 불량배를 물리칠 수 있는 능력이 있든, 도리어 자신마저 몰매를 맞든 상관없이, 사랑하는 자식을 살리기 위해 불량배 속으로 뛰어드는 것이 부모의 인지상정 아니겠습니까? 몰매를 맞는 자식의 아픔과 고통은 곧 부모의 아픔과 고통이기 때문입니다.

예수님께서 체포당하시기 전, 겟세마네 동산에서 하나님 아버지께 마지막 기도를 드렸습니다. 그 기도의 핵심은, 할 수만 있다면 십자가의 죽음을 피하게 해달라는 것이었습니다. 예수님의 기도는 한 문장이나 한마디로 끝난 것이 아니었습니다. 그때 예수님께서 얼마나 간절하게 기도하셨는지는 누가복음 22장 44절을 통해 알 수 있습니다.

> 예수께서 힘쓰고 애써 더욱 간절히 기도하시니 땀이 땅에 떨어지는 핏방울같이 되더라.

여러분은 기도하는 중에 혹 땀을 흘려 보신 적이 계십니까? 제 경우에는 기도 중에 등줄기나 이마에 땀이 배는 것을 단 몇 번 경험했을 뿐, 평생 그리스도인으로 그리고 20년 이상 목회자로 살았지만, 삼복더위 속에서도 기도하느라 이마에서 땀방울이 흘러내리는 것을 단 한 번도 경험해 본 적이 없습니다.

예수님께서 그때 기도하신 장소는 난방시설이 구비된 실내가 아니었습니다. 예수님께서는 한밤중에 야외인 겟세마네 동산에서 기도하셨습니다. 계절적으로 4월 예루살렘의 밤은 한기가 뼛속까지 스며드는 추운 날씨입니다. 그 한기 속에서는 웬만큼 운동을 해도 땀이 흘러내리기는 어려울 것입니다. 대체 예수님께서 얼마나 간절히 기도하셨으면, 예수님께서 얼마나 오랫동안 기도하셨으면, 그 한기 속에서 기도하시는 예수님의 얼굴에서 땀이 흘러내렸겠습니까? 예수님의 기도가 얼마나 처절하였으면, 땅에 떨어지는 땀방울이 핏방울처럼 되었겠습니까? 예수님께서 그토록 애절하게 울부짖으셨지만, 하나님 아버지께서는 당신의 독생자의 기도에 끝내 응답해 주시지 않았습니다.

마침내 체포당하신 예수님께서는 로마 병정들에게 옷을 벗기우고 채찍질을 당하셨습니다. 로마제국의 채찍은 인간이 고안한 채찍 중에 가장 잔인한 채찍으로 알려져 있습니다. 가죽 채찍 끝에 작은 금속덩이나 갈고랑이가 붙어 있어 채찍을 휘두를 때마다 채찍을 맞는 사람의 살점이 떨어져 나가거나 찢어지게 됩니다. 그 채찍질에 예수님의 가슴과 등이 찢어지고 살점이 떨어지며 피투성이가 되어도, 하나님 아버지께서는 당신의 독생자이신 예수님에게 구원의 손길을 내밀지 않으셨습니다. 더욱이 예수님의 머리에 가시관이 씌어져 얼굴마저 피범벅 되고, 예수님의 손과 발이 십자가에 못박히기까지 하였습니다. 눈에 보이지도 않는 작은 가시가 박혀도 고통스럽다면, 하물며 산 사람의 손발에 대못이 박힐 때의 고통은 얼마나 컸겠습니까? 예수님께서는 참을 수 없는 고통 속에서 하나님을 향해 절규하셨습니다.

> 엘리 엘리 라마 사박다니(나의 하나님, 나의 하나님, 어찌하여 나를 버리셨나이까?)(마 27:46).

이것은 죄 많은 인간의 탄식이나 한탄이 아닙니다. 하나님의 독생자이신 예수님께서 당신의 아버지인 성부 하나님을 향해, 당신이 정말 나를 버리시는 것이냐고, 왜 나를 버리셨느냐고 절규하신 것입니다. 그러나 성부 하나님께서는 그 절규에도 응답하시지 않았습니다. 하나님께서 당신의 독생자의 절규를 듣지 못하셨기 때문입니까? 절규는 들으셨지만, 당신의 독생자를 십자가의 고통으로부터 구해 낼 능력이 없으셨기 때문입니까? 오히려 그 반대였습니다. 성부 하나님께서는 성자 하나님의 절규를 들으셨고, 또 성자 하나님을 구할 능력을 충분히 갖고 계셨음에도 끝내 응답하시지 않았습니다.

그렇다면 고난당하신 분은 예수님만이셨던 것은 아니었습니다. 예수님의 기도와 절규를 들으셨고, 또 예수님을 고난으로부터 구해 낼 능력이 있으셨음에도, 당신의 독생자가 고난당하는 것을 보고만 계셨던 성부 하나님도 똑같이 고난을 받으신 것입니다. 로마 군병의 채찍질에 예수님의 몸이 찢어지고 살점이 떨어져 나가 피투성이가 될 때, 그 광경을 보시는 성부 하나님의 마음도 함께 찢어졌습니다. 예수님의 손과 발이 십자가에 못박힐 때, 당신의 독생자를 그 고난 속에 내버려 두셔야만 하는 성부 하나님도 그 십자가 위에서 함께 고난을 당하신 것입니다. 십자가의 고난은 하나님의 독생자이신 예수님의 고난인 동시에, 그 아들의 고난을 허락하신 하나님 아버지의 고난이기도 했습니다.

왜 하나님 아버지께서 당신의 독생자와 함께 십자가의 고난을 당하셨습니까? 그 고난을 물리칠 능력이 있으셨음에도 감수하신 이유가 무엇이었습니까? 하나님의 공의를 위함이었습니다. 하나님의 법은 죄의 삯을 사망이라 규정하고 있습니다. 그 어떤 죄인도, 그 어떤 인간도 하나님의 그 법을 피할 수는 없습니다. 하나님께서는 그 불쌍한 죄인들을 구원하시기 위해 당신의 독생자인 예수님을 제물로 삼아 인간을 대신하여 죽음의 형벌을 받게 하심으로, 누구든지 예수 그리스도를 믿기만 하면 죄사함을 얻고 육체의 죽음을 뛰어넘어 영원한 생명을 얻게 하셨습니다. 이것이 예수님께서 인간이 당할 수 있는 죽음 가운데 가장 참혹한 죽음으로 돌아가신 이유였고, 하나님의 독생자이신 예수님의 고난 속에서 하나님 아버지께서도 함께 고난당하셔야만 했던 까닭이었습니다.

우리가 '새신자반'을 통해 깊이 묵상해 본 것처럼, 왜 예수님께서 머리에 가시관을 쓰시고 피를 흘리셔야만 했습니까? 우리가 머리로 지은 죄의 값을 대신 치러 주시기 위함이었습니다. 왜 예수님의 가슴팍이 로마 군병의 채찍에 찢어지며 피를 흘리셔야만 했습니까? 우리가 우리의 마음으로 지은 죄의 대가를 대신 치러 주시기 위함이었습니다. 왜 예수님의 양손에 대못이 박혀 피를 흘리셔야만 했습니까? 우리의 두 손이 지은 온갖 죄를 용서해 주시기 위함이었습니다. 왜 예수님의 두 발에 못이 박혀 검붉은 피를 흘리셔야만 했습니까? 우리가 가서는 안 될 곳을 돌아다님으로 우리의 두 발이 지은 죄를 씻어 주시기 위함이었습니다. 왜 예수님의 옆구리가 창에 찔려 마지막 피 한 방울까지 다 쏟으셔야만 했습니까? 우리가 썩어 문드러질 우리의 몸뚱이로 지은 죄를 대속해 주시기 위함이었습니다. 그래서 주님께서는 품위를 갖추어 격조 있게 돌아가실 수가 없었습니다. 머리부터 발끝까지 반드시 피투성이가 되어 처참하게 돌아가셔야만 했습니다. 우리가 머리에서부터 발끝까지 지은 우리의 모든 죗값을 완전무결하게 치러 주시기 위함이었습니다.

예수님께서 우리의 죗값을 치러 주시기 위해 그토록 고난당하셨던 십자가는 골고다에 세워졌습니다. 골고다는 '해골'을 뜻한다고 했습니다. 영어로는 골고다를 '갈보리Calvary'라고 하는데, 그 역시 해골이란 의미의 라틴어 '칼바calva'에서 파생된 말입니다. 예수 그리스도의 십자가가 해골 위에 세워진 것입니다. 넓고 넓은 이스라엘 천지에서 예수 그리스도의 십자가가 하필이면 해골 위에 세워졌다는 것 자체가 우리를 위한 위대한 메시지입니다. 해골 위에 세워진 십자가, 6주 전에 말씀드린 것처럼, 바로 이것이 복음의 핵심입니다. 죽음의 상징인 해골이 있습니다. 그 해골의 정수리에 예수 그리스도의 십자가가 세워집니다. 그리고 그 십자가를 통해 예수 그리스도의 생명의 피가 해골 위로 흘러내립니다. 그 피가 마른 해골을 적십니다. 예수 그리스도의 피에 흠뻑 젖은 해골이, 마침내 그 피의 생명력에 의해 소생합니다. 성경 66권을 단 한 컷의 영상으로 표현한다면 바로 이것, 해골의 정수리에 세워진 예수 그리스도의 십자가입니다. 죄로 인해 죽음의 덫에 빠진 인간은 본질적으로 해골일 뿐입니다. 그러나 그 어떤 해골도 자신이 해골임을 자각하여 자기 인생의 정수리에 십자가를 세우기만 하면, 그 십자가를 타고 흘러내리는 예수 그리스도의 피의 생명력으로 소생할 수 있습니다. 그래서 주님께서는 십자가에서 온몸이 피투성이가 되는 죽음의 고난을 당하셔야만 했습니다. 해골인 인간을 당신의 피로 온전히 살리시기 위함이었습니다.

중요한 사실은 하나님께서 모든 죄인은 반드시 죽어야 한다는 당신의 공의를 위해, 인간의 죗값을 대신 치를 제물로 삼으신 이가 당신의 독생자이신 예수님이셨다는 것입니다. 그래서 십자가에서 당하신 예수님의 고난은 곧 그 고난을 허락하신 하나님 아버지 당신의 고난이었고, 결과적으로 하나님의 공의와 사랑이 그 십자가를 통해 동시에 완성되었습니다. 하나님께서 당신의 독생자와 함께 당하신 십자가의 고난을 통해 모든 죄인은 반드시 죽어야 한다는 하나님의 공의와, 그럼에도 불구하고 죄인을 기필코 구원하시려는 하나님의 사랑이 동시에 완성된 것입니다. 당신의 독생자와 함께 당하신 하나님의 고난을 통한 하나님의 공의와 사랑의 완성, 이것이 2천 년 전 해골 위에 세워졌던 십자가의 참된 의미입니다.

이 사실을 누구보다 잘 알고 있었던 사도 바울은 이렇게 고백하였습니다.

자기 아들을 아끼지 아니하시고 우리 모든 사람을 위하여 내주신 이가 어찌 그 아들과 함께 모든 것을 우리에게 주시지 아니하겠느냐(롬 8:32).

그렇지 않습니까? 죄인은 반드시 죽어야 한다는 당신의 공의를 위해 당신의 독생자를 십자가의 제물로 내어 놓으시고, 당신의 독생자와 함께 십자가의 고난을 친히 받으시기까지 우리를 사랑하신 하나님이시라면, 그 하나님께서 그렇게 구원하신 우리의 모든 것을, 우리에게 무엇이 필요한지 우리 자신이 알지 못하는 것까지 어찌 책임져 주시지 않겠습니까? 다시 말해 십자가의 고난을 친히 당하심으로 우리를 위한 당신의 공의와 사랑을 완성하신 하나님께서 어찌 우리 인생의 주관자가 되어 주시지 않겠습니까? 바울이 그렇게 확신한 데에는 충분한 이유가 있었고, 오늘 본문 역시 그 이유 중의 하나입니다.

이방 세계 최초의 이방인 교회로 세워진 안디옥 교회를 위해 예루살렘의 모교회가 파송한 목회자는 바나바였습니다. 안디옥에 이른 바나바는 하나님께서 이방인에게도 베풀어 주신 구원의 은혜에 감격하면서, 안디옥 교회 교인들에게 굳건한 마음으로 주님께 붙어 있을 것을 권했습니다. 그리고 투철한 청지기의식의 토대 위에서 하나님의 소명에 순종하고, 하나님의 선과 하나님의 공의를 행하는 바나바의 헌신으로 안디옥 교회에는 더 많은 사람들이 몰려들게 되었습니다. 본문 25-26절을 보시겠습니다.

바나바가 사울을 찾으러 다소에 가서 만나매 안디옥에 데리고 와서 둘이 교회에 일 년간 모여 있어 큰 무리를 가르쳤고 제자들이 안디옥에서 비로소 그리스도인이라 일컬음을 받게 되었더라.

안디옥 교회 교인들이 늘어나자 바나바는 자기 홀로 안디옥 교회를 목회하기에는 역부족임을 절감하였습니다. 그에게는 동역자가 필요했습니다. 그때 바나바가 생각해 낸 사람이 사울이었습니다. 사울은 바울의 옛 이름입니다. 바나바는 이미 바울을 잘 알고 있었습니다. 다메섹 도상에서 주님을 만난 바울이 아라비아를 거쳐 예루살렘으로 올라갔을 때, 교회를 핍박하던 바울의 전력을 아는 예루살렘의 그리스도인들은 바울의 회심을 믿지 않았습니다. 그들은 바울의 회심을, 교회를 일망타진하기 위한 바울의 위장 전술 정도로 여겼습니다. 그때 바울의 회심의 진정성을 보증해 준 사람이 바로 바나바였습니다. 바나바는 바울을 그 정도로 잘 알고 있었습니다. 바울이 바나바 자신보다 얼마나 더 큰 그릇인지, 유대교의 위대한 스승 가말리엘의 문하생이었던 바울이 얼마나 높은 학식을 지녔는지, 주님의 부르심을 받기 전에 교회를 핍박하는 일에 우두머리였던 바울의 실천력과 지도력이 얼마나 뛰어난지, 바울에 대한 모든 것을 바나바는 누구보다 소상하게 알고 있었습니다. 모든 면에서 자기보다 탁월한 능력을 지닌 바울을 자신의 동역자로 청할 경우, 안디옥 교회에서 자신의 영향력이 감소할 것을 예상치 못할 정도로 바나바가 우둔한 사람이었던 것도 아닙니다. 그럼에도 바나바는 당시 바울이 머물고 있던, 안디옥에서 약 175킬로미터나 떨어진 다소까지 직접 찾아가 바울을 데리고 와서 안디옥 교회를 공동 목회하였습니다. 그것이 하나님의 뜻임을 믿었기 때문입니다.

그렇다면 이것을 바울의 입장에서 생각해 보십시다. 바울은 이방인을 위한 하나님의 도구로 택함 받은 사람이었습니다. 바울은 다메섹 도상에서 주님의 부르심을 받는 즉각 다메섹에서, 그 뒤에는 예루살렘에서 복음을 전하려고 했습니다. 그러나 하나님께서 허락지 않으셨습니다. 오히려 하나님께서는 우리가 이미 알고 있는 것처럼, 사도행전 9장 30절부터 바울을 그의 고향 다소에 칩거하게 하셨습니다. 바울로 하여금 자신의 능력을 의지하는 교만함을 버리고 오직 하나님만 의지하는, 낮고 낮은 마음의 겸손한 도구로 빚어 주시기 위함이었습니다. 바울은 하나님의 뜻에 순종하였습니다. 그러나 고향에서의 칩거가 언제 끝날지, 어떻게 고향을 벗어나게 될 것인지, 그 이후에는 무엇을 해야 할 것인지 전혀 알지 못했습니다. 그저 매일매일 주어진 상황 속에서 하나님의 말씀에 순종하며 살 뿐이었습니다.

그러나 마침내 하나님께서 작정하신 때가 되었을 때, 하나님께서는 베드로로 하여금 가이사랴의 이방인 고넬료 일행에게 복음을 전하게 하시고, 이방인도 구원받았다는 소문이 사방으로 퍼지게 하셨습니다. 그 소문을 들은 지중해의 섬 구브로와 북아프리카의 항구도시 구레네의 몇 사람으로 하여금 안디옥을 찾아가 그곳에 이방 세계 최초의 이방인 교회를 세우게 하셨습니다. 그 소식이 예루살렘 모교회에 전해지게 하셨습니다. 예루살렘 모교회로 하여금 예루살렘 교회 내의 많은 일꾼들 중에 다른 사람은 다 제쳐 놓고, 유독 바울을 잘 아는 바나바를 안디옥 교회 목회자로 파송하게 하셨습니다. 안디옥에 이른 바나바로 하여금 오래전에 헤어졌던 바울을 기억하게 하시고, 바울을 청하여 안디옥 교회를 공동 목회하도록 역사하셨습니다. 그 모든 일은 다소에 칩거 중인 바울 자신은 전혀 알지 못하는 가운데 이루어졌습니다. 그 모든 과정 중에 단 한 과정만 어긋났어도 우리가 아는 위대한 사도 바울은 존재하지 못했을 것입니다. 한 치의 오차도 없는 하나님의 치밀하신 역사 속에서 마침내 바울은 새로운 인생의 전기를 맞게 되었습니다.

그것은 자신의 죄를 용서해 주시기 위해 당신의 독생자와 함께 고난당하신 하나님 아버지의 십자가의 사랑이 아니고서는 절대로 불가능한 일임을 바울은 잘 알고 있었습니다. 그래서 그는 이렇게 고백할 수밖에 없었습니다.

> 자기 아들을 아끼지 아니하시고 우리 모든 사람을 위하여 내주신 이가 어찌 그 아들과 함께 모든 것을 우리에게 주시지 아니하겠느냐.

그 이후 바울의 일생은 십자가를 위한 삶으로 일관하였습니다.

> 내가 너희 중에서 예수 그리스도와 그가 십자가에 못박히신 것 외에는 아무것도 알지 아니하기로 작정하였음이라(고전 2:2).

바울이 이렇게 고백한 이유가 무엇이겠습니까? 십자가에 못박히신 예수님과 함께 고난을 당하신 하나님의 십자가의 사랑이 바울 자신을 죽음에서 구원해 주시고, 하나님의 도구로 불러 주시고, 자신이 상상할 수도 없었던 것까지 포함하여 자신의 삶을 한 치의 어긋남도 없이 온전히 책임져 주셨기 때문입니다.

> 그러나 내게는 우리 주 예수 그리스도의 십자가 외에 결코 자랑할 것이 없으니 그리스도로 말미암아 세상이 나를 대하여 십자가에 못박히고 내가 또한 세상을 대하여 그러하니라(갈 6:14).

바울이 일평생 십자가만 자랑했습니다. 그러나 그의 십자가 자랑은 말이나 노래로 이루어지지 않았습니다. 그의 십자가 자랑은 자신을 십자가에 못박는 삶으로 나타났습니다. 욕망을 좇아 세상을 섬기던 자신을 못박고 오직 하나님의 말씀, 하나님의 공의를 좇아 살기 위함이었습니다.

> 내가 그리스도와 함께 십자가에 못박혔나니 그런즉 이제는 내가 사는 것이 아니요 오직 내 안에 그리스도께서 사시는 것이라 이제 내가 육체 가운데 사는 것은 나를 사랑하사 나를 위하여 자기 자신을 버리신 하나님의 아들을 믿는 믿음 안에서 사는 것이라(갈 2:20).

사도 바울이 자신을 주님과 함께 십자가에 못박은 것은, 하나님의 공의와 사랑이 동시에 완성된 십자가를 통해 새 생명을 얻은 바울 자신이 하나님의 공의와 사랑을 드러내는 십자가의 증인으로 살기 위함이었습니다. 그 이후 바울이 가는 곳마다 예수 그리스도의 십자가를 통해 하나님의 공의와 사랑이 구현된 것은 너무나도 당연한 결과였습니다.

사랑하는 교우 여러분!

고난 주일을 맞아, 하나님께서 당신의 공의를 위해 당신의 독생자를 제물로 삼으셨던 십자가를 바라보십시오. 하나님의 독생자이신 예수님께서는 십자가의 참혹한 죽음을 피하기 위해 땀방울이 핏방울처럼 떨어지기까지 기도하셨습니다. 십자가에 못박히시어, 왜 나를 버리셨느냐고 절규하셨습니다. 하나님 아버지께서는 당신의 독생자의 절규를 들으셨고, 십자가의 고통에서 당신의 독생자를 구원해 낼 수 있는 능력이 있으셨음에도 당신의 독생자의 죽음의 고통을 보고만 계셨습니다. 우리를 살리시기 위해 하나님 아버지께서 당신의 독생자와 함께 십자가의 고난을 당하신 것이었습니다. 그 덕분에 죄인인 나는 반드시 죽어야 한다는 하나님의 공의와, 그럼에도 불구하고 나를 기필코 살리려는 하나님의 사랑이 십자가 위에서 동시에 완성되었습니다.

그 십자가의 은혜로 우리가 구원받은 그리스도인이 되었음을 믿으십니까? 그 십자가의 은혜를 베풀어 주신 하나님께서 본문 속 바울에게 그러셨던 것처럼, 우리가 상상할 수조차 없는 방법으로 지금까지 우리의 인생을 책임져 주셨고, 지금 이 시간에도 우리의 미래를 위하여 한 치의 어긋남도 없이 치밀하게 역사하고 계심을 믿으십니까? 그렇다면 우리 모두 사도 바울처럼 오직 십자가만 자랑하고, 십자가에 나를 못박는 십자가의 증인들이 되십시다. 그때부터 우리는 부활의 참된 생명과 기쁨을 누리게 될 것입니다. 십자가의 증인으로 살아가는 우리의 삶을 통해, 영원하신 하나님의 공의와 사랑이 언제 어디서나 결실될 것이기 때문입니다.

자식의 무릎이 까지면, 부모의 무릎이 저립니다. 자식의 손이 칼에 베이면, 부모의 손이 말할 수 없는 아픔을 느낍니다. 자식이 피할 수 없는 고통 속에서 절규하면, 부모의 심정이 천 갈래 만 갈래 찢어집니다. 자식의 아픔은 부모의 아픔이요, 자식의 고통은 부모의 고통과 직결됩니다.
하나님의 독생자이신 예수님께서 십자가의 죽음을 피하기 위해, 땀방울이 핏방울처럼 떨어지기까지 처절하게 기도하셨습니다. 십자가에 못박혀 돌아가시며, 왜 나를 버리셨느냐고 절규하셨습니다. 하나님 아버지께서는 예수님의 기도와 절규를 들으셨고, 예수님을 십자가의 고통으로부터 구해 낼 능력이 있으셨음에도, 예수님의 고난을 지켜보고만 계셨습니다. 하나님 아버지께서는 당신의 독생자이신 예수님과 함께, 그렇게 십자가의 고난을 당하셨습니다. 그 십자가의 고난을 통해 모든 죄인은 반드시 죽어야 한다는 하나님의 공의와, 그럼에도 불구하고 우리를 기필코 살리시려는 하나님의 사랑이 동시에 완성되었습니다. 그 십자가의 은혜로, 죽을 수밖에 없는 우리를 구원받은 그리스도인으로 불러 주심을 감사드립니다. 그 십자가의 은혜로, 나 자신이 알지 못하던 것까지 내게 필요한 모든 것을 책임져 주셨음을 감사드립니다. 그 십자가의 사랑으로, 이 시간에도 나의 미래를 위해 한 치의 어긋남도 없이 치밀하게 역사하시고 계심을 감사드립니다.

이제부터 우리 모두 사도 바울처럼 십자가만 자랑하고, 예수 그리스도와 함께 우리 자신을 십자가에 못박는 십자가의 증인으로 살아가게 해주십시오. 언제 어디서나 우리의 삶을 통해 하나님의 공의와 사랑이 구현되게 해주십시오. 그리하여 부활의 참된 생명과 기쁨이 우리의 삶 속에 늘 충만하게 해주십시오. 아멘.

16. 다소에 가서 만나매 _{부활 주일}

사도행전 11장 19-26절

그때에 스데반의 일로 일어난 환난으로 말미암아 흩어진 자들이 베니게와 구브로와 안디옥까지 이르러 유대인에게만 말씀을 전하는데 그중에 구브로와 구레네 몇 사람이 안디옥에 이르러 헬라인에게도 말하여 주 예수를 전파하니 주의 손이 그들과 함께하시매 수많은 사람들이 믿고 주께 돌아오더라 예루살렘 교회가 이 사람들의 소문을 듣고 바나바를 안디옥까지 보내니 그가 이르러 하나님의 은혜를 보고 기뻐하여 모든 사람에게 굳건한 마음으로 주와 함께 머물러 있으라 권하니 바나바는 착한 사람이요 성령과 믿음이 충만한 사람이라 이에 큰 무리가 주께 더하여지더라 바나바가 사울을 찾으러 **다소에 가서 만나매** 안디옥에 데리고 와서 둘이 교회에 일 년간 모여 있어 큰 무리를 가르쳤고 제자들이 안디옥에서 비로소 그리스도인이라 일컬음을 받게 되었더라

예수님의 열두 제자들은 3년 동안 예수님을 모셨습니다. 3년 동안 예수님과 함께 먹고 자면서 예수님의 가르침을 직접 받았습니다. 3주 전에 말씀드린 것처럼 아담과 하와가 하나님의 지으심을 받은 이후 이 땅을 거쳐 간 사

람들 가운데, 이 땅에 오셨던 성자 하나님이신 예수님을 3년 동안이나 직접 모신 사람들은 그 열두 명뿐이었습니다. 그들이야말로 특별한 은총을 입은 사람들이었습니다. 그렇지만 그들은 예수님께서 십자가에 못박혀 돌아가시기까지 예수님을 제대로 알지 못했습니다. 예수님의 말씀을 바르게 알아듣지 못했을 뿐 아니라, 예수님께서 수차례에 걸쳐 장로들과 대제사장들과 서기관들에게 많은 고난을 받고 십자가에 못박혀 돌아가실 것을 예고하셨지만, 제자들은 그 말씀일랑 아예 믿지도 않았습니다. 도리어 제자들은 예수님께서 십자가에 못박혀 돌아가시기 위해 예루살렘으로 입성하실 때, 슈퍼 파워를 지닌 예수님께서 불의한 로마제국을 몰아내고 반드시 집권하시리라 믿었습니다. 그래서 그들은 예루살렘 도상에서 예수님의 집권 시 누가 더 큰 자리를 차지할 것인지를 놓고 다투었습니다.

　심지어는 예수님께서 최후의 만찬 석상에서 떡과 포도주를 나누어 주시면서 그 떡과 포도주는 십자가에서 찢어질 당신의 몸과 피를 뜻함을 일러 주셨건만, 제자들은 그때에도 주님의 말씀을 흘려버리고 그 만찬 석상에서조차 누가 더 큰지 서로 다투었습니다. 베드로는 예수님께 '주는 그리스도시요 살아 계신 하나님의 아들이시니이다'라고 고백한 적이 있습니다. 나사렛 예수님께서 성자 하나님이시요, 하나님께서 이 땅에 보내신 메시아 곧 구원자시라는 의미였습니다. 그러나 그 고백은 단지 머리의 고백이었지, 마음의 고백이었던 것은 아니었습니다. 그래서 베드로 자신의 예상과는 달리 예수님께서 무기력하게 끌려가시자, 베드로는 예수님을 모른다고 세 번씩이나 부인하면서 맹세하고 저주하기까지 했습니다. 그리고 예수님께서 십자가에 못박혀 돌아가시는 가장 결정적인 순간에 제자들은 두려움에 떨며 도망쳐 버리고 말았습니다. 어디 그뿐입니까? 은 30냥에 예수님을 배신한 가룟 유다 역시 예수님의 제자였습니다.

이처럼 제자들은 3년 동안 예수님 곁에 있었지만 예수님을 전혀 알지 못했습니다. 그런데 희한한 일이 벌어졌습니다. 예수님께서 이 땅에 계실 때에는 예수님을 제대로 알지도 못하고 가장 결정적인 순간에는 예수님을 버리고 도망쳤던 비겁한 제자들이, 예수님께서 돌아가신 이후에 도리어 예수님을 위해 자신들의 생명을 걸기 시작한 것입니다. 상식적으로만 생각한다면 예수님께서 십자가에 못박혀 돌아가시는 현장에서 도망쳤던 제자들이라면, 그 이후에는 뿔뿔이 흩어져 예수님과 무관한 삶을 살아야 하지 않겠습니까? 그러나 그들은 정반대였습니다. 그들은 예수님의 십자가 죽음 이후에 예수님의 진정한 증인들이 되었습니다. 예수님의 죽음이 죽음으로 끝나지 않고, 예수님께서 죽음의 권세를 깨뜨리고 부활하셨기 때문입니다. 그들이 부활하신 예수님의 증인으로 살아가는 대가는 세상의 부귀영화가 아니었습니다. 부활하신 예수님의 증인으로 살아가는 그들에게 돌아간 것은 참수형이거나 화형, 또는 맹수의 밥이 되는 것이었습니다. 그러나 그들은 더 이상 십자가에 못박히시는 예수님을 두고 도망치던 예전의 비겁한 제자들이 아니었습니다. 그들은 칼날 아래에 목이 떨어져 나가면서도, 불에 타 죽으면서도, 맹수에게 찢겨 죽으면서도, 예수님께서 살아나셨다고 예수 부활을 외쳤습니다. 예수님께서 정말 부활하셨고, 제자들이 부활하신 주님을 정말 만났고, 부활하신 주님께서 그들과 항상 함께하셨기 때문입니다.

열두 명의 제자들과는 달리, 바울은 예수님께서 이 땅에 계시는 동안 예수님을 한 번도 직접 뵌 적이 없었습니다. 열렬한 유대교 신봉자였던 바울은 예수님에 대하여, 예수님을 처형한 유대교 지도자들과 똑같은 인식을 지니고 있었습니다. 나사렛 빈민 주제에 하나님을 참칭한 예수는 신성모독죄로 죽어 마땅한 대역 죄인이라는 것이었습니다. 그래서 바울은 그리스도인을 무자비하게 핍박하는 일에 우두머리 역할을 자임하였습니다. 그런데 그 바울이 어느 날 갑자기 달라졌습니다. 예수님을 부정하고 대적하던 바울이 예수님의 증인이 된 것입니다. 예수님을 욕하던 그의 입으로 예수 그리스도의 복음을 전하기 시작한 것입니다. 유대교의 관점에서 보면 유대교를 배신한 배교자가 된 것이었습니다. 바울이 그토록 맹신하던 유대교를 떠나 자신이 부정하던 예수님의 증인이 됨으로 인해 바울이 일평생 치러야 할 대가 역시 혹독하였습니다. 바울은 자신을 배교자로 지목한 유대교의 살해 위협에 일평생 시달려야만 했습니다. 그뿐만이 아니었습니다.

> 내가 수고를 넘치도록 하고 옥에 갇히기도 더 많이 하고 매도 수없이 맞고 여러 번 죽을 뻔하였으니 유대인들에게 사십에서 하나 감한 매를 다섯 번 맞았으며 세 번 태장笞杖으로 맞고 한 번 돌로 맞고 세 번 파선하고 일주야를 깊은 바다에서 지냈으며 여러 번 여행하면서 강의 위험과 강도의 위험과 동족의 위험과 이방인의 위험과 시내의 위험과 광야의 위험과 바다의 위험과 거짓 형제 중의 위험을 당하고 또 수고하며 애쓰고 여러 번 자지 못하고 주리며 목마르고 여러 번 굶고 춥고 헐벗었노라(고후 11:23하-27).

바울은 유대교를 등지고 예수님의 제자가 되었다는 이유만으로 인간이 당할 수 있는 모든 시련과 고난과 박해를 당해야만 했습니다. 그러나 이 세상의 그 무엇도 예수님의 증인으로 살아가는 바울의 앞길을 가로막을 수는 없었습니다. 예수님께서 분명히 부활하셨고, 바울이 부활하신 예수님을 다메섹 도상에서 분명히 만났고, 부활하신 예수님께서 언제 어디서나 바울과 동행해 주셨기 때문입니다.

부활하신 예수님을 만난 바울에게 나타난 두드러진 특징은 크게 두 가지였습니다.

첫째는, '가치관의 변화'였습니다. 믿음의 조상 아브라함의 후손인 유대인으로 태어난 바울은 태어난 지 8일 만에 할례를 받았습니다. 할례는 하나님의 선민임을 나타내는 자랑스러운 표식이었습니다. 바울은 이스라엘 초대 왕 사울을 배출한 베냐민 지파였습니다. 바울의 본래 이름도 사울이지 않습니까? 그의 아버지가 자신이 속한 베냐민 지파에서 사울 왕이 배출되었음을 얼마나 큰 긍지로 여겼으면, 자기 아들에게 사울 왕과 똑같은 이름을 지어 주었겠습니까? 또 바울은 유대교 내에서 가장 엄격한 종파인 바리새파에 소속되어 있었습니다. 그리고 유대교 최고의 스승으로 일컬어지는 가말리엘의 제자였습니다. 게다가 그리스도인을 핍박하는 일의 선봉장을 맡을 정도로 바울은 젊은 나이에 이미 유대교 내에서 탄탄한 입지를 지니고 있었습니다. 무엇보다도 그는 당시 지중해 세계 공용어이던 헬라어에 능통한 로마 시민권자였습니다. 그가 지닌 모든 것은 유대교 내에서 그의 출세를 보장해 주는 귀중한 재산이었습니다. 그러나 부활하신 예수님을 만난 바울에게 그 모든 것은 한낱 배설물에 지나지 않았습니다. 그것은 있어도 그만이요 없어도 그만인 삶의 수단일 뿐, 그것들이 자신을 구원해 줄 영원한 가치가 아님을 깨달았기 때문입니다. 부활하신 예수님을 만난 바울에게 자랑이 있다면 오직 하나, 십자가뿐이었습니다. 인간의 죗값을 대신 치러 주시기 위해 당신 자신이 사망의 형벌을 받으셨다가 죽음을 깨뜨리고 부활하신 예수 그리스도의 십자가만 영원한 생명을 위한 관문인 까닭이었습니다.

부활하신 예수님을 만난 바울에게 나타난 두 번째 특징은 '순종'이었습니다. 바울의 순종은 주님의 말씀에 대한 순종만을 의미하지 않았습니다. 그의 순종은 주어진 상황에 대한 순종을 포함하고 있었습니다. 부활하신 예수님을 만난 이후 바울의 삶은, 이미 말씀드린 것처럼 고난과 시련의 연속이었습니다. 그러나 그는 그 어떤 상황도 피하려 하지 않았습니다. 바울은 그 모든 상황을 순종함으로 받아들였습니다. 부활하신 예수님께서 자신과 함께 하고 계시기에, 자신에게 어떤 상황이 주어지든 그 속에 주님의 뜻이 있고, 또 주님께서 그 결과를 책임져 주실 것임을 확신했기 때문입니다.

> 생각하건대 현재의 고난은 장차 우리에게 나타날 영광과 비교할 수 없도다(롬 8:18).
> 우리가 알거니와 하나님을 사랑하는 자 곧 그의 뜻대로 부르심을 입은 자들에게는 모든 것이 합력하여 선을 이루느니라(롬 8:28).

이처럼 바울은 주어진 모든 상황에 순종함으로써, 바로 그 상황 속에서 부활하신 주님에 의해 새로운 존재로 빚어질 수 있었습니다. 젊은 시절의 바울이 주님의 뜻에 순종하여 무려 13년간이나 고향 다소에 칩거할 수 있었던 이유 역시 여기에 있었습니다.

우리가 이미 잘 알고 있는 것처럼 다메섹 도상에서 부활하신 주님을 만난 바울은 그 즉각 예수 그리스도의 복음을 전하려 했지만, 주님께서는 오히려 바울로 하여금 13년이나 고향 다소에서 칩거하게 하셨습니다. 고향 사람들의 기대를 한 몸에 안고 유대교의 큰 지도자가 되기 위해 예루살렘으로 올라갔던 바울이, 어느 날 느닷없이 낙향하여 딱히 할 일도 없이 13년이나 칩거한다는 것은 그에게 참으로 고통스러운 일일 수 있었습니다. 고향 사람들은 그와 같은 바울을 영락없이 인생 실패자로 낙인찍었을 것이기 때문입니다. 그러나 바울 자신은 결코 절망하지 않았습니다. 스스로 인생 실패자라

낙심하지도 않았습니다. 만약 그랬더라면 바울은 폐인이 되었거나 스스로 삶을 포기해 버리고 말았을 것입니다.

바울은 그 상황 속에서도 주님을 믿었고, 주님을 사랑했습니다. 주님께서 그 모든 과정을 통해 자기 영혼의 불순물을 제거하시어 정금처럼 정제해 주시면서, 자신의 삶 속에서 주님의 뜻을 신실하게 이루어 가심을 믿었습니다. 주님 안에서는 모든 것이 합력하여 선으로 귀결되고, 주님 안에서 당하는 현재의 고난은 장차 나타날 영광과 감히 비교될 수 없음을 굳게 믿었습니다. 주님에 대한 그 한결같은 믿음으로 바울은 13년에 걸친 그 기나긴 세월을 자기 성숙의 기회로 승화시킬 수 있었고, 그 결과 그는 오늘날 우리가 성경을 통해 알고 있는 바대로의 위대한 사도 바울이 될 수 있었습니다. 그것이 가능할 수 있었던 것은 부활하신 예수님을 만남으로 바울의 가치관이 변화되었고, 부활하신 주님에 대한 순종의 삶이 그의 체질이 되었기 때문입니다.

마침내 주님께서 작정하신 때가 이르자, 주님께서 바울을 고향 다소에서 불러내셨습니다.

> 바나바가 사울을 찾으러 다소에 가서 만나매 안디옥에 데리고 와서 둘이 교회에 일 년간 모여 있어 큰 무리를 가르쳤고 제자들이 안디옥에서 비로소 그리스도인이라 일컬음을 받게 되었더라(25-26절).

주님께서 바나바를 통해 바울을, 다시 말해 그 당시 바울의 이름인 사울을 안디옥 교회 공동 목회자로 불러내셨습니다. 바울은 왜 예루살렘 모교회가 아니고 신생 안디옥 교회냐고, 왜 자기 소신을 마음껏 펼칠 수 있는 단독 목회가 아니라 하필이면 공동 목회냐고, 단 한 마디의 이의나 반론도 제기하지 않았습니다. 바울은 주님께서 주신 새로운 상황에 전적으로 순종하였습니다. 그리고 다소 출신의 이름 없는 유대인에 불과했던 바울로 인해 거대한 로마제국이, 아니 인류의 역사가 새로워지는 전기를 맞게 되었습니다. 그가 위대해서가 아니었습니다. 주님께서 정말 부활하셨고, 바울이 부활하신 주님을 정말 만났고, 또 부활하신 주님 안에서 오직 십자가의 가치관으로 순종의 삶을 살았기 때문입니다.

지난 수요일에 세례를 받은 장윤희 성도님의 신앙고백을 본인의 허락하에 읽어 드리겠습니다. 본래 장윤희 성도님의 이름을 밝히지 않으려 했지만, 오히려 자신의 이름을 떳떳하게 밝히는 것이 좋겠다는 본인의 의사를 존중하여 이름을 밝혀 드렸습니다.

초등학교 시절 한동안 주일학교에 다닌 적이 있었지만, 그때는 교회에서 늘 먹을 것을 주는 데 관심이 더 많았습니다. 선교사님이 세운 역사 깊은 고등학교에 다니면서 3년 내내 예배드릴 때에도, 성경은 여전히 따분하고 지겨운 것이었습니다. 일본에서 2년간 생활하는 동안 교회 목사님의 소개로 집을 얻고 그 인연으로 몇 개월 교회에 다닌 것도, 순전히 집을 소개해 준 데 대한 마음의 빚을 갚기 위함이었습니다. 어떤 이유에서든 교회를 다니면 다닐수록, 이성적으로 도저히 이해할 수 없는 황당한 이야기로 가득 찬 성경이 더더욱 믿어지지 않았습니다. 그렇게 완악한 마음으로 37년을 살았습니다. 대학을 졸업하고 결혼하여 아이의 엄마가 되었지만, 제 삶은 살아갈수록 허무하고 욕구불만투성이였습니다.
그렇게 살던 제게 처절하게 고독하고 절망스러운 순간이 찾아왔습니다. 이혼, 그것도 남편의 외도로 인한 이혼이라는, 드라마에서나 본 남의 이야기가 제게 현실로 다가온 것이었습니다. 남편은 중국인이었습니다. 일본 유학 시절에 만나 결혼했지만, 중국 생활에 적응하지 못한 저는 남편과 떨어져 아이들과 한국에서 살 때가 많았습니다. 10년간의 결혼 생활 중에 부부가 같이 산 기간은 절반 정도밖에 되지 않았습니다. 그러다 보니 늘 혼자였던 남편의 마음이 다른 여자에게 끌린 것은, 어떻게 보면 당연한 일일 수도 있었습니다. 그러나 막상 남편으로부터 제가 아닌 다른 여자를 사랑한다는 말을 직접 들으니, 이루 말할 수 없는 배신감과 분노에 치가 떨렸습니다. 아는 사람 한 명 없는 중국에서 혼자 매일 울면서, 남편을 저주하며 제 삶을 비관하며 살았습니다.

그러다 문득 교회에 가고 싶다는 생각이 들었습니다. 그리고 중국에서 처음으로 제 발로 교회를 찾아갔습니다. 제가 살던 곳에는 한국인이 없었기 때문에 한인 교회도 없었습니다. 어쩔 수 없이 중국인 교회를 찾아갔습니다. 중국어 설교도 제대로 알아듣지 못하고 찬송도 따라 부를 수 없었지만, 그날 이후로 주일이 기다려지면서 또다시 교회에 가고 싶은 마음이 들었습니다. 그다음 주일 다시 교회에 갔을 때, 그날도 설교를 제대로 알아들을 수 없어 목사님의 설교 시간에 강대상 주변을 둘러보았는데, 우연히 벽에 붙어 있는 사도신경이 제 눈에 들어왔습니다. 중국어로 쓰여 있었지만, 어렸을 때 교회에서 배웠던 우리말 사도신경의 기억을 되살려 가며 떠듬떠듬 한 줄씩 읽어 내려갔습니다. 그러다가 중간쯤에서 '십자가에 못박혀 죽으시고 장사한 지 사흘 만에 죽은 자 가운데서 다시 살아나시며 하늘에 오르사……'를 읽는 순간, 저도 모르게 왈칵 눈물이 쏟아졌습니다. 그 직전까지만 해도, '죽은 사람이 살아나다니 말도 안 된다'며 비웃기만 했던 그 말씀이 갑자기 믿어지는 것이었습니다. 뜨거운 눈물이 줄줄 흘러내리는 가운데, 제 입에서는 "주님, 믿습니다! 모두 다 믿습니다!"란 말이 계속 반복되었습니다. 주님께서 부활하셨다는 사실이 믿어지면서, 그렇게도 믿어지지 않던 성경 말씀이 온 마음으로 믿어지는 순간이었습니다.

그 이후 제 인생이 주님 안에서 새로워졌습니다. 그토록 저주하던 남편을 이해하고 용서하게 되었고, 무엇보다도 제 눈의 들보를 깨닫게 되었습니다. 남편을 실족하게 만든 장본인이 저 자신이었음을 알았습니다. 돕는 배필이 아니라, 너무나도 이기적이고 일방적이었던 저의 죄악을 깨닫게 된 것이었습니다. 제 인생 최악이라고 여겼던 날들이, 실은 저의 죄악마저도 선으로 바꾸시는 주님의 계획이셨음도 깨달았습니다. 저의 죄악을 깨닫게 되면서 남편의 마음이 돌아서도록 간절히 기도드렸지만, 남편은 새로 만난 여자를 위해 끝까지 이혼을 요구했고, 저는 아이들과 함께 올 1월 한국으로 되돌아왔습니다.

앞으로 혼자 두 아이를 키워야 하는 제가 다른 사람 눈에는 그저 팔자 사나운 여자로 보이겠지만, 지금 제 마음은 그 어느 때보다 평안과 소망으로 가득 차 있습니다. 지금까지 한 번도 소망이란 걸 가져 본 적이 없는 제게 부활하신 주님께서는 참으로 많은 소망을 주셨습니다. 믿음의 경주를 끝까지 달려가 많은 열매를 맺는 소망, 제 아이들이 믿음의 자녀로 자라 신실한 주님의 종으로 살아가는 소망, 저로부터 시작된 믿음의 계보가 주님 오실 때까지 자자손손 이어지는 소망, 주님께서 제게 주신 달란트를 두 개로, 네 개로, 여덟 개로 키워 나가는 소망, 제 주위의 수많은 불신자를 주님 앞으로 인도하는 소망 등, 주님께서 얼마나 많은 소망을 주셨는지 모릅니다.

37년간 십자가의 도를 미련한 것으로 여기며 살던 저를 부활의 주님께서 은혜로 불러 주셨습니다. 그 주님께 무한히 감사드리면서, 이제 제 남은 생을 아낌없이 주님께 드리기를 결단합니다.

장윤희 성도님이 그날 중국인 교회에서, 마치 다메섹 도상의 바울처럼 부활하신 주님을 만났습니다. 주님께서 정말 부활하시지 않았다면, 죽은 사람이 다시 살아난다는 것은 말도 안 되는 소리라며 비웃던 그분이 어떻게 한 순간에 부활하신 주님을 믿을 수 있게 되었겠습니까? 부활하신 주님을 만난 그분의 가치관이 변화되었습니다. 자신을 배신한 남편을 증오하고 저주하던 그분이, 남편이 그렇게 된 것은 자신의 허물임을 깨달아 회개하면서 남편을 진정으로 용서하는 참그리스도인이 된 것입니다. 그리고 끝내 새 여자와 살기 원하는 남편과 헤어져야만 하는 상황에 순종하여 두 아이와 함께 귀국했습니다. 그러나 그분은 자신을 실패자로 여기지 않습니다. 현재의 상황에 대하여 낙심하거나 절망하지도 않습니다. 태어난 이래 단 한 번도 소망을 가져 본 적이 없었던 그분의 심령은 도리어 온갖 소망으로 가득 차 있습니다. 주님께서 정말 부활하셨고, 그분이 부활하신 주님을 정말 만났고, 부활하신 주님께서 그분과 함께하고 계시기 때문입니다. 그렇다면 그분이 부활하신 주님과 동행하는 한, 그분의 아픔이 주님 안에서 어찌 합력하여 선으로 귀결되지 않겠습니까? 어찌 현재의 고난이 장차 나타날 영광과 감히 비교될 수 있겠습니까? 주님께서 그분의 삶을 통해 이루시려는 뜻이 어찌 아름답게 이루어지지 않겠습니까?

사랑하는 교우 여러분!

우리의 죗값을 대신 치르시기 위해 십자가에 못박혀 돌아가신 주님께서는, 사흘째 되는 날 죽음의 권세를 깨뜨리고 부활하셨습니다. 그 주님께서 다메섹 도상에서 완악한 바울을 부르시듯, 중국 땅 중국인 교회로 한 가련한 한국 여인을 찾아가시듯, 오늘 우리를 찾아오시어 우리를 부르고 계십니다. 우리 모두 부활하신 주님을 인격적으로 만나십시다. 부활하신 주님을 우리 인생의 주인으로 모셔 들이십시다. 부활하신 주님 안에서만, 공동묘지에서 물거품처럼 사라질 허망한 가치관이 아니라 우리를 영원히 세워 줄 영원한 십자가의 가치관을 지닐 수 있습니다. 부활하신 주님을 힘입어서만, 주어지는 모든 상황에 순종함으로 주님에 의해 새로운 존재로 빚어질 수 있습니다. 부활하신 주님 안에서 우리의 모든 절망은 소망의 관문이 되고, 우리의 모든 아픔은 참된 생명의 삶을 향한 발판이 됩니다.

   주님께서 부활하셨습니다. 그리고 부활하신 주님께서 지금 우리와 함께 계십니다.

   주님! 죽음을 깨뜨리고 부활해 주셔서 감사합니다. 부활하신 주님께서 우리를 불러 주시고, 우리와 함께해 주심을 감사합니다. 주님 부활하심으로, 영원한 십자가의 가치관으로 살아가게 하심을 감사합니다. 주님 부활하심으로, 그 어떤 상황이든 믿음으로 순종하게 하심을 감사합니다. 주님 부활하심으로, 어떤 형편에서든 감사하게 하심을 감사합니다. 주님 부활하심으로, 우리의 절망이 주님 안에서 소망이 되게 하심을 감사합니다. 주님 부활하심으로, 우리의 아픔이 주님 안에서 합력하여 선을 이루게 하심을 감사합니다. 주님 부활하심으로, 현재의 고난이 장차 우리에게 나타날 영광과 감히 비교될 수 없게 하심을 감사합니다. 주님 부활하심으로, 우리의 죽음이 영원한 생명을 향한 관문이 되게 하심을 감사합니다. 이제부터 일평생 부활하신 주님과 동행함으로, 부활하신 주님의 뜻이 우리의 삶을 통해 이 시대의 역사 속에 아름답게 수놓아지게 해주십시오. 아멘.

17. 안디옥에 데리고 와서

사도행전 11장 19-26절

그때에 스데반의 일로 일어난 환난으로 말미암아 흩어진 자들이 베니게와 구브로와 안디옥까지 이르러 유대인에게만 말씀을 전하는데 그중에 구브로와 구레네 몇 사람이 안디옥에 이르러 헬라인에게도 말하여 주 예수를 전파하니 주의 손이 그들과 함께하시매 수많은 사람들이 믿고 주께 돌아오더라 예루살렘 교회가 이 사람들의 소문을 듣고 바나바를 안디옥까지 보내니 그가 이르러 하나님의 은혜를 보고 기뻐하여 모든 사람에게 굳건한 마음으로 주와 함께 머물러 있으라 권하니 바나바는 착한 사람이요 성령과 믿음이 충만한 사람이라 이에 큰 무리가 주께 더하여지더라 바나바가 사울을 찾으러 다소에 가서 만나매 **안디옥에 데리고 와서** 둘이 교회에 일 년간 모여 있어 큰 무리를 가르쳤고 제자들이 안디옥에서 비로소 그리스도인이라 일컬음을 받게 되었더라

이방 세계 최초의 이방인 교회인 안디옥 교회는, 지중해의 섬 구브로와 북아프리카의 항구도시 구레네에서 온 몇 사람에 의해 태동되었습니다. 그 몇 사람의 이름이 밝혀지지 않은 것은, 그들이 하나님의 영광을 위하여 자

신들의 이름을 가리는 겸손한 사람들이었기 때문입니다. 그 교회를 통해 이방 세계인 안디옥에 생명의 역사가 일어나고 있다는 소식을 접한 예루살렘 모교회는, 즉각 바나바를 안디옥 교회의 목회자로 파송하였습니다. 안디옥에 이른 바나바는 하나님께서 이방인에게도 베풀어 주신 구원의 은혜에 감격하면서, 안디옥 교회 교인들에게 굳건한 마음으로 주님께 붙어 있을 것을 권했습니다. 그리고 투철한 청지기의식의 토대 위에서 하나님의 소명에 순종하고, 하나님의 선과 하나님의 공의를 실천하는 바나바의 헌신으로 안디옥 교회에는 더 많은 사람들이 몰려들게 되었습니다.

바나바는 계속 교인들이 늘어나는 안디옥 교회를 자기 홀로 목회하기에는 자신의 능력이 턱없이 부족함을 절감하였습니다. 그에게는 동역자가 필요했습니다. 그때 바나바가 생각해 낸 사람이 예전부터 잘 알고 있던, 그때까지 사울로 불리던 바울이었습니다. 당시 바울은 13년째 고향 다소에서 칩거하고 있었습니다. 바나바는 다소의 바울에게 사람을 보내 그로 하여금 자신을 찾아오게 하지 않았습니다. 오히려 바나바 자신이 안디옥에서 약 175킬로미터 떨어진 다소까지 직접 찾아가서 바울에게 안디옥 교회를 공동 목회할 것을 정중히 제안했습니다. 본문 24절의 증언처럼, 바나바는 그 정도로 착한 사람이었습니다. 바울은 바나바의 제안을 흔쾌히 수락했습니다. 바나바를 통해 주님께서 자신을 부르고 계심을 바울이 믿었기 때문입니다. 본문 25-26절을 함께 보시겠습니다.

> 바나바가 사울을 찾으러 다소에 가서 만나매 안디옥에 데리고 와서 둘이 교회에 일 년간 모여 있어 큰 무리를 가르쳤고 제자들이 안디옥에서 비로소 그리스도인이라 일컬음을 받게 되었더라.

오직 주님의 뜻에 순종하여 무려 13년간이나 고향 다소에서 칩거하던 바울이, 또다시 주님의 뜻에 순종하여 마침내 고향 다소를 벗어나 바나바와 함께 안디옥으로 향하게 되었습니다.

2천 년 전, 말이나 마차를 갖지 못한 서민들의 주요 교통수단은 도보였습니다. 선박 편이 없는 것은 아니었지만 주로 부정기 노선이어서 여행객의 일정에 맞추어 선박을 이용하기가 쉽지 않았고, 또 서민들에게는 비용도 만만찮았습니다. 그래서 서민들은 아무리 먼 곳이라도 특별한 경우가 아니고는 육로로 걸어 다녔습니다. 본문의 바울과 바나바 역시 다소에서 안디옥까지 약 175킬로미터의 거리를 걸어갔을 것임은 두말할 나위도 없습니다. 당시 사람들에게 175킬로미터의 거리는 아무것도 아니었기 때문입니다. 그런데 다소에서 안디옥이나 예루살렘을 육로로 가기 위해서는 반드시 아마누스Amanus 산맥을 넘어야만 했습니다. 하늘을 찌를 듯이 솟아 있는 아마누스 산맥이 얼마나 높고 험한지, 제가 4년의 시차를 두고 두 차례 현지를 답사했을 때 두 번 모두, 아마누스 산맥의 중턱 위로는 안개가 뒤덮여 있었습니다. 뱀처럼 계속 굽어 있는 산길을 기어오르는 버스는 또 얼마나 힘들어하는지, 용을 쓰는 엔진 소리에 제 숨이 헉헉거릴 정도였습니다. 그리고 산맥을 다 넘기까지 귀가 몇 번이나 막혔다 뚫렸다를 반복했는지 모릅니다. 그 험한 아마누스 산맥을 바울은 바나바와 함께 걸어서 안디옥을 향해 넘어간 것입니다.

그러나 바울이 아마누스 산맥을 넘은 것은 본문이 처음이었던 것은 아닙니다. 바울은 그 이전에도 아마누스 산맥을 두 번이나 넘은 적이 있었습니다. 처음은 본문의 시점에서 약 20년 전, 바울이 난생처음으로 예루살렘 유학길에 올라섰을 때입니다. 경건한 유대인들은 거룩한 성전이 있는 예루살렘을 처음으로 찾아갈 경우, 순례자의 심정으로 육로를 택하여 걸어서 갔습니다. 다소에서 안디옥 남쪽 480여 킬로미터 지점에 위치한 예루살렘으로 가기 위해서도 반드시 아마누스 산맥을 넘어야만 했습니다. 20세 전후의 청년 바울은 단순히 예루살렘을 성지순례하기 위해 아마누스 산맥을 넘지 않았습니다. 그는 유대교의 총본산지인 예루살렘에 유학하여 유대교의 큰 지도자가 되겠다는 청운의 꿈을 품고 아마누스 산맥을 넘었습니다. 자기 야망을 이루기 위해 아마누스 산맥을 넘는 바울의 보무가 얼마나 당당하고 늠름했을는지 능히 짐작할 수 있습니다.

그러나 13년 전 바울은 아마누스 산맥을 되넘어 고향 다소로 되돌아와야만 했습니다. 유대교의 큰 지도자가 되겠다는 자신의 꿈을 이루었기에 고향 사람들에게 자신을 과시하기 위한 금의환향이 아니었습니다. 그는 여전히 젊었고, 패기만만했고, 세상의 지식과 능력을 갖추고 있었지만, 오직 고향 다소에 칩거하게 하시는 주님의 뜻에 순종하기 위하여 아마누스 산맥을 되넘어와야만 했습니다. 그가 그때까지 이룬 것이라고는 아무것도 없었습니다. 두 손마저 텅 비어 있었습니다. 청운의 꿈을 품고 예루살렘을 향하기 위해 보무도 당당하게 아마누스 산맥을 넘던 바울에 비한다면, 아무것도 이룬 것 없이 빈손으로 낙향하기 위해 아마누스 산맥을 되넘는 바울은 영락없는 실패자의 모습처럼 보입니다.

그리고 바울은 본문에서 세 번째로 아마누스 산맥을 또다시 넘었습니다. 옛날처럼 자신의 야망이나 꿈을 위해서가 아니었습니다. 오직 주님의 부르심에 순종하여 바나바와 함께 안디옥 교회를 공동 목회하기 위함이었습니다. 이처럼 바울은 오랜 세월에 걸쳐 똑같은 아마누스 산맥을 세 번씩이나 넘었습니다. 아마누스 산맥 그 자체는 변함없었지만, 바울이 아마누스 산맥을 넘을 때마다 그 의미는 전혀 달랐습니다. 우리 역시 매일 인생이란 산맥을 넘는 존재라는 의미에서 아마누스 산맥을 넘는 바울과 동일합니다. 그렇다면 우리는 아마누스 산맥을 넘는 바울을 통해 귀중한 교훈을 얻게 됩니다.

첫째, 자기 자신을 의지하고 인생 산맥을 넘는 것은 스스로를 죽이는 백해무익한 자해 행위라는 것입니다. 청년 바울이 처음으로 아마누스 산맥을 넘을 때 그는 자기 자신을 신봉하는, 자기라는 우상 숭배자였습니다. 자신의 능력을 믿었고, 자신의 판단력을 믿었고, 자신의 지성을 믿었고, 자신의 신념을 믿었고, 자신의 의지를 믿었습니다. 그래서 그때 그가 한 일이 대체 무엇이었습니까? 자기 자신을 신봉하던 바울이 한 일이라고는 고작 진리를 짓밟고, 예수 그리스도를 대적하고, 수단과 방법을 가리지 않고 의로운 그리스도인들을 핍박하는 것이었습니다.

그러나 진리는 짓밟히는 것처럼 보여도 결코 짓밟히지 않습니다. 진리는 영원하기 때문입니다. 그러므로 진리를 짓밟는 사람은 진리를 짓밟는 것이 아니라, 실은 영원한 진리를 외면한 자기 자신을 짓밟는 것입니다. 사람들이 주님을 십자가에 못박아 죽였습니다. 하지만 주님께서는 죽음 속에 머물러 계시지 않았습니다. 죽음을 깨뜨리시고 부활하심으로 영원한 생명의 구주가 되셨습니다. 따라서 인간이 영원한 생명이신 예수 그리스도를 대적하는 것은 예수 그리스도를 대적하는 것이 아닙니다. 그것은 영원한 생명 앞에서 스스로 자기 생명을 거스르는 자기 반역에 지나지 않습니다. 주님께서 또 무엇이라 말씀하셨습니까?

의를 위하여 박해를 받은 자는 복이 있나니 천국이 그들의 것임이라 나로 말미암아 너희를 욕하고 박해하고 거짓으로 너희를 거슬러 모든 악한 말을 할 때에는 너희에게 복이 있나니 기뻐하고 즐거워하라 하늘에서 너희의 상이 큼이라 너희 전에 있던 선지자들도 이같이 박해하였느니라 (마 5:10-12).

그러므로 의인을 박해하는 것은 절대로 의인을 박해하는 것이 아닙니다. 그것은 오히려 그 의인이 하나님 나라에서 하나님의 상을 받도록 그를 돕는 것이기에, 결과적으로 의인을 박해하는 것은 자기 자신에게 하나님의 화를 자초하는 자해 행위입니다. 따라서 자기 자신을 신봉하던 바울이 진리를 짓밟고 예수 그리스도를 대적하고 의로운 그리스도인을 박해한 것은, 모두 바울 자신을 스스로 죽이는 백해무익한 자해 행위였습니다. 만약 주님께서 다메섹 도상에서 바울을 불러 주시지 않았던들, 그는 일평생 자기 생명을 갉아먹는 자해 행위를 하다가 2천 년 전에 한 줌의 흙으로 흔적도 없이 사라져 버리고 말았을 것입니다. 인간의 실상이 대체 무엇입니까?

들으라 너희 중에 말하기를 오늘이나 내일이나 우리가 어떤 도시에 가서 거기서 일 년을 머물며 장사하여 이익을 보리라 하는 자들아 내일 일을 너희가 알지 못하는도다 너희 생명이 무엇이냐 너희는 잠깐 보이다가 없어지는 안개니라(약 4:13-14).

육체를 지닌 인간은, 설령 천하 제왕이라 할지라도 하나님 앞에서는 잠깐 보이다가 없어지는 안개일 뿐입니다. 태양 앞에서 안개가 안개 자신을 지킬 수 있겠습니까? 안개 같은 인간에게 자기 자신을 지키고 구원할 능력이 있겠습니까? 인간이 자기 자신을 신봉하며 인생 산맥을 넘는 것은, 안개가 안개를 지키려는 것처럼 백해무익한 자해 행위일 따름입니다.

아마누스 산맥을 넘는 바울을 통해 우리가 얻을 수 있는 두 번째 교훈은, 주님과 함께 인생 산맥을 넘는 사람은 어디에 있든 그가 있는 곳이 곧 '꽃자리'라는 것입니다. 다메섹 도상에서 주님께 사로잡힌 바울은 그 즉각 다메섹에서, 그 이후에는 예루살렘에서 예수 그리스도의 복음을 전하려 했지만 주님께서 허락하시지 않았습니다. 도리어 주님께서는 젊은 바울로 하여금 고향 다소에서 13년간이나 칩거하게 하셨습니다. 바울은 주님의 뜻에 순종하여 다소로 낙향하기 위해 아마누스 산맥을 거꾸로 되넘어야만 했습니다. 자신만만하게 예루살렘을 향해 아마누스 산맥을 넘을 때와 비교한다면, 젊은 나이에 이룬 것도 없이 고향으로 낙향하기 위해 아마누스 산맥을 되넘는 바울을 사지가 축 늘어진 실패자의 모습으로 연상하기 쉽습니다.

그러나 그것은 세속적 관점에 기인한 착각일 뿐입니다. 청년 바울이 예루살렘 유학을 위해 처음으로 아마누스 산맥을 넘을 때, 그가 비록 패기만만해 보였을망정 그는 혼자였습니다. 그 반면 다소에 낙향하기 위해 아마누스 산맥을 거꾸로 되넘을 때, 그는 혼자인 것처럼 보였지만 혼자가 아니었습니다. 예전에 혼자 넘었던 아마누스 산맥을 이번에는 예수 그리스도와 함께 넘었습니다. 아마누스 산맥을 거꾸로 되넘는 바울을 혼자라고 여기는 사람들은 모두, 젊은 나이에 빈손으로 낙향하는 바울을 실패자라 속단할 것입니다. 그러나 바울은 혼자가 아니라 주님과 함께였기에 그는 결코 실패자일 수가 없었습니다. 주님 안에서는 오묘한 주님의 뜻이 있을 뿐 실패가 있을 수 없기 때문입니다.

자연에는 봄[春] 여름[夏] 가을[秋] 겨울[冬], 이렇게 사계절이 있습니다. 봄은 만물이 소생하는 '생生'의 계절이요, 여름은 성장을 재촉하는 '성成'의 계절이며, 가을은 거두어들이는 '수收'의 계절이고, 겨울은 거둔 것을 저장하는 '장藏'의 계절입니다. 그러나 우리나라 한의학은 1년을 사계절이 아닌 오계절로 나눈다고 합니다. 즉 여름과 가을 사이에 '장하長夏'의 계절을 별도로 두는데, 이 시기는 만물이 속으로 익어 가는 '화化'의 계절입니다. 봄에 생명이 움튼 열매가 여름 내내 마음껏 자라다가 장하의 계절이 되면 속으로 무르익게 됩니다. 열매의 모양과 크기는 그대로지만 속으로, 질적으로 변화되는 것입니다. 장하 기간이 이르기 전에 열매를 따면, 이른바 풋열매가 됩니다. 장하의 계절 없이는 열매가 참된 열매로 무르익을 수 없는 것입니다. 바울에게 13년에 걸친 칩거는, 이를테면 바울을 위한 장하의 계절이었습니다. 속으로, 질적으로, 영적으로 무르익는 그 장하의 계절을 통해 바울은 오직 십자가의 가치관으로 무엇을 먹든지, 무엇을 마시든지, 무엇을 하든지, 오직 주님의 영광을 위해 사는 사도 바울이 될 수 있었습니다.

시인 구상 선생의 시 중에 〈꽃자리〉라는 제목의 시가 있습니다.

앉은 자리가 꽃자리니라!

네가 시방 가시방석처럼 여기는
너의 앉은 그 자리가
바로 꽃자리니라.

주님과 함께 인생 산맥을 넘는 사람에게는, 세상 사람들이 말하는 가시방석이 있을 수 없습니다. 그 어떤 가시방석도 주님께서 당신의 자녀를 속으로 무르익게 해주시려는, 향기 만발한 장하의 꽃자리이기 때문입니다. 이 비밀을 터득한 시편 시인은 그래서 이렇게 노래했습니다.

내가 고난을 당하기 전까지는 잘못된 길을 걸었으나, 이제는 주님의 말씀을 지킵니다(시 119:67, 새번역).

고난을 당한 것이, 내게는 오히려 유익하게 되었습니다. 그 고난 때문에, 나는 주님의 율례를 배웠습니다. 주님께서 나에게 친히 일러 주신 그 법이, 천만 금은보다 더 귀합니다(시 119:71-72, 새번역).

아마누스 산맥을 넘는 바울을 통해 우리가 얻을 수 있는 마지막 교훈은, 주님과 함께 인생 산맥을 넘는 사람은, 그의 지난 시간마저도 주님 안에서 새로운 의미로 승화된다는 것입니다. 이미 말씀드린 것처럼 청년 바울이 홀로 아마누스 산맥을 넘을 시절, 그는 자기 신념에 사로잡혀 진리를 짓밟고 예수 그리스도를 대적하며 그리스도인들을 박해하던 폭도였습니다. 바울의 생애에서 그 시절은 없어야만 할 기간이었습니다. 그러나 그가 주님에게 사로잡혀 살게 되었을 때, 무의미하기만 했던 그때의 모든 경험이 새로운 의미를 지니게 되었습니다.

그는 본래 유대교 신봉자로 구약성경에 능통하지 않았습니까? 그래서 그는 구약으로 예수 그리스도를 조명할 수 있었고, 예수 그리스도의 복음으로 구약을 재해석할 수 있었습니다. 그는 유대교 최고의 스승 가말리엘의 제자였습니다. 그래서 바울은 신약성경의 4분의 1이나 기록할 지적 능력을 갖추고 있었습니다. 그는 예수 그리스도의 대적이었습니다. 그래서 그는 예수 그리스도에게 대적하는 사람들을 긍휼히 여길 수 있었습니다. 그는 수단과 방법을 가리지 않고 그리스도인들을 박해할 정도로 격정을 지닌 인간이었습니다. 그래서 바로 그 격정으로 주님을 위해 돌팔매질을 당할 수도 있었고, 끝내 주님을 위해 참수형까지 감수할 수 있었습니다.

이렇듯 쓰레기처럼 폐기되어 마땅한 그의 그릇된 삶의 경험들은, 주님 안에서 사도로 살아가는 그의 삶 속에서 더없이 귀중한 자산으로 승화되었습니다. 바울이 주님과 함께 아마누스 산맥을 넘는 그리스도인이 되지 않았던들, 결코 가능할 수 없었던 일이었습니다. 그래서 바울은 본문 이후에도 주님과 함께 거듭 아마누스 산맥을 넘었습니다. 안디옥 교회를 목회하던 바울이 2차, 3차 선교 여행을 위해 육로로 두 번이나 더 아마누스 산맥을 넘은 것입니다. 그리고 주님과 함께 아마누스 산맥을 넘은 바울에 의해 소아시아 반도가, 유럽 대륙이, 로마제국이, 온 인류의 역사가 새로워지게 되었습니다. 일생토록 주님을 위해, 주님과 함께, 몇 번이나 아마누스 산맥을 넘은 바울의 삶은, 주님과 함께 인생 산맥을 넘는 사람이 얼마나 아름다운 주님의 도구로 쓰임 받는지를 생생하게 보여 주고 있습니다.

모든 인간은 매일 인생이란 산맥을 넘는 존재입니다. 어떤 사람은 청운의 꿈을 품고 자신의 야망을 위해 위풍당당하게 인생 산맥을 넘고 있을 수 있습니다. 어떤 사람은 이미 자신의 야망이 무산되어, 마치 실패자처럼 풀이 죽어 인생 산맥을 거꾸로 되넘고 있을 수도 있습니다. 또 어떤 사람은 새로운 계획을 위해 동일한 인생 산맥을 한 번 더 넘고 있을 수도 있습니다. 이처럼 인생 산맥을 넘는 사람들의 모습과 행보의 의미는 사람의 수만큼이나 각양각색일 수밖에 없습니다. 중요한 것은 그 외적 모습이 어떠하든 상관없이 오직 주님과 함께 인생 산맥을 넘을 때에만, 우리의 인생이 참되고 영원한 의미를 지닐 수 있다는 것입니다. 아무리 당당한 걸음으로 인생 산맥을 넘는 사람일지라도 그의 행보가 주님과 무관하다면, 인생 산맥 너머에서 그를 기다리는 것은 고작 공동묘지에 지나지 않을 것입니다. 주님을 등진 채 자신을 신봉하며 인생 산맥을 넘는 것은 자신을 스스로 죽이는 자해 행위이기 때문입니다. 단지 죽기 위해 기를 쓰고 인생 산맥을 넘는 사람보다 더 어리석은 인간은 있을 수 없습니다.

사랑하는 교우 여러분!

우리 모두 본문의 바울처럼 오직 말씀과 기도 속에서 주님을 모시고, 주님 안에서, 주님과 함께 인생 산맥을 넘어가십시다. 주님과 함께 인생 산맥을 넘는 한, 우리가 예전에 당당하게 넘어갔던 인생 산맥을 마치 실패자와 같은 모습으로 되넘어 오고 있다 해도 문제될 것은 없습니다. 우리가 주님과 함께 인생 산맥을 넘는 한, 우리의 손과 주머니가 비어 있다 해도 상관없습니다. 주님과 함께 인생 산맥을 넘는 한, 우리에게 주어지는 모든 상황이 우리를 진리 안에서 농익게 해주려는 향기 만발한 장하의 꽃자리일 것이요, 무의미했던 우리의 지난 시간마저 예수 그리스도 안에서 새로운 의미로 승화될 것이요, 우리의 삶을 통해 이 시대를 위한 주님의 뜻이 반드시 이루어질 것이기 때문입니다.

나는 그동안 나 자신이라는 우상을 숭배해 왔습니다. 나의 능력을 믿고, 나의 신념을 믿고, 나의 지성을 믿고, 나의 판단력을 믿고, 내가 지닌 것들을 믿으며, 나 홀로 내 인생 산맥을 넘어왔습니다. 그 결과 세상적으로 많은 것을 얻고 성취한 것 같은데, 주님의 말씀 앞에서 곰곰이 생각해 보니, 그동안 내가 이룬 그 많은 것들 가운데, 정작 나의 코끝에서 호흡이 멈추는 순간 나를 책임져 줄 것이라곤 아무것도 없음을 깨닫습니다. 도리어 나를 영원히 책임져 줄 수 없는 것들을 위해 내 생을 거느라, 그동안 나의 생명을 거스르며 자해해 왔음을 통감합니다. 나의 이 어리석음을 회개하오니, 너그러이 용서해 주십시오.

주님께서 어리석기 짝이 없는 나를 버리시지 않고, 이 시간에도 친히 찾아와 주심을 감사합니다. 이제부터 말씀과 기도 속에서, 오직 주님과 함께 인생 산맥을 넘게 해주십시오. 주님과 함께 인생 산맥을 넘는 내게 어떤 상황이 주어지든, 그것은 나를 진리의 사람으로 농익게 해주시려는 장하의 꽃자리임을 잊지 말게 해주십시오. 주님과 함께 인생 산맥을 넘는 한, 비록 나 자신이 볼품없고 나의 손과 주머니가 비어 있다 해도, 그것은 아무 문제가 되지 않음을 깨닫게 해주십시오. 오히려 내가 볼품없기에 나를 통해 주님께서 드러나시고, 나의 손과 주머니가 비어 있기에 주님의 것으로 채워지는, 진리의 역설을 경험하게 해주십시오. 오직 주님과 함께 인생 산맥을 넘음으로, 지난날 무의미하게 버려졌던 나의 시간들과 경험들마저 주님 안에서 새로운 의미와 가치로 승화되게 해주십시오.

주님과 함께 인생 산맥을 넘는 우리로 인해, 이 시대 속에 매일, 새날 새 역사가 펼쳐지게 해주십시오. 아멘.

18. 비로소 그리스도인이라

사도행전 11장 19-26절

그때에 스데반의 일로 일어난 환난으로 말미암아 흩어진 자들이 베니게와 구브로와 안디옥까지 이르러 유대인에게만 말씀을 전하는데 그중에 구브로와 구레네 몇 사람이 안디옥에 이르러 헬라인에게도 말하여 주 예수를 전파하니 주의 손이 그들과 함께하시매 수많은 사람들이 믿고 주께 돌아오더라 예루살렘 교회가 이 사람들의 소문을 듣고 바나바를 안디옥까지 보내니 그가 이르러 하나님의 은혜를 보고 기뻐하여 모든 사람에게 굳건한 마음으로 주와 함께 머물러 있으라 권하니 바나바는 착한 사람이요 성령과 믿음이 충만한 사람이라 이에 큰 무리가 주께 더하여지더라 바나바가 사울을 찾으러 다소에 가서 만나매 안디옥에 데리고 와서 둘이 교회에 일 년간 모여 있어 큰 무리를 가르쳤고 제자들이 안디옥에서 **비로소 그리스도인이라** 일컬음을 받게 되었더라

젊은 나이에, 고향 다소에서 13년에 걸쳐 속으로 무르익는 '장하'의 계절을 거친 바울이 드디어 새로운 인생 전환점을 맞게 되었습니다. 주님께서 바나바를 통해 바울을 안디옥으로 불러내신 것입니다. 아마누스 산맥을 넘어 안

디옥에 이른 바울은 바나바와 함께 안디옥 교회를 1년 동안 공동 목회하였습니다. 이방 세계에 세워진 최초의 이방인 교회에서 이방인을 위한 주님의 도구로 선택받은 바울의 사역이 본격적으로 시작된 것입니다.

> 바나바가 사울을 찾으러 다소에 가서 만나매 안디옥에 데리고 와서 둘이 교회에 일 년간 모여 있어 큰 무리를 가르쳤고 제자들이 안디옥에서 비로소 그리스도인이라 일컬음을 받게 되었더라(25-26절).

그때까지 사울로 불리던 바울이 바나바와 함께 1년 동안 안디옥에서 최선을 다해 목회한 결과는, 안디옥 교회 교인들이 세상 사람들로부터 비로소 그리스도인이라 불리게 된 것이었습니다. '크리스티아노스χριστιανός' 즉 '그리스도인'이란 그리스도를 따르는 사람, 그리스도를 닮은 사람 혹은 작은 그리스도를 일컫는 용어입니다. 우리말로 쉽게 표현하면 '예수쟁이'란 말입니다. 우리말 예수쟁이도 그렇지만, 2천 년 전 그리스도인이라는 용어 역시 두 부류의 사람에 의해 각각 다른 의미로 사용되었습니다. 첫째는 기독교에 대하여 거부감을 지니고 있거나 기독교를 경멸하는 사람들이 주님을 믿는 교인들을 비하하는 의미에서 그리스도인이라 불렀습니다. 둘째는 주님을 믿는 교인들에 대한 경외심의 표시로 같은 호칭이 사용되었습니다. 자신들이 주님을 믿지는 않지만, 자신들과는 달리 주님의 말씀을 좇아 바르고 반듯하게 살아가는 교인들을 사람들은 자신들과 구별하여 그리스도인이라 불렀습니다.

물론 안디옥 사람들이 안디옥 교회 교인들을 가리켜 처음으로 그리스도인이라 부른 것은 후자의 의미였습니다. 본문을 기록한 누가는 '제자들이 안디옥에서 비로소 그리스도인이라 일컬음 받게 되었다'고 감격적으로 증언하였습니다. 우리말 '비로소'로 번역된 헬라어 '프로톤πρῶτον'은 본래 '최초로'란 의미입니다. 누가는 본문을 통해 주님을 믿는 교인들이 최초로 그리스도인이라 불린 곳이 안디옥임을 자랑스럽게 밝히고 있습니다. 만약 안디옥 사람들이 교인들을 경멸하고 비하하는 의미로 그리스도인이라 불렀다면, 누가가 그 사실을 그토록 자랑스럽게 밝히지는 않았을 것입니다. 이처럼 그리스도인이란 말이 안디옥 사람들에 의해 최초로 긍정적인 의미에서 사용되었다는 것은, 안디옥 교회 교인들이 그만큼 세상과는 구별된, 세상 사람들이 흉내 낼 수 없는 삶을 살았음을 의미합니다. 그것은 또 그리스도인들이 세상을 새롭게 할 주체로 인류 역사의 무대에 등장하였음을 의미했습니다. 그와 동시에 그것은 그리스도인들에게 닥칠 대박해와 핍박의 전주곡이기도 했습니다.

그리스도인이란 새로운 호칭이 생겨나기 전까지는, 로마제국의 입장에서 볼 때 주님을 믿는 사람과 유대교인은 서로 구별되지 않았습니다. 로마제국이 보기에는, 유대인에 의해 시작된 기독교 역시 유대인들의 민족종교인 유대교의 한 분파였을 뿐입니다. 당시 유대교는 로마제국에 의해 공인된 합법 종교였습니다. 로마제국으로서는 이미 2천 년의 전통을 지닌 유대교를 내버려 둠으로써 유대인에 대한 식민 통치를 보다 용이하게 수행할 수 있었습니다. 그러므로 정치적인 목적이 아닌 한, 이미 공인된 유대교 내에서 어떤 분파가 일어나든 괘념할 필요가 없었습니다.

그러나 주님을 믿는 사람들이 세상 사람들에 의해 유대교인이 아닌 그리스도인으로 불리기 시작했다는 것은, 기독교가 유대교와는 전혀 다른 새로운 종교임을 의미했습니다. 기독교가 합법적으로 공인된 유대교와는 별개의 종교라면, 로마제국의 입장에서 볼 때 그것은 불법적인 신흥종교가 됩니다. 그렇다면 기독교는 그냥 내버려 둘 대상이 아니었습니다. 로마제국은 황제가 절대 권력을 행사하는 전제주의 국가였기에, 어느 날 갑자기 사람들이 모여드는 신흥종교는 체제에 대한 최대의 위협일 수 있기 때문이었습니다. 그리스도인에 대한 유대교의 핍박은 진작부터 있어 온 데 반해, 그리스도인에 대한 로마제국의 핍박이 시작된 것은 실제로 이 이후부터였습니다.

다음 주일부터 살펴볼 27-30절은, 로마 황제 글라우디오Claudius I 때 대흉년의 피해를 입은 예루살렘 교인들을 위해 안디옥 교회 교인들이 구제금을 모아 보낸 사실을 전해 주고 있습니다. 로마 황제 글라우디오는 주후 41년부터 54년까지 13년 동안 재위에 있었는데, 그 기간 동안 여러 번의 흉년이 있었던 것으로 역사는 기록하고 있습니다. 특히 46년부터 48년 사이에 팔레스타인 지역에 극심한 흉년이 있었음에 비추어 본문의 시점이 바로 그 시기였음을 알 수 있습니다. 그때는 주님께서 승천하신 뒤, 다시 말해 초대교회가 태동된 지 채 20년이 되기도 전이었습니다. 황제 글라우디오는 황제숭배를 강요한 대표적인 인물이었던 만큼, 유일신을 섬기는 불법 신흥종교인 기독교에 사람들이 모여든다는 것은 경계의 대상이 되기에 충분했습니다. 그리고 글라우디오를 독살하고 황제의 자리에 오른 네로에 의해 본격적으로 시작된 대對그리스도인 박해는, 그 이후 무려 250여 년 동안이나 지속되었습니다.

당시 로마제국이 신흥종교인 기독교를 말살하려 했던 데는 그럴 만한 이유가 있었습니다. 로마 황제는 스스로 신을 자처하며 황제숭배를 요구하는 데 반하여, 삼위일체 하나님을 유일신으로 믿는 그리스도인들은 황제의 신성을 부인하는 불순한 무리였습니다. 그리스도 안에서 모든 사람을 자신과 대등한 형제자매로 간주하는 그리스도인들은, 당시 사회를 지탱하던 노예제도와 신분제도를 부정하는 반체제 집단이었습니다. 소위 성찬식을 행하면서 마치 식인종처럼, 주님의 살과 피를 먹고 마시자는 그리스도인들은 건전한 사회

기강과 미풍양속을 해치는 비도덕적인 풍속사범들일 뿐이었습니다.

로마제국의 지배자 입장에서 볼 때 이처럼 기독교가 자신들의 기득권과 기존의 사회질서를 뒤흔들고 체제를 위협하는 사악한 신흥종교라면, 그것은 반드시 발본색원拔本塞源해야 할 사교邪敎일 수밖에 없었습니다. 그래서 오직 주님을 믿는다는 이유만으로 그리스도인들은 화형을 당하거나, 원형경기장에서 맹수의 밥이 되어야 했습니다. 주님을 믿는 사람들이 안디옥에서 그리스도인이라 불리기 시작한 이후부터 말입니다.

지금도 안디옥에 가면 '암굴교회'가 잘 보존되어 있습니다. 그 옛날 대박해 시에 안디옥의 그리스도인들이 숨어서 예배드리던 바위 동굴 예배당입니다. 안디옥 시가지가 한눈에 내려다보이는 산 중턱의 동굴 속에 열 평이 채 못 되어 보이는 크기의 예배실이 있고, 정면 제단 옆에는 좁은 통로가 나 있습니다. 그 통로 속으로 들어가면, 한 사람이 겨우 빠져나갈 수 있는 좁은 터널이 산 위쪽을 향해 뚫려 있습니다. 로마제국의 박해자들이 덮칠 경우에 대비하여, 그곳에서 예배드리던 그리스도인들이 뚫어 놓은 비상 터널입니다. 산 중턱에 자리 잡고 있는 암굴교회의 위치와 그 속에 뚫려 있는 비상 터널은, 그 옛날 안디옥의 그리스도인들이 생명을 걸고 예배드렸음을 웅변하고 있습니다.

약속된 시간이 되면 안디옥의 그리스도인들이 비밀리에 산 중턱의 암굴교회로 모여듭니다. 예배가 시작됨과 동시에 교인 한 명이 동굴 입구에서 파수를 봅니다. 산 아래쪽에 박해자들의 모습이 나타나면 파수꾼은 즉각 동굴 속의 그리스도인들에게 알리고, 예배드리던 그리스도인들은 동굴 입구를 바위로 막은 뒤, 자기 차례를 기다리며 한 사람씩 제단 옆 비상 터널을 통해 산 위로 피신합니다. 만약 시간이 지체되어 피신에 실패하면, 즉석에서 붙잡혀 화형을 당하거나 맹수의 밥이 되어야만 했습니다. 그들은 매번 목숨을 걸지 않고서는 예배드릴 수가 없었습니다. 그러나 목숨을 버릴지언정 그리스도인이기를 포기하지 않았습니다.

안디옥 교회의 목회자였던 바나바와 바울 역시 마찬가지였습니다. 바나바는 말년에 그의 고향인 구브로에서 순교했습니다. 고향 사람들 앞에서 참혹하게 죽임을 당한 것입니다. 이유는 단 하나, 그리스도인이기를 포기하지 않았기 때문입니다. 바울은 그리스도인의 정체성을 고수하기 위해 참수형을 당해 죽었습니다. 그 이후 안디옥 교회의 감독이 된 이그나티우스Ignatius 역시 그리스도인이라는 이유로 맹수의 밥이 되었습니다.

이처럼 박해자들은 시간과 장소를 가리지 않고 그리스도인들을 계속 박해했고, 그리스도인들은 계속되는 박해 속에서도 그리스도인으로 살아가기를 계속했습니다. 박해자들이 그리스도인들을 계속 박해한 것은, 오직 진리와 하나님의 의를 좇아 바른 삶을 사는 그리스도인들의 출현이 기존의 기득권과 질서 속에서 그릇된 삶을 살고 있는 자신들을 불편하게 했기 때문입니다. 그 반면에 그리스도인들이 계속되는 박해 속에서도 그리스도인으로 살기를 계속한 것은, 모든 박해자들과 로마 황제보다 자신들이 믿는 하나님께서 더 크신 분이심을 믿었기 때문입니다.

주님께서 말씀하셨습니다.

> 내 양은 내 음성을 들으며 나는 그들을 알며 그들은 나를 따르느니라 내가 그들에게 영생을 주노니 영원히 멸망하지 아니할 것이요 또 그들을 내 손에서 빼앗을 자가 없느니라 그들을 주신 내 아버지는 만물보다 크시매 아무도 아버지 손에서 빼앗을 수 없느니라 나와 아버지는 하나이니라 하신대(요 10:27-30).

하나님께서 우주 만물보다 더 크심은, 우주 만물을 창조하신 분이 하나님이시기 때문입니다. 2천 년 전 그리스도인들은 이 사실을 믿었기에, 우주 만물보다 더 크신 하나님 앞에서는 로마 황제의 박해조차도 그들에게는 장애물일 수가 없었습니다. 우주 만물보다 더 크신 하나님을 믿음으로 죽음마저도 두려워하지 않았던 그들은 진정한 크리스티아누스(크리스티아노스의 복수형)─진짜 예수쟁이들이었고, 그 예수쟁이들을 통해 우주 만물보다 더 크신 하나님께서 로마제국의 역사를 새롭게 하신 것은 조금도 놀랄 일이 아니었습니다.

그리스도인이 된다는 것은 우주 만물보다 더 크신 하나님을 자신의 주인으로 모시는 것입니다. 그리스도인으로 살아간다는 것은, 인간의 죗값을 대신 치르시기 위해 십자가에 못박혀 돌아가셨다가 죽음을 깨뜨리고 부활하신 예수 그리스도 안에서 당신을 계시하신, 우주 만물보다 더 크신 하나님의 영원한 생명 속에서 살아가는 것입니다. 그리스도인이란 우주 만물보다 더 크신 하나님의 전능하신 능력에 자신을 접붙인 사람입니다. 이 사실을 믿는 사람만이 어떤 상황 속에서도 참된 크리스티아누스, 진짜 예수쟁이들로 살아갈 수 있습니다.

오늘날 그리스도인들 중에는, 그리스도인에 대한 박해의 시기는 오래전에 막을 내렸다고 말하는 사람들이 많습니다. 과연 그것이 사실입니까? 그렇게 말하는 사람은, 아직까지 진짜 예수쟁이로 살아 본 적이 없음을 스스로 입증하는 것입니다. 오늘날에도 진짜 예수쟁이로 살려는 사람에게는 어떤 형태로든 박해가 있기 마련입니다. 이 세상은 여전히 죄와 악으로 가득 차 있기에, 진리와 하나님의 의를 좇아 바르게 살려는 예수쟁이를 불편해하는 사람들이 더 많기 때문입니다. 결코 간과해서는 안 될 것은 우리가 도리어 진짜 예수쟁이가 되지 않으면, 그리스도인이라는 우리가 도리어 진짜 예수쟁이를 박해하는 어리석음을 범할 수 있다는 것입니다.

우리 교회와 저 자신의 예를 들어 설명드리는 것을 양해해 주시기 바랍니다. 양화진외국인선교사묘원과 용인순교자기념관의 법적 소유주인 한국기독교100주년기념사업협의회가 두 성지를 관리 보존하고, 신앙 선조들의 믿음을 계승하여 선교 200주년을 향한 비전을 함양하기 위해 2005년 7월 10일 100주년기념교회를 창립할 당시, 이곳 양화진을 사유화하고 있던 단체와 개인들이 있었습니다. 그분들에 의해 묘지 불법 매매가 이루어지고, 무질서한 관광지로 전락되고, 특정 교회 혹은 개인의 기념비가 난립하던 이곳 양화진은, 한마디로 대한민국의 법이 통하지 않는 치외법권 지대였습니다. 그러나 100주년기념교회가 설립되고 매사에 대한민국의 법질서를 존중하자, 이를 불편하게 여긴 분들이 우리 교회 교인이 증가하는 것을 못마땅하게 여기는 단체와 함께 우리 교회를 무너뜨리기 위해 그동안 협의회와 우리 교회를 얼마나 거짓 모함해 왔는지는 일일이 열거할 수조차 없습니다. 그분들이 협의회 어른들과 저를 걸어 수차례 제기한 민형사상의 고발과 고소는 모두 무혐의와 증거 없음으로 기각되었습니다. 심지어는 검찰의 결정을 믿을 수 없으니 법원이 기소명령을 내려 줄 것을 요청한 재정신청마저 최근에 고등법원에 의해 기각되었습니다. 대한민국의 법이 그분들의 주장이 허위임을 밝혀 준 것입니다.

그러나 그분들은 그것으로 그치지 않고 온갖 모함을 계속하면서, 특히 우리 교회가 '장로·권사 호칭제'를 실시하는 것을 빌미로 삼아 저를 비난하고 있습니다. 이를테면 우리 교회가 '장로·권사 호칭제'를 실시하는 것은 제가 교인들을 끌어모으기 위해 시도하는 술책으로서, 이는 한국 교회의 질서를 무너뜨리는 반교회적 행위라는 것입니다. 그래서 우리 교회가 위치하고 있는 마포구교회협의회 명의로 저를 비난하는 성명서를 발표하게 하고, 또 마포구청장에게 우리 교회는 몹쓸 교회이므로 우리 교회에 예배당 신축 허가를 내어 주면 안 된다는 내용의 편지를 보내기도 했습니다. 그분들은 마치 우리 교회가 장로·권사로 불리기 원하는 마포구 주민들로 구성된 것처럼 속단하고 있는 셈입니다. 그러나 우리 교회에 출석하는 교인들 중에 장로·권사와 무관한 새신자와 2, 30대 청년 그리고 40대가 전 교인의 80퍼센트가 넘고, 마포구 아닌 지역에서 출석하는 교인이 90퍼센트가 넘으며, 지난 3년 9개월 동안 세례 입교자가 300명이 넘는 것을 감안하면, 그분들의 주장이 얼마나 터무니없는 모함인지 알 수 있습니다. 그런데도 제가 속한 예수교장로회(통합) 서노회는 우리 교회가 '장로·권사 호칭제'를 시행한다는 이유로, 며칠 전 교단 총회에 저를 징계할 것을 촉구하는 헌의서를 제출하기도 했습니다.

전 세계에서 한국 교회처럼 계급화되고 권력화된 장로·권사 제도를 가진 교회는 한국밖에 없습니다. 그와 같은 장로·권사 제도가 한국 교회 부흥에 큰 기여를 한 것도 사실이지만, 그러나 그 자체가 한국 교회를 타락시키는 가장 큰 병폐임은 아무도 부인할 수 없습니다. 한국 교회에서 장로·권사 투표가 있을 때마다 돈을 쓰면서까지 선거운동을 하는 사람들이 있고, 선거가 끝난 뒤에는 교회가 각종 후유증으로 진통을 겪고, 또 임직하는 장로·권사가 교회에 거액을 헌금하는 것을 당연시하는 것 등은, 한국 교회가 장로·권사를 계급 혹은 감투로 인식하기 때문입니다. 그래서 아무리 믿음이 좋은 교인이라도 돈이 없고 사회적으로 내세울 것이 없는 사람은 장로·권사가 될 수 없는 것이 한국 교회 현실이기도 합니다. 개신교가 하나님의 말씀에 입각하여 모든 교인은 하나님 앞에서 똑같은 제사장이라는 '만인제사장'의 논리로 천주교의 계급제도를 비난하면서도, 한국 교회의 장로·권사 제도에 관한 한 한국 개신교는 천주교와 아무런 차이가 없습니다.

미국 장로교회에서 장로를 직능으로 간주하여 20대를 대표하는 20대 장로도 있는 것은, 장로를 전혀 계급으로 여기지 않기 때문입니다. 한국 교회에서 오늘날과 같이 계급화된 장로·권사 제도가 철폐되어야 한다는 이야기가 나온 것은 어제오늘의 일이 아닙니다. 그러나 특정 교단에 소속된 개교회가 그 일을 시도한다는 것은 한국 교회의 풍토 속에서 불가능한 일입니다. 다행히 우리 교회는 20개 교단이 연합하여 결성된 협의회에 의해, 애당초 어느 특정 교단에 소속되지 않는 초교파적인 독립 교회로 설립되었습니다. 그래서 우리 교회는 우리 교회의 정관에 따라, 교회를 운영하는 직분으로서의 장로·권사가 아니라, 우리 교회 정관이 정한 기준에 맞는 어른들을 모두 구별 없이 장로와 권사로 존중하여 부르는 '장로·권사 호칭제'를 실시하게 되었습니다. 이로써 우리 교회는 장로·권사 제도에 관한 한, 명실공히 만인제사장의 정신을 실천하는 물꼬를 처음으로 튼 셈이 되었습니다.

이것을 계기로 하여 한국 교회의 그릇된 장로·권사 제도는 앞으로 어떤 식으로든 변화를 모색하게 되리라고 저는 믿고 있습니다. 지금처럼 계급화된 장로·권사 제도를 고수하는 한 한국 개신교는 아무리 개신교라 주장해도, '오직 말씀 sola scriptura'의 토대 위에서 만인제사장을 표방하는 진정한 개신교회일 수는 없기 때문입니다. 물론 이로 인해 불편을 느끼는 분들이 앞으로 저를 지금보다 훨씬 더 거세게 비방할 것도 예상하고 있습니다. 그렇지만 지난 3년 9개월 동안 온갖 비방 속에서도 그래 왔듯이, 앞으로도 주님께서 부르신 이곳 양화진 동산에서 제가 넘어야 할 소명의 산맥을 꿋꿋이 넘고자 합니다. 한국 교회의 그릇된 제도를 맹목적으로 답습하기보다 주님을 더 사랑하고, 숱한 사람들의 악의에 찬 근거 없는 비난과 비방에 굴종하기보다는, 우주 만물보다 더 크신 주님의 말씀을 좇는 진짜 예수쟁이로 제 생을 마감하고 싶기 때문입니다.

우리 교회 교회학교 중등부 팀장으로 봉사하는 이준섭 집사님의 글을 당사자의 허락을 받아 읽어 드리겠습니다.

저는 현대자동차에서 근무하고 있습니다. 졸업을 두세 달 앞두었을 때 갑자기 취업하기로 하고 어디를 지원할까 망설이다가, 평소 자동차와 운전을 좋아했기에 현대자동차에 지원하여 지금까지 다니고 있습니다. 예전에는 길거리에 다니는 자동차를 보면 카니발, 세피아, 에스페로, 렉스턴 등 자동차 이름이 보였는데, 현대자동차에 입사한 뒤에는 신기하게도 세상에서 딱 두 가지 종류의 차만 보이기 시작했습니다. 즉 '현대차'와 '현대차가 아닌 차'였습니다. 입사하여 이런저런 교육을 받는 가운데 애사심이 싹텄던 것 같습니다.

그리고 이 세상을 자동차를 중심으로 한 구속사적 관점에서 바라보게 되었습니다. 예를 들면 현대차를 타는 사람들은 구원받은 기독교 신자, 기아차는 같은 주인을 모시고 있기에 기아차를 타는 사람은 천주교 신자, 대우나 쌍용차를 타는 사람은 예전부터 우리와 함께했기에 우리 삶에 많은 영향을 미치고 있는 불교 신자, 국내 자동차 시장을 점점 잠식하고 있는 수입 차를 타는 사람은 우리와 동떨어진 이슬람교 신자⋯⋯ 자꾸 이런 식으로 세상이 보이는 겁니다. 이런 관점에서 우리 청소년부 교사들을 구분해 보았습니다.

*기독교 신자: 이준섭, 이은경, 홍성광 선생님
*천주교 신자: 김효숙·이양묵 목사님, 최낙정, 정인수, 이경진 선생님
*불교 신자: 홍승원 선생님(대승불교: 중형차량), 김서연, 박주희, 김현정 선생님(소승불교: 마티즈)

*이슬람교 신자: 김은영 선생님

또 현대자동차의 관점으로 우리 신앙생활의 용어도 정의해 보았습니다.

*구원: 현대차를 사는 것
*회개: 다른 차를 타다가 현대차를 사는 것
*유아세례: 부모가 자식에게 현대차를 사주는 것
*입교: 장성한 자식이 스스로 현대차를 사는 것
*새신자반: 3,000cc 이하의 중·소형 현대차를 사는 것
*성숙자반: 3,000cc 이상의 대형 현대차를 사는 것
*신앙의 성장(성화): 더 큰 현대차를 사는 것
*불순한 신앙: 현대차를 마음대로 튜닝(개조)하는 것
*선교사: 현대차 판매 사원

현대자동차 AS사업부에 근무하는 이준섭 집사님이 재미로 쓴 글이지만, 그러나 이 글은 우리에게 깊은 감동을 주고 있습니다. 세상을 온통 현대자동차의 관점에서 바라보는 이분은 그야말로 '현대자동차쟁이'가 아니겠습니까? 현대자동차의 녹을 먹는 직원이라면 이분처럼, 어떤 상황 속에서도 현대자동차를 가장 크게 여기는 현대자동차쟁이가 되어야 마땅하지 않겠습니까? 현대자동차 직원들이 모두 현대자동차쟁이들이 될 때, 그 쟁이들을 통해 이 땅에 현대자동차의 영역이 확대되지 않겠습니까?

사랑하는 교우 여러분!

우리에게 구원을 주신 주님께서 우주 만물보다 더 크신 임마누엘 하나님이심을 믿으십니까? 그렇다면 우리 모두 본문 속의 그리스도인들처럼, 어

떤 상황 속에서도 주님을 좇는 진짜 예수쟁이로 살아가십시다. 그때 우리로 인해, 거짓과 불의와 모순투성이인 이 세상이 새로워질 것입니다. 우주 만물보다 더 크신 주님께서는 언제나, 진짜 예수쟁이를 통해 역사하시기 때문입니다.

오늘도 우리를 불러 주시고, 말씀을 통하여 우리의 허약한 믿음을 일깨워 주셔서 감사합니다. 하나님을 믿는다면서도 하나님보다 우리 자신을 더 믿었기에, 진짜 예수쟁이로 살지 못한 채, 그동안 귀한 인생을 무의미하게 탕진해 온 우리의 어리석음을 용서해 주십시오.

이제 우리 모두 안디옥의 그리스도인들처럼 진짜 예수쟁이로 살기를 원합니다. 진짜 예수쟁이는 거저 되는 것이 아니라, 값비싼 믿음의 대가를 치러야 함을 잊지 말게 해주십시오. 어떤 상황 속에서도, 우주 만물보다 더 크신 하나님을 온전히 신뢰하는 진짜 예수쟁이가 되게 해주십시오. 우주 만물보다 더 크신 하나님을 믿고 마땅히 져야 할 십자가를 기꺼이 짐으로, 날마다 부활의 생명 속에서 살아가는 진짜 예수쟁이가 되게 해주십시오. 우주 만물보다 더 크신 하나님을 믿기에, 살아 있는 동안 이 어둔 세상을 밝히는 진리의 빛으로 살다가, 우리의 코끝에서 호흡이 멈추는 순간, 우주 만물보다 더 크신 하나님 안에서 우주 만물보다 더 크신 하나님의 영원한 생명을 누리는 진짜 예수쟁이가 되게 해주십시오. 아무리 비싼 대가를 치르더라도 진짜 예수쟁이로 사는 것이 우리 자신을 가장, 그리고 영원히 존귀하게 하는 유일한 길임을, 언제 어디서나 잊지 않는 지혜로운 예수쟁이로 살게 해주십시오. 아멘.

19. 부조를 보내기로 _{가정 주일}

> **사도행전 11장 27-30절**
> 그때에 선지자들이 예루살렘에서 안디옥에 이르니 그중에 아가보라 하는 한 사람이 일어나 성령으로 말하되 천하에 큰 흉년이 들리라 하더니 글라우디오 때에 그렇게 되니라 제자들이 각각 그 힘대로 유대에 사는 형제들에게 **부조를 보내기로** 작정하고 이를 실행하여 바나바와 사울의 손으로 장로들에게 보내니라

오늘 본문은 큰 흉년으로 재난을 당한 예루살렘과 인근 그리스도인들을 위하여, 바울과 바나바가 공동으로 목회하던 안디옥 교회 교인들이 구제금을 모아 전달한 내용을 보여 주고 있습니다.

그때에 선지자들이 예루살렘에서 안디옥에 이르니 그중에 아가보라 하는 한 사람이 일어나 성령으로 말하되 천하에 큰 흉년이 들리라 하더니 글라우디오 때에 그렇게 되니라(27-28절).

지난 시간에 말씀드렸던 것처럼, 극심한 흉년이 팔레스타인 지역을 휩쓴 것은 글라우디오 황제가 로마제국을 다스리던 주후 46년부터 48년 사이의 일이었습니다. 만약 본문의 핵심이, 지방의 작은 교회가 재난을 당한 예루살렘 모교회를 도왔다는 사실에 있다면, 그 시기가 글라우디오 황제 때였음을 밝히는 것만으로도 충분할 것입니다. 그런데 본문은 예루살렘에서 안디옥에 이른 선지자 중에서 아가보가 성령님의 역사 속에서 흉년을 예고했고, 그의 예고가 글라우디오 황제 때에 실제로 일어났다는 식으로 장황하게 증언하고 있습니다. 언뜻 그것은 핵심에서 벗어난 군더더기처럼 보여, 그 구절을 삭제해도 무방할 것처럼 보입니다. 그러나 성경의 모든 구절, 모든 단어가 모두 하나님의 말씀이지 않습니까? 그러므로 언뜻 무의미해 보이는 그 구절 속에도 깊은 의미가 있음이 분명합니다.

성령님의 역사 속에서 대흉년을 예고했던 본문의 아가보는, 본문을 훌쩍 뛰어넘어 사도행전 21장에 다시 등장합니다. 그때는 바울이 3차 선교 여행을 마무리하면서, 그 이후 로마로 갈 것을 결심했을 때였습니다. 주님을 위해 최종적으로 자신의 생을 던져야 할 곳이 로마임을 확신한 바울은, 예루살렘에서 매듭지어야 할 일을 매듭지은 뒤 로마로 향하기 위해 먼저 가이사랴에 도착했습니다. 마침 그곳에는 기독교 역사상 최초로 사마리아 사람들에게 복음을 전했던 빌립 집사가 정착해 살고 있었습니다. 바울이 그 빌립 집사의 집에 여장을 풀었을 때, 그 유명한 선지자 아가보가 그곳에 나타났습니다. 그리고 바울에게, 예루살렘으로 가면 유대인에게 체포당하여 고난을 당하게 되리라고 성령님의 역사 속에서 예고하였습니다. 그 말을 들은 가이사랴의 그리스도인들은 깜짝 놀라, 바울에게 예루살렘으로 올라가지 말 것을 눈물로 간청했습니다. 그때 바울이, 자신을 사랑하기에 자신의 예루살렘행을 눈물로 만류하는 믿음의 형제들에게 이렇게 말했습니다.

바울이 대답하되 여러분이 어찌하여 울어 내 마음을 상하게 하느냐 나는 주 예수의 이름을 위하여 결박당할 뿐 아니라 예루살렘에서 죽을 것도 각오하였노라 하니(행 21:13).

하나님께서는 바울이 말한 이 고백의 깊은 의미를 우리에게 보다 정확하게 일깨워 주시기 위하여, 그보다 훨씬 이전인 오늘 본문 속에 선지자 아가보를 미리 등장케 하신 것입니다.

아가보는 성령님의 역사 속에서 대흉년이 일어날 것을 정확하게 예고했을 정도로 위대한 선지자였습니다. 그 아가보가 성령님의 역사 속에서 바울에게, 예루살렘으로 올라가면 즉각 붙잡혀 결박당하여 고난받을 것을 예고했습니다. 바꾸어 말하면 성령님께서 아가보를 통해 친히 예고하신 것이었습니다. 그렇다면 바울이 예루살렘으로 올라가기만 하면 체포당할 것은 불을 보듯 뻔한 일이었습니다. 그래서 가이사랴의 그리스도인들은 바울의 예루살렘행을 눈물로 만류하였습니다. 성령님께서 바울이 예루살렘에서 체포될 것을 미리 예고해 주셨다면, 그것은 예루살렘으로 향하려는 바울의 앞길을 막으시려는 성령님의 역사라고 이해한 까닭이었습니다. 그러나 바울은 아가보의 동일한 예고를 전혀 다르게 받아들였습니다. 성령님께서 위대한 선지자 아가보를 통해 그렇게 말씀하셨다면, 성령님의 말씀대로 자신이 예루살렘에서 체포될 것은 의심할 여지도 없었습니다. 그러나 바울은, 성령님께서 그 사실을 미리 일러 주신 것은 그러므로 예루살렘을 피하라 하심이 아니라, 그럼에도 불구하고 자신을 예루살렘으로 부르시는 주님의 명령이자 격려로 받아들였습니다. 바울에게는 아가보를 통한 성령님의 예고가 다음과 같은 의미였습니다.

바울아, 지금부터 네가 예루살렘을 거쳐 로마로 향해 가는 길은 이처럼 핍박과 고난이 따르는 길이란다. 그러나 나는 네가 나와 함께 이 길을 끝까지 가리라고 너를 믿는다.

이처럼 온갖 위험이 도사리고 있음을 알면서도 주님을 위해 가야 할 길이기에, 그 길 가기를 마다하지 않은 바울을 통해 주님께서 인류의 역사를 새롭게 하신 것은 너무나도 당연한 일이었습니다. 그리스도인들은 어떤 상황 속에서도 주님과 함께 가야 할 길을 가고, 해야 할 것을 행하는 사람입니다.

그렇다면 오늘 가정 주일을 맞아, 주님께서 우리에게 행하기를 원하시는 것은 무엇이겠습니까? 오늘의 본문이 그 해답을 제시해 주고 있습니다.

제자들이 각각 그 힘대로 유대에 사는 형제들에게 부조를 보내기로 작정하고(29절).

팔레스타인을 휩쓴 대흉년으로 예루살렘과 인근 그리스도인들이 재난을 당했다는 소문은, 예루살렘에서 480여 킬로미터 떨어진 안디옥 교회 교인들에게까지 전해졌습니다. 그들은 그 사실을 접하는 즉각 예루살렘의 그리스도인들에게 각각 힘이 닿는 대로 부조금, 다시 말해 구제금을 보내기로 작정했습니다. 그런데 우리말 "부조"라 번역된 단어가 헬라어 원문에는 '디아코니아$\delta\iota\alpha\kappa o\nu\iota\alpha$'로 명기되어 있습니다. 헬라어 디아코니아는 본문 아래쪽 각주에서 밝히고 있는 것처럼 '봉사'를 의미하는 단어입니다. 그런데도 본문에서는 그 단어가 돈의 의미로 사용되었습니다. 그 이후 안디옥 교회 교인들을 대표하여 바나바와 바울이 예루살렘 모교회에 구제금을 전달하고 되돌아올 때의 상황을 전해 주는 사도행전 12장 25절도 다음과 같이 증언하고 있습니다.

> 바나바와 사울이 부조하는 일을 마치고 마가라 하는 요한을 데리고 예루살렘에서 돌아오니라.

여기에서 "부조하는 일"이라는 표현 역시 헬라어 원문에는 '디아코니아', 즉 '봉사'라고 기록되어 있습니다. 이처럼 안디옥의 그리스도인들은 봉사와 돈을 구별하지 않았습니다. 흉년으로 재난을 당한 이재민을 위한 봉사는 여러 형태로 나타날 수 있습니다. 멀리서 위문품을 보낼 수도 있고, 직접 찾아가 손과 발로 일을 거들어 줄 수도 있고, 이재민의 손을 잡고 격려의 말을 전해 줄 수도 있습니다. 그러나 갑자기 재난을 당한 사람에게 자기 주머니의 돈을 나누어 주는 것보다 더 확실한 봉사는 없습니다. 갑자기 재난을 당한 사람들의 사정이 다 다르기에, 그 각각의 사람이 가장 절실하게 필요한 것이 무엇인지는 재난 당한 당사자 외에는 정확하게 알 수 없기 때문입니다. 이런 의미에서 갑자기 재난을 당한 예루살렘 교인들에게 어설픈 위문품보다는 돈을 모아 보내면서, 그 돈 자체를 봉사로 간주한 안디옥 교회 교인들의 신앙 자세는 우리에게 큰 교훈을 던져 주고 있습니다.

주님을 배신했던 가룟 유다는 스스로 목매어 자살하는 것으로 자신의 생을 마감하였습니다. 주님께서 부활 승천하신 뒤, 초대교회 교인들은 자살한 가룟 유다를 대신할 사도를 보선하기로 했습니다. 그들은 교인 중에서 요셉과 맛디아 두 사람을 최종 후보로 선출한 뒤, 제비뽑기를 통해 맛디아를 새로운 사도로 보선하였습니다. 그때 교인들은 요셉과 맛디아를 놓고 제비뽑기를 실시하기 전에 하나님께 이렇게 기도하였습니다.

> 그들이 기도하여 이르되 뭇사람의 마음을 아시는 주여 이 두 사람 중에 누가 주님께 택하신 바 되어 봉사와 및 사도의 직무를 대신할 자인지를 보이시옵소서(행 1:24-25상).

여기서 "봉사"로 번역된 헬라어 원어 역시 '디아코니아'입니다. 즉 초대교회 교인들은 사도의 첫째 의무를 디아코니아, 즉 봉사로 여기고 있었습니다. 우리는 모두 이 시대를 위한 사도로 주님의 부르심을 받은 그리스도인입니다. 그러므로 그리스도인인 우리의 첫째 의무 역시 봉사입니다.

그리스도인은 세상과 격리된 수도원 속에 사는 수도사가 아닙니다. 그리스도인은 이 세상 속에서 주님의 말씀을 좇아 사는 사람입니다. 그러므로 그리스도인의 봉사는 예배당 안에만 국한되지 않고 예배당 밖 세상을 향해야만 합니다. 대한민국의 국민으로서 나라와 사회에 대한 봉사의 의무를 다해야 하는 것입니다. 내 집 앞을 청소하고, 교통법규를 준수하고, 약한 사람을 돕는 것도 훌륭한 봉사일 수 있습니다. 그러나 봉사와 돈을 구별하지 않는 오늘의 본문은, 그리스도인이 나라와 사회를 위해 행할 수 있는 가장 좋은 봉사 역시 내 주머니의 돈을 나누는 것임을 일깨워 주고 있습니다. 그것은 '납세의 의무'를 다하는 것입니다. 그리스도인이 납세의 의무를 다하는 것보다, 나라와 사회를 위한 더 큰 나눔의 봉사는 있을 수 없습니다. 국민이 납부하는 세금으로 나라가 지켜지고, 이 사회가 발전되고, 소외된 이웃에 대한 배려도 가능하기 때문입니다. 그러므로 나라와 사회를 위한 가장 큰 나눔의 봉사로 납세의 의무를 다해야 할 그리스도인에게 탈세는 있을 수 없습니다.

바리새인들이 예수님을 올무에 빠뜨리기 위해 예수님께 가이사, 즉 로마 황제에게 세금을 납부하는 것이 옳은지를 물었습니다. 당시 유대인들은 로마제국의 식민 통치하에 있었으므로, 유대인치고 정복자인 로마제국에 세금 납부하기를 달가워하는 사람은 없었습니다. 세리에게 뇌물을 주어서라도 세금을 납부하지 않거나, 가능한 한 세금을 적게 내려는 풍조가 만연해 있었습니다. 만약 예수님께서 대중의 지지를 얻기 위해 그와 같은 세상 풍조에 동조하신다면, 바리새인들로서는 예수님을 비방할 좋은 고소거리를 얻게 되는 셈이었습니다. 그러나 그 질문에 대한 예수님의 답변은 명쾌하고도 확고했습니다. "가이사의 것은 가이사에게, 하나님의 것은 하나님께 바치라"는 것이었습니다. 그리스도인이 하나님께 헌금을 바친다고 해서 납세의 의무를 다하지 않아도 되는 것은 아닙니다. 양로원이나 고아원에, 혹은 선교사에게 후원금을 보내는 것이 탈세의 명분이 될 수도 없습니다. 그리스도인은 하나님께 바치는 헌금과는 별도로 반드시 납세의 의무를 다해야 합니다. 헌금이 하나님에 대한 봉사를 다하는 것이라면, 세금은 하나님께서 당신의 섭리에 따라 백성으로 살게 하신 이 나라에 대한 봉사를 다하는 것이기 때문입니다.

　흔히 사람들은 세금이라면 사업가나 봉급자, 혹은 돈이 많은 사람에게만 국한된 것으로 생각합니다. 세금을 자신과는 무관한 것으로 여기는 사람이 그만큼 많다는 말입니다. 그러나 너무나 당연하게도 소득이 있는 사람이라면, 빈부귀천 남녀노소를 막론하고 누구든지 헌법에 명시된 납세의 의무를 다해야만 합니다.

　제가 3년간 스위스에 살면서 그곳 국민을 부러워한 것 중의 하나가, 누구든 세금 납부를 지극히 당연한 의무로 받아들인다는 것이었습니다. 길거리에서 포장마차 가게를 운영하는 사람도 세금을 납부합니다. 대학생이 방학을 이용하여 아르바이트로 얻은 수입에 대해서도 세금을 납부합니다. 심지어는 주부가 자기 집에서 꽃꽂이나 외국어 개인 강습을 통해 얻는 수입에 대해서도 세금을 납부합니다. 스위스에서는 길거리에서 포장마차 가게를 운영하기 위해서도 반드시 관계당국의 허가를 얻어야 합니다. 따라서 당국의 감독하에 있는 포장마차 가게 주인은 어쩔 수 없이 세금을 납부하는 것 아니냐고 속단할 수도 있습니다. 그러나 스위스의 대학생과 주부의 경우를 보면 그게 아님을 알게 됩니다. 스위스의 대학생이 아르바이트를 통해, 그리고 주부가 자기 집에서 개인 강습을 통해 얻는 수입은 세금 추적이 불가능하므로 세금을 납부하지 않는다 한들 누가 알 수 있겠습니까? 그런데도 그들은 수입이 면세점免稅點을 초과할 경우 자발적으로 세금을 납부합니다. 스위스가 16세기 종교개혁이 만개했던 나라로서 그 나라의 국기가 곧 십자가임을 감안하면, 기독교정신의 바탕 위에 세워진 그 나라의 백성들이 납세의 의무를 국가에 대한 가장 큰 봉사로 실천하고 있는 것은 조금도 이상한 일이 아닙니다.

그러나 우리나라의 경우는 어떻습니까? 서울 시내 중심 대로변의 포장마차 권리금은 엄청난 금액을 호가하는 것으로 알려져 있습니다. 그만큼 수입이 좋다는 의미입니다. 그러나 서울 시내 중심가에서 포장마차를 운영하는 분 가운데 몇 분이나 세금을 납부하고 있겠습니까? 자유직업이나 개인 강습을 통해 개인적으로 돈을 버는 가정주부 중에 과연 세금을 납부하는 분들이 얼마나 되겠습니까? 방학 동안에 아르바이트로 얻은 수입을 세금과 연관 지어 생각하는 대학생이 과연 이 땅에 몇 명이나 되겠습니까? 그분들 모두가 그리스도인이 아니기 때문이겠습니까? 그렇지 않습니다. 그들 가운데에도 4분의 1은 분명히 그리스도인들일 것입니다. 그렇지만 세금에 관한 한, 그리스도인과 비그리스도인 사이에 아무 차이가 없습니다. 그리스도인조차 법에 따라 응당 납부해야 할 세금을 납부하지 않으면서도 아무런 가책이나 갈등을 느끼지 않습니다.

이런 관점에서 볼 때, 우리나라는 아직도 정의로운 선진국이 되려면 한참 멀었습니다. 선진국이냐 아니냐를 가름하는 첫 번째 척도는 그 나라의 국민이 납세의 의무를 다하느냐에 있습니다. 선진국은 거저 되는 것이 아니라, 값비싼 경비를 치러야 하기 때문입니다. 우리의 자식들이 대대손손 살아갈 우리나라를 정의로운 선진국으로 만드는 것보다 더 큰 자식 사랑은 없습니다. 자식들에게 불의한 나라를 물려주는 것은, 자식들로 하여금 불의한 나라 속에서 계속 불의한 삶을 살도록 방치하는 것이기에, 그것은 자식을 바르게 사랑해야 할 부모의 책임을 유기하는 것입니다.

저 자신의 이야기를 드리는 것을 양해해 주시기 바랍니다. 제가 20여 년 전 주님의교회를 시작하면서 교회에서 받는 신수비에 대해 관할 세무서인 강남세무서에 갑근세를 납부하려 하자, 세무서 직원은 성직자가 세금을 납부하는 것은 전례가 없는 일이라며 세금 수령을 거절했습니다. 세금을 내지 않는 것이 문제이지 자발적으로 납부하는 것이 왜 문제가 되느냐며, 세무서 직원을 겨우 설득하여 세금을 납부할 수 있었습니다. 2005년 우리 교회가 이곳에 설립되었을 때, 관할 세무서인 마포세무서에서도 동일한 과정을 겪어야 했습니다. 제가 세무서 직원을 설득하면서까지 제 동역자들과 함께 세금을 자진 납부하는 데에는 이유가 있습니다. 첫째는, 제가 세금을 감면받는 목사이기 이전에 대한민국헌법이 명시한 납세의 의무를 준행해야 하는 대한민국 국민이기 때문입니다. 둘째는, 그리스도인에게 나라와 사회를 위한 가장 큰 나눔의 봉사는 납세의 의무를 다하는 것임을 알기 때문입니다. 그리고 마지막으로는, 제가 먼저 납세의 의무를 다해야만 이 땅의 그리스도인들에게 탈세하지 말라고 떳떳하게 말할 수 있기 때문입니다.

현행 세법상 부양가족이 없는 사람(독신자일 수도 있고, 직업을 가진 사람의 배우자나 자녀일 수도 있습니다. 후자의 사람들은 직업을 가진 사람의 부양가족으로 분류되므로, 그들이 별도의 소득을 가질 경우 부양가족이 없는 사람으로 세금을 납부하게 됩니다.)의 경우 근로소득이 월수입 79만 5,000원 미만인 사람은 세금을 납부하지 않아도 됩니다. 그 이상부터 세금을 납부해야 하는데, 월수입 79만 9,999원까지의 세금은 30원, 월수입이 100만 원인 경우의 세금은 2,410원입니다. 그것은 수입의 0.0037퍼센트에서 0.24퍼센트에 불과한 대수롭지 않은 금액입니다. 그러나 그 적은 금액을 자신이 응당 납부해야 할 의무로 알아 자진 납부하느냐 않느냐는 엄청난 차이를 초래합니다. 포장마차 주인이든, 주부든, 대학생이든, 그 금액을 마땅히 납부해야 할 자신의 의무로 생각하는 사람은 대한민국의 책임 있는 구성원으로서 나라를 위해 나머지 의무도 다할 수 있습니다. 그러나 아무리 적은 금액이라도 세금을 납부할 생각일랑 아예 하지 않는 사람은 항상 국가와 다른 사람이 자신을 위해 무엇인가 해주기만을 바랄 뿐, 자신은 국가나 다른 사람을 위해 그 무엇도 하려 하지 않는 이기적인 마음으로 법과 공익을 무시하게 됩니다.

남녀노소 빈부귀천을 막론하고, 자신의 소득에 대해 법이 정한 합당한 세금을 납부하는 것이 나라와 사회에 대한 봉사의 첫걸음임은 아무리 강조해도 지나침이 없습니다. 물질이 있는 곳에 마음이 있는 법이기에, 나라를 위해 자신의 물질을 기꺼이 나눌 수 있는 마음을 지닌 사람만 그 마음으로 나라를 위해 다른 법도 지킬 수 있습니다. 그러므로 모든 그리스도인은 기꺼이 납세의 의무를 다해야 하고, 그리스도인 세무 공무원은 어떤 경우에도 세금을 개인 치부를 위한 수단으로 삼아서는 안 됩니다. 우리 그리스도인들이 그렇게 살아갈 때 매사에 법과 공익을 존중하는 우리로 인해 우리나라는 맑고, 투명하고, 정의로운 선진국으로 일구어지게 될 것입니다.

오늘은 가정 주일입니다. 해마다 오늘이 되면 부모 공경, 자식 사랑, 형제 우애가 강조됩니다. 그러나 이런 가치는 주님을 믿지 않는 세상 사람들도 강조하는 것 아닙니까? 주님을 믿는 우리의 가정도 그런 것만을 최고의 가치로 여긴다면, 우리의 가정 역시 우리 가족만 알고 위하는 이기 집단으로 전락하지 않겠습니까? 주님을 믿는 우리의 가정마저 그렇게 된다면, 우리나라의 미래는 지금보다 훨씬 더 암울해지지 않겠습니까? 그렇다면 주님을 믿는 우리는 가정 주일을 맞아 가정에 대한 우리의 인식을 새롭게 해야 하지 않겠습니까?

하나님께서는 태초에 나라를 만드시지 않았습니다. 사회를 만드신 것도 아닙니다. 하나님께서는 태초에 가정을 만드셨습니다. 한 사회도, 한 국가도, 그 출발점은 가정이기 때문입니다. 각 가정이 모여 사회를 이루고 국가를 구성합니다. 그러므로 건강한 국가는 그 나라를 구성하는 각 가정이 건강한 나라요, 병든 나라는 각 가정이 병든 나라입니다. 정의로운 나라는 그 나라를 이루고 있는 각 가정이 정의의 출발점이 되는 나라요, 불의한 나라는 각 가정이 불의에 친숙한 나라입니다. 그렇다면 우리는 오늘 가정 주일을 맞아 우리의 가정을 어떻게 세우고 지켜야 할지 그 해답을 알게 됩니다. 스위스의 주부와 대학생들이 개인 강습과 아르바이트를 통해 번 돈에 대해서도 자발적으로 세금을 기꺼이 납부하는 것은, 그들이 어릴 때부터 그런 가정에서 그렇게 보고 자랐기 때문입니다. 스위스 국민들이 세계에서 가장 철저하게 법을 지키고 공익을 중시하면서 온 산하를 자신들의 생명처럼 귀하게 가꾸는 것은, 그들이 어릴 때부터 그런 가정에서 그렇게 보고 자랐기 때문입니다. 우리나라에서 많은 사람들이 납세의 의무에 대한 의식이 희박하고 공익에 무관심한 것은, 어릴 때부터 그런 가정에서 그렇게 보고 배웠기 때문입니다. 이것이 사실이라면, 주님을 믿는 우리가 더 이상 이렇게 살 수는 없지 않겠습니까?

사랑하는 교우 여러분!

우리 모두 가정 주일을 맞아, 우리의 가정을 참된 신앙의 시발점으로 삼으십시다. 우리의 가정에서부터 돈을 치부의 대상이 아니라, 봉사의 수단으로 사용하십시다. 그리스도인이 나라와 사회를 위해 행복할 수 있는 가장 큰 나눔의 봉사가 세금을 납부하는 것임이 우리의 가정에서 당연지사가 되게 함으로써, 우리의 가정이 매사에 법과 공익을 존중하는 정의의 산실이 되게 하십시오. 그때 주님께서는 우리의 가정을 통해, 우리의 후손이 대대손손 살아갈 대한민국을 반드시 정의로운 선진국으로 일구어 주실 것입니다. 하나님께서 우리로 하여금 대한민국 속에서 그리스도인으로 살게 하신 이유가 바로 거기에 있기 때문입니다.

우리 모두 우리 자식들만의 부모가 아니라, 이 민족의 아버지와 이 민족의 어머니가 되게 해주십시오. 우리의 아들딸들이 우리만의 자식이 아니라, 이 민족의 아들딸들이 되게 해주십시오. 주님을 믿는 우리 모두, 위험이 도사리고 있음을 알면서도 주님을 위해 예루살렘으로 향했던 바울처럼, 어떤 상황 속에서도 그리스도인으로서 걸어야 할 길을 흔들림 없이 걸어가게 해주십시오. 안디옥 교회 교인들처럼, 돈을 치부의 대상이 아니라 봉사의 수단으로 삼게 해주십시오. '가이사의 것은 가이사에게, 하나님의 것은 하나님께 바치라'는 주님의 명령에 따라, 정당하게 세금을 납부하는 것이 이 나라와 사회를 위한 가장 큰 봉사임을 잊지 말게 해주십시오. 우리의 물질이 있는 곳에 우리의 마음이 있는 법이기에 우리가 먼저 납세의 의무를 준행함으로써, 그 마음으로 나라를 위한 다른 의무도 기꺼이 이행하게 해주십시오. 그리하여 우리의 가정이 참된 신앙의 출발점이 되게 하시고, 나라 사랑과 정의의 산실이 되게 해주십시오. 그와 같은 우리의 가정을 통하여 우리의 조국인 대한민국이 날로 새로워지게 해주십시오. 우리의 자식들에게, 그들이 대대로 살아갈 우리의 조국을 정의로운 나라로 만들어 주는 것보다 더 큰 자식 사랑이 없음을, 매일 우리의 삶으로 실천하게 해주십시오. 아멘.

20. 작정하고 실행하여

사도행전 11장 27-30절
그때에 선지자들이 예루살렘에서 안디옥에 이르니 그중에 아가보라 하는 한 사람이 일어나 성령으로 말하되 천하에 큰 흉년이 들리라 하더니 글라우디오 때에 그렇게 되니라 제자들이 각각 그 힘대로 유대에 사는 형제들에게 부조를 보내기로 **작정하고** 이를 **실행하여** 바나바와 사울의 손으로 장로들에게 보내니라

무릇 그리스도인이라면 예외 없이 하나님과 사람 앞에서 존귀한 존재가 되기를 원합니다. 그러나 대체 어떤 사람이 존귀한 사람입니까? 얼굴이 잘생긴 남자나 예쁜 여자가 존귀한 사람입니까? 외모는 뛰어나지만 경박하게 처신하는 사람도 얼마든지 있습니다. 돈이 많으면 존귀한 사람입니까? 돈은 많은데 천박한 언행을 일삼는 사람도 많습니다. 직위가 높으면 존귀합니까? 직위는 높지만 바른 성품과 인격을 갖추지 못한 사람도 부지기수입니다. 성경이 말하는 존귀의 기준은 외적 조건, 다시 말해 외모와 소유 혹은 직위와 같은 세속적인 가치에 있지 않습니다. 단지 외모가 예쁘고 돈이 많고

직위가 높다고 해서 우리가 그런 사람을 가리켜 "저 사람은 정말 존귀한 사람이야"라고 말하지 않는 이유가 여기에 있습니다.

하나님께서는 존귀와 관련하여 이렇게 말씀하셨습니다.

존귀한 자는 존귀한 일을 계획하나니(사 32:8상).

존귀한 사람은 존귀한 생각을 지닌 사람입니다. 아무리 값비싼 옷을 입고 있어도 생각이 천박하다면 그 사람은 천박한 사람입니다. 외모는 볼품없더라도 존귀한 생각을 지녔다면 그는 존귀한 사람입니다. 존귀는 인간의 외적 상태가 아니라 질적 상태를 표현하는 말이기 때문입니다. 그러나 존귀한 사람은 존귀한 생각만으로 그치지 않습니다. 아무리 존귀한 생각이라도 생각만으로 그친다면, 그것은 물거품처럼 순식간에 사라져 버릴 잡념에 지나지 않습니다. 존귀한 사람은 존귀한 생각의 토대 위에서 존귀한 일을 계획하는 사람입니다.

은행 금고를 털거나, 미술관 혹은 박물관의 고가 예술품을 훔치려는 지능범들의 이야기를 소재로 다룬 할리우드 영화들이 많습니다. 그 지능범들이 완전범죄를 위해 치밀하게 계획을 수립하는 것을 보면, 사람의 머리에서 어떻게 저런 생각이 나올 수 있을까 하고 경탄하게 됩니다. 그러나 그들의 계획이 완전무결하다고 해서 존귀한 계획인 것은 아닙니다. 어떤 계획의 존귀 여부는 계획의 구성 능력이 아니라, 계획의 내용에 달려 있습니다. 그래서 존귀한 사람은 허튼 계획을 세우지 않습니다. 존귀한 사람은 언제나 존귀한 생각의 토대 위에서 존귀한 일을 계획하는 사람입니다.

그러나 존귀한 계획만으로 그쳐서도 안 됩니다.

존귀한 자는 존귀한 일을 계획하나니 그는 항상 존귀한 일에 서리라 (사 32:8).

계획의 가치는 계획 그 자체에 있는 것이 아니라 계획의 다음 단계인 실행에 의해 확증됩니다. 실행으로 이어지지 않는 계획은 아무리 좋은 계획이라도 부화하지 못한 달걀처럼 무용지물일 뿐입니다. 그래서 존귀한 사람은 존귀한 생각의 토대 위에서 존귀한 일을 계획할 뿐 아니라, 자신이 계획한 존귀한 일에 서는 사람입니다. 바꾸어 말해 자신이 계획한 존귀한 일을 반드시 실행하는 사람입니다. 그래서 참된 존귀는 우리의 삶과 불가분의 관계에 있습니다. 존귀는 반드시 삶으로 드러나는 법이요, 삶으로 드러나지 않는 존귀는 참된 존귀가 아니기 때문입니다.

로마 황제 글라우디오 때에 팔레스타인을 휩쓴 극심한 흉년으로 예루살렘과 인근 그리스도인들이 큰 재난을 당했고, 그 소문은 예루살렘에서 480여 킬로미터 떨어진 안디옥 교회 교인들에게까지 전해졌습니다.

제자들이 각각 그 힘대로 유대에 사는 형제들에게 부조를 보내기로 작정하고(29절).

본문에서 "제자들"이라 표현된 안디옥 교회 교인들은 재난을 당한 유대 그리스도인들에게 즉각 구제금을 보낼 것을 작정했습니다. 갑작스레 재난을 당한 유대 그리스도인들에게 구제금을 보내야겠다고 생각하고 계획했다는 말입니다. 그들은 구제금을 보내되 그저 형식적인 체면치레를 위해서가 아니라, 각각 그들의 힘이 닿는 대로 구제금을 보내기로 했습니다. 얼마나 아름다운 작정입니까? 그 아름다운 작정은 작정 그 자체로 머물지 않았습니다.

이를 실행하여 바나바와 사울의 손으로 장로들에게 보내니라(30절).

안디옥 교회 교인들은 큰 재난을 당한 유대 그리스도인들에게 각각 힘이 닿는 대로 구제금을 모아 보내기로 작정한 그들의 계획을 실행하였습니다. 그들이 실제로 힘이 닿는 대로 구제금을 갹출하여 예루살렘 모교회로 보낸 것입니다.

여기에서 간과해서는 안 될 사실이 있습니다. 안디옥 교회 교인들이 재난을 당한 유대 그리스도인들에게 구제금을 보내겠다는 작정과 그 작정의 실행이 같은 날, 같은 시간에 이루어지지 않았을 것이라는 사실입니다. 예를 들어 안디옥 교회 교인들이 유대 그리스도인들의 재난 소식을 접하고 그들에게 힘이 닿는 대로 구제금을 모아 보낼 것을 작정한 것이 이번 주일이라면, 그들이 그들의 작정을 실행하여 구제금을 실제로 거두어 예루살렘으로 보내는 것은 빨라야 다음 주일일 것입니다. 이처럼 재난을 당한 유대인들을 돕겠다는 안디옥 교회 교인들의 작정과 그 작정의 실행 사이에는 최소한 일주일 이상의 시차가 있었을 것임에도, 각각 힘이 닿는 대로 구제금을 보내기로 작정한 안디옥 교회 교인들의 결심은 전혀 변하지 않았습니다.

안디옥 교회 교인들이 힘을 다해 구제금을 보내기로 작정한 대상은 자신들의 동족이 아니었습니다. 안디옥 교회 교인들은 이방인인 데 반해 유대 그리스도인들은 유대인들이었습니다. 이방인에게 유대인들은 유별난 민족이었습니다. 스스로 선민임을 자처하면서, 유대인이 아닌 사람은 인간으로 취급하려 하지도 않는 독선을 지닌 민족이었습니다. 생활 관습, 종교 문화, 전통, 사고방식 등 어느 것 하나 유별나지 않은 것이 없었습니다. 이방인치고 그렇듯 유별나고 독선적이기만 한 유대인들을 좋아하는 사람은 드물었습니다. 그런데도 안디옥 교회의 이방인 그리스도인들은 그 유대인들에게 힘이 닿는 대로 구제금을 모아 보내기로 작정한 것이었습니다.

또 그들이 힘을 다해 구제금을 보내기로 작정한 예루살렘 교회는 달동네의 빈민 교회가 아니었습니다. 예루살렘 교회는 당시 모든 교회의 모교회로서 그 유명한 사도들이 목회하는 교회요, 모든 교회 가운데 가장 큰 교회였습니다. 사도행전 6장에 의하면, 예루살렘 교회는 헌금 관리와 구제를 전담하는 집사 일곱 명을 따로 세울 정도로 탄탄한 규모와 제도를 갖춘 교회였습니다. 신생 안디옥 교회 교인들이 그처럼 큰 예루살렘 모교회를 돕기로 작정한 것입니다. 그것은 서울에 재난이 임하자 지방의 작은 교회가 서울 대형 교회에 구제 헌금을 힘을 다해 보내기로 작정한 것과 다름없었습니다. 그것은 참으로 존귀한 작정이었습니다.

그러나 그 존귀한 작정은 작정 당일에 실행된 것이 아니라, 그 작정을 실행하는 데에는 최소한 일주일 이상의 기간을 필요로 했습니다. 사람에게는 군중심리라는 것이 있습니다. 안디옥 교회 교인들이 모두 한자리에 모여 감동적인 분위기 속에서, 재난 당한 유대 그리스도인들을 위하여 힘을 다해 구제금을 모으자고 작정하는 것은 전혀 어려운 일이 아니었습니다. 그러나 최소한 일주일이 경과한 후에 그 작정을 실제로 실행하기에는 그들의 결심이 흔들릴 변수가 너무나도 많았습니다.

'아니, 우리가 왜 그 유별나고 독선적인 유대인들을 도와야 하는가? 왜 우리보다 더 큰 교회에 구제금을 보내야 하는가? 그 돈을 빈민촌에 보내면 훨씬 유용하게 쓰일 텐데! 차라리 우리 교회 예배당 건축을 위해 자금을 비축해 두는 것이 더 현명한 일이 아닌가? 꼭 구제금을 보내야 한다면 그저 인사치레면 족한 일이지, 굳이 그 큰 교회를 위해 우리처럼 작은 교회가 힘을

다해 헌금할 필요는 없지 않은가?'

이처럼 유대 그리스도인들을 돕기로 작정한 안디옥 교회 교인들에게는 자신들의 작정을 번복할 합리적인 이유와 충분한 시간이 있었지만, 그들은 최소한 일주일 전의 작정을 일주일 지난 뒤 조금도 어김없이 실행하였습니다. 그 이야기가 성경에 기록된 것은 하나님께서 그와 같은 안디옥 교회 교인들을 존귀하게 보셨기 때문입니다. 그러나 그들이 존귀한 것은 존귀한 것을 생각하고 작정했기 때문이 아니라, 그 작정을 삶으로 실행했기 때문입니다. 만약 그들이 갑자기 재난을 당한 유대 그리스도인들을 돕자고 작정하기만 하고 끝내 실행하지는 않았다면, 그들의 그 아름다운 이야기는 결코 성경에 기록되지 않았을 것입니다.

누가복음 10장에는 잘 알려진 '사마리아인'의 이야기가 등장하고 있습니다. 어떤 사람이 예루살렘에서 여리고로 내려가다가 광야 길에서 강도를 만났습니다. 강도들은 그 사람의 소유만 빼앗은 것이 아니라 그 사람에게 달려들어 몰매를 때렸습니다. 그러고는 거의 죽음 직전에 이른 그 사람을 길가에 내버려 두고 도망가 버렸습니다. 마침 그 길을 제사장과 레위인이 시차를 두고 지나갔지만, 그들은 모두 길가에 쓰러져 있는 그 사람을 피해 갔습니다. 그들은 그 경우에 무엇을 어떻게 해야 하는지 잘 아는 사람들이었지만, 그러나 아는 대로 작정하거나 실행할 의사가 없었습니다. 그 이후에 사마리아 사람이 그 길을 지나가게 되었습니다. 이방인의 피가 섞였다 하여 유대인들은 사마리아 사람을 인간으로 취급하지도 않았지만, 그 사마리아 사람은 길에 쓰러진 사람을 보고 불쌍한 마음을 품었습니다. 그는 가던 길을 멈추고 강도 만난 사람의 상처를 응급처치한 뒤에, 그를 자기 나귀에 태워 주막으로 데리고 갔습니다. 그리고 누가복음 10장 35절은 '선한 사마리아 사람' 이야기 중에서 가장 감동적인 장면을 다음과 같이 전해 주고 있습니다.

그 이튿날 그가 주막 주인에게 데나리온 둘을 내어 주며 이르되 이 사람을 돌보아 주라 비용이 더 들면 내가 돌아올 때에 갚으리라 하였으니.

사마리아 사람이 가던 길을 멈추고 길가에 쓰러져 있는 사람을 주막까지 데리고 간 것은, 그것으로 길에서 우연히 만난 그 사람에 대한 자신의 책임을 면하기 위함이 아니라, 그 사람을 끝까지 돌보아 주기로 작정했기 때문이었습니다.

우리가 오늘 멋진 작정을 했다 해도 하룻밤을 지나는 사이에 우리의 마음이 바뀌는 경우가 얼마나 많습니까? 그래서 이튿날 아침 해가 뜨기도 전에 우리의 작정이 물거품처럼 사라져 버리는 일이 얼마나 많았는지 헤아릴 수조차 없습니다. 그러나 사마리아 사람은 달랐습니다. 그는 이튿날이 되어서도 전날의 작정이 바뀌지 않았습니다. 그는 근로자 이틀분의 임금에 해당하는 두 데나리온을 주막 주인에게 주면서 강도 만난 사람을 돌봐 주기를 부탁했습니다. 그리고 추가 경비가 들면 자신이 여행에서 돌아오는 길에 지불하겠다는 약속도 잊지 않았습니다. 이처럼 사마리아 사람은 하룻밤이 지났는데도 전날의 작정이 조금도 변치 않았고, 강도 만난 사람을 끝까지 책임지겠다는 전날의 작정을 그대로 실행하였습니다.

당시 유대 사회에서 하나님께 드리는 제사를 주관하는 제사장과 레위인은 존귀한 신분이었습니다. 그러나 외딴 광야 길에 버려진 사람을 피해 간 그들은 전혀 존귀한 사람이 아니었습니다. 이방인의 피가 섞였다고 유대인들로부터 사람으로 취급받지도 못하던 사마리아인은 유대인의 관점에서 보면 비천한 인간이었습니다. 그러나 그 사람이 실은 존귀한 사람이었습니다.

그가 하나님 보시기에 얼마나 존귀한 사람이었으면 주님께서 친히 그 사람에 대해 말씀하시고, 그 이야기가 복음서에 기록되었겠습니까? 그러나 그가 존귀한 사람이었던 것은, 단지 존귀한 생각을 지니고 존귀한 계획을 작정했기 때문이 아니었습니다. 그가 존귀한 사람이었던 것은 존귀한 일을 작정하고 그 작정을 삶으로 실천했기 때문입니다. 그래서 주님께서는 '선한 사마리아 사람'의 이야기를 마치시며 누가복음 10장 37절을 통해 우리에게 "가서 너도 이와 같이 하라"고 명령하셨습니다. 매번 작정만 하는 사람으로 그치지 말고, 작정한 것을 삶으로 실행하는 사람이 되라는 명령입니다. 작정하는 것이 믿음이 아니라, 작정한 것을 실행하는 것으로부터 믿음의 삶이 시작되기 때문입니다.

만약 주님께서 우리를 죄와 사망에서 구원하시리라는 계획을 작정만 하시고 정작 십자가의 고난은 외면하셨다면, 오늘 우리에게 영원한 생명과 구원의 길이 주어졌을 리가 만무합니다. 주님께서 우리를 영원한 생명과 구원으로 인도하시는 존귀한 부활의 그리스도가 되신 것은, 인간을 구원하시겠다는 당신의 작정을 십자가 위에서 돌아가시기까지 실행하셨기 때문입니다. 주님께서도 실행하심으로써 존귀한 그리스도가 되셨다면, 실행 없는 존귀한 그리스도인이란 아예 존재할 수도 없습니다.

믿음은 작정이 아니라, 작정의 실행입니다. 그러므로 참된 그리스도인은 계획하고 작정한 것을 아무렇게나 실행하지 않고, 언제나 최선을 다해 실행합니다. 믿음은 작정이 아니라 작정의 실행임을 아는 탓입니다. 그래서 그 사람은 하나님에 의해 존귀한 그리스도인으로 세워집니다. 그는 존귀한 것을 계획하고 작정할 뿐 아니라, 그 작정을 최선을 다해 자신의 삶으로 실행하기 때문입니다.

주님께서 하찮은 인간을 죄와 사망에서 구원하시기로 작정하셨다고 해서 당신의 작정을 아무렇게나 실행하신 것은 아닙니다. 주님께서는 십자가에 못박혀 마지막 피 한 방울, 물 한 방울마저 다 쏟으시기까지 최선을 다하여 당신의 작정을 실행하셨습니다. 그리고 주님께서는 존귀한 그리스도로 부활하셨습니다. 안디옥 교회 교인들은 자신들의 동족도 아닌 유별난 유대인들에게, 자기들 교회보다 훨씬 큰 예루살렘 모교회에 구제금을 보내기로 작정한 것을 실행한다고 해서, 예루살렘 교회 교인으로 하여금 안디옥으로 와서 그 구제금을 가져가게 하지 않았습니다. 아무 사람이나 시켜 아무렇게나 전달한 것도 아니었습니다. 그들은 안디옥 교회의 공동 목회자인 바나바와 그때까지 사울로 불리던 바울로 하여금, 480여 킬로미터나 떨어진 예루살렘 모교회를 직접 찾아가 예의를 갖추어 구제금을 전달케 했습니다. 자신들의 작정을 실행하는 데 최선을 다한 것입니다. 하나님께서는 그들을 존귀하게 보시고, 그들의 이야기를 오늘의 본문 속에 기록게 하시어 그들을 영원히 존귀케 해주셨습니다. 누가복음 10장의 사마리아인도 강도 만난 사람을 돕겠다는 자신의 작정을, 이튿날이 되어서도 변심 없이 자신의 돈을 쓰면서까지 최선을 다해 실행하였습니다. 그리고 그 역시 복음서에 기록되어 영원히 존귀한 사람이 되었습니다.

하나님과 사람 앞에서 존귀한 그리스도인으로 살기 원하십니까? 그렇다면 존귀한 생각의 토대 위에서 존귀한 일을 계획하고 작정하십시오. 그 기준은 두말할 것도 없이 하나님의 말씀입니다. 존귀한 생각도, 존귀한 작정도, 오직 하나님의 말씀 속에서만 가능합니다. 영원불변의 진리이신 하나님의 말씀만 영원히 존귀하기 때문입니다. 그 존귀하신 하나님의 말씀 속에서 존귀한 것을 생각하고 계획하고 작정했다면, 그 작정을 최선을 다해 실행하십시오. 믿음은 작정이 아니라, 작정의 실행으로부터 믿음이 시작됩니다.

지난 금요일 음악회에 갔다가 왕년의 최고 인기 가수의 노래를 들었습니다. 비록 60세가 넘었을망정 한때 한국 최고의 가수였던 경력에 어울리게, 그분은 무대에 등장함과 동시에 관객을 사로잡았습니다. 그분이 부른 노래 가운데에 자신이 평생 1만 번 이상 불렀다는 그분의 최고 히트송도 있었습니다. 그러나 저 개인적으로 크게 아쉬웠던 것은, 물론 그분이 열창하기는 했지만, 시종일관 장난스러운 분위기로 노래를 불렀다는 것입니다. 바꾸어 말해 평생 직업 가수로 살아온 분답게 최선을 다하는 진지함을 보여 주지 않았다는 것입니다. 그래서 그분의 노래에 흥은 있었지만, 아쉽게도 아무 감동이 없었습니다. 미국 가수 앤디 윌리엄스Andy Williams의 대표곡은 〈문리버Moon River〉입니다. 그 역시 그 노래를 평생 1만 번 이상 부른 것으로 알려져 있습니다. 그러나 그는 그 노래를 언제 어디에서 부르든 듣는 이로 하여금 가슴 저미는 깊은 감동을 받게 합니다. 앤디 윌리엄스의 일생을 다룬 다큐멘터리 프로그램에서 미국의 한 음악평론가가 그 이유를 이렇게 설명했습니다.

"앤디 윌리엄스가 〈문리버〉를 부를 때마다 사람들이 깊은 감동을 받는 것은, 그는 그 노래를 언제나 처음 부르는 것처럼 최선을 다해 진지하게 부르기 때문이다."

가수가 일평생 똑같은 노래를 부르면서도 부를 때마다 마치 처음 부르는 것처럼 최선을 다해 진지하게 부른다면 그의 나이가 들어 갈수록, 그의 연륜이 깊어질수록, 그 노래를 부르는 횟수가 쌓여 갈수록, 그의 노래는 듣는 이에게 더 깊은 감동을 안겨 주지 않겠습니까? 그리스도인의 삶도 이와 마찬가지입니다.

사랑하는 성도 여러분!

믿음은 작정이 아니라, 작정의 실행으로부터 믿음이 시작됩니다.

존귀한 자는 존귀한 일을 계획하나니 그는 항상 존귀한 일에 서리라.

 오직 존귀하신 하나님의 말씀 속에서 하나님과 사람을 위해 존귀한 것을 생각하고, 계획하고, 작정하십시다. 그리고 그 작정을 최선을 다해, 진지하게, 겸손하게, 실행하십시다. 그보다 더 자신과 타인을 위하는 길은 없습니다. 그것은 자신을 하나님과 사람 앞에서 영원히 존귀하게 하는 유일한 길입니다. 존귀하신 하나님께서는 언제나 당신의 말씀을 자신의 삶으로 실행하려는, 존귀한 믿음의 사람을 통해 역사하시기 때문입니다.

 믿음은 작정이 아니라 작정의 실행이요, 존귀한 사람은 존귀한 일을 작정하고 그 작정을 실행하는 사람임을 깨닫게 해주셔서 감사합니다.
오직 하나님의 말씀 속에서 우리의 가정을 위해 존귀한 일을 작정하고, 그 작정을 최선을 다해 실행하게 해주십시오. 오직 하나님의 말씀을 따라 우리의 일터를 위해 존귀한 일을 작정하고, 그 작정을 최선을 다해 실행하게 해주십시오. 오직 하나님의 말씀을 좇아 이 땅의 교회를 위해 존귀한 일을 작정하고, 그 작정을 최선을 다해 실행하게 해주십시오. 오직 하나님의 말씀 위에서 이 민족과 인류를 위해 존귀한 일을 작정하고, 그 작정을 최선을 다해 실행하게 해주십시오. 그리하여 우리 모두 영육 간에 재난 당한 사람들을 위한 이 시대의 사마리아인이 되게 하시고, 본문 속 안디옥의 그리스도인들처럼 살게 해주십시오. 그것만이 우리 자신을 영원히 존귀하게 하는 유일한 길임을 잊지 말게 해주십시오. 아멘.

21. 사울의 손으로

> 사도행전 11장 27-30절
> 그때에 선지자들이 예루살렘에서 안디옥에 이르니 그중에 아가보라 하는 한 사람이 일어나 성령으로 말하되 천하에 큰 흉년이 들리라 하더니 글라우디오 때에 그렇게 되니라 제자들이 각각 그 힘대로 유대에 사는 형제들에게 부조를 보내기로 작정하고 이를 실행하여 바나바와 **사울의 손으로** 장로들에게 보내니라

작정은 어렵지 않지만, 작정을 작정한 대로 실행하는 것은 쉬운 일이 아닙니다. 인간의 마음은 변덕스러운지라, 무엇을 작정할 때의 마음이 그 마음 그대로 지속되기 어렵기 때문입니다. 우리의 수많은 작정들이 실행의 근처에도 이르기 전에 물거품처럼 사라져 버리는 경우가 허다한 것은 이런 연유에서입니다. 대흉년으로 큰 재난을 당한 예루살렘과 인근 그리스도인들을 위해 각자 힘을 다해 구제금을 모아 보내기로 한, 안디옥 교회 교인들의 작정 역시 무산될 가능성이 농후했습니다. 예루살렘 교회는 모든 교회의 모교회로서 가장 규모가 큰 교회인 데 반해, 안디옥 교회는 막 태동한 작은 교회

였습니다. 또 안디옥 교회 교인들이 이방인이었던 반면, 그들이 힘을 다해 돕기로 한 유대 그리스도인들은 선민의식에 사로잡혀 이방인을 사람으로 취급도 하지 않는 독선적인 민족이었습니다. 게다가 안디옥 교회 교인들이 유대 그리스도인들에게 힘을 다해 구제금을 보내기로 작정한 시점과, 그 작정을 실행한 시점 사이에는 최소한 일주일 이상의 시차가 있었습니다. 이를테면 안디옥 교회 교인들에게는 힘을 다해 유대 그리스도인들을 돕기로 한 그들의 작정을 번복할 합리적인 이유들과 충분한 시간적 여유가 있었습니다. 그렇지만 그들은 처음 작정했던 대로 힘을 다해 그들의 작정을 실행하였습니다. 그들은 믿음은 작정이 아니라, 작정의 실행에서부터 믿음이 시작됨을 삶으로 보여 준 진정한 그리스도인들이었습니다. 그와 같은 안디옥 교회 교인들을 가리켜 세상 사람들이 '비로소 그리스도인'이라 부르기 시작한 것은 조금도 이상한 일이 아니었습니다.

이제 본문 30절을 보시겠습니다.

> 이를 실행하여 바나바와 사울의 손으로 장로들에게 보내니라.

안디옥 교회 교인들은 그들이 실행한 구제금을 예루살렘 모교회에 전할 전달자로 안디옥 교회 공동 목회자였던 바나바와, 그때까지 사울이라 불리던 바울을 선정하였습니다. 바나바와 바울은 안디옥에서 480여 킬로미터나 떨어진 예루살렘까지 직접 찾아가, 예루살렘 교회 장로들에게 안디옥 교회 교인들이 실행한 구제금을 전달했습니다.

바나바는 본래 예루살렘 모교회가 안디옥 교회 목회자로 파송한 사람이었습니다. 다시 말해 그는 안디옥으로 파송되기 전에는 예루살렘에서 살던 사람이었습니다. 그가 안디옥에 파송되어 안디옥 교회를 목회한 기간이 1년

임을 밝혀 주는 26절의 증언을 감안하면, 바나바에게 이번 예루살렘 여행은 1년 만의 귀환임을 알게 됩니다. 그러나 바울의 경우는 전혀 달랐습니다. 바울은 갈라디아서 2장 1절을 통해 이때의 예루살렘 상경이 14년 만의 상경이었음을 직접 밝히고 있습니다.

다메섹 도상에서 주님의 부르심을 받은 바울은, 다메섹의 유대교인들이 자신을 배교자로 간주하여 죽이려 하자 그곳을 피해 아라비아 광야에서 3년 동안 홀로 경건의 훈련을 쌓았습니다. 그 이후 예루살렘으로 올라갔을 때 예루살렘의 유대교인들 역시 배교자인 바울을 죽이려 했습니다. 사태가 위급함을 확인한 예루살렘의 믿음의 형제들이 바울을 설득하여 고향 다소로 내려보냈습니다. 그리고 바울은 고향 다소에서, 우리가 잘 알고 있는 것처럼, 무려 13년간이나 칩거해야만 했습니다. 그 이후 바나바와 함께 1년 동안 안디옥 교회를 공동 목회하던 중에, 지금 14년 만에 다시 예루살렘을 찾았습니다. 14년 전 20대 후반이었을 바울이 중년이 되어 예루살렘을 되찾은 것입니다. 그렇다면 14년 만에 예루살렘을 찾는 바울의 감회는 남다를 수밖에 없었을 것입니다.

본문 30절을 다시 보시겠습니다.

이를 실행하여 바나바와 사울의 손으로 장로들에게 보내니라.

본문은 안디옥 교회 교인들이 실행한 구제금을 바나바와 바울이 그냥 예루살렘 모교회에 전달했다고 증언하지 않았습니다. 본문은 안디옥 교회 교인들이 구제금을 '바나바와 바울의 손'으로 예루살렘 교회에 보내었음을 강조하고 있습니다. 가령 제가 성경을 들고 갈 때 단순히 성경을 들고 간다고

만 말하면 족하지 않겠습니까? 그런데도 제가 굳이 성경을 제 손으로 들고 간다고 말한다면, 제가 말한 '제 손'에 깊은 의미가 내포되어 있기 때문이 아니겠습니까? 안디옥 교회 교인들의 구제금은 바울의 손으로 예루살렘 교회에 보내어졌습니다. 다시 말해 14년 만에 예루살렘을 찾는 바울의 손에 안디옥 교회 교인들의 구제금이 들려 있었습니다.

본문의 시점으로부터 20여 년 전 바울은 유대교 지도자가 되려는 청운의 꿈을 품고 젊디젊은 나이에 고향을 떠나 예루살렘으로 올라갔습니다. 그곳에서 바울은 유대교 최고의 스승 가말리엘의 제자가 되었고, 주위 사람들의 기대에 부응하려는 듯 유대교가 말살하려던 기독교 핍박의 선봉장이 되었습니다. 그는 그리스도인들을 가차 없이 색출하여 연행하였습니다. 무엇으로? 바로 그의 두 손으로였습니다. 젊은이의 손은 얼마나 생기 있고 아름답습니까? 그러나 젊은 시절 바울의 손은 자기 야망을 이루기 위한 불의의 도구에 불과했습니다. 젊은이로서는 반드시 피해야 할 삶의 방식이었지만, 자신의 야망에 눈이 멀었던 바울은 그것이 얼마나 어리석은 짓인지를 인식하지 못했습니다. 그 시절의 바울은 천하보다 더 귀한 자신의 젊음을, 자신의 두 손으로 갉아먹는 어리석은 백치에 지나지 않았습니다.

본문의 시점으로부터 17년 전, 그는 예루살렘에서 200킬로미터 이상 떨어진 다메섹을 찾아갔습니다. 그 먼 곳의 그리스도인까지 자신의 두 손으로 색출하여 예루살렘으로 끌고 오기 위함이었습니다. 그러나 그는 그 길 위에서 주님께 사로잡힘과 동시에 시력을 상실하고 말았습니다. 조금 전까지 자신의 두 손으로 다메섹의 그리스도인마저 연행하기 위해 보무도 당당하게 걷던 그는, 시력 상실로 인해 어쩔 수 없이 자기 손을 내밀어 남의 손에 이끌려서야 겨우 다메섹에 입성할 수 있었습니다. 자기 손을 내밀어 남의 손에 의지하고서야 겨우 움직일 수 있는 바울의 모습은, 그것이 젊디젊은 청년의 모습이기에 더없이 암담하게만 보입니다. 그러나 실은 그보다 더 다행한 일은 없었습니다. 그것은 바울이 자기 야망을 위해 불의의 도구로 사용하던 두 손을 상실하였음을 의미하기에, 젊은 바울은 그제야 자신의 두 손으로 자신의 생명을 갉아먹던 어리석은 삶으로부터 비로소 벗어날 수 있었습니다.

그 이후 다메섹에서 아나니아의 안수로 시력을 되찾은 바울이 아라비아 광야를 거쳐 14년 전, 3년 만에 예루살렘으로 되돌아갔을 때 그는 더 이상 주님의 대적자가 아니었습니다. 그리스도인을 핍박하던 바울이 그리스도인이 되어 예루살렘으로 되돌아온 것입니다. 그의 두 손은 더 이상 자기 야망을 위한 불의의 도구가 아니었지만, 그러나 자신을 죽이려는 유대교인들의 살해 위협을 피해 텅 빈 손으로 고향 다소로 낙향해야만 했습니다.

그 후 장장 14년의 세월이 흘러 본문 속에서 또다시 예루살렘을 찾아가는 바울의 손은 더 이상 빈손이 아니었습니다. 바울의 손에는 안디옥 교회 교인들이 힘을 다해 실행한 구제금이 들려 있었습니다. 그것은 단순한 물질이 아니었습니다. 그것은 안디옥 교회 교인들이 주님의 말씀을 좇아 유대 그리스도인들을 위해 자신들의 생명을 나눈 진리와 생명의 결정체였습니다. 그 진리와 생명의 결정체인 구제금을 바울이 자신의 손으로 들고 예루살렘을 찾아갔습니다. 그것은 단지 구제금의 운반만을 뜻하지 않았습니다. 자기 야망을 위한 불의의 도구에 불과했던 바울의 두 손이 어느덧 진리와 생명의 도구로 승화되었음을 의미했습니다. 그러나 바울이 아무리 안디옥 교회 교인들의 아름다운 구제금을 자기 손으로 들고 있다 해도, 그의 발이 움직여 주지 않는다면, 그 구제금을 예루살렘 교회에 전달해 줄 수는 없었을 것입니다. 그러므로 바울의 손이 진리와 생명의 도구로 승화되었다는 것은, 그의 손과 발을 포함하여 그의 온 지체가 진리와 생명의 도구로 승화되었음을 뜻했습니다.

본문이 바울의 손, 다시 말해 바울의 지체를 강조한 이유가 여기에 있습니다. 그의 손, 그의 지체는 더 이상 예전의 손과 지체가 아니었기 때문입니다. 그리고 이후, 진리와 생명의 도구가 된 바울의 지체가 닿는 곳마다 진리와 생명의 역사가 일어난 것은 결코 우연의 결과가 아니었습니다. 그의 지체는 그의 지체가 아니라, 주님의 지체가 되어 있었기 때문입니다.

바울은 로마서 6장 13절을 통해 우리에게 이렇게 권면하고 있습니다.

> 또한 너희 지체를 불의의 무기로 죄에게 내주지 말고 오직 너희 자신을 죽은 자 가운데서 다시 살아난 자같이 하나님께 드리며 너희 지체를 의의 무기로 하나님께 드리라.

여기에서 우리말 "무기"로 번역된 헬라어 '호플론ὅπλον'은 본래 '도구'를 의미하는 단어입니다. 바울은 의인과 악인의 분기점을 먼 데서, 혹은 추상적인 데서 찾지 않았습니다. 그는 그 분기점을 인간의 지체가 무슨 도구로 사용되고 있느냐에서 찾았습니다. 아무리 그럴듯해 보일지라도 그의 손과 발이 죄와 불의의 도구로 사용되고 있다면, 그는 두말할 것도 없이 불의한 사람입니다. 반대로 비록 보잘것없어 보이는 사람이라 해도 자신의 손과 발을 예수 그리스도 안에서 진리와 생명의 도구로 사용하는 사람이 있다면, 그는 의심의 여지할 없이 의로운 그리스도인입니다. 바울은 또 다음과 같이 증언하였습니다.

> 너희 몸이 그리스도의 지체인 줄을 알지 못하느냐 내가 그리스도의 지체를 가지고 창녀의 지체를 만들겠느냐 결코 그럴 수 없느니라 창녀와 합하

는 자는 그와 한 몸인 줄을 알지 못하느냐 일렀으되 둘이 한 육체가 된다 하셨나니 주와 합하는 자는 한 영이니라(고전 6:15-17).

겉으로 고상해 보이는 사람일지라도 창녀와 결합한 사람이 있다면, 창녀와 한 몸을 이룬 그 사람의 지체 역시 창녀의 지체일 수밖에 없습니다. 그러므로 정상적인 사람이라면 창기와 결합하려 할 까닭이 없고, 만약 결합하여 한 몸을 이루며 살아야 할 분명한 이유가 있다면 창녀에게 창녀 짓을 멈추게 한 뒤에야 창녀와 결합할 것입니다. 창녀가 창녀인 줄 알면서, 또 창녀 짓을 계속하게 하면서, 그 창녀와 결합하여 한 몸을 이루며 사는 사람의 지체가 어떻게 창녀의 지체와 구별될 수 있겠습니까? 세상 사람들은 그와 같은 사람을 기둥서방이라 부르면서 창녀와 동일하게 취급합니다.

똑같은 이치로 주님과 결합한 그리스도인이라면, 그의 학력이나 신분이나 외모에 상관없이 그의 지체는 주님의 지체가 되지 않을 수 없습니다. 바울이 "너희 지체를 의의 무기로 하나님께 드리라", "내가 그리스도의 지체를 가지고 창녀의 지체를 만들겠느냐? 결코 그럴 수 없느니라!"고 자신 있게 말할 수 있었던 것은, 그가 그리스도 안에서 그리스도와 결합한 진정한 그리스도인이었기 때문입니다.

그렇다면 이제 우리의 두 손을, 그리고 우리의 두 발을 내려다보십시오. 대체 우리의 지체는 어떤 지체입니까? 욕망의 도구입니까, 진리와 생명의 도구입니까? 죄와 불의의 무기입니까, 의의 무기입니까? 창녀의 지체입니까, 주님의 지체입니까? 우리의 지난날도 한번 되돌아보십시오. 20년 전과 비교하여 우리의 지체는 어떻게 변해 있습니까? 10년 전과는 어떤 차이가 있습니까? 우리 손과 발의 의미가 1년 전과는 무엇이 어떻게 달라졌습니까? 이 질문에 대한 해답을 확인하는 간단한 방법이 있습니다. 지난 일주일 동안 우리가 우리의 손과 발로, 우리의 지체로 무엇을 했는지를 살펴보면 그 해답을 금방 얻을 수 있습니다. 지난 일주일 동안 우리가 우리의 두 손으로 무엇을 움켜쥐려 했습니까? 우리의 두 손이 그토록 집착했던 것이 대체 무엇입니까? 우리의 두 발은 또 어디에 서 있었습니까? 만약 우리의 두 손과 발이 행한 모든 것이 진리와 생명과는 무관한 것이었다면, 한 가지 분명한 사실은, 우리는 지난 이레 동안에도 천하보다 더 귀한 생명을 허망하게 갉아먹었다는 것입니다. 바로 우리 자신의 손과 발로, 우리 자신의 생명을 말입니다.

바울은 갈라디아서 5장 24절을 통해 이렇게 증언합니다.

> 그리스도 예수의 사람들은 육체와 함께 그 정욕과 탐심을 십자가에 못 박았느니라.

바울은 주님께서 못박히신 십자가에서 주님만 본 것이 아니었습니다. 바울은 자신을 위해 십자가에 못박히신 주님 안에서, 주님과 함께 십자가에 못박힌 자신의 육체를 보았습니다. 십자가에 못박히신 주님의 손 안에서, 추악한 탐욕의 도구였던 자신의 두 손도 못박힌 것을 본 것입니다. 십자가에 못박힌 주님의 발 안에서, 불의의 무기였던 자신의 두 발이 못박힌 것을 보았습니다. 이처럼 십자가에 못박히신 주님 안에서 바울의 손과 발이, 그의 지체가, 그의 육체가 함께 못박혔기에, 그의 손과 발은 진리와 생명의 도구로, 의의 무기로, 주님의 지체로 거듭날 수 있었습니다.

그릇된 삶을 청산하는 것을 일컫는 우리말 표현 중에 "손을 씻다"와 "발을 빼다"라는 말이 있습니다. 손과 발은 몸의 한 지체일 뿐인데, 왜 손을 씻고 발을 빼는 것이 그릇된 삶의 청산을 의미하겠습니까? 한 인간이 어떤 사람인지, 어떤 삶을 사는지는, 그의 손이 무엇을 추구하고 그의 발이 어디에 뿌리내리고 있느냐에 의해 판가름되기 때문입니다. 이런 의미에서 사도 바울은 그릇된 삶으로부터 정말 손을 씻고, 발을 뺀 사람이었습니다.

그 반면 오늘의 본문에 이어지는 사도행전 12장은 다음과 같이 시작되고 있습니다.

> 그때에 헤롯 왕이 손을 들어 교회 중에서 몇 사람을 해하려 하여 요한의 형제 야고보를 칼로 죽이니 유대인들이 이 일을 기뻐하는 것을 보고 베드로도 잡으려 할새 때는 무교절 기간이라(행 12:1-3).

바울이 욕망과 불의에 눈멀었던 삶으로부터 손을 씻고 발을 뺀 것과는 정반대로, 유대 분봉왕이었던 헤롯은 손을 들어 사도들을 죽이고 투옥하는 악행을 서슴지 않았습니다. 그는 일평생 더러운 욕망과 불의로부터 손을 씻고 발을 뺄 의사가 추호도 없었습니다. 그래서 결국 더러운 손과 발을 지닌 채 자신의 생을 마감하고 말았습니다. 다시 말해 헤롯은 씻지 않은 더러운 손과 발로 자신의 생명을 일평생 갉아먹기만 한, 인간 중에 가장 어리석은 인간의 전형이었습니다.

참된 그리스도인은 욕망과 불의에 눈멀었던 삶으로부터 손을 씻고 발을 뺀 사람입니다. 그러나 그것이 어떻게 가능할 수 있겠습니까? 우리의 힘으로, 우리의 능력으로, 우리의 의지로 가능한 일이겠습니까? 만약 우리가 우리 자신만을 의지한다면, 우리가 그릇된 옛 삶으로부터 손을 씻고 발을 뺀다는 것은 영영 불가능할 것입니다. 그럼에도 우리에게 그것이 가능한 것은, 예수 그리스도께서 십자가를 통해 우리의 손과 발을 이미 새로운 피조물로 회복시켜 주셨기 때문입니다. 당신의 손이 못박히실 때, 우리의 더러운 손도 함께 못박아 주셨기 때문입니다. 당신의 두 발이 못박히실 때, 추악하던 우리의 두 발도 함께 못박아 주셨기 때문입니다. 죄와 사망의 덫으로부터 우리를 살리시기 위해 십자가 위에서 흘려 주신 당신의 보혈로, 우리의 더러운 손과 발을 이미 눈과 같이 깨끗하게 씻어 주셨기 때문입니다. 이 사실을 믿는 사람만 바울처럼 자신의 손과 발을 진리와 생명의 도구로, 의의 무기로, 주님의 지체로 하나님께 드릴 수 있습니다.

다음은 도종환 시인의 〈흔들리며 피는 꽃〉이란 제목의 시입니다.

흔들리지 않고 피는 꽃이 어디 있으랴
이 세상 그 어떤 아름다운 꽃들도
다 흔들리면서 피었나니
흔들리면서 줄기를 곧게 세웠나니
흔들리지 않고 가는 사랑이 어디 있으랴

젖지 않고 피는 꽃이 어디 있으랴
이 세상 그 어떤 빛나는 꽃들도
다 젖으며 젖으며 피었나니
바람과 비에 젖으며 꽃잎 따뜻하게 피웠나니
젖지 않고 가는 삶이 어디 있으랴

바람에 흔들리지 않고 피는 꽃이 어디 있겠습니까? 비에 젖지 않고 피는 꽃은 또 어디 있겠습니까? 폭풍에 흔들리고 폭우에 젖으면서도, 줄기 곧게 세우고 눈부시게 꽃망울을 터뜨리는 데에 꽃의 참된 의미와 진정한 아름다움이 있습니다.

구원받은 그리스도인으로 산다는 것은 그 인생에 비바람이 없음을 결코 의미하지 않습니다. 때로 폭풍이 우리 인생을 뿌리째 흔들 수 있습니다. 폭우와 눈보라가 우리의 가슴속 깊은 곳까지 시리게 만들 수 있습니다. 그럴지라도 우리의 손과 발을 진리와 생명의 도구로, 의의 무기로, 주님의 지체로 하나님께 드리십시다. 왜냐고요? 주님께서 십자가의 보혈로 우리의 손과 발을 이미 깨끗하게 씻어 주셨기 때문입니다. 그 깨끗해진 손과 발을 또다시 욕망으로 더럽히면서 자신의 생명을 계속 갉아먹는다면, 그보다 더 어리석은 사람이 어디에 있겠습니까?

주님 두 손 십자가에 못박히실 때, 추악한 야망의 도구였던 나의 두 손도 함께 못박아 주셔서 감사합니다. 주님 두 발 못박히실 때, 불의의 무기였던 나의 두 발도 함께 못박아 주셔서 감사합니다. 주님 십자가에서 흘리신 보혈로, 더러운 나의 손과 발을 깨끗하게 씻어 주셔서 감사합니다. 주님의 십자가 보혈로, 나의 온 지체를 새로운 피조물로 회복시켜 주셔서 감사합니다.

이제부터 본문의 바울처럼, 나의 손과 발을 진리와 생명의 도구로, 의의 무기로, 주님의 지체로 하나님께 드립니다. 나의 손과 발을 하나님의 손과 발로 사용해 주십시오. 나의 발이 가고 손이 닿는 곳마다, 나의 손과 발을 통해 진리와 생명의 역사가 일어나게 해주십시오. 내가 어떤 사람인지는, 나의 손과 발이 무엇을 행하고 무슨 도구로 쓰이느냐에 따라 결정됨을, 내 인생이 폭풍에 흔들리고 폭우에 젖을 때에도 잊지 않게 해주십시오. 아멘.

사도행전 12장

고작 몇십 년 살다 끝나 버릴 유한한 인생이

유한한 자기 자신이나 유한한 세상의 것을

자기 인생의 배경으로 삼는 것은,

자기 자신을 스스로 죽이는

자해 행위에 지나지 않습니다.

22. 야고보를 죽이니

사도행전 12장 1–12절

그때에 헤롯 왕이 손을 들어 교회 중에서 몇 사람을 해하려 하여 요한의 형제 **야고보를** 칼로 **죽이니** 유대인들이 이 일을 기뻐하는 것을 보고 베드로도 잡으려 할새 때는 무교절 기간이라 잡으매 옥에 가두어 군인 넷씩인 네 패에게 맡겨 지키고 유월절 후에 백성 앞에 끌어내고자 하더라 이에 베드로는 옥에 갇혔고 교회는 그를 위하여 간절히 하나님께 기도하더라 헤롯이 잡아 내려고 하는 그 전날 밤에 베드로가 두 군인 틈에서 두 쇠사슬에 매여 누워 자는데 파수꾼들이 문밖에서 옥을 지키더니 홀연히 주의 사자가 나타나매 옥중에 광채가 빛나며 또 베드로의 옆구리를 쳐 깨워 이르되 급히 일어나라 하니 쇠사슬이 그 손에서 벗어지더라 천사가 이르되 띠를 띠고 신을 신으라 하거늘 베드로가 그대로 하니 천사가 또 이르되 겉옷을 입고 따라오라 한대 베드로가 나와서 따라갈새 천사가 하는 것이 생시인 줄 알지 못하고 환상을 보는가 하니라 이에 첫째와 둘째 파수를 지나 시내로 통한 쇠문에 이르니 문이 저절로 열리는지라 나와서 한 거리를 지나매 천사가 곧 떠나더라 이에 베드로가 정신이 들어 이르되 내가 이제야 참으로 주께서 그의 천사를 보내어 나를 헤롯의 손과 유대 백성의 모든 기대에서 벗어나게 하신 줄 알겠노라 하여 깨닫고 마가라 하는 요한의 어머니 마리아의 집에 가니 여러 사람이 거기에 모여 기도하고 있더라 하나님께서는 우리가 살고 있는 이 지구를 둥글게 만드시고 하루 한 번의 자전을, 그리고 1년에 한 번 태양 주위를 공전케 하셨습니다. 만약 하나님께서 애당초 지구를 자전과 공전이 없는 평면으로 만드셨다면, 이 지구상에는 지금 어떤 현상이 벌어지고 있겠습니까? 이 세상은 오직 단면적인 세상으로만 존재할 것입니다. 이를테면 밤낮의 구별이 없을 것입니다. 자전하지 않는 평면의 세상에는, 태양 아래에서 단지 한결같은 낮만 있을 것입니다. 밤이 없으니 아침과 저녁도 있을 수 없습니다. 계절의 변화 역시 있을 수 없습니다. 공전이 없는 평면의 세상에는 단 하나의 계절밖에 없을 것입니다. 그와 같은 상황 속에서는, 자연 현상을 통한 시간의 흐름도 느낄 수 없을 것입니다. 이처럼 이 세상이 둥근 지구가 아니라 단면적인 평면으로 창조되었다면, 그 위에 사는 인간의 사고 역시 단면적일 수밖에 없을 것입니다.

그러나 하나님께서는 인간이 사는 지구를 둥글게 만드시고 자전과 공전을 병행하게 하셨기에, 지구 자체는 양면성 혹은 복합성을 지니고 있습니다. 즉 지구에는 낮과 밤이 언제나 병존하고 있습니다. 지구 이쪽이 밤이라면 반대쪽은 반드시 낮입니다. 낮과 밤이 있기에, 아침과 저녁도 있을 수 있습니다. 뿐만 아니라 어김없는 계절의 변화도 가능합니다. 한 지역의 계절이 때를 따라 변하는 것은 물론이요, 적도 이북과 적도 이남에는 서로 다른 계절이 동시에 존재하고 있습니다. 적도 지역에서조차도 미세할망정 계절의 변화는 반드시 일어나고 있습니다. 그러므로 이 지구상에 단 하나의 시간이나 단 하나의 계절만 존재한다는 것은 불가능합니다. 이 지구상에는 낮과 밤이, 아침과 저녁이, 여름과 겨울이, 봄과 가을이 언제나 복합적으로 병존하고 있습니다. 이것이 이 지구를 둥글게 창조하시고 자전과 공전을 행하도록 하신 하나님의 창조의 법칙입니다.

우리가 살고 있는 지구가 이렇듯 단면적이 아니라 복합적이기에, 그 속에서 일어나는 모든 일들 역시 복합성을 지니고 있습니다. 다시 말해 이 세상과 그 속에서 일어나는 모든 일을 대하는 인간의 사고가 복합적일 수 있습니다. 사람들은 낮이 되면 이내 밤이 이를 것을 알고, 어둠이 깊을수록 새벽이 가까웠음을 생각합니다. 또 여름은 풍성한 수확의 계절인 가을로 향하는 길목이요, 한겨울 벌거벗은 나뭇가지는 만사의 끝이 아니라 이듬해 새봄을 위한 준비 과정임을 인식하며 살아가는 것은, 하나님께서 만드신 이 세상과 인간의 사고가 복합적이기 때문입니다. 그러므로 우리에게 더없이 중요한 것은, 우리가 어디에 서 있느냐는 것입니다. 만약 이 세상이 단면적인 평면으로 이루어져 있다면, 그 속에서 일어나는 모든 일은 단면적인 하나의 뜻밖에 지닐 수 없으므로 인간이 어디에 서 있느냐는 것은 중요하지 않습니다. 그러나 하나님께서 창조하신 이 세상이 복합적이기에, 인간이 어디에 서 있느냐에 따라 만사의 의미가 달라지게 됩니다. 절망 앞에 서 있는 사람에게 밤은 고통이요, 밝아 오는 아침은 더 큰 고통입니다. 그가 맞는 새날 역시 죽음보다 모진 고문일 뿐입니다. 그러나 소망 앞에 서 있는 사람에게는 똑같은 밤이, 내일을 위해 반드시 누려야 할 안식과 쉼의 은총이 됩니다. 그에게 다가가는 새날은, 그날이 비록 고난의 날이라 할지라도 보다 나은 미래를 향한 희망의 징검다리가 됩니다.

이처럼 인간이 어디에 서 있느냐에 따라 삶의 의미가 달라진다면, 인간에게 지혜는 과연 무엇이겠습니까? 서 있어야 할 바른 자리를 찾아 서는 것—이것이 바로 지혜입니다.

오늘부터 우리가 함께 살펴볼 사도행전 12장은 다음과 같이 시작되고 있습니다.

그때에 헤롯 왕이 손을 들어 교회 중에서 몇 사람을 해하려 하여 요한의 형제 야고보를 칼로 죽이니(1-2절).

본문은 예수님의 열두 사도 중 한 명인 야고보의 순교 사건을 전해 주고 있습니다. 사도행전 7장에서 유대교인들의 돌에 맞아 죽은 스데반 집사가 기독교 2천 년 역사상 최초의 순교자라면, 헤롯 왕에게 참수형을 당한 야고보는 사도 중에서 순교한 최초의 사도였습니다. 지난 시간에 말씀드린 것처럼 바울이 자신의 손과 발을 야망과 불의의 도구로 사용하던 그릇된 삶으로부터 손을 씻고 발을 뺀 반면에, 자신의 손을 들어 야고보에게 참수형을 내린 본문의 헤롯 왕은 예수님께서 태어날 때의 왕이었던 헤롯 대왕 Herod the Great의 손자 헤롯 아그립바 1세Herod Agrippa I였습니다. 그리고 참수형을 당한 야고보는 요한복음을 기록한 사도 요한의 친형제로서 세베대의 아들이었습니다.

헤롯 아그립바가 왜 사도 야고보를 참수형에 처하면서까지 사도들을 해치려 했는지에 대해서는 다음 시간에 상세하게 살펴보겠습니다. 오늘 우리가 주목하고자 하는 것은 이 이후에 헤롯 아그립바에 의해 투옥된 베드로가 구출된 사건과, 비참하게 참수형에 처해진 야고보 사도의 순교 사건 사이의 함수관계입니다. 야고보 사도를 참수형에 처한 것을 유대인들이 기뻐하는 것을 확인한 헤롯 아그립바는, 내친김에 사도들 중에 우두머리 격이었던 베드로까지 투옥시켜 버리고 말았습니다. 헤롯 아그립바가 베드로를 즉시 죽이지 않았던 것은, 그때가 마침 유대인 최고의 명절인 유월절 절기가 시작되는 때인지라 절기가 끝나기를 기다렸기 때문입니다. 헤롯 아그립바는 군사 네 명을 한 조로 편성한 네 조로 하여금 교대로 베드로를 감시하게 했습니다.

헤롯이 잡아 내려고 하는 그 전날 밤에 베드로가 두 군인 틈에서 두 쇠사슬에 매여 누워 자는데 파수꾼들이 문밖에서 옥을 지키더니 홀연히 주의 사자가 나타나매 옥중에 광채가 빛나며 또 베드로의 옆구리를 쳐 깨워 이르되 급히 일어나라 하니 쇠사슬이 그 손에서 벗어지더라 천사가 이르되 띠를 띠고 신을 신으라 하거늘 베드로가 그대로 하니 천사가 또 이르되 겉옷을 입고 따라오라 한대 베드로가 나와서 따라갈새 천사가 하는 것이 생시인 줄 알지 못하고 환상을 보는가 하니라 이에 첫째와 둘째 파수를 지나 시내로 통한 쇠문에 이르니 문이 저절로 열리는지라 나와서 한 거리를 지나매 천사가 곧 떠나더라 이에 베드로가 정신이 들어 이르되 내가 이제야 참으로 주께서 그의 천사를 보내어 나를 헤롯의 손과 유대 백성의 모든 기대에서 벗어나게 하신 줄 알겠노라 하여(6-11절).

베드로에게 참수형을 집행하기 전날 밤, 한 조를 이룬 네 명의 군사 중 두 명은 베드로가 갇힌 감방 밖에 파수를 서고, 나머지 두 명은 감방 안에서 베드로 좌우 손을 자신들과 함께 쇠사슬에 묶은 채로 베드로를 감시했습니다. 요즈음의 수사관들이 흉악범을 연행할 때 범인이 도망가지 못하게끔, 자신의 한쪽 손과 범인의 한쪽 손을 수갑으로 연결하는 것과 같은 형국이었습니다. 베드로에 대한 감시가 이토록 삼엄했던 것은, 우리가 이미 사도행전 5장 17-20절에서 살펴본 것처럼, 예전에 대제사장들과 그의 무리들이 베드로를 투옥시켰을 때 베드로가 밤사이에 감옥을 빠져나간 사실이 있었기 때문입니다. 베드로가 투옥되어 있는 감방의 경비만도 이 정도였으니, 감옥 전체에 대한 경비는 또 얼마나 철저했겠습니까? 그 삼엄한 경비 속에서 죄수가 스스로 탈옥한다거나, 혹은 밖에 있는 동료들이 죄수를 구출해 낸다는 것은 불가능한 일이었습니다.

그러나 주님께서는 그 철통같은 감옥으로부터 베드로를 무사히 구출해 내셨습니다. 주님의 구출이 얼마나 인간의 상상을 초월하는 신비로운 방법으로 이루어졌던지, 당사자인 베드로조차도 그것을 현실이 아닌 환상으로 착각할 정도였습니다. 감방을 나선 베드로는 첫 번째 초소와 두 번째 초소를 지나고 감옥의 철 대문을 통과하여 한 길에 이르러서야 정신이 번쩍 들었습니다. 자신이 지금 꿈을 꾸고 있는 것이 아니라, 그 삼엄한 경비의 감옥으로부터 주님께서 자신을 정말 구출해 주셨음을 그제야 깨달은 것이었습니다. 주님께서는 그 정도로 신비스럽게 베드로를 구출해 주셨습니다.

여기에서 우리는 한 가지 질문을 제기하지 않을 수 없습니다. 본문 속에서 야고보와 베드로에게 각각 일어난 두 사건이 너무나도 대조적이기 때문입니다.

마태복음 4장 18-21절은 베드로와 야고보가 똑같은 날, 똑같은 갈릴리에서, 똑같이 주님의 부르심을 받았음을 전해 주고 있습니다. 그들의 직업 역시 똑같은 어부였습니다. 나이마저 엇비슷했습니다. 그 이후 3년 동안, 그들은 주님께서 부활 승천하시기까지 주님의 똑같은 제자로 밤낮 함께 살았습니다. 주님께서 부활 승천하신 뒤에는, 본문의 시점에 이르기까지 두 사람 모두 주님을 위해 똑같이 그들의 삶을 바쳤습니다. 말하자면 그 두 사람 사이에 근본적인 차이가 있을 수 없었고, 우열을 또한 가릴 처지가 아닌, 오직 주님만을 똑같은 믿음으로 섬긴 똑같은 그리스도인이었습니다. 그런데도 야고보는 헤롯 아그립바의 칼에 맞아 죽었습니다. 비참하게도 참수형을 당해 목숨을 잃은 것입니다. 그 반면에 베드로는 야고보를 죽인 바로 그 헤롯 아그립바로부터 참수형을 당하기 전날 밤, 신비스럽기 짝이 없는 주님의 손길에 의해 철통같은 감옥에서 구출되었습니다. 그렇다면 이것은 얼마나 불공평한 처사입니까? 왜 주님께서는 당신만을 위해 살던 야고보가 참수형을 당해 죽는 것을 그냥 내버려 두셨습니까? 왜 야고보와 똑같은 사도인 베드로는 참수형을 당하기 직전에 그렇듯 극적으로 구원해 주셨습니까? 베드로와 똑같은 사도인 야고보의 입장에서 본다면, 자신과 베드로를 차별 대우하시는 주님이 얼마나 야속했겠습니까? 이처럼 전혀 상반된 두 사건을 동시에 전해 주는 본문이 우리에게 주고자 하는 메시지는 대체 무엇입니까?

베드로는 자기 욕망을 위해 거짓이나 불의를 행하다가 그 죗값으로 투옥된 것이 아니었습니다. 그 이유는 유대인들이 십자가에 못박아 죽였던 예수님께서 죽음을 깨뜨리고 부활하신 그리스도이시요 성자 하나님이심을 증언했기에, 예수님을 못박아 죽인 유대교인들의 반발을 불러일으켰기 때문입니다. 유대교인들은 그들이 죄인으로 못박아 죽인 예수님이 부활했을 리도 없지만, 달동네 나사렛의 초라한 빈민이었던 예수님이 이 땅에 오신 메시아일 수는 없다고 확신하고 있었습니다. 그러나 십자가에 못박혀 돌아가신 예수님께서 부활하셨다는 증언 때문에 투옥되었던 베드로가, 바로 그 주님에 의해 철통같은 감옥으로부터 구출되었습니다. 이것은 유대교인들의 그릇된 확신과는 달리, 바꾸어 말하면 베드로의 증언처럼, 주님께서 정말 죽음을 깨뜨리고 부활하셨음의 가장 확실한 증거였습니다. 만약 주님께서 부활치 못하셨다면, 주님의 부활을 전하다가 투옥된 베드로를 부활하지 못한 주님께서 그 삼엄한 감옥으로부터 구해 낸다는 것은 전혀 불가능한 일이었을 것입니다. 그러나 주님께서는 부활을 증언한 베드로조차 믿기 어려워했을 정도로 신비스러운 방법으로 그를 감옥에서 구출해 내심으로, 당신께서 부활하셨음을 친히 증명해 주셨습니다.

여기에서 우리는 전혀 상반되어 보이는 두 사건, 즉 비참하게 참수형을 당해 목숨을 잃은 야고보의 순교 사건과, 주님에 의한 베드로 구출 사건의 함수관계를 깨닫게 됩니다. 야고보 사도 또한 자기 허물로 인해 참수형을 당한 것이 아니었습니다. 그 역시 부활하신 주님의 증인으로 살다가 화를 당했습니다. 그렇다면 부활하신 주님께서 당신의 부활을 증언하다가 투옥된 베드로를 철통같은 감옥에서 구출해 내시듯, 부활하신 주님께서 당신의 증인으로 살다가 참수형을 당한 야고보를 육체의 죽음이란 감옥으로부터 영원히 건져 주셨을 것임은 두말할 나위도 없지 않겠습니까?

따라서 오늘의 본문은, 부활하신 주님께서는 당신의 백성을 이 세상에서는 물론이요 이 세상을 떠난 뒤에도 당신의 영원한 생명과 능력으로 영원히 책임져 주심을 우리에게 확인시켜 주시기 위해, 상반된 것처럼 보이는 야고보의 순교 사건과 베드로 구출 사건을 동시에 보여 주고 있는 것입니다.

오래전 한 성도님이 자신이 직접 촬영한 '배경'이란 제목의 사진을 보내 주었습니다. 나뭇가지에 매달린 나뭇잎 하나에 초점이 맞추어진 그 사진의 배경은 울창한 숲이었습니다. 그분이 그 사진을 통해 전해 주려는 메시지는, 단 한 잎에 불과한 사진 속의 나뭇잎이 아름답게 보이는 것은 울창한 숲이 그 나뭇잎의 배경이 되어 주고 있기 때문이라는 것이었습니다. 다시 말해 이 세상의 모든 것은 무엇을 배경으로 삼느냐에 따라 그 의미가 달라진다는 것이었습니다. 만약 그 사진의 배경이 황량한 벌판이었다면, 그 나뭇잎 한 잎은 아름답기는커녕 을씨년스럽게만 보였을 것입니다. 배경을 무엇으로 삼느냐는 이렇듯 중요합니다.

만약 오늘 본문의 배경을 이 세상이나 인간으로 삼는다면, 야고보보다 더 어리석고 불쌍한 사람은 없을 것입니다. 남보다 의롭고 바른 삶을 살려다가 도리어 악인에게 어처구니없이 목 베임을 당해 죽었으니, 그보다 더 한심하고 비참한 인생이 어디에 있겠습니까? 베드로라고 다를 바는 없습니다. 베드로가 철통같은 감옥에서 구출되었다고 해서, 그 이후에 이 땅에서 천년만 년 산 것은 아니었습니다. 그 역시 야고보처럼 그가 믿던 주님 때문에 순교 당하고 말았습니다. 그렇다면 살아생전 소위 세속적인 출세 혹은 성공과는 무관한 삶을 스스로 자원한 베드로는 또 얼마나 어리석은 인간입니까? 그런 사람이 어리석지 않다면, 과연 누구를 어리석다 할 수 있겠습니까?

그러나 본문의 배경은 이 세상이나 인간이 아니라 부활하신 예수 그리스도셨기에, 다시 말해 야고보와 베드로는 부활하신 주님 앞에 서서 주님을 자기 인생의 배경으로 삼은 사람들이었기에, 그들은 어리석은 사람들도 아니었고 그들의 삶은 비참하지도 않았습니다. 야고보가 사도 가운데 기꺼이 첫 번째 순교의 잔을 마실 수 있었던 것은, 부활하신 주님께서 자기 인생의 배경이심을 믿었기 때문입니다. 부활하신 주님께서 자신의 배경이신 한, 주님을 위해 설령 참수형을 당할지라도 주님께서 육체의 죽음이란 감옥으로부터 자신을 영원히 건져 주실 것임을 추호도 의심치 않았던 것입니다.

부활하신 주님을 자기 인생의 배경으로 삼았던 베드로 역시 마찬가지였습니다. 베드로는 그날 밤 감방 속에서 태연히 잠을 자고 있었습니다. 비록 두 손은 양옆에 있는 군사의 손과 함께 쇠사슬에 묶여 있었지만, 베드로는 겉옷과 신 그리고 허리띠마저 풀어 놓고 마치 자기 집 안방에서 잠을 자듯 평안하게 자고 있었습니다. 그날 밤은 참수형을 당하기 전날 밤이었습니다. 이제 하룻밤만 지나면 목이 떨어져 죽을 판이었습니다. 그 급박한 최후의 순간 베드로가 그처럼 평안하게 잠잘 수 있었던 까닭이 그날 밤 주님께서 자신을 감옥으로부터 구출해 주시리라 확신했기 때문이 아님은, 막상 주님께서 그를 구해 내실 때 그가 그것이 현실임을 깨닫지 못한 채 환상으로 여겼던 사실로 입증됩니다. 즉 그는 그날 밤 마지막 순간까지, 이튿날로 예정된 참수형을 피할 수 없는 것으로 받아들이고 있었습니다. 그럼에도 그가 마지막 순간 겉옷까지 벗고 평안히 잠들 수 있었던 것은, 부활하신 주님께서 그의 인생 배경이셨기 때문입니다. 베드로 역시 참수형을 당할망정, 부활하신 주님께서 죽음의 구렁텅이로부터 자신을 영원히 구해 주실 것을 확신하고 있었던 것입니다.

반면 야고보를 죽이고 베드로를 투옥시킨 헤롯 아그립바는 비록 로마 황제로부터 임명받은 분봉왕이긴 했지만, 그러나 엄연한 왕이었습니다. 적어도 유대인 가운데에는 그보다 더 큰 권력을 가진 사람은 없었습니다. 그러나 그는 불행하게도 자기 자신을, 다시 말해 자기 욕망을 자기 인생의 배경으로 삼은 사람이었습니다. 그 결과 그는 화려한 듯 보였지만, 주님께서 치시매 어이없이 벌레에 먹혀 죽었음을 23절이 밝혀 주고 있습니다. 자기 자신을, 자기 욕망을 자기 인생의 배경으로 삼았을 때 화려하던 그의 왕좌도, 그의 권력도, 그의 호사로움도, 모두 그의 죽음을 재촉하는 화근에 지나지 않았습니다.

하얀 옷을 입은 모델이 하얀 배경 앞에 서지 않는 것은 모델의 상식입니다. 그것은 자기 옷을 죽이는 길이기 때문입니다. 하얀 옷을 입은 모델은 말할 것도 없이 짙은 색의 배경을 선택할 것입니다. 그때에만 모델이 입고 있는 하얀 색의 옷은 생명을 지닐 수 있습니다. 고작 몇십 년 살다 끝나 버릴 유한한 인생이 유한한 자기 자신이나 유한한 세상의 것을 자기 인생의 배경으로 삼는 것은, 자기 자신을 스스로 죽이는 자해 행위에 지나지 않습니다. 유한한 것은 절대로 유한한 것을 유한함으로부터 건져 줄 수 없습니다. 유한한 인간의 인생배경이 되실 분은 오직 예수 그리스도뿐이십니다. 그분만이 죽음을 깨뜨리고 부활하신 영원한 생명의 구주이시기 때문입니다. 그분 앞에서는 절망이 소망으로, 고통이 기쁨으로, 미움이 사랑으로, 어둠이 빛으로, 죽음이 생명으로 승화됩니다. 죽음을 깨뜨리고 부활하신 주님 앞에서 모든 것의 의미와 가치가 새로워지는 까닭입니다. 오직 주님 안에서만 우리의 삶이 참되고도 영원한 의미를 지닐 수 있는 이유가 여기에 있습니다.

사랑하는 교우 여러분!

우리 앞에는 언제나 두 인생길이 있습니다. 한 길은 세상의 많은 사람들이 선택하는 길로서 본문의 헤롯 아그립바처럼 자기 자신을, 자신의 욕망을, 이 세상을, 자기 인생의 배경으로 삼는 것입니다. 그것은 당장은 화려해 보이지만, 결국엔 공동묘지에서 한 줌의 흙으로 허망하게 끝나 버리는 길입니다. 또 하나의 길은 죽음을 깨뜨리고 부활하신 예수 그리스도 앞에 서서, 예수 그리스도를 자기 인생의 배경으로 삼는 것입니다. 그것은 언뜻 보잘것없어 보이지만, 그 길은 공동묘지를 넘어 자기 인생을 영원히 바로 세우는 길입니다. 그 두 길 가운데 어느 길을 선택할 것인지는 철저하게 우리 각자의 자유입니다. 그러나 그 선택이 우리 각자의 자유인 만큼, 그 선택의 결과에 대한 책임 역시 우리 각자가 져야만 합니다.

하나님께서는 우리가 살고 있는 이 지구를 평면이 아니라 둥글게 만드시고, 태양을 중심으로 자전과 공전을 병행하게 하셨습니다. 그래서 이 지구상에는 언제나 낮과 밤이, 아침과 저녁이, 봄과 가을이, 여름과 겨울이 복합적으로 병존하고 있습니다. 우리로 하여금 단지 눈에 보이는 것으로만 일희일비하는 단면적 사고가 아니라, 보이는 것 속에서 보이지 않는 것까지 볼 수 있는 복합적 사고로 살아가게 해주시기 위함이었습니다.

그러나 야고보를 참수형에 처하고 베드로마저 투옥한 헤롯 아그립바는 단지 눈에 보이는 것에만 집착하는 단면적 사고를 지녔기에, 눈에 보이는 세상의 것만을 추구하는 자기 자신을 자기 인생의 배경으로 삼았다가,

주님께서 치시매 어이없이 벌레에 먹혀 죽고 말았습니다. 그러나 오늘 본문을 통해, 그 어리석은 헤롯 아그립바가 실은 나 자신임을 일깨워 주셔서 감사합니다. 이제부터 야고보와 베드로처럼 죽음을 깨뜨리고 부활하신 주님 앞에 굳게 서서 절망 속에서 소망을 보고, 어둠 속에서 빛을 보며, 죽음 속에서 영원한 생명을 보는 복합적 사고의 소유자로 살게 해주십시오. 나 자신이 유한한 존재이기에 영원하고 전능하신 주님을 내 인생의 배경으로 삼아, 공동묘지가 나의 종착점일 뿐인 나의 유한함을 뛰어넘게 해주십시오. 사랑의 주님을 내 인생의 배경으로 삼아, 내 마음속의 미움과 증오가 사랑으로 승화되게 해주십시오. 진리의 주님을 내 인생의 배경으로 삼아, 나의 삶이 이 세상을 밝히는 작은 진리의 빛이 되게 해주십시오. 그리하여 사람들은 죽였지만 주님께서 영원히 살리신 야고보와 베드로처럼, 우리 모두 시간과 공간을 초월하여, 주님 안에서 영원한 그리스도인으로 살게 해주십시오.

주님! 국가원수였던 노무현 전 대통령이 어제(2009년 5월 23일) 63세를 일기로 자신의 생을 마감하였습니다. 한때 가톨릭신자였던 그분의 영혼에 주님께서 따뜻한 자비의 손길을 내밀어 주십시오. 갑작스런 충격과 슬픔에 빠진 유족들을 위로해 주시고, 주님께서 지금부터 그들을 위한 인생 배경이 되어 주십시오. 그분의 죽음이 이 땅을 분열과 대립으로 몰아넣는 것이 아니라, 민족 간의 화합과 화해를 일구는 밀알이 되게 해주십시오. 아멘.

23. 기뻐하는 것을 보고 성령강림 주일

사도행전 12장 1-5절

그때에 헤롯 왕이 손을 들어 교회 중에서 몇 사람을 해하려 하여 요한의 형제 야고보를 칼로 죽이니 유대인들이 이 일을 **기뻐하는 것을 보고** 베드로도 잡으려 할새 때는 무교절 기간이라 잡으매 옥에 가두어 군인 넷씩인 네 패에게 맡겨 지키고 유월절 후에 백성 앞에 끌어내고자 하더라 이에 베드로는 옥에 갇혔고 교회는 그를 위하여 간절히 하나님께 기도하더라

본문에 등장하는 헤롯은, 예수님께서 태어날 당시의 왕이었던 헤롯 대왕의 손자인 헤롯 아그립바 1세입니다. 헤롯 대왕은 이스라엘 역사에 잠시 등장했다가 사라진 헤롯 왕조의 창시자로서 특이한 점은, 유대인의 왕으로 군림한 그가 정통 유대인이 아닌 이두매인Idumean이었다는 사실입니다. 이두매인은 아브라함의 외아들인 이삭의 쌍둥이 아들 중 첫째인 에서의 후손으로서, 성경은 에돔 족속이라고도 부르고 있습니다. 이두매인들은 자신들도 아브라함의 피를 이어받은 아브라함의 후손들인지라, 자신들을 유대인과 별

반 다르지 않게 생각했습니다. 그러나 이삭의 둘째 아들인 야곱의 후손만을 정통 유대인으로 간주하던 유대인의 관점에서 보면, 이두매인은 유대인과는 근본적으로 다른 이방인에 지나지 않았습니다. 그러므로 이두매인인 헤롯 대왕이 유대인의 왕좌에 앉은 것은, 유대인이 아닌 이방인이 유대인의 왕이 된 것을 의미했습니다. 이것은 누구보다도 혈통을 중요하게 여기던 유대인들에게는 있을 수 없는 일이었습니다. 그럼에도 그것이 가능할 수 있었던 것은 그 당시 이스라엘이 로마제국의 지배하에 있었기 때문입니다. 타고난 권모술수가였던 헤롯 대왕은 로마 황제의 환심을 얻어 이방인이면서도 유대인의 왕이 될 수 있었습니다.

이방 혈통인 헤롯 왕조가 이렇게 세워졌기에, 헤롯 대왕은 그의 집권 기간 내내 소위 '채찍과 당근 정책'을 병행하지 않을 수 없었습니다. 한편으로는 로마제국의 신임을 잃지 않기 위해 유대인들로부터 혈세를 짜내어 로마제국에 상납하면서, 자기 왕권에 대한 유대인의 도전은 가차 없이 제압하는 철권통치를 행하였습니다. 예수님께서 태어날 당시에 별을 보고 예루살렘을 찾아온 동방박사들로부터 유대인의 왕이 태어났다는 이야기를 듣기가 무섭게, 헤롯 대왕이 해당 지역의 두 살 이하 사내아이들을 모두 죽여 버린 이유가 여기에 있었습니다. 헤롯 대왕은 자신의 혈통이 정통 유대인이 아니기에 언젠가 유대인에 의해 자신의 왕위가 도전당할 것을 가장 두려워했고, 그것이 두려운 만큼 항상 강압적인 채찍 정책을 써야만 했습니다. 그와 동시에 헤롯 대왕은 또 한편으로는 유대인들의 환심을 사기 위해 부단히 노력했습니다. 자신과 혈통이 다른 유대인의 왕좌를 유지하기 위해서는 어쩔 수 없이 당근 정책을 시행하지 않을 수 없었습니다. 그 대표적인 예가 예루살렘성전 대공사였습니다.

본래 예루살렘성전은 주전 1천 년경 솔로몬에 의해 건축되었습니다. 그래서 사람들은 예루살렘성전을 솔로몬성전이라 불렀습니다. 그러나 솔로몬 성전은 주전 586년, 유대 왕국을 멸망시킨 바빌로니아 제국에 의해 폐허화 되고 맙니다. 그 뒤 주전 536년부터 다윗 왕의 직계 후손인 스룹바벨의 주도하에 성전 재건축 공사가 시작되어, 성전이 파괴된 지 만 70년만인 주전 516년에 성전 재건 공사가 완공되었습니다. 그 재건된 성전을 가리켜 사람들은 제2성전, 혹은 재건 공사를 주도한 스룹바벨의 이름을 붙여 스룹바벨성전이라 불렀습니다. 그러나 이두매인이었던 헤롯 대왕이 유대인의 왕좌에 앉던 주전 37년은, 제2성전이 재건된 지 약 500년이 지났을 때였습니다. 다시 말해 제2성전은 약 500년 동안 극히 퇴락한 상태에 있었습니다. 이에 헤롯 대왕은 대규모의 성전 공사를 시작했습니다. 단순한 보수 혹은 재건 공사가 아니라, 대대적인 확장 공사였습니다. 그가 벌인 공사가 얼마나 큰 규모였던지, 주전 20년에 그가 시작한 공사는 그가 죽고 난 뒤 주후 63년이 되어서야 완공되었습니다. 무려 83년에 걸친 대역사였습니다. 그래서 사람들은 그 성전을 제3성전 또는 헤롯성전이라 불렀고, 예수님께서 이 땅에 계시는 동안 친히 찾으셨던 성전이 그때까지 공사 중이었던 헤롯성전이었습니다. 그러나 그 헤롯성전 역시 완공 후 7년 만에 로마제국의 티투스Titus 장군에 의해 돌 위에 돌 하나 남지 않고 초토화되어 버리고 말았습니다.

어쨌듯 헤롯 대왕이 그토록 엄청난 성전 확장 공사를 시작한 것은 하나님에 대한 남다른 경외심의 발로가 아니었습니다. 그 이유는 오직 하나, 유대인들의 환심을 사기 위함이었습니다. 결국 그가 그 엄청난 성전 확장 공사를 벌이면서까지 기뻐했던 것은 하나님도 유대인도 아닌, 자신의 권력과 왕좌였습니다.

이와 같은 역사적 배경 속에서 본문을 보면 그 의미를 보다 쉽게 이해할 수 있습니다.

> 그때에 헤롯 왕이 손을 들어 교회 중에서 몇 사람을 해하려 하여 요한의 형제 야고보를 칼로 죽이니 유대인들이 이 일을 기뻐하는 것을 보고 베드로도 잡으려 할새 때는 무교절 기간이라(1-3절).

이미 언급한 것처럼 본문의 헤롯 아그립바 1세는 헤롯 대왕의 손자였기에, 그 또한 정통 유대인이 아닌 이두매인이었습니다. 그러므로 헤롯 아그립바 역시 이방인으로서 유대인의 왕좌를 지키기 위해서는 채찍과 당근 전략을 답습하지 않을 수 없었습니다.

본문의 때는 무교절 기간이었습니다. 무교절은 이스라엘 백성이 이집트의 노예살이에서 해방되었음을 기념하기 위해 유월절이 시작되는 저녁부터 7일 동안 계속되는 절기로서, 옛 조상들의 고난을 되새기는 의미로 누룩 없는 빵을 먹는 기간이라 하여 무교절無酵節이라 불렀습니다. 그런데 매년 이때가 되면 예루살렘성전에서 유월절 제사를 드리기 원하는 유대인들이 온 사방에서 예루살렘으로 몰려들었는데, 그 수가 최소한 100만 명 이상이었습니다. 고작 인구 몇만 명에 불과한 성읍에 일시에 100만 명 이상의 대인파가 몰려든다면, 그 자체만도 가공스러운 사건이기에 충분했습니다. 그러므로 예루살렘의 통치자들은 매해 무교절이 되면 민란이 일어날 것을 가장 두려워하였습니다. 100만 명 이상의 유대인들이 일시에 예루살렘으로 운집한다는 것은, 그들의 종교적 열기가 민족주의 열기와 맞부딪쳐 서로 상승작용을 일으키면서 조그마한 사건도 순식간에 정치적 폭동으로 비화할 위험성을 내포하고 있었습니다. 예수님을 심문했던 빌라도 총독이 예수님의 무죄를 확신하면서도, 예수님을 못박아 죽이라는 유대인들의 함성에 민란이 일어날 것을 두려워하여 예수님을 사형에 처한 것 역시, 바로 그날 저녁부터 무교절이 시작되기 때문이었습니다. 그때 예루살렘에는 이미 온 사방에서 몰려든 유대인들로 가득 차 있었기에, 자칫 그 가공할 인파에 의해 폭동이라도 일어날 경우 자신의 군대로는 진압할 도리가 없었기에, 유대인들의 요구대로 예수님을 사형에 처함으로 그들의 환심을 사는 수밖에 없었습니다. 결국 빌라도도 진리보다 자기 권력을 더 기뻐한 사람이었기에, 자신의 권력을 지키기 위해 진리이신 예수님을 못박아 죽이고 말았습니다.

본문의 헤롯 아그립바 또한 예외가 아니었습니다. 무교절을 지내기 위해 예루살렘으로 몰려드는 인파를 보면서, 그 역시 민란을 우려하지 않을 수 없었습니다. 자신이 정통 유대인이 아닌 만큼 일단 거대한 유대인 군중이 한자리에 모이면, 이방인인 자신에 대한 정치적 반란은 언제든지 일어날 수 있었습니다. 그러므로 헤롯 아그립바로서는 혹시 있을지도 모를 민란의 가능성을 사전에 차단하기 위해, 무교절이 시작되기 전에 미리 유대인들의 환심을 사야 할 필요가 있었습니다. 바로 그 필요에 대한 충족이 야고보 사도에 대한 참수형으로 나타났습니다. 유대인들이 십자가에 못박아 죽인 예수가 다시 살아났다고 증언함으로 인해 유대인들이 눈엣가시처럼 간주하는 그리스도인, 그것도 교회의 지도자인 사도의 목을 침으로써 유대인들의 환심을 살 수 있다고 계산한 것이었습니다. 그의 계산은 정확하게 적중하였습니다. 야고보 사도를 참수형에 처하자 유대인들은 더없이 기뻐했습니다. 그 사실을 확인한 헤롯 아그립바는 사도들의 우두머리 격이었던 베드로마저 투옥시켰습니다. 내친김에 베드로까지 죽여 유대인들의 마음을 더욱 확실하게 사로잡아 두기 위함이었습니다.

이처럼 헤롯 아그립바가 기뻐했던 것은, 야고보 사도가 참수형에 처해진 것을 기뻐하는 유대인의 기쁨이 아니었습니다. 그가 기뻐했던 것은 오직 자신의 왕권과 권력, 다시 말해 자기 욕망이었습니다. 자기 욕망만이 자기 기쁨의 근원이요 동기요 대상이었기에, 그는 진리라든가 정의와는 애당초 거리가 먼 사람이었습니다. 자기 욕망의 기쁨을 위해서라면 죄 없는 사람의 목을 치고 투옥시키는 것을 위시하여 무슨 짓이든 서슴없이 행할 수 있었고, 또 자기 기쁨의 논리로 자신의 행위를 얼마든지 합리화시킬 수 있었습니다. 한마디로 자기 기쁨에 사로잡힌 그는 선과 악, 의와 불의조차 분간치 못하는 우둔한 인간이었습니다. 이런 의미에서 헤롯 대왕과 헤롯 아그립바 그리고 빌라도 총독은 다 똑같은 인간이었습니다.

다윗은 시편 37편 4절을 통해 다음과 같이 노래하였습니다.

또 여호와를 기뻐하라 그가 네 마음의 소원을 네게 이루어 주시리로다.

한 성도님이 이 구절과 관련하여 "여호와를 기뻐하라"는 것이 구체적으로 무엇을 의미하는지 제게 물었습니다. 제가 그분께, 장사꾼이 궁극적으로 기뻐하는 것이 무엇이냐고 물었습니다. 그분은 물론 돈이라고 대답했습니다. 제가 또 술꾼과 도박꾼이 기뻐하는 것을 묻자, 그분은 술과 도박이라고 대답했습니다. 제가 그분에게 다시 물었습니다. "왜 장사꾼이 돈을 기뻐하고, 술꾼은 술을 기뻐하며, 도박꾼은 도박을 기뻐합니까?" 그분은 잠시 생각한 후에 장사꾼은 돈을, 술꾼은 술을, 도박꾼은 도박을 삶의 목적으로 삼기 때문이라고 대답했습니다. 그래서 제가 그분께, '여호와를 기뻐하라'는 것 역시 여호와 하나님을 삶의 목적으로 삼으라는 뜻이라고 대답해 드렸습니다.

장사꾼은 자신이 얼마나 바르게 돈을 벌었는지를 기뻐하지 않습니다. 그는 무슨 수를 쓰든 긁어모은 돈 자체를 기뻐합니다. 그의 목적은 돈이기 때문입니다. 술꾼과 도박꾼은 바른 삶을 기뻐하지 않습니다. 가족을 속이는 것은 말할 것도 없고 가족에게 물질적, 육체적, 정신적 피해를 입히면서까지 술을 마시고 도박하기를 기뻐합니다. 술과 도박 그 자체가 삶의 목적이기 때문입니다. 헤롯가의 사람들과 빌라도 총독은 진리를 기뻐하지 않았습니다. 두 살 이하의 죄 없는 어린아이들을 학살하고, 예수님을 사형에 처하고, 야고보의 목을 치면서까지, 단지 그들은 자신의 권력 지키기만을 기뻐했습니다. 권력에 대한 자기 욕망만이 그들의 삶의 목적이었기 때문입니다.

이처럼 사람이 무엇을 기뻐하는지를 보면, 그 사람이 삶의 목적을 어디에 두고 사는지 알게 됩니다. 참된 그리스도인은 이 세상 무엇보다도 하나님을 기뻐하는 사람입니다. 그에게는 영원한 생명이신 삼위일체 하나님 이외에는 삶의 목적이 달리 있을 수 없기 때문입니다. 예수님께서 말씀하셨습니다.

> 나를 보내신 이가 나와 함께하시도다 나는 항상 그가 기뻐하시는 일을 행하므로 나를 혼자 두지 아니하셨느니라(요 8:29).

하나님께서는 언제나 예수님과 함께하셨습니다. 예수님께서는 그 이유를, 당신이 항상 하나님께서 기뻐하시는 일을 행하기 때문이라고 친히 밝히셨습니다. 바꾸어 말하면, 예수님께서 오직 하나님만 기뻐하면서 하나님을 당신 삶의 목적으로 삼으셨기 때문입니다. 그래서 하나님께서는 당신만을 기뻐하는 예수님을 통해 인류 구원의 대역사를 이루실 수 있었습니다.

사도 바울도 이렇게 고백했습니다.

> 이제 내가 사람들에게 좋게 하랴 하나님께 좋게 하랴 사람들에게 기쁨을 구하랴 내가 지금까지 사람들의 기쁨을 구하였다면 그리스도의 종이

아니니라(갈 1:10).

　사도 바울은 자신이 주님 이외의 것을 주님보다 더 기뻐하는 삶을 살았다면, 자신은 주님의 종이 아니라고 단언하였습니다. 그의 삶의 목적은 오직 삼위일체 하나님이셨기에, 삼위일체 하나님만을 기뻐하는 삶으로 일관할 수 있었습니다.
　본문의 야고보와 베드로도 마찬가지였습니다. 그들 역시 삼위일체 하나님만을 기뻐하는 사람들이었기에 그들이 기뻐하는 하나님을 위해 참수형도, 투옥도 두려워하지 않았습니다. 영원한 생명의 근원이신 삼위일체 하나님을 기뻐하고 자신들의 삶의 목적으로 삼는 한, 영원하신 하나님께서 당신의 영원하신 생명으로 영원토록 책임져 주실 것을 그들은 밝히 알고 있었습니다. 그리고 그토록 하나님만을 기뻐한 그들을 통로로 삼아 하나님께서 인류의 역사를 새롭게 하신 것은 너무나도 당연한 일이었습니다. 이런 의미에서 자기 욕망만을 기뻐하다가 스스로 인생을 망쳐 버린 헤롯가의 사람들이나 빌라도 총독과는 달리, 하나님만을 기뻐하다가 하나님 안에서 영원히 살아 있는 야고보와 베드로 그리고 바울은 정녕 지혜로운 사람들이었습니다.

　적지 않은 사람들이 많은 돈을 벌어 하나님께서 기뻐하시는 일을 하겠다고 합니다. 그러나 단지 돈으로만 하나님을 기쁘시게 하겠다는 것은 하나님을 돈에 걸신들린 거지로 오인하는 것과도 같습니다. 하나님께서는 우리의 돈 자체를 필요로 하거나 기뻐하시지 않습니다. 만약 하나님께서 돈 자체를 기뻐하신다면 우리를 제쳐 놓으시고 이 세상의 재벌만 상대하실 것입니다. 이 세상 모든 것이 다 하나님의 것이거늘, 왜 하나님께서 구태여 우리의 돈 그 자체를 기뻐하시겠습니까? 하나님께서 기뻐하시는 것은 우리 주머니 속의 돈 그 자체가 아니라, 하나님의 말씀에 따라 바르고 선한 양심으로 번 돈에 만족하고 감사하면서 그 돈을 바르게 쓸 줄 아는 우리의 중심입니다.

어떤 사람은 더 높은 직책을 얻어 하나님을 기쁘시게 해드리겠다고 합니다. 그러나 하나님께서 우리의 직책 그 자체를 기뻐하시는 것도 아닙니다. 천지를 창조하신 하나님께서 온 우주 만물 가운데 가장 높으신 분인 바에야, 우리가 이 세상에서 아무리 높은 직책을 얻는다 한들 그 직책 자체가 어찌 하나님의 기쁨이 될 수 있겠습니까? 하나님께서 기뻐하시는 것은 우리의 직책 그 자체가 아니라, 어떤 직책에서든 하나님의 신실한 청지기로 살아가는 우리의 자세입니다.

또 어떤 사람은 더 큰 지식으로 하나님을 기쁘시게 해드리겠다고 합니다. 그러나 인간의 지식 자체도 하나님의 기쁨이 될 수는 없습니다. 하나님께서 기뻐하시는 것은 유한한 인간의 유한한 지식이 아니라, 모든 지혜와 지식의 근본이 하나님이심을 알아 오직 하나님의 법도를 좇아 살아가는 우리의 겸손한 마음입니다.

한마디로 말해 하나님께서 정녕 기뻐하시는 것은 우리가 지니고 있는 것들이 아니라, 이 세상 그 무엇보다도 하나님을 기뻐하면서 하나님을 우리 삶의 목적으로 삼는 우리 자신입니다. 우리가 오직 하나님을 기뻐하면서 하나님을 우리 삶의 목적으로 삼을 때에만 야고보와 베드로 그리고 바울처럼, 우리가 하나님의 말씀 속에서 진리와 생명과 사랑의 삶을 살 수 있고, 또 하나님께서 우리의 삶을 통해 당신의 역사를 이루실 수 있기 때문입니다.

그러나 사도 야고보와 베드로, 그리고 바울이 본래부터 삼위일체 하나님을 기뻐했던 것은 아닙니다. 야고보와 베드로는 이 땅에 인간의 몸을 입고 오신 성자 하나님과 3년 동안 살면서도, 오히려 자신들의 계산을 더 기뻐했습니다. 바울 역시 자기 신념을 더 기뻐하던 인간이었습니다. 자기 욕망, 다시 말해 자기 자신을 더 기뻐한다는 관점에서 그들은 헤롯가의 사람들이나 빌라도 총독과 다를 바가 없었습니다. 그런데도 그들이 헤롯가의 사람들이나 빌라도 총독과는 달리 하나님을 기뻐하는 삶을 살 수 있었던 것은, 하나님의 영이신 성령님께서 그들에게 임해 주셨기 때문입니다. 성령님께서 오순절에 야고보와 베드로에게 임해 주셨고, 그 이후 다메섹 도상에서 바울을 사로잡아 주셨기 때문입니다. 그들이 성령님께서 그들에게 임하시도록 노력한 것이라고는 아무것도 없었습니다. 하나님께서 당신의 일방적인 은총으로 그들을 지명하여 선택하시고, 그들에게 당신의 영이신 성령님을 거저 보내 주셨습니다. 가진 것도 없고 배운 것도 없고 번듯한 직책도 없던 무식한 갈릴리 어부 출신의 베드로와 야고보, 그리고 교회를 핍박하던 폭도 바울이 오직 삼위일체 하나님만을 기뻐하면서 하나님께서 기뻐하시는 하나님의 도구로 쓰임 받을 수 있었던 것은 성령님께서 그들에게 임해 주셨고, 그들은 그 이후 평생토록 자신들에게 임하신 성령님의 인도하심 속에서 살았기 때문입니다.

사도 야고보와 베드로 그리고 바울에게 임하셨던 성령님께서 우리에게 이미 임해 계심을 아십니까? 하나님께서 우리에게 당신의 영을 이미 선물로 주셨기에 우리가 한 번도 뵌 적이 없는, 2천 년 전 지구 반대편을 거쳐 가신 나사렛 예수님을 우리의 구세주로 믿게 되었고, 또 우리가 예수 그리스도 안에서 하나님을 아빠 아버지로 부를 수 있는 하나님의 자녀가 되었음을 믿으십니까? 그렇다면 이제 우리에게 남은 것은 야고보와 베드로 그리고 바울처럼 말씀과 기도 속에서 성령님의 인도하심을 좇아, 사나 죽으나 오직 하나님을 기뻐하면서 하나님을 우리 삶의 목적으로 삼고 살아가는 것입니다. 그때에만 이 땅의 크리스천 정치인들은 대중의 인기에 영합하려 자신의 영혼을 파는 어리석음을 범치 않고, 오직 하나님의 공의를 좇아 모든 위협과 위험으로부터 이 나라를 바르게 지키고 이끌어 갈 수 있습니다. 그때에만 이 땅의 크리스천 공직자는 명실공히 예수 그리스도 안에서 국민을 섬기는 국민의 머슴이 될 수 있습니다. 그때에만 이 땅의 크리스천 기업인들은 돈을 목적이 아닌 수단으로 삼는 하나님의 선한 청지기가 될 수 있습니다. 그때에만 이 땅의 크리스천 교육자들은 인간의 영혼과 인격을 바로 세워 주는 진정한 스승이 될 수 있습니다. 그때에만 우리 모두 한 사람이라도 더 많은 사람을 살리고 마땅히 사랑해야 할 사람을 사랑하면서, 이 세상을 새롭게 하는 이 시대의 야고보와 베드로 그리고 바울이 될 수 있습니다.

무엇보다도 우리에게 임하신 성령님의 빛 속에서 오직 하나님을 기뻐하고 하나님을 우리 삶의 목적으로 삼을 때에만, 베드로가 참수형을 당하기 전날 밤 감옥 속에서 평안히 잠을 잤던 것처럼, 우리 역시 어떤 상황 속에서든 참 평안을 누릴 수 있습니다. 참평안은 옆이나 아래에서 오지 않고 언제나 위로부터, 오직 하나님으로부터만 임하기 때문입니다. 우리처럼 보잘것없는 죄인에게 하나님의 영이신 성령님께서 임해 주신 이유가 여기에 있습니다.

헤롯 대왕은 이스라엘 역사상 가장 대대적인 예루살렘성전 확장 공사를 시작했고, 헤롯 아그립바는 자기 할아버지가 시작한 그 공사를 계속했고, 빌라도 총독은 예수님을 만나 예수님과 마주 보고 이야기를 나누었습니다. 그렇지만 하나님의 영이신 성령님께서 그들에게는 임해 주시지 않았습니다. 그래서 그들은 자기 권력, 자기 욕망, 다시 말해 자기 자신만을 기뻐하느라 어린아이들을 학살하고, 예수님을 사형에 처하고, 야고보에게 참수형을 내리고 베드로마저 투옥시키면서, 스스로 자기 인생을 망치는 우둔한 삶을 살고 말았습니다.

그러나 그들과 감히 비교도 할 수 없을 만큼 보잘것없는 우리에게는, 하나님의 영이신 성령님께서 친히 임해 주셨음을 감사합니다. 성령님께서 우리로 하여금 2천 년 전 지구 반대편을 거쳐 가신 예수님을 우리의 구세주로 믿게 해주시고, 예수 그리스도 안에서 하나님의 자녀로 불러 주심을 감사합니다. 오늘 뜻깊은 성령강림 주일을 맞아, 성령님께서 우리에게 임해 주셨음이 우리의 공로나 우리 노력의 결과가 아니라, 철저하게 하나님의 선물이요 은총임을 재확인시켜 주셔서 감사합니다.

이제부터 우리 모두 말씀과 기도 속에서 성령님께 이끌려 살면서, 이 세상 그 무엇보다 하나님을 기뻐하고 하나님을 우리 삶의 목적으로 삼는 이 시대의 야고보와 베드로 그리고 바울이 되게 해주십시오. 성령님의 인도하심 속에서 하나님만을 기뻐하는 우리로 인해, 이 나라가 모든 위협과 위험 속에서도 하나님의 공의 위에 더욱 든든하게 세워지게 해주십시오. 성령님의 이끄심 속에서 하나님만을 기뻐하는 우리로 인해, 우리의 가정과 일터에 진리와 생명과 사랑이 넘치게 해주십시오. 무엇보다도 하나님만을 기뻐하는 우리 자신이 어떤 상황 속에서든 성령님의 빛 속에서, 이 세상이 줄 수 없는 참평안을 누리며 살게 해주십시오. 아멘.

24. 간절히 기도하더라

사도행전 12장 1-5절
그때에 헤롯 왕이 손을 들어 교회 중에서 몇 사람을 해하려 하여 요한의 형제 야고보를 칼로 죽이니 유대인들이 이 일을 기뻐하는 것을 보고 베드로도 잡으려 할새 때는 무교절 기간이라 잡으매 옥에 가두어 군인 넷씩인 네 패에게 맡겨 지키고 유월절 후에 백성 앞에 끌어내고자 하더라 이에 베드로는 옥에 갇혔고 교회는 그를 위하여 **간절히** 하나님께 **기도하더라**

사도 바울에 의해 기록된 빌립보서 4장 13절은 그리스도인들이 즐겨 암송하는 구절입니다.

내게 능력 주시는 자 안에서 내가 모든 것을 할 수 있느니라.

많은 그리스도인들이 이 구절을 좋아하면서도, 좋아하는 만큼 그 의미를 깊이 생각해 보지는 않습니다. 이 구절은 흔히 생각하듯이, 내게 능력 주시는 주님 안에서 내가 원하는 것은 무엇이든 할 수 있다는 말이 아닙니다. 바울은 빌립보서 4장 11절을 통해 먼저 이렇게 증언하였습니다.

> 내가 궁핍해서 이렇게 말하는 것이 아닙니다. 나는 어떤 처지에서도 스스로 만족하는 법을 배웠습니다(새번역).

바울은 주님의 증인으로 살기 위해 누구보다도 많은 박해와 고난을 당하였습니다. 그렇지만 바울은 아무 생각 없이, 그저 되는대로 사는 사람이었던 것은 아니었습니다. 그는 상상할 수 없이 어려운 상황 속에서도 자신이 배워야 할 것을 배우는 사람이었습니다. 배우려는 마음을 지닌 사람에게는 이 세상 그 누구, 그 무엇 하나 스승 아닌 것이 없습니다. 바울이 바로 그런 사람이었습니다. 바울은 어떤 상황을 맞든, 항상 스스로 만족하는 법을 배웠습니다. 모든 죄는 만족할 줄 모르는 욕심으로부터 잉태됨을 그는 알고 있었습니다. 우리말 '배우다'라는 의미로 바울이 사용한 헬라어 동사 '만다노µανθάνω'는 단순한 배움이 아니라, 배워서 습관이 되게 하는 것을 의미합니다. 바울은 어떤 상황을 맞든 항상 스스로 만족하는 법을 배우되, 그것이 자신의 습관이 되게끔 그 배움을 반복하여 몸에 익히는 사람이었습니다. 그래서 빌립보서 4장 12절은 다음과 같이 이어지고 있습니다.

> 나는 비천하게 살 줄도 알고, 풍족하게 살 줄도 압니다. 배부르거나, 굶주리거나, 풍족하거나, 궁핍하거나, 그 어떤 경우에도 적응할 수 있는 비결을 배웠습니다(새번역).

바울은 모든 것이 풍족한 여건 속에서도 교만에 빠지지 않고, 비천에 처할 때에도 비굴해지지 않는 비결을 배웠음을, 다시 말해 어떤 상황 속에서든 스스로 만족하는 법을 배워 몸에 익혔음을 다시 강조하였습니다. 결국 바울이 배운 것을 한마디로 정리한다면, 바울은 어떤 상황이든 주어지는 상황을 받아들여야 함을 배웠습니다. 자신이 주님을 믿는 한 비록 자신이 원치 않는 상황일지라도 자신에게 주어지는 모든 상황 속에는 반드시 주님의 귀한 뜻이 있고, 또 그 결과는 반드시 선으로 귀결됨을 믿었기 때문입니다.

이와 같은 배경 속에서 바울은 빌립보서 4장 13절을 통해 '내게 능력 주시는 자 안에서 내가 모든 것을 할 수 있다'고 고백하였습니다. 그렇다면 이 구절은, 주님께서 주시는 능력 속에서 인간이 원하는 것을 무엇이든 할 수 있다는 의미가 아님을 깨닫게 됩니다. 전기 작가로 유명한 존 폴락John Pollock은 그가 쓴 《사도 바울》에서 이 구절을 다음과 같이 해석하였습니다.

> 내 안에 거하시는 분의 능력으로 나는 무슨 일이든 겪을 준비가 되어 있습니다.

참으로 적절한 해석입니다. 바울은 주님의 능력 속에서 자신이 원하는 것은 무엇이든 할 수 있다고 고백하지 않았습니다. 자신의 능력으로는 불가능하지만 주님의 능력 속에서는 어떤 상황이든 주어지는 모든 상황을 겪을 수 있음을, 다시 말해 받아들일 수 있음을 고백한 것입니다. 자신에게 주어지는 모든 상황을 통해 주님의 귀한 뜻이 이루어지고, 또 그 모든 상황은 반드시 선으로 귀결됨을 삶으로 배워 몸에 익혔기 때문입니다. 그렇기에 그는 주님을 위해 참수형마저 기꺼이 받아들일 수 있었고, 주님께서는 그를 도구로 삼아 인류의 역사를 새롭게 하셨습니다.

야고보 사도를 참수형에 처한 헤롯 아그립바는 내친김에 사도 가운데 우두머리 격이었던 베드로마저 죽여 버리기로 했습니다. 이방 혈통인 이두매인으로 유대인의 왕좌에 앉은 헤롯 아그립바였기에 유대인들의 환심을 사기 위함이었습니다. 그러나 이미 무교절이 시작되었기에, 무교절 기간 동안에는 재판이나 처형을 금하는 유대인의 관습을 지키기 위해 헤롯 아그립바는 무교절이 끝나기까지 베드로를 감옥에 가두어 두었습니다. 그는 네 명이 한 조를 이룬 네 조로 하여금 감방의 베드로를 교대로 감시케 했습니다. 베드로 한 사람을 감시하기 위해 16명의 군사를 동원한 것입니다. 그 상황 속에서 교회가 무엇을 했었는지를 본문 5절이 밝혀 주고 있습니다.

이에 베드로는 옥에 갇혔고 교회는 그를 위하여 간절히 하나님께 기도하더라.

사도 야고보가 참수형을 당하고 베드로마저 참수형을 당하기 직전의 상황 속에서 교회가, 다시 말해 교인들이 할 수 있는 것이라고는 기도밖에 없었습니다. 그들은 베드로를 위해 하나님께 간절히 기도드렸습니다. 사악한 폭군의 횡포 앞에서 그저 맨손일 뿐인 그들이 죽음에 직면한 베드로를 위해 얼마나 간절히 기도했을는지는 능히 짐작할 수 있습니다. 이 시간에 우리가 유의하고자 하는 것은 그들이 드린 기도의 내용이 과연 무엇이었겠는가 하는 것입니다.

두말할 것도 없이, 죽음에 직면한 베드로를 살려 주시기를 기도했을 것이라고 생각하기 쉽습니다. 그러나 그것이 사실이 아님은 12절 이하의 증언이 밝혀 주고 있습니다. 주님의 신비스러운 손길에 의해 철통같은 감옥으로부터 구출된 베드로는 곧장 교인들이 자신을 위해 기도하고 있던 장소를 찾아갔습니다. 문을 두드리는 베드로를 발견한 소녀가 집 안으로 뛰어 들어가 베드로가 왔다고 소리치자, 집 안에서 베드로를 위해 기도하던 교인들은 그 말을 믿지 않고 도리어 소녀에게 "네가 미쳤다"고 말했습니다. 소녀가 참말임을 강조하자, 교인들은 그렇다면 그것은 베드로의 천사일 것이라고 말했습니다. 베드로가 이미 참수형을 당했기에, 베드로의 수호천사가 그 사실을 전해 주기 위해 왔을 것이라고 단정한 것입니다.

이처럼 베드로를 위해 기도하던 교인들 중에 베드로가 그 철통같은 감옥에서 살아 나오리라고 생각한 교인은 단 한 명도 없었습니다. 따라서 그들의 기도를 소위 불신의 기도로 규정할 수 있습니다. 그들이 죽음에 직면한 베드로를 살려 주시기를 입으로 기도하기는 하면서도 정작 베드로가 살아서 돌아오리라고는 아무도 믿지 않았다는 식입니다. 만약 그것이 사실이라면, 그런 불신의 기도가 과연 오늘 본문 속에 기록될 필요나 가치가 있었겠습니까? 하나님께서 단지 그들의 기도가 그렇듯 유치한 불신의 기도였음을 강조하시기 위해 그 내용을 성경에 기록토록 하셨겠습니까? 누군가가 그렇게 말한다면, 그것은 본문의 교인들에 대한 모독입니다.

초대교회를 이루고 있던 본문의 교인들은 자신들을 배교자로 간주하는 유대교인들의 박해 속에서 자신들의 생명을 걸고 주님을 좇던 사람들이었습니다. 그들은 자신들의 모든 소유를 내어놓고 모두 함께 사용하는 유무상통의 삶을 살았습니다. 그리고 그들은 모두 주님의 가르침을 자신의 삶으로 실천하던 사람들이었습니다. 한마디로 그들은 모두 진짜 예수쟁이들이었습니다. 그들이 죽음에 직면한 베드로를 살려 주시기를 간절히 기도드리면서도 실제로 베드로가 살아오리라고는 믿지 않는 불신의 기도를 드렸다는 것은 전혀 사리에 맞지 않습니다. 그렇다면 그들이 죽음에 직면한 베드로를 위해 하나님께 간구한 기도의 내용은 과연 무엇이었으며, 베드로를 위해 간

절히 기도하던 그들이 베드로가 살아왔다는 소녀의 말을 믿지 못한 까닭은
또 무엇이었겠습니까? 우리는 초대교회 교인들이 본문 이전에 드렸던 기도
의 내용을 통해 그 해답을 찾을 수 있습니다.

베드로가 처음으로 투옥당한 것은 사도행전 4장에서의 일입니다. 베드로
와 요한이 성전 미문美門 앞에서 구걸하던 선천성 하반신 불구자를 예수 그
리스도의 이름으로 일어서게 하고, 사람들에게 예수님의 부활을 증언했다
는 이유로 유대교 지도자들에 의해 투옥되고 말았습니다. 유대교 지도자
들은 그 이튿날, 베드로와 요한에게 예수의 이름을 입 밖에도 내지 말라고
위협하며 그들을 풀어 주었습니다. 그들은 풀려난 즉시 동료 교인들을 찾
아가 자초지종을 설명했고, 사도들과 교인들은 모두 한마음으로 다음과 같
이 기도드렸습니다.

> 주여 이제도 그들의 위협함을 굽어보시옵고 또 종들로 하여금 담대히
> 하나님의 말씀을 전하게 하여 주시오며 손을 내밀어 병을 낫게 하시
> 옵고 표적과 기사가 거룩한 종 예수의 이름으로 이루어지게 하옵소서
> (행 4:29-30).

사도들과 교인들이 하나님께 간구한 기도의 요지는 세 가지였습니다. 첫
째 자신들에 대한 박해자들의 위협을 굽어살펴 달라는 것이요, 둘째 하나님
의 말씀을 담대하게 전할 수 있게 해달라는 것이요, 마지막으로 예수 그리
스도의 이름으로 병자를 고치며 표적과 기사가 나타나게 해달라는 것이었
습니다. 우리는 이 기도 속에서 이상한 점을 발견하게 됩니다. 베드로와 요
한을 투옥시킨 유대교 지도자들이 이튿날 두 사도를 풀어 주기 직전에 다시

는 예수의 이름을 입 밖에도 내지 말라고 두 사도를 위협했을 때, 두 사도는 추호의 굴함도 없이 오히려 이렇게 맞섰습니다.

하나님 앞에서 너희의 말을 듣는 것이 하나님의 말씀을 듣는 것보다 옳은가 판단하라 우리는 보고 들은 것을 말하지 아니할 수 없다(행 4:19-20).

두 사도는, 날아가는 새도 떨어뜨릴 정도로 막강한 권세를 지닌 유대교 지도자들의 위협을 전혀 위협으로 느끼지 않고 있었습니다. 게다가 베드로와 요한은 벌써 하나님의 말씀을 담대하게 전하고 있었습니다. 두 사도는 예수님을 죽음으로 몰아넣은 유대인들과 유대교 지도자들을 향해, '너희가 십자가에 못박아 죽인 예수를 하나님이 다시 살리셨다'고 서슴없이 그들을 질타했습니다. 어찌 그보다 더 담대하게 하나님의 말씀을 전할 수 있겠습니까? 더욱이 베드로와 요한은 예수 그리스도의 이름으로 성전 미문 앞에서 구걸하던 선천성 하반신 불구자를 일으켜 세웠습니다. 태어난 이래 40여 년 동안이나 하반신 불구자로 살던 선천성 병자를 낫게 해준 것입니다. 세상에 그보다 더 크고 더 확실한 표적과 기사가 또 어디에 있겠습니까? 그 모든 일은 아득히 먼 옛날에 있었던 과거의 이야기가 아니었습니다. 그것은 사도들과 교인들이 기도드리기 직전에, 혹 길어야 24시간 이내에 베드로와 요한이 직접 행한 일들이었고, 두 사도는 그 모든 사실을 동료 교인들에게 상세하게 일러 주었습니다. 그런데도 그들은 마치 그 모든 사실을 까맣게 잊은 듯 박해자들의 위협을 굽어살펴 달라고, 담대히 하나님의 말씀을 전할 수 있게 해달라고, 그리고 예수 그리스도의 이름으로 병을 낫게 하며 표적과 기사가 나타나게 해달라고 하나님께 간구하였습니다. 그들이 조금 전의 일조차 기억할 수 없을 정도로 천치나 백치가 아니라면, 우리는 그들이 드린 기도의 참되고도 심오한 의미를 깨닫게 됩니다.

　박해자의 위협 속에 살아가야만 했던 그들은 박해자들의 위협을 피하게 해달라고, 더 이상 위협이 없는 편안한 삶을 살게 해달라고 결코 기도하지 않았습니다. 그들은 온갖 위협이 있을지라도, 그 위협 속에 있는 자신들을 굽어살피고 계시는 주님의 능력을 힘입어 주님의 참된 증인으로 살 수 있도록 해달라고 기도드렸습니다. 어떤 상황이 주어지든 그 상황을 받아들이고, 그 상황 속에서 주님의 증인으로 살기 위해 기도드린 것이었습니다. 그것만이 참된 삶이요, 영원한 삶임을 주님 안에서 배우고 몸에 익힌 결과였습니다. 이런 의미에서 그들은 '내 안에 거하시는 분의 능력으로 나는 무슨 일이든 겪을 준비가 되어 있다'고 고백한 사도 바울과 아무런 차이가 없었고, 주님께서 그들을 통해 이 세상을 새롭게 하신 것 역시 조금도 이상한 일이 아니었습니다.

　이처럼 초대교회 교인들의 기도의 핵심이 무엇이었는지를 확인하면 우리는 이제, 죽음에 직면한 베드로를 위해 본문의 교인들이 하나님께 간구한 기도의 내용이 무엇이었겠는지도 깨닫게 됩니다. 그들은 죽음에 직면한 베드로를 살려 주시기를 간구한 것이 아니었습니다. 사도행전 4장에서 드렸던 기도의 연장선상에서 그들은 베드로가 그 절체절명의 상황 속에서도, 죽음의 위협 속에서도, 영원한 생명을 이미 얻은 주님의 증인다울 수 있기를 기도했던 것입니다. 그것이 주님의 뜻이라면, 베드로가 참수형을 당해야 하는 상황을 믿음으로 받아들일 수 있기를 기도한 것입니다. 이것이 베드로가 철통같은 감옥으로부터 살아 돌아왔을 때 그들이 그 사실을 선뜻 믿지 못했던 이유였습니다. 그들에게 믿음이 없거나, 그들이 불신의 기도를 드려서가 아니라, 사도행전 4장에서도 그렇게 기도드렸듯이, 그들은 죽음에 직면한 베드로를 무조건 살려 달라고 기도한 것이 아니었기 때문이었습니다.

이것은 베드로도 마찬가지였습니다. 2주 전에 살펴본 것처럼 주님께서 철통같은 감옥으로부터 베드로를 구해 내실 때, 베드로는 감방에서 나와 첫째 초소와 둘째 초소를 지나면서도 그것을 현실이 아닌 꿈이라고 여겼습니다. 베드로는 감옥 정문을 나와 한 길에 이르러서야 자신이 꿈을 꾸고 있는 것이 아니라, 주님께서 정말 자신을 구해 주셨음을 비로소 깨달았습니다. 감방에 갇혀 참수형을 기다리던 베드로조차도 자신을 살려 달라고 기도한 적이 없었던 까닭입니다. 그 역시 야고보처럼 참수형을 당해야 하는 상황을 믿음으로 받아들이고 있었던 것입니다. 그래서 참수형을 당하기 전날 밤에도 그는 감방 속에서 평안히 잠을 잘 수 있었습니다. 자신이 주님을 위해 참수형을 당할망정, 자신이 믿는 주님께서 당신의 영원한 생명으로 자신을 영원히 책임져 주실 것을 확신했기 때문입니다.

'새신자반'을 통해 믿음은 순종이라 배웠습니다. 사람들은 순종이라고 하면 주님의 말씀에 대한 순종만을 생각합니다. 그러나 그리스도인의 순종은 말씀에 대한 순종은 말할 것도 없고, 반드시 주어진 상황에 대한 순종을 포함합니다. 주님께서는 우리의 삶을 통해 역사하시고, 우리의 삶은 구름 위에서가 아니라 주어진 현실의 상황 속에서 엮어지기 때문입니다. 그래서 참된 믿음은 어떤 상황이든 주어진 상황을 피하는 것이 아니라, 그 상황을 믿음으로 받아들이는 것입니다. 그때에만 우리의 삶을 통해 오늘 있다 내일 쓰러질 허망한 나의 뜻이 아니라, 영원한 하나님의 뜻이 이루어지게 됩니다. 사도 바울이, 베드로가, 본문 속의 교인들이 모두 주어진 상황을 믿음으로 받아들이고, 또 믿음으로 받아들이기 위해 기도한 까닭이 여기에 있었습니다. 바로 그것이 유한한 자신을 초월하는 영원한 믿음의 길이기 때문입니다.

호스피스 운동의 선구자인 엘리자베스 퀴블러 로스Elisabeth Kübler Ross

여사가 쓴 《인생 수업》에는 교통사고를 당한 한 여성의 이야기가 소개되어 있습니다. 주말에 고속도로를 달리던 그녀는 앞 자동차들이 급정거를 하는 바람에 자신도 급브레이크를 밟으며, 반사적으로 백미러를 쳐다보았습니다. 그녀의 차를 뒤따르던 자동차는 운전자가 한눈을 팔고 있는지, 정지할 기미를 보이지 않고 앞으로 돌진해 오고 있었습니다. 순식간에 대형 충돌 사고가 일어나면서 자신이 죽을지도 모를 위기의 순간이었습니다. 그녀는 눈을 감고 숨을 크게 들이쉬면서, 운전대를 꽉 잡고 있던 손을 내려놓았습니다. 일촉즉발의 그 위급한 상황을 자기도 모르게 받아들이고, 그 상황에 자신을 맡긴 것이었습니다. 그와 동시에 천지를 진동하는 충격이 느껴졌고 그녀는 정신을 잃었습니다. 잠시 후 그녀가 다시 정신을 차렸을 때, 놀랍게도 그녀의 몸은 어느 곳 하나 다친 곳 없이 멀쩡했습니다. 그녀의 앞뒤에 있던 자동차는 모두 박살이 났고 운전자들 역시 중상을 입었습니다. 그녀의 자동차도 마치 종잇장처럼 구겨져 있었지만 그녀만은 멀쩡했습니다. 현장에 출동한 경찰은, 그녀가 운전대를 잡았던 손을 내려놓고 긴장을 푼 채, 그 돌발 상황을 자연스럽게 받아들인 덕분이라고 했습니다. 교통사고 때에는, 운전대를 꽉 잡고 온몸이 긴장할수록 더 심한 중상을 입기 마련이라는 것이었습니다. 그 사고를 통해 그녀는 인생에 대한 태도가 달라졌을 뿐 아니라, 귀중한 교훈을 배웠습니다. 어떤 상황이든 피하지 않고 받아들임으로 오히려 삶은 새로운 의미를 지니게 된다는 배움이었습니다.

다음은 시편 37편 5-6절 말씀입니다.

> 네 길을 여호와께 맡기라 그를 의지하면 그가 이루시고 네 의를 빛같이 나타내시며 네 공의를 정오의 빛같이 하시리로다.

우리가 우리의 인생을 하나님께 맡기고 하나님을 의지하기만 하면 하나님께서 우리의 삶을 통해 당신의 뜻을 이루시고, 우리의 의와 공의를 한낮의 햇살처럼 빛나게 하실 것이란 말씀입니다. 대체 하나님께 우리의 인생을 맡기고 하나님을 의지한다는 것은 무엇을 의미하겠습니까? 하나님께서 주시는 삶의 상황을 믿음으로 받아들이는 것입니다. 하나님께서 주신 상황을 믿음으로 받아들이려 하지 않고 자신의 삶을 하나님께 맡기고 의지하는 길이란 있을 수 없습니다. 주어진 상황을 받아들일 때에만 바로 그 상황 속에서 그 상황을 주신 하나님의 뜻이 이루어지게 되고, 결과적으로 하나님의 뜻을 이루는 우리의 삶은 빛을 발하게 됩니다.

사랑하는 교우 여러분!

지금 어떤 상황에 처해 계십니까? 그 상황이 혹 괴롭고 고통스러우십니까? 그럴지라도 그 상황을 피하려 하지 마십시오. 하나님께서 그 상황을 주신 것은 그 상황을 피하게 하심이 아니라, 그 상황 속에서 당신의 뜻을 이루시고 우리를 새롭게 빚어 주시기 위함입니다. 오직 기도를 통해 주어지는 모든 상황을 믿음으로 받아들이는 법을 배우고 몸에 익히십시오. 그 상황 속에서 참된 그리스도인으로 살 수 있기 위해 기도하십시오. 그 상황 속에서 자신의 삶으로 하나님의 공의와 사랑을 드러낼 수 있기 위해 기도하십시오. 그때부터 우리의 삶은 새로운 의미와 영원한 가치를 지니게 될 것입니다. 그 상황을 주신 하나님은 피조물인 우리와는 전혀 다른, 천지를 창조하신 전능하신 하나님이시기 때문입니다. 그렇지 않다면 사도 바울과 베드로 그리고 본문의 교인들이 바보가 아닌 다음에야, 하나님께서 자신들에게 주신 모든 상황을 믿음으로 받아들였을 까닭이 없지 않았겠습니까?

우리는 학교에서 지식은 배우려 하면서도, 그보다 더 중요한 인생을 배우려 하지는 않습니다. 그래서 아무리 세월이 흘러도 인생에 관한 한 우리는 언제나 초보자와도 같습니다. 바울처럼 풍부에 처할 때나 궁핍에 처할 때나, 우리가 그리스도인으로서 주님 안에서 배워야 할 것들을 배우는 지혜로운 사람이 되게 해주십시오. 무엇보다도 어떤 상황이 주어지든, 주님 안에서 스스로 만족하는 법을 배우고 몸에 익히게 해주십시오. 우리에게 주어지는 모든 상황은 하나님께서 돌같이 굳은 우리를 정금같이 새롭게 빚으시며, 하나님의 뜻을 우리의 삶 속에 이루시기 위해 우리에게 베푸시는 하나님의 은총임을 잊지 말게 해주십시오. 바울과 베드로처럼, 본문의 교인들처럼, 우리에게 주어지는 모든 상황을 기도를 통해 믿음으로 받아들이게 해주십시오. 그 모든 상황을 믿음으로 헤쳐 가는 우리의 삶을 통해 영원하신 하나님의 뜻이 이루어지고, 그 모든 상황으로 인해 우리 삶의 의미와 가치가 새로워지며, 그 모든 상황 속에서 그리스도인으로 살아가는 우리의 의와 공의가 한낮의 햇살처럼 빛나게 해주십시오. 아멘.

25. 그 전날 밤에

사도행전 12장 6-12절

헤롯이 잡아 내려고 하는 **그 전날 밤에** 베드로가 두 군인 틈에서 두 쇠사슬에 매여 누워 자는데 파수꾼들이 문밖에서 옥을 지키더니 홀연히 주의 사자가 나타나매 옥중에 광채가 빛나며 또 베드로의 옆구리를 쳐 깨워 이르되 급히 일어나라 하니 쇠사슬이 그 손에서 벗어지더라 천사가 이르되 띠를 띠고 신을 신으라 하거늘 베드로가 그대로 하니 천사가 또 이르되 겉옷을 입고 따라오라 한대 베드로가 나와서 따라갈새 천사가 하는 것이 생시인 줄 알지 못하고 환상을 보는가 하니라 이에 첫째와 둘째 파수를 지나 시내로 통한 쇠문에 이르니 문이 저절로 열리는지라 나와서 한 거리를 지나매 천사가 곧 떠나더라 이에 베드로가 정신이 들어 이르되 내가 이제야 참으로 주께서 그의 천사를 보내어 나를 헤롯의 손과 유대 백성의 모든 기대에서 벗어나게 하신 줄 알겠노라 하여 깨닫고 마가라 하는 요한의 어머니 마리아의 집에 가니 여러 사람이 거기에 모여 기도하고 있더라

만약 누군가의 어제가 오늘과 완전히 단절되어 버렸다면, 그것은 그가 어

제 죽었기 때문입니다. 누군가의 오늘이 내일로 이어지지 못한다면, 내일이 이르기 전 오늘 이내에 그가 죽을 것임을 의미합니다. 살아 있는 사람에게는 오늘과 내일 그리고 미래가 단절되지 않습니다. 그것들은 서로 맞물려 서로 이어지기 마련입니다. 단, 살아 있는 사람일 경우입니다.

하루는 24시간으로 이루어져 있습니다. 그 24시간은 서로 무관한 토막으로 분리되어 있지 않습니다. 그 각각의 시간은 60분을 단위로 서로 연결되어 있습니다. 또 분과 분은 60초를 단위로 서로 이어져 있습니다. 아날로그 시계 가운데는 시계판에 60개의 작은 점들이 찍힌 시계가 있습니다. 시간의 최소 단위인 초를 나타내는 점들입니다. 그 점들을 보면 마치 시간이 점인 것처럼 여겨집니다. 그러나 시간은 점이 아닙니다. 누군가의 시간이 어느 점에서 머물러 버렸다면, 바로 그 시점에 그 사람이 죽어 버렸기 때문입니다. 시간은 점이 아니라, 그 무수한 점들이 서로 이어지는 선입니다. 단, 살아 있는 사람일 경우입니다.

시간은 점이 아니라 선이기에, 시간으로 이루어지는 인간의 삶 역시 점이 아니라 선입니다. 만약 누군가의 삶이 선이 아니라 서로 무관한 점들로 분리되어 있다면 그 사람은 산 사람일 수도 없으려니와, 설령 살아 있다고 해도 심각한 질병을 앓아 정상적인 성장이나 성숙이 불가능한 사람입니다. 인간의 삶은 점이 아니라 선이기에, 인간은 단절 없이 이어지는 그 삶의 연속선 위에서 성장하고, 또 성숙해질 수 있습니다. 단, 정상적으로 살아 있는 사람일 경우입니다.

믿음 역시 마찬가지입니다. 믿음은 하나님에 대한 앎 그 자체가 아니라, 그 앎이 삶으로 이어지는 전 과정이 믿음입니다. 믿음은 머릿속에 머무는 것이 아니라 반드시 삶으로 드러난다는 말입니다. 그래서 믿음 역시 점이 아니라 선입니다. 믿음과 삶은 불가분의 관계에 있고, 삶이 점이 아니라 선이기에,

삶으로 드러나는 믿음도 점이 아닌 선일 수밖에 없습니다. 만약 누군가의 믿음이 선이 아니라 서로 무관한 점들로 분리되어 있다면, 그 믿음은 성장이나 성숙과는 거리가 멀 것이기에 실은 죽은 믿음과 다를 바가 없습니다. 믿음은 믿음을 표방하는 분리된 점들이 아니라 그 점들을 서로 연결하는 선이기에, 그 믿음의 연속선 위에서 우리의 믿음은 성장하고 또 성숙해질 수 있습니다. 단, 살아 있는 믿음일 경우입니다.

우리가 잘 아는 것처럼 다윗이 지은 시편 34편에는, '다윗이 아비멜렉 앞에서 미친 체하다가 쫓겨나서 지은 시'라는 표제어가 붙어 있습니다. 블레셋 골리앗의 침공으로 이스라엘이 풍전등화의 위기에 처했을 때, 다윗이 오직 믿음으로 골리앗을 제압하고 이스라엘을 구해 내었습니다. 구국의 영웅이 된 다윗의 인기가 하늘을 찌를 듯하자, 이에 질투심을 느낀 사울 왕이 다윗을 죽이려 하였습니다. 다윗을 죽이려는 사울 왕의 집념이 얼마나 집요했던지, 다윗 한 사람을 살해하기 위해 무려 3천 명으로 이루어진 특공대를 구성하기까지 했습니다. 이스라엘 내에서는 더 이상 자신의 생명을 지킬 수 없게 된 다윗은 어쩔 수 없이 가드Gath 왕 아비멜렉을 찾아갔지만, 그곳에서도 그의 생명이 위태롭기는 마찬가지였습니다. 다윗은 침을 질질 흘리며 미친 사람 시늉을 하고서야 겨우 사지死地를 벗어날 수 있었습니다. 바로 그 직후에 다윗이 지은 시가 시편 34편입니다. 다윗의 목숨이 그토록 위태로웠던 이유는 다윗이 오직 하나님의 뜻을 좇아 살았기 때문입니다. 그렇다면 시편 34편은 하나님에 대한 다윗의 원망으로 가득 차 있어야 하지 않겠습니까? '하나님, 당신을 좇는 나를 왜 버리십니까? 이런 곤욕을 겪게 하시려고 나로 하여금 골리앗을 물리치게 하셨습니까? 당신은 정말 살아 계십니까?' 이런 식으로 하나님을 원망하고 불평함이 인지상정 아니겠습니까? 그러나 다윗은 그 절박한 상황 속에서 뜻밖에도 이렇게 고백했습니다.

> 젊은 사자는 궁핍하여 주릴지라도 여호와를 찾는 자는 모든 좋은 것에 부족함이 없으리로다(시 34:10).

젊은 사자가 먹을 것을 사냥하지 못해 주리는 경우란 흔치 않을 것입니다. 그러나 젊은 사자에게는 혹 그런 경우가 있을지라도, 하나님을 경외하는 사람에게는 언제나 모든 좋은 것에 부족함이 있을 수 없다는 것입니다. 다윗이 침을 흘리며 미친 시늉을 하지 않고서는 생존조차 불가능한 상황에서 이런 고백을 했다는 것은 믿기 어려운 일입니다. 그러나 시편 34편 전체를 찬찬히 살펴보면, 다윗이 어떻게 그 상황에서 그런 고백을 할 수 있었는지 알게 됩니다.

> 내가 여호와께 간구하매 내게 응답하시고 내 모든 두려움에서 나를 **건지셨도다**(시 34:4).
> 이 곤고한 자가 부르짖으매 여호와께서 들으시고 그의 모든 환난에서 **구원하셨도다**(시 34:6).

다윗은 먼저 과거에 자신의 기도에 응답하시고, 자신을 모든 두려움과 환난에서 구원해 주셨던 하나님을 기억했습니다. 그리고 그의 고백은 이렇게 이어지고 있습니다.

> 여호와의 천사가 주를 경외하는 자를 둘러 진 치고 그들을 **건지시는도다**
> (시 34:7).

> 너희 성도들아 여호와를 경외하라 그를 경외하는 자에게는 **부족함이 없도다**(시 34:9).

과거에 대한 다윗의 신앙고백은 과거로 머물지 않고 현재로 이어졌습니다. 과거에 자신과 함께해 주셨던 하나님이시기에 비록 자신이 침을 질질 흘리며 미친 사람 시늉을 하지 않고서는 생존할 수조차 없는 절체절명의 위기에 처해 있지만, 그러나 하나님께서 지금도 자신을 현재형으로 건져 주고 계시며, 또 부족함이 없는 은혜로 여전히 자신과 함께하고 계심을 믿었습니다. 그리고 그의 고백은 다음과 같이 마무리되었습니다.

> 젊은 사자는 궁핍하여 주릴지라도 여호와를 찾는 자는 모든 좋은 것에 **부족함이 없으리로다**(시 34:10).

과거에 대한 다윗의 신앙고백은 현재를 거쳐 미래로 이어졌습니다. 과거에 자신과 함께해 주셨던 하나님이시기에 그 하나님께서 현재에도 자신과 함께하고 계시며, 나아가 미래에도 변함없이 함께해 주실 것을 다윗은 확신하였습니다. 이처럼 하나님을 믿는 다윗에게 과거와 현재 그리고 미래는 각각 무관한 점으로 분리되어 있는 것이 아니라, 서로 연결된 연속선을 이루고 있었습니다. 그렇기에 침을 흘리며 미친 시늉을 하지 않고서는 생존조차 불가능한 절망적인 상황 속에서도 그는 그 믿음의 연속선 위에서 하나님께서 현재형으로 자신을 건지고 계심을 믿었고, 또 하나님께서 모든 좋은 것에 부족함이 없도록 책임져 주실 자신의 미래를 확신하는 성숙한 믿음을 지닐 수 있었습니다. 다윗은 정녕 살아 있는 믿음의 소유자였고, 하나님께서는 믿음의 연속선 위에서 살아 있는 믿음을 지녔던 다윗을 통해 이스라엘의 역사를 새롭게 하셨습니다. 만약 다윗의 믿음이 연속선이 아니라 불연속적인 점들로 분리되어 있었다면, 그 점들이 설령 하늘의 별처럼 많다 해도 다윗이 3천 년이 지난 이 시간까지 살아 있는 믿음의 본으로 세워지지는 못했을 것이요, 또 오늘날 이스라엘 국가에 그려진 이스라엘의 별로 영원히 기려지지도 못했을 것입니다. 이와 같은 관점에서 우리는, 주님께서 오늘의 본문을 통해 우리에게 주시고자 하는 메시지를 포착할 수 있습니다.

본문의 헤롯은 이방 혈통인 이두매인으로서 유대인의 왕좌를 계승한 헤롯 아그립바였습니다. 그는 온 사방에서 유대인들이 대거 예루살렘으로 몰려들 무교절을 앞두고, 무교절 기간 동안 이방인인 자신에 대하여 혹 있을지도 모를 유대인들의 정치적 봉기를 미연에 방지하기 위하여 사도 야고보를 참수형에 처해 버렸습니다. 유대인들이 배교자로 간주하는 교회의 지도자를 죽여 유대인들의 환심을 사기 위함이었습니다. 헤롯 아그립바가 예상했던 것처럼 유대인들은 야고보가 참수형을 당해 죽는 것을 보고 더없이 기뻐하였습니다. 헤롯 아그립바는 사도 가운데 우두머리 격이었던 베드로마저 죽여, 유대인들의 마음을 확실하게 사로잡아 두려 했습니다. 그러나 벌써 무교절이 시작되었기에, 무교절 기간 동안에는 재판이나 처형을 금하는 유대인의 관습을 지키기 위해 헤롯 아그립바는 무교절이 끝나기까지 베드로를 감옥에 가두어 두었습니다. 그는 네 명이 한 조를 이룬 네 조로 하여금 베드로를 교대로 감시케 했습니다. 감방에 갇혀 있는 베드로 한 사람을 감시하기 위해 16명의 군사를 동원한 것입니다. 베드로가 갇힌 감방에 대한 경비가 그 정도였다면, 감옥 전체에 대한 경비는 또 얼마나 삼엄했겠습니까? 그러나 그 철통같은 감옥으로부터 주님께서 베드로를 구출해 주셨음을 전해 주는 본문 6절은 다음과 같이 시작되고 있습니다.

헤롯이 잡아 내려고 하는 그 전날 밤에 베드로가 두 군인 틈에서 두 쇠사슬에 매여 누워 자는데 파수꾼들이 문밖에서 옥을 지키더니.

주님께서 베드로를 구출해 주신 것은 '헤롯이 베드로를 잡아 내려고 하는 그 전날 밤'이었습니다. 이튿날이면 무교절이 끝나 헤롯 아그립바가 베드로를 참수형에 처하려는 그 전날 밤, 다시 말해 마지막 밤이었습니다. 무교절은 7일 동안 계속되는 절기였으므로, 베드로가 투옥된 지 이레째 되는 마지막 밤에 주님께서 베드로를 구출해 주신 것입니다. 여기에서 질문이 제기되지 않을 수 없습니다. 주님께서 그 철통같은 감옥으로부터 베드로를 구출해 주시기로 하셨다면, 왜 베드로가 투옥되던 날 밤에 구출해 주시지는 않았습니까? 왜 둘째 날이나 셋째 날도 아닌 마지막 밤, 마지막 순간이 되어서야 그를 구출해 주셨습니까? 당신의 사랑하는 종을 구출해 주실 바에야 이왕이면 하루 한 시간이라도 빨리 구해 주시지, 이레 동안이나 감방에 그냥 내버려 두신 이유가 무엇이었겠습니까?

만약 본문의 베드로가 우리 자신이라면, 그 철통같은 감옥 속에 갇힌 우리는 어떻게 처신했겠습니까? 헤롯 아그립바가 우리를 참수형에 처하려고 투옥시킬 때, 마침 그날이 무교절이 시작되는 날인지라 무교절이 끝나기까지 최소한 이레간의 유예 기간이 있는 만큼, 심적으로 여유를 지녔을 것입니다. 투옥된 날 삼엄한 경비의 감방 속에서, 오히려 감옥 밖에서는 지녀 보지 못한 뜨거운 심정으로 주님께 기도드릴 수도 있었을 것입니다. 주님께서 책임져 주실 것을 확신하면서 말입니다. 그러나 하루가 지나고 이틀이 지나고 사흘이 지나도, 우리의 예상과는 달리 주님으로부터는 아무 응답도 없습니다. 나흘, 닷새, 엿새가 지나도 상황은 전혀 개선될 기미가 보이지 않습니다. 심적 여유는 벌써 사라지고, 시간이 흐를수록 주님에 대한 믿음은커녕 도리어 불신만 증폭됩니다. 드디어 이레째 되는 날, 마지막 밤이 되었습니다. 그 밤이 새면 우리의 목이 칼에 맞아 죽어야만 합니다. 시간은 1초 1초 계속 흘러만 가는데, 주님께서 구원해 주시리라는 그 어떤 조짐도 보이지 않습니다. 절망에 빠진 우리는 그만 넋을 놓은 채, 극도의 불신과 원망과 후회와 두려움으로 치를 떨며 밤을 지새울 것입니다. 한마디로 말해 그 공포의 감옥 속에서 우리의 믿음은 더 이상 현재와 미래로 이어지는 연속선이 되지 못한 채, 그동안 지녀 왔던 믿음의 선마저 토막토막 끊어져 도리어 불신의 점들로 분해되어 버리고 말 것입니다.

그러나 베드로는 달랐습니다. 베드로가 참수형을 당하기 전날 밤, 한 조를 이룬 네 명의 군사 중 두 명은 베드로가 갇힌 감방 밖에 파수를 서고, 나머지 두 명은 감방 안에서 베드로 좌우 손을 자신들과 함께 쇠사슬에 묶은 채로 베드로를 감시했습니다. 그와 같은 상황 속에서 참수형을 앞둔 베드로가 마음의 평정을 지닌다는 것은 상식적으로는 불가능한 일이었습니다. 그런데도 베드로는 겉옷과 허리띠와 신발까지 벗은 채, 마치 감방이 자기 집 안방이라도 되는 양 평안하게 잠을 자고 있었습니다. 이제 몇 시간만 지나면 목이 떨어져 죽을 판입니다. 그 급박한 최후의 순간 베드로가 그처럼 평안하게 잠잘 수 있었던 까닭이 그날 밤 주님께서 자신을 감옥으로부터 구출해 주시리라 예상했기 때문이 아님은, 이미 3주 전에 살펴본 것처럼, 막상 주님께서 그를 구해 내실 때 그가 그것이 현실임을 깨닫지 못한 채 환상으로 여겼던 사실로 입증됩니다. 베드로는 마지막 밤 마지막 순간까지, 이튿날로 예정된 참수형을 피할 수 없는 것으로 받아들이고 있었습니다. 그럼에도 그가 마지막 순간 두 군사 틈에서 쇠사슬에 묶인 채 평안히 잠들 수 있었던 것은, 주님을 온전히 믿었기 때문입니다. 비록 주님을 위해 참수형을 당해 죽을망정, 주님께서 자신을 영원히 책임져 주실 것을 확신하고 있었던 것입니다. 다시 말해 그 절체절명의 순간에서도 그의 믿음은 멈추거나 점으로 분해되지 않고, 현재를 거쳐 자신의 죽음 이후 미래로까지 이어지는 연속선을 이루고 있었습니다. 그리고 주님께서는 베드로의 그 믿음의 연속선 위에서 그를 그 감옥으로부터 구출해 내시려는 당신의 뜻을 이루셨습니다.

그렇다면 우리는 베드로가 참수형을 당하기 전날 밤, 마지막 순간이 되어서야 그를 구출해 주신 주님의 깊은 뜻을 이해하게 됩니다. 주님께서는 베드로의 믿음이 절망적인 최후의 순간에서도 연속선으로 이어지는 살아 있는 믿음이기를 원하심과 동시에, 본문을 접하는 우리의 심령에 믿음은 점이 아니라 선임을 각인시켜 주시기 위함이었습니다.

'너희에게 내가 누구냐'는 주님의 질문에 베드로가 '주는 그리스도시요 살아 계신 하나님의 아들'이시라고 대답할 때, 베드로의 믿음은 절정에 이른 것 같았습니다. 그러나 그 직후에 당신의 죽음을 예고하시는 주님께 그런 말씀 마시라며 주님을 꾸짖을 때의 베드로는 더 이상 주님을 믿는 사람이 아니었습니다. 민망하게도 베드로 자신이 주님의 주인으로 돌변해 버렸습니다. 오죽했으면 주님께서 베드로를 향해 '사탄아 물러가라'고 질타하셨겠습니까? 제자들과 최후의 만찬을 마치신 주님께서 제자들에게, 그들이 곧 주님을 버릴 것임을 밝히셨습니다. 주님의 그 말씀에, 모든 사람이 다 주님을 버릴지언정 자신만은 결코 주님을 버리지 않으리라 호언장담하던 베드로는 대단한 신앙의 소유자인 것처럼 보였습니다. 그러나 그날 밤 자신의 예상과는 달리 주님께서 무기력하게 대제사장의 집으로 끌려가시자, 주님의 면전에서 주님을 세 번씩이나 모른다며 부인하던 베드로는 주님과는 전혀 무관한 인간이었습니다. 그가 새벽닭 울음소리에 자신의 잘못을 뉘우치며 통곡할 때, 그는 잃었던 믿음을 회복한 것 같았습니다. 하지만 주님께서 십자가에 못박혀 돌아가시는 가장 결정적인 순간에 주님을 버리고 도망쳐 버린 베드로는, 누가 뭐래도 믿음의 사람일 수는 없었습니다. 이처럼 베드로의 믿음은 서로 단절된 점들로 분리되어 있었을 뿐, 그 점들이 서로 이어져 연속선을 이루지는 못했습니다. 그래서 그는 3년 동안이나 밤낮 주님을 좇았지만, 선으로 이어지지 못한 그의 믿음은 성장하지도 성숙하지도 못한 채 늘 제자리만 맴돌 뿐이었습니다. 선으로 이어지지 않는 믿음은 살아 있는 믿음이 아니라 죽은 믿음일 뿐이기 때문입니다.

그러나 본문의 베드로는 더 이상 예전의 베드로가 아니었습니다. 그가 투옥된 것은 형기가 정해진 형을 살기 위함이 아니었습니다. 무교절이 끝나기까지 기다렸다가 참수형을 당해 죽기 위함이었습니다. 그러므로 그가 투옥되어 있던 이레 동안은, 매 순간 순간이 피를 말리는 고통의 시간일 수 있었습니다. 그러나 참수형을 당하기 전날 밤 마지막 순간이 되기까지 그의 믿음은 선으로 지속되었습니다. 결코 멈추거나 점으로 분해되지 않고 연속선으로 이어진 그의 믿음은 진정 살아 있는 믿음이었습니다. 주님께서는 그렇듯 살아 있는 믿음의 연속선 위에 있는 베드로를 구출해 내시고, 그를 도구 삼아 인류의 역사를 새롭게 하셨습니다.

노아는 하나님의 명령을 좇아 방주를 짓기 시작했습니다. 그것은 1~2년 만에 완성되는 일이 아니었습니다. 수많은 세월 동안 노아는 자신의 전 재산을 투입하여 방주를 지었습니다. 멀쩡한 날씨에 하고한 날 방주만 짓는 노아를 주위 사람들은 비웃기만 했습니다. 마침내 방주가 완성되고, 노아 식구는 방주 속으로 들어갔습니다. 그렇다면 그 즉시 하나님께서 예고하신 인류 심판의 대홍수가 시작되어야 마땅하지 않겠습니까? 그러나 하늘에는 태양이 작열할 뿐, 비가 내릴 기미는 전혀 보이지 않았습니다. 하루 이틀 사흘이 지나도 하늘은 멀쩡하기만 했습니다. 동네 사람들은 방주 앞에 모여 노아를 더더욱 놀려 대었을 것입니다. 나흘, 닷새, 엿새가 지나도 그 어떤 변화의 조짐도 없습니다. 내가 허깨비를 본 것은 아닐까, 하나님이 계시지 않는 것은 아닐까, 우리라면 이렇게 극도의 불신과 불안에 사로잡혀 믿음으로 지은 방주에서 뛰쳐나와 버렸을지도 모릅니다. 그러나 노아는 전혀 흔들리지 않았습니다. 그리고 마침내 이레가 지난 뒤 하늘이 열리고 깊은 샘들이 터지며 인류 심판의 대홍수가 시작되었습니다. 왜 하나님께서는 노아 가족이 방주에 들어가는 즉시 비가 쏟아지게 하시지 않았습니까? 노아 가족으로 하여금 하릴없이 이레씩이나 방주 속에서 기다리게 하신 이유가 무엇이었겠습니까? 그 역시 노아의 믿음이 그 어떤 상황 속에서도 연속선으로 이어지는 살아 있는 믿음이기를 원하셨기 때문입니다. 그러므로 연속선을 이루는 살아 있는 믿음을 지녔던 노아가 그 믿음의 연속선 위에서 하나님에 의해 인류의 두 번째 시조가 된 것은 지극히 당연한 일이었습니다. 살아 있는 믿음은 점이 아니라 선이고, 하나님께서는 당신을 믿는 인간의 믿음의 연속선 위에서 당신의 섭리를 이루시기 때문입니다.

백지 위에 아무리 수많은 점들을 찍어도 그 자체만으로는 언제까지든 무의미한 점들일 뿐이지만, 그 점들이 서로 이어질 때 그 점들은 더 이상 무의미한 점들이 아니라 비로소 선으로 살아 움직이게 됩니다. 우리가 일평생 수많은 믿음의 행위를 행한다 해도 그 행위들이 불연속적인 점들에 지나지 않는다면, 우리의 믿음은 성장할 수도 없고 성숙할 수도 없습니다. 연속성 없는 점들로 분리된 믿음은 생명을 지닐 수 없기 때문입니다.

사랑하는 교우 여러분!

살아 있는 사람에게 시간이 점이 아니라 선이듯이, 살아 있는 사람의 삶이 점이 아니라 선이듯이, 살아 있는 믿음 역시 점이 아니라 선입니다. 언제 어디서든, 어떤 경우에든, 우리의 코끝에서 호흡이 멈추기까지, 우리의 믿음이 과거에서 현재를 거쳐 미래로 이어지는 살아 있는 연속선이 되게 하십시다. 그때 우리 자신은 비록 보잘것없을지라도, 우리는 그 믿음의 연속선 위에서 이 세상을 새롭게 하는 이 시대의 노아, 이 세상을 살리는 이 시대의 다윗, 이 세상을 맑히고 밝히는 이 시대의 베드로가 될 수 있습니다. 살아 있는 믿음은 점이 아니라 선이고, 하나님께서는 언제나 당신을 믿는 사람의 믿음의 연속선 위에서 당신의 섭리를 이루시기 때문입니다.

살아 있는 사람에게 시간은 점이 아니라 선임을 우리는 잘 알고 있습니다. 우리가 살아 있는 한, 우리의 삶 역시 점이 아닌 선으로 이루어짐도 우리는 익히 알고 있습니다. 그렇지만 하나님을 믿는 우리의 믿음도 점이 아니라 선이어야 함을 깨달으려 하지는 않았습니다. 그래서 그동안 우리가 그리스도인으로서 수많은 믿음의 행위들을 행해 왔지만, 그 모든 행위들은, 그 행위 뒤에 수반된 불신의 삶으로 인해 불연속적인 점들로 분리되고 말았습니다. 그 결과 연속선으로 이어지지 못한 우리의 믿음은 성장하지도, 성숙해지지도 못한 채, 아무리 세월이 흘러도 늘 제자리만 맴돌 뿐이었습니다. 그처럼 죽은 믿음으로는, 우리의 삶을 통해 하나님의 섭리가 이루어질 수도 없었습니다. 그럼에도 우리를 향한 하나님의 사랑의 선은 단 한 번도 끊어진 적이 없었음을 감사드립니다.

이제부터 하나님의 사랑의 연속선에 우리 믿음의 연속선으로 응답드리기를 원합니다. 믿음은 점이 아니라 선임을 항상 잊지 말게 도와주십시오. 언제 어디서든, 어떤 경우에든, 우리의 코끝에 호흡이 있는 한, 우리의 믿음이 과거에서 현재를 거쳐 죽음 이후의 미래에까지 이어지는, 살아 있는 믿음의 연속선이 되게 해주십시오. 그 믿음의 연속선 위에서, 우리 자신과 이 시대를 위한 하나님의 섭리가 우리의 삶을 통해 이루어지게 해주십시오. 그리하여 노아와 다윗과 본문의 베드로처럼, 우리의 삶이 이 어둔 세상을 밝히는 진리의 빛이 되게 해주십시오. 아멘.

26. 누워 자는데

사도행전 12장 6-12절

헤롯이 잡아 내려고 하는 그 전날 밤에 베드로가 두 군인 틈에서 두 쇠사슬에 매여 **누워 자는데** 파수꾼들이 문밖에서 옥을 지키더니 홀연히 주의 사자가 나타나매 옥중에 광채가 빛나며 또 베드로의 옆구리를 쳐 깨워 이르되 급히 일어나라 하니 쇠사슬이 그 손에서 벗어지더라 천사가 이르되 띠를 띠고 신을 신으라 하거늘 베드로가 그대로 하니 천사가 또 이르되 겉옷을 입고 따라오라 한대 베드로가 나와서 따라갈새 천사가 하는 것이 생시인 줄 알지 못하고 환상을 보는가 하니라 이에 첫째와 둘째 파수를 지나 시내로 통한 쇠문에 이르니 문이 저절로 열리는지라 나와서 한 거리를 지나매 천사가 곧 떠나더라 이에 베드로가 정신이 들어 이르되 내가 이제야 참으로 주께서 그의 천사를 보내어 나를 헤롯의 손과 유대 백성의 모든 기대에서 벗어나게 하신 줄 알겠노라 하여 깨닫고 마가라 하는 요한의 어머니 마리아의 집에 가니 여러 사람이 거기에 모여 기도하고 있더라

바다에 아무리 파도가 요동쳐도 바닷속 깊은 곳의 물은 미동도 하지 않습

니다. 그곳의 물은 언제나 평상의 모습을 그대로 지니고 있습니다. 먹구름이 하늘을 뒤덮고 폭우가 쏟아지며 천둥번개가 쉴 새 없이 몰아쳐도, 구름 위의 하늘은 평상의 모습 그대로 여전히 푸르고 태양은 변함없이 제자리를 지키고 있습니다. 나무가 뿌리째 뽑혀 쓰러지는 태풍 속에서도 뿌리 깊은 나무는 흔들리지 않습니다. 바닷속 깊은 물일수록, 구름보다 더 높은 하늘일수록, 뿌리 깊은 나무일수록, 어떤 경우에도 흔들림 없이 평상의 모습 그대로인 것은 우주 만물을 창조하신 하나님의 법칙입니다. 믿음도 이와 같습니다. 깊은 믿음은 세상의 풍파에 흔들리지 않습니다. 믿음의 뿌리를 주님께 깊이 내린 사람은 극한적인 경우에도 평상의 마음을 잃지 않습니다.

다윗 왕과 밧세바 사이에 태어난 아이가 갑자기 죽을병에 걸렸습니다. 다윗은 식음을 전폐하고 골방에 들어가 바닥에 엎드려 하나님께 아이를 살려 주시기를 슬피 울며 간구하였습니다. 다윗의 건강을 염려한 신하들이 골방에 들어가 다윗이 음식을 먹도록 그를 일으키려 하였지만, 다윗은 신하들의 말을 듣지 않고 바닥에 엎드린 채 금식기도를 계속하였습니다. 하루 이틀 사흘이 지나도 다윗은 골방에서 나오려 하지 않았습니다. 식음만 전폐한 것이 아니라, 목욕도 하지 않고 심지어는 얼굴도 씻지 않았습니다. 그렇게 하기 이레째 되던 날, 다윗의 기도와는 달리 아이는 그만 죽어 버리고 말았습니다. 그러나 신하들은 그때까지 골방에서 아이를 살려 달라고 금식기도하던 다윗에게, 아이가 죽었다는 사실을 차마 밝힐 수가 없었습니다. 아이를 위해 이레 동안이나 먹지도 씻지도 않고 기도하던 다윗이 아이가 죽었음을 알면 낙심하여 실성할 것이 뻔했기 때문입니다.

골방 밖에서 신하들이 수군거리는 소리를 들은 다윗은 아이가 죽었음을 직감하였습니다. 다윗은 신하들을 불러 아이가 죽었느냐고 단도직입적으로 물었고, 신하들은 어쩔 수 없이 사실대로 말했습니다. 그렇다면 신하들이 예상했던 것처럼, 이레 동안이나 식음을 전폐했던 다윗은 그만 탈진하여 그 자리에 쓰러져 몸져누워야만 했습니다. 그러나 다윗의 행동은 신하들의 예상과는 전혀 달랐습니다. 다윗은 즉시 일어나 목욕을 하고 머리에 기름을 바르고 새 옷을 갈아입은 뒤, 무엇보다도 먼저 여호와의 전으로 들어가 하나님께 경배드렸습니다. 그러고는 곧장 왕궁으로 돌아와 아무 일도 없었다는 듯이 밥상을 차려 오게 하여 일주일 만에 음식을 먹었습니다. 신하들이 보기에 그것은 다윗의 평상시의 모습과 똑같았습니다. 사랑하는 자식을 살려 달라고 일주일씩 금식기도하다가 방금 그 자식을 잃은 아비의 모습이라고는 상상조차 할 수 없는 평상의 모습 그대로였습니다. 자신들의 상식을 초월하는 다윗의 모습에 신하들은 다윗에게 묻지 않을 수 없었습니다.

아이가 살았을 때에는 그를 위하여 금식하고 우시더니, 죽은 후에는 일어나서 잡수시니 이 일이 어찌 됨이니이까(삼하 12:21)

그 상황을 직접 목격한 사람이라면 누구라도 다윗에게 이렇게 질문했을 것입니다. 이 질문에 대한 다윗의 대답은 다음과 같았습니다.

아이가 살았을 때에 내가 금식하고 운 것은, 혹시 여호와께서 나를 불쌍히 여기사 아이를 살려 주실는지 누가 알까 생각함이거니와, 지금은 죽었으니 내가 어찌 금식하랴 내가 다시 돌아오게 할 수 있느냐 나는 그에게로 가려니와, 그는 내게로 돌아오지 아니하리라(삼하 12:22-23).

우리는 다윗의 대답 속에서 믿음과 관련하여 세 가지의 귀중한 교훈을 깨닫게 됩니다.

첫째, 믿음은 평상심을 지키는 것입니다. 다윗은 사랑하는 어린 자식이 죽게 되었을 때 하나님 앞에서 슬피 울며, 먹지도 씻지도 않고 이레 동안이나 바닥에 엎드려 하나님께 기도드렸습니다. 죽어 가는 어린 자식을 둔 아비에게 그것은 너무나도 당연한 일이었습니다. 믿지 않는 사람이라면 모르되, 하나님을 믿는다면서도 목숨이 경각에 달린 어린 자식을 위해 기도하지 않는 사람이 있다면 그 사람은 그 아이의 친부모가 아닐 것입니다. 그러나 죽어 가는 어린 자식을 위해 기도하는 부모의 믿음의 깊이는, 그가 자식을 위해 드린 기도의 내용에 달려 있는 것이 아니라, 그 기도의 결과에 대한 태도에 달려 있습니다. 다윗은 이레 동안이나 먹지도 씻지도 않고 기도한 결과가 자신의 바람과는 달리 어린 자식의 죽음으로 돌아왔지만, 상심하여 몸져눕지도, 하나님을 원망하며 하나님께 대들지도 않았습니다. 다윗은 즉시 몸을 씻고 의관을 정제한 뒤, 여호와의 전을 찾아 자신의 어린 자식을 당신의 품으로 불러 주신 하나님께 경배드렸습니다. 그리고 왕궁으로 돌아와 이레 동안 금했던 음식을 먹었습니다. 한마디로 어린 자식의 죽음 앞에서도 다윗의 평상심은 흔들리지 않았습니다.

> 모든 지킬 만한 것 중에 더욱 네 마음을 지키라 생명의 근원이 이에서 남이니라(잠 4:23).
> 자기의 마음을 제어하지 아니하는 자는 성읍이 무너지고 성벽이 없는 것과 같으니라(잠 25:28).

어떤 경우에도 흔들리지 않는 마음의 중요성을 일깨워 주시는 하나님의 말씀입니다. 상황에 따라 마음이 이리저리 흔들리는 것은 결국 당사자의 생명이 흔들림을 뜻하기에, 그런 생명은 견고하게 진리에 뿌리를 내릴 수가 없습니다. 때로 우리가 뜻밖의 상황을 맞아 우리의 마음이 괴롭고 고통스러울 수 있습니다. 다윗처럼 슬피 울며 우리의 바람을 하나님께 간구할 수도 있습니다. 그러나 바다에 파도가 요동쳐도 바닷속 깊은 곳의 물은 미동도 하지 않는 것처럼, 폭우가 쏟아져도 구름 위 하늘은 평상의 모습 그대로인 것처럼, 태풍 속에서도 뿌리 깊은 나무는 흔들림이 없는 것처럼, 우리의 마음속 깊은 곳은 흔들림이 없어야 합니다. 믿음은 어떤 경우에든 평상심을 잃지 않는 것입니다. 하나님을 믿는 사람이 평상심을 잃었다는 것은, 그 순간 그가 하나님을 잃어버렸음을 의미하기 때문입니다.

 둘째, 평상심은 단순성에서 나옵니다. 욕망으로 인해 번민에 시달리는 마음, 미몽 속을 헤매는 마음, 잡념에 사로잡힌 마음, 두려움과 근심에 억눌린 마음으로는 평상심을 지킬 수 없습니다. 생각과 마음이 단순해질수록 평상심을 지키기 쉽습니다. 평상심과 단순성은 동전의 양면과 같아서 서로 분리될 수 없습니다. 그러나 단순성의 출처가 자기 자신이라면, 그때의 단순성은 무지와 동의어일 뿐입니다. 그 경우에도 물론 평상심을 누릴 수는 있지만, 그런 평상심으로는 자신의 삶을 바르게 구축할 수 없습니다. 예를 들어, 옆집에 불이 난 것을 뻔히 보면서도 그것이 재난이요 그 재난이 곧 자기 집에도 닥칠 것을 인식하지 못하는 사람이 있다면, 그는 정상적인 사람이 아닐 것입니다. 그가 마땅히 인식해야 할 것을 인식하지 못하는 단순성을 지녔기에, 자기 집을 향해 번져오는 불길을 보면서도 평상심을 잃지는 않을 것입니다. 그러나 무지와 구별되지 않는 그런 단순성과, 그런 단순성에 기인한 비정상적인 평상심으로는 성숙한 삶이 불가능합니다. 믿는 사람에게 평상심의 토대가 되는 단순성의 출처는 자기 자신이 아니라, 자신이 믿는 하나님입니다. 하나님께서 천지를 창조하신 전능하신 분이시기에, 그 하나님을 진정으로 믿는 사람은 하나님에 의해 주어진 결과에 대해 단순해질 수 있고, 단순해지는 만큼 평상심을 얻게 됩니다. 다윗이 자식의 죽음을 단순하게 받아들이면서 평상심을 잃지 않았던 것은 그가 진정으로 하나님을 믿는 사람이었기 때문입니다.

셋째, 믿는 사람에게 평상심의 토대인 단순성의 출처가 하나님이시므로, 믿는 사람이 단순해진다는 것은 무지해진다는 말이 아니라 지혜로운 사람이 되는 것을 뜻합니다. 하나님께서 잠언 9장 10절을 통해 무엇이라 말씀하셨습니까?

여호와를 경외하는 것이 지혜의 근본이요, 거룩하신 자를 아는 것이 명철이니라.

하나님을 믿는 것이 지혜의 근본입니다. 하나님께서 지혜의 근원이시기 때문입니다. 그래서 하나님을 믿을수록 지혜로운 사람이 되고, 지혜로운 사람일수록 단순성을 지니게 됩니다. 지혜는 하나님만을 신뢰하게 하는 능력이기 때문입니다. 그 지혜의 핵심은 하나님께서 인간의 생명을 주관하시고 책임져 주신다는 것을 아는 데 있습니다. 다윗의 신하들은, 상식적으로 이해할 수 없는 다윗의 행동을 보고 다윗에게 묻지 않을 수 없었습니다. "아이가 살았을 때에는 아이를 위하여 이레 동안이나 슬피 울며 금식기도를 하시더니, 아이가 죽은 후에는 도리어 아무 일도 없다는 듯 평상시처럼 음식을 잡수시니, 이것이 대체 어찌 된 영문입니까?" 이 질문에 대한 다윗의 대답은 이런 의미였습니다. "아이가 살았을 때에 내가 울며 금식기도한 것은 혹 하나님께서 나를 불쌍히 여겨 아이를 살려 주시지 않을까 바랐기 때문이지만, 이제 하나님께서 당신의 뜻을 위하여 당신께로 데려가셨으니 내가 더 이상 금식할 이유가 어디에 있겠느냐? 내가 그 아이를 다시 살아오게 할 능력이 내게 있겠느냐? 언젠가 하나님께서 나를 부르시면 그때 하나님 앞에서 그 아이를 다시 만날 것인즉, 이제 내가 몸을 씻고 음식을 먹으며 평상심으로 평상의 삶을 사는 것이 당연하지 않겠느냐?"

다윗은 자신이 사랑하는 어린 자식의 생명을 하나님께서 주관하심을 믿었고, 그 자식이 이 땅에서는 비록 죽었으나 하나님께서 당신의 영원한 생명으로 그 자식을 품고 계심을 믿었고, 언젠가 하나님 앞에서 자신이 그 자식을 다시 만나게 될 것을 믿었습니다. 이와 같이 하나님께서 인간의 생명을 주관하시고 책임져 주심을 믿는 지혜를 지녔기에 다윗의 믿음은 단순성을 지닐 수 있었고, 그 단순성의 토대 위에서 다윗은 사랑하는 자식의 죽음 앞에서도 평상심을 지킬 수 있었습니다. 생각해 보십시오. 우리가 이 땅에 살아 있는 동안 하나님께서 우리 생명의 주관자가 되어 주시고, 이 세상을 떠난 뒤에는 우리의 생명을 영원토록 책임져 주심을 진정으로 믿는 믿음의 단순성을 지니고 있다면, 그 단순성에 기인한 우리의 평상심을 이 세상의 그 무엇이 앗아 갈 수 있겠습니까?

믿음의 힘은 단순성에 있습니다. 믿을수록 믿음은 단순성을 지닙니다. 믿음의 단순성은 이해할 수 없던 것을 이해할 수 있게 해주고, 할 수 없던 것을 행할 수 있게 해줍니다. 믿음의 절정이 단순성이기 때문입니다. 하나님을 알면 알수록, 하나님과 자신의 차이를 알면 알수록, 하나님을 믿는 믿음의 단순성 이외에 우리가 하나님 앞에서 지닐 수 있는 것이라고는 아무것도 없음을 더욱 절감하게 됩니다. 바로 그 단순성 위에서 우리는 어떤 경우에든 흔들림 없는 평상심으로 그리스도인의 삶을 살 수 있습니다. 믿음의 단순성에 기인한 평상심을 지니지 않고서는, 온갖 소용돌이가 몰아치는 평상의 삶 속에서 우리는 그리스도인으로 살아갈 길이 없습니다.

사도 야고보를 참수형에 처한 것을 유대인들이 더없이 기뻐하는 것을 확인한 헤롯 아그립바는, 내친김에 사도 가운데 우두머리 격이었던 베드로마저 죽이려 했습니다. 그러나 벌써 무교절이 시작되었기에, 무교절 기간 동안에는 재판이나 처형을 금하는 유대인의 관습을 지키기 위해 헤롯 아그립바는 무교절이 끝나기까지 베드로를 감옥에 가두어 두었습니다. 그는 네 명이 한 조를 이룬 네 조로 하여금 베드로를 교대로 감시케 했습니다.

헤롯이 잡아 내려고 하는 그 전날 밤에, 베드로가 두 군인 틈에서 두 쇠사슬에 매여 누워 자는데 파수꾼들이 문밖에서 옥을 지키더니(6절).

마침내 베드로가 참수형을 당하기 전날 밤이 되었습니다. 한 조를 이룬 네 명의 군사 중 두 명은 베드로가 갇힌 감방 밖에 파수를 서고, 나머지 두 명은 감방 안에서 베드로의 좌우 손을 자신들의 손과 함께 쇠사슬에 묶은 채로 베드로를 감시했습니다. 이제 곧 날이 밝으면 베드로는 참수형을 당해 죽어야 합니다. 시간이 흘러갈수록 입이 바싹바싹 타들어 가며, 불안과 두려움으로 몸서리치지 않을 수 없는 절체절명의 순간이었습니다. 그런데도 베드로는 그때 잠을 자고 있었습니다. 두려움에 떨다가 자기도 모르게 잠시 졸거나, 선잠을 잔 것이 아니었습니다. 7절에 의하면 감방에 나타난 주님의 사자가 베드로의 옆구리를 쳐서 베드로를 깨웠습니다. 헬라어 동사 '파탓소πατάσσω'는 그냥 치는 것이 아니라, 무기로 치거나 세게 때리는 것을 의미하는 단어입니다. 베드로가 그 감방 속에서 얼마나 깊이 잠들었던지 주님의 사자가 그의 옆구리를 세게 내리쳐야만 했습니다. 이제 몇 시간만 지나면 참수형을 당해 죽어야 할 베드로가 그 급박한 마지막 순간에 그토록 깊이 잠잘 수 있었던 까닭이 그날 밤 주님께서 자신을 감옥으로부터 구출해 주시리라 예상했기 때문이 아님은, 지난주에도 살펴본 것처럼, 막상 주님께서 그를 구해 내실 때 그가 그것이 현실임을 깨닫지 못한 채 환상으로 여겼던 사실로 입증됩니다. 베드로는 마지막 밤 마지막 순간까지, 이튿날로 예정된 참수형을 기정사실로 받아들이고 있었습니다. 그럼에도 베드로가 참수형을 앞둔 그 마지막 순간 두 군사 틈에 쇠사슬에 묶여서도, 마치 평소 집에서 잠을 자듯 평상심으로 깊이 잠을 잘 수 있었던 까닭을 우리는 익히 알고 있습니다.

헤롯 아그립바가 유대인들의 환심을 사기 위해 사도 야고보를 참수형에 처하고 베드로마저 죽이려 했던 것은, 유대교 지도자들을 비롯한 유대인들이 사도들을 증오하는 것을 알았기 때문입니다. 유대인들이 사도들을 증오한 이유는 대체 무엇이었습니까? 유대인들이 신성모독죄로 십자가에 못박아 죽인 나사렛 예수가 다시 살아나셨고, 그분이 인류를 구원하기 위해 강림하신 메시아였다고 사도들이 증언하고 다녔기 때문입니다. 유대인들은 달동네 나사렛의 비천한 목수였던 예수가 메시아라는 사도들의 증언을, 그 예수를 십자가에 못박아 죽인 자신들에 대한 모독으로 간주하였습니다.

사도 야고보가 참수형을 당할 수밖에 없었던 근본적인 이유가 여기에 있었습니다. 만약 야고보가 예수 부활을 외치고 다니지 않았던들 유대인들의 증오 속에서 참수형을 당할 이유가 없었습니다. 그러나 야고보는 참수형을 당할망정 예수 부활의 증언을 멈추지 않았습니다. 베드로가 본문 이전에 두 번이나 투옥되었던 이유도 그것이었고, 이번에 세 번째 투옥되어 참수형을 기다리고 있는 이유도 그것이었습니다. 하지만 베드로 역시 날이 새기 무섭게 자신의 목이 잘려 죽어야 하는 마지막 순간까지 예수 부활의 믿음을 버리지 않았습니다. 어떻게 그런 일이 가능할 수 있었겠습니까? 십자가에 못박혀 돌아가셨던 주님께서 사흘째 되는 날 죽음을 깨뜨리고 정말 부활하셨고, 베드로가 부활하신 주님을 정말 만났기 때문입니다. 그 주님께서 언제 어디서나 베드로와 함께하고 계셨습니다. 그 주님께서 베드로의 주인이셨습니다. 그 주님께서 베드로의 생명의 주관자셨습니다. 그 주님을 위해 참수형을 당하는 것이 주님의 뜻이라면, 베드로는 죽음을 깨뜨리고 부활하신 주님께서 주님을 위해 참수형을 당하는 자신의 생명을 영원토록 책임져 주실 것을 믿었습니다.

베드로의 믿음은 이처럼 단순했습니다. 그가 배운 것 없는 무식한 갈릴리 어부출신이었기에 그의 믿음이 단순했던 것이 아닙니다. 부활하신 주님께서 자신의 생명을 주관하시고 또 영원히 책임져 주심을 믿는 지혜를 지니고 있었기에 그 지혜 속에서 그의 믿음은 믿음의 절정인 단순성에 이를 수 있었고, 그 단순성의 토대 위에서 베드로는 참수형을 당하기 전날 밤 마지막 순간에서조차 평상심으로 평안하게 잠을 잘 수 있었습니다. 만약 베드로의 믿음이 단순성에 이르지 못해 그날 밤 그의 마음이 번민과 미몽과 잡념과 두려움과 근심에 사로잡혀 평상심을 상실해 버렸다면, 그의 믿음은 그 결정적인 마지막 순간에 지난 시간에 말씀드린 것처럼 믿음의 연속선으로 이어지지는 못했을 것이요, 그는 우리가 알고 있는 바대로의 위대한 사도 베드로가 되지도 못했을 것입니다.

우리가 아침마다 일어나는 방식은 다 같지 않습니다. 어떤 사람은 알람 소리를 듣고서야 일어나고, 어떤 사람은 다른 사람이 깨워 주어야만 일어나고, 어떤 사람은 알람이나 다른 사람의 도움 없이 스스로 일어나기도 합니다. 이처럼 우리가 일어나는 방식은 다를지라도 거기에는 한 가지 공통점이 있습니다. 알람 소리에 일어나든, 다른 사람의 도움으로 일어나든, 스스로 일어나든, 우리가 일어난 것이 아니라 주님께서 우리에게 또 하루를 주셨다는 것입니다. 감방 속에서 깊이 잠들었던 베드로가 주의 사자가 옆구리를 치매 일어날 수 있었던 것은, 주님께서 베드로에게 또 하루를, 또 한 달을, 또 한 해를 주셨기 때문입니다. 우리 역시 마찬가지입니다. 주님께서 매일 아침 우리에게 또 하루를 주시지 않으면 우리 스스로는 말할 것도 없고 아무리 알람 소리가 울려도, 다른 사람이 아무리 흔들어 깨워도 우리는 일어날 수 없습니다.

이처럼 우리에게 주어지는 하루하루의 주관자가 주님이시요, 이 땅에서 우리에게 더 이상의 하루가 주어질 필요가 없는 순간부터는 죽음을 깨뜨리신 주님께서 당신의 영원한 생명으로 우리를 영원히 책임져 주실 것을 정녕 믿으십니까? 이 믿음의 지혜를 지닐 때부터 우리의 믿음은 믿음의 절정인 단순성에 이를 수 있고, 그 믿음의 단순성으로 우리는 이해할 수 없던 것도 이해하고, 또 할 수 없던 것도 행할 수 있습니다. 믿음의 단순성이 우리로 하여금, 당신의 죽음으로 우리의 죄를 대속해 주신 주님께서 어떤 경우에든 우리에게 선한 결과로 끝나지 않을 것은 결코 주실 리가 없음을 믿게 해주기 때문입니다. 그래서 우리는 그 믿음의 단순성 위에서, 참수형을 당하기 전날 밤에도 평상심으로 평안히 잠을 잤던 본문의 베드로처럼, 이 험한 세상 속에서 언제나 평상심을 잃지 않는 그리스도인으로 살아갈 수 있습니다.

믿음은 복잡하거나 난해하지 않고, 결코 거창한 것도 아닙니다. 복잡하고 난해하고 거창한 것은 불신의 산물일 따름입니다. 믿음의 힘은 단순성에 있고, 믿음은 그 단순성의 토대 위에서 어떤 경우에든 흔들림 없는 평상심을 지니는 것입니다. 우리가 기도와 말씀을 통해 경건 훈련을 행하는 것도 그리스도인으로서 지녀야 할 단순성과 평상심을 배양하기 위함입니다. 주님의 역사는 언제나, 당신을 믿는 사람들의 단순성과 평상심을 통로로 삼아 이루어지기 때문입니다.

"여호와는 나의 빛이요 나의 구원이시니, 내가 누구를 두려워하리요? 여호와는 내 생명의 능력이시니, 내가 누구를 무서워하리요?"(시 27:1)

"두려워하지 말라, 내가 너와 함께함이라. 놀라지 말라, 나는 네 하나님이 됨이라. 내가 너를 굳세게 하리라. 참으로 너를 도와주리라. 참으로 나의 의로운 오른손으로 너를 붙들리라"(사 41:10).

"평안을 너희에게 끼치노니, 곧 나의 평안을 너희에게 주노라. 내가 너희에게 주는 것은 세상이 주는 것과 같지 아니하니라. 너희는 마음에 근심하지도 말고 두려워하지도 말라"(요 14:27).

"이것을 너희에게 이르는 것은, 너희로 내 안에서 평안을 누리게 하려 함이라. 세상에서는 너희가 환난을 당하나, 담대하라. 내가 세상을 이기었노라"(요 16:33).

주님, 우리 생명의 주관자이신 주님을 믿을수록 우리의 믿음이 단순성의 지혜를 지니게 됨을 잊지 말게 해주십시오. 우리에게 주어지는 매일의 주관자가 주님이시오매, 주님을 믿는 믿음의 단순성 위에서 어떤 경우에도 흔들림 없는 평상심을 지니게 해주십시오. 베드로의 단순성과 평상심을 통해 인류의 역사를 새롭게 하신 주님께서, 우리의 단순성과 평상심을 통로로 삼아 흔들리는 이 나라를 굳건하게 붙들어 주시고, 또 이 시대를 새롭게 해주십시오. 아멘.

27. 홀연히

사도행전 12장 6-12절

헤롯이 잡아 내려고 하는 그 전날 밤에 베드로가 두 군인 틈에서 두 쇠사슬에 매여 누워 자는데 파수꾼들이 문밖에서 옥을 지키더니 **홀연히** 주의 사자가 나타나매 옥중에 광채가 빛나며 또 베드로의 옆구리를 쳐 깨워 이르되 급히 일어나라 하니 쇠사슬이 그 손에서 벗어지더라 천사가 이르되 띠를 띠고 신을 신으라 하거늘 베드로가 그대로 하니 천사가 또 이르되 겉옷을 입고 따라오라 한대 베드로가 나와서 따라갈새 천사가 하는 것이 생시인 줄 알지 못하고 환상을 보는가 하니라 이에 첫째와 둘째 파수를 지나 시내로 통한 쇠문에 이르니 문이 저절로 열리는지라 나와서 한 거리를 지나매 천사가 곧 떠나더라 이에 베드로가 정신이 들어 이르되 내가 이제야 참으로 주께서 그의 천사를 보내어 나를 헤롯의 손과 유대 백성의 모든 기대에서 벗어나게 하신 줄 알겠노라 하여 깨닫고 마가라 하는 요한의 어머니 마리아의 집에 가니 여러 사람이 거기에 모여 기도하고 있더라

마침내 헤롯 아그립바가 베드로를 참수형에 처하기 전날 밤이 되었습니다.

그 마지막 밤의 상황을 본문 6절은 다음과 같이 밝혀 주고 있습니다.

헤롯이 잡아 내려고 하는 그 전날 밤에 베드로가 두 군인 틈에서 두 쇠사슬에 매여 누워 자는데 파수꾼들이 문밖에서 옥을 지키더니.

그날 밤 한 조를 이룬 네 명의 군사 가운데 두 명은 베드로가 갇힌 감방 밖에 파수를 서고, 나머지 두 명의 군사는 감방 안에서 베드로의 좌우 손을 자신들의 손과 함께 쇠사슬에 묶은 채로 베드로를 감시하고 있었습니다. 그 상황에서 탈옥이란 상상조차 할 수 없는 일이었습니다. 이제 곧 날이 밝는 대로 베드로는 참수형을 당해 죽어야 합니다. 시간이 흘러갈수록 극도의 불안과 두려움으로 몸서리치지 않을 수 없는 마지막 절체절명의 순간이었습니다. 그런데도 그 순간 베드로는 깊이 잠을 자고 있었습니다. 이제 몇 시간만 지나면 참수형을 당해 죽어야 할 베드로가 그 급박한 마지막 순간에 그토록 평안하게 잠잘 수 있었던 까닭이 그날 밤 주님께서 자신을 감옥으로부터 구출해 주시리라 예상했기 때문이 아님은, 오늘 본문을 통해 다시 확인해 보겠습니다만, 막상 주님께서 그를 구해 내실 때 그가 그것을 환상으로 여겼던 사실로 입증됩니다. 베드로는 마지막 밤 마지막 순간까지, 이튿날로 예정된 참수형을 기정사실로 받아들이고 있었습니다. 그럼에도 베드로가 참수형을 앞둔 그 마지막 순간 두 군사 틈에 쇠사슬에 묶여서도, 마치 평소 집에서 잠을 자듯 평상심으로 깊이 잠을 잘 수 있었던 것은 오직 주님에 대한 믿음으로 인함이었습니다.

베드로는 자신이 주님을 위해 참수형을 당하는 것이 주님의 뜻이라면, 죽음을 깨뜨리고 부활하신 주님께서 당신을 위해 참수형을 당하는 자신의 생명을 영원토록 책임져 주실 것을 굳게 믿었습니다. 베드로의 믿음은 이처럼 단순했습니다. 그가 배운 것 없는 무식한 갈릴리 어부 출신이었기에 그의 믿음이 단순했던 것이 아닙니다. 부활하신 주님께서 자신의 생명을 주관하시고 또 영원히 책임져 주심을 믿는 지혜를 지니고 있었기에 그 지혜 속에서 그의 믿음은 믿음의 절정인 단순성에 이를 수 있었고, 그 단순성의 토대 위에서 베드로는 참수형을 당하기 전날 밤 마지막 순간에서조차 평상심으로 평안하게 잠을 잘 수 있었습니다.

> 홀연히 주의 사자가 나타나매 옥중에 광채가 빛나며 또 베드로의 옆구리를 쳐 깨워 이르되 급히 일어나라 하니 쇠사슬이 그 손에서 벗어지더라 (7절).

바로 그때 주님의 사자가 베드로가 깊이 잠든 감방 속에 나타났습니다. 한글 성경에는 '홀연히 주의 사자가 나타났다'고 번역되어 있습니다. '홀연히'는 '갑자기'라는 의미의 부사입니다. 그러나 이에 해당하는 헬라어 원문의 '이두 ἰδού'는 감탄사로서 '보라behold'는 의미입니다. 그러므로 헬라어 원문의 의도는 베드로가 갇힌 감방에 주님의 사자가 갑자기 나타났음을 강조하고자 함이 아니라, 그 마지막 순간에 주님의 사자가 베드로의 감방에 나타났음에 대한 감탄과 감격과 감동을 전하려는 데 있습니다.

그렇다면 본문의 장면을 머릿속에 그려 보십시다. 베드로가 참수형을 당하기 전날 밤입니다. 베드로는 이튿날로 예정된 참수형을 기정사실로 받아들이고 있습니다. 두 군사 틈에서 두 손이 쇠사슬에 묶여 있는 베드로는 그날 밤에 자신이 그 삼엄한 경비의 감옥으로부터 구출되리라고는 상상조차 하지 않습니다. 그는 단지 자신이 참수형을 당한 뒤, 주님께서 자신의 영혼을 영원토록 책임져 주실 것을 믿고 있을 뿐입니다. 바로 그 순간 주님의 사자가 베드로가 갇힌 감방에 나타났습니다. 내일 참수형을 당할 베드로의 상태를 살펴보기 위함이 아닙니다. 참수형을 기정사실로 받아들이고 있는 베드로의 생각과는 달리, 그 삼엄한 경비의 감옥으로부터 베드로를 구출하기 위한 주님의 역사가 시작된 것입니다. 인간의 생각과는 다른 주님의 그 역사를 '이두', '보라'는 것입니다. 베드로를 구출하기 위한 주님의 역사가 이미 시작되었지만 베드로를 감시하던 군사들은 말할 것도 없고, 당사자인 베드로조차 그 사실을 까맣게 모르고 있습니다. 인간의 지각을 초월하는 주님의 그 구원의 손길을 '이두', '보라'는 것입니다. 지난 시간에 말씀드렸던 것처럼 베드로가 얼마나 깊이 잠들었던지, 주님의 사자는 베드로의 옆구리를 세게 쳐서 베드로를 깨워야만 했습니다. 그와 동시에 베드로의 양손에 묶여 있던 쇠사슬이 절로 벗어졌습니다.

> 천사가 이르되 띠를 띠고 신을 신으라 하거늘 베드로가 그대로 하니 천사가 또 이르되 겉옷을 입고 따라오라 한대 베드로가 나와서 따라갈새 천사가 하는 것이 생시인 줄 알지 못하고 환상을 보는가 하니라 이에 첫째와 둘째 파수를 지나 시내로 통한 쇠문에 이르니 문이 저절로 열리는지라 나와서 한 거리를 지나매 천사가 곧 떠나더라 이에 베드로가 정신이 들어 이르되 내가 이제야 참으로 주께서 그의 천사를 보내어 나를 헤롯의 손과 유대 백성의 모든 기대에서 벗어나게 하신 줄 알겠노라 하여(8-11절).

베드로는 주님의 사자의 명령을 좇아 띠를 띠고 신을 신고, 겉옷을 입었습니다. 그리고 주님의 사자를 따라 감방 문을 나서면서도 베드로는 그것이 현실임을 전혀 깨닫지 못했습니다. 첫째 초소와 둘째 초소를 지날 때도 역시 마찬가지였습니다. 감옥 정문을 통과하여 대로변에 나서서야 베드로는 그 삼엄한 경비의 감옥으로부터 주님께서 자신을 구출해 주셨음을 비로소 깨달았습니다. 주님께서 베드로가 도저히 상상도 할 수 없는 신비스러운 방법으로 그를 구출해 주셨기 때문입니다. 주님의 그 신비스러운 구원의 은총을 '이두', '보라'는 것입니다.

결국 오늘의 본문이 '이두', '보라'는 감탄사를 발하며 감탄하고 있는 내용은 세 가지입니다. 첫째, 하나님의 생각은 인간의 생각과 같지 않다는 것입니다. 베드로는 이튿날로 예정된 참수형을 피할 수 없는 것으로 생각하고 있었지만, 그러나 그것은 하나님의 생각이 아니었습니다. 둘째, 하나님의 역사는 인간의 인식능력 밖에서도 일어난다는 것입니다. 하나님께서 베드로를 구출하시기 위해 당신의 사자를 보내셨을 때 베드로는 그 사실을 전혀 인식하지 못한 채 깊이 잠들어 있었습니다. 셋째, 하나님의 역사는 인간의 이성과 상상을 초월하는 신비로운 방법으로 이루어진다는 것입니다. 베드로는 하나님에 의해 감옥을 벗어나면서도 자신이 꿈을 꾸는 것으로 착각하고 있었습니다.

선지자 이사야는 인간을 창조하신 삼위일체 하나님과 우리의 관계를 토기장이와 진흙의 관계로 비유하면서, 다음과 같이 증언했습니다.

> 너희의 패역함이 심하도다 토기장이를 어찌 진흙같이 여기겠느냐 지음을 받은 물건이 어찌 자기를 지은 이에게 대하여 이르기를 그가 나를 짓지 아니하였다 하겠으며 빚음을 받은 물건이 자기를 빚은 이에게 대하여 이르기를 그가 총명이 없다 하겠느냐(사 29:16).

정말 그렇지 않습니까? 진흙으로 토기를 만드는 토기장이와, 토기장이가 주무르는 진흙이 어찌 같을 수 있겠습니까? 토기장이의 손으로 빚어진 토기가 토기장이를 향해 당신이 나를 만들지 않았다고, 스스로 토기장이의 피조물임을 부정할 수 있겠습니까? 또 토기가 토기장이를 향해 당신의 생각은 나보다 총명하지 않다고, 오히려 내 생각이 당신 생각보다 더 총명하다고 공박할 수 있겠습니까? 그런 일은 결코 있을 수 없습니다. 토기장이와 진흙은 근본적으로 다르고, 진흙은 아무리 세월이 흘러도 절대로 토기장이가 될 수 없기 때문입니다. 진흙인 인간과 토기장이이신 삼위일체 하나님의 관계도 이와 같습니다. 인간은 죽었다 깨어나도 하나님의 피조물일 뿐이요, 창조주이신 하나님이 될 수 없습니다. 하나님의 손에 의해 빚어진 인간의 생각과, 인간을 빚으신 하나님의 생각은 동일할 수 없습니다. 더욱이 인간의 생각이 하나님보다 더 총명한 경우란 결코 있을 수 없습니다.

그러나 인간의 불행은 이 평범한 진리를 망각하는 데 있습니다. 우리가 하나님을 믿는다면서도 우리의 생각과 어긋나는 결과가 주어질 때 하나님을 원망하거나 불평하면서 하나님을 의심하기까지 하는 것은, 하나님의 생각은 언제나 우리의 생각과 같아야 한다는 그릇된 믿음 때문입니다. 그것은 따지고 보면, 우리의 생각이 하나님의 생각보다 더 총명하다는 착각에 기인하고 있습니다. 그래서 우리는 우리가 자각지도 못하는 가운데 우리 자신이 스스로 하나님이 되어, 하나님을 우리의 피조물로 다루고 있습니다. 그러나 냉정하게 생각해 보십시다. 만약 하나님의 생각이 언제나 우리의 생각과 동일하다면, 경우에 따라서는 우리의 생각이 하나님의 생각보다 더 총명해서 우리 스스로 하나님을 우리의 피조물로 다루어야 한다면, 대체 우리가 그런 하나님을 믿어야 할 까닭이 어디에 있겠습니까? 그것이야말로 어리석은 시간 낭비요, 인생 낭비이지 않겠습니까?

이는 내 생각이 너희의 생각과 다르며 내 길은 너희의 길과 다름이니라 여호와의 말씀이니라 이는 하늘이 땅보다 높음같이 내 길은 너희의 길보다 높으며 내 생각은 너희의 생각보다 높음이니라(사 55:8-9).

믿음은 토기장이이신 하나님과 진흙인 우리의 차이를 받아들이는 것으로부터 시작됩니다. 하나님의 생각은 진흙에 불과한 우리의 생각과는 근본적으로 다릅니다. 단지 다를 뿐만 아니라 하늘이 땅보다 비교 자체가 불가능할 정도로 높음같이, 하나님의 생각은 우리의 생각과는 비교 자체가 불가능할 정도로 높습니다. 우리의 생각보다 높은 생각을 가지신 하나님께서 당신의 생각을 이루시는 길, 즉 당신의 생각을 이루시는 방법도 우리의 방법과는 비교 자체가 불가능할 정도로 높습니다. 하나님께서는 당신의 생각을 언제나 우리의 이성과 상상을 초월하는 신비로운 방법으로 이루십니다. 그뿐이 아닙니다. 진흙인 우리는 시간과 공간의 지배 속에 살아가는 반면, 토기장이이신 하나님께서는 시간과 공간을 초월하는 분이십니다. 그래서 하나님의 역사는 우리의 눈길이 닿지 않는 곳에서도, 우리가 아무것도 인식하지 못하고 잠을 자는 동안에도, 시간과 공간을 초월하여 이루어집니다.

토기장이이신 하나님과 진흙인 우리 사이의 이 근본적인 차이를 인정하려 하지 않을 때, 우리는 하나님을 믿는다면서도 늘 불평과 원망과 의심 속에서 살아가게 됩니다. 우리의 인생은 우리의 생각대로 진행되지 않는 경우가 더 많기 때문입니다. 그러나 토기장이이신 하나님과 진흙인 우리 사이의 이 근본적인 차이를 받아들이면, 우리는 우리의 생각을 뛰어넘어 우리의 삶 속에서 이루어지는 하나님의 역사를 '이두', '보라'는 감탄과 감격의 삶을 살 수 있습니다. 감방 속에서 깊이 잠든 베드로를 위한 하나님의 구원이 시작되었음을 오늘의 본문이 '이두', '보라'고 감탄을 발하듯이, 우리의 삶 속에서도 하늘이 땅보다 높음같이 나의 생각보다 높은 하나님의 생각이 시간과 공간을 초월하여 신비로운 방법으로 이루어지고 있음을 우리가 믿음의 눈으로 볼 수 있기 때문입니다.

죄로 말미암아 죽을 수밖에 없는 인간을 구원하시기 위해 하나님께서 친히 이 땅에 오셨습니다. 하나님이시기에 거룩하신 하나님의 모습 그대로 오셨습니까? 그러셨더라면 그 거룩하신 하나님 앞에 어느 죄인인들 감히 나아갈 수 있었겠습니까? 하나님이시면서도 우리와 똑같은 인간의 모습으로 이 땅에 오신 하나님을 '이두', '보십시오'. 하나님이시기에 인간의 모습으로 오시되 인간 위에 군림하는 제왕으로가 아니라, 오히려 겸손한 종의 모습으로 오셔서 비천한 인간을 섬기신 하나님을 '이두', '보십시오'. 죄의 삯은 사망이라는 하나님의 공의를 지키기 위해, 당신 자신을 제물 삼아 십자가에 못박혀 돌아가심으로 인간의 죗값을 대신 치르신 하나님을 '이두', '보십시오'. 무덤 속에 장사되신 지 사흘째 되는 날, 죽음을 깨뜨리고 부활하시어 영원한 생명의 구주가 되신 하나님을 '이두', '보십시오'. 그 결과 어떤 죄인도 성자 하나님이신 예수 그리스도를 믿기만 하면 영원한 새 생명을 얻게 해주신 하나님을 '이두', '보십시오'. 이 모든 것은 우리의 생각으로는 상상할 수도 없는 일이었습니다. 하늘이 땅보다 높음같이 우리 생각보다 높으신 하나님의 생각이 이루신 일입니다. 그래서 사도 바울은 그 삼위일체 하나님을 찬양하면서 이렇게 감탄하였습니다.

그런즉 누구든지 그리스도 안에 있으면 새로운 피조물이라 이전 것은 지나갔으니 **보라** 새것이 되었도다(고후 5:17).

사도 바울은 본래 그리스도인들을 박해하던 폭도였지 않습니까? 그 폭도가 자신의 죗값을 대신 치러 주신 성자 하나님이신 예수 그리스도 안에서 새 생명을 얻은 것이 얼마나 감격스러웠던지 '이두', '보라'고 감탄을 터뜨렸습니다. 이것이 사도 바울만의 감탄입니까? 이것은 실은 주님의 은총 속에서 구원받은 그리스도인으로 이 자리에 앉아 있는 우리 모두의 감탄입니다. 죄와 어둠과 사망의 덫에 빠져 허우적거리던 우리가 하나님의 일방적인 은총으로 하나님의 자녀가 되어 이 자리에 앉아 있는 우리 자신을 '이두', '보십시오'. 우리 자신이 곧 감탄과 감격의 대상이지 않습니까? 이것이 우리의 생각이나 의지, 혹은 우리 노력의 결과입니까? 결코 아닙니다. 이 모든 것은, 우리의 생각보다 높은 생각을 가지신 하나님께서 우리가 보지 못하는 가운데 당신의 신비스런 능력으로 이루신 구원의 역사입니다.

그 하나님께서 참수형을 기정사실로 받아들이고 감방 속에서 깊이 잠든 베드로의 생각과는 달리, 베드로를 참수형으로부터 벗어나게 하시기 위해 당신의 구원의 손길을 내미셨습니다. 하나님께서는 잠든 베드로가 전혀 인식하지 못하는 가운데 당신의 손길을 내미셨습니다. 하나님께서는 베드로가 감옥을 벗어나면서도 그것이 현실임을 깨닫지 못할 정도로 신비로운 방법으로 그를 구출하셨습니다. 그래서 본문은 우리에게 '이두', '보라'고 감탄을 터뜨리고 있습니다. 본문 속에서 베드로를 위해 신비스런 방법으로 역사하신 하나님께서 우리 자신을 위해서도 언제 어디서나 똑같이 역사하고 계심을 깨닫게 해주기 위함입니다.

열흘 전의 일입니다. 아내와 함께 교회를 방문한 손님들과 교회에서 점심식사를 하였습니다. 그분들이 타고 온 자동차가 아래쪽 주차장에 주차되어 있어서, 그곳에서 그분들과 작별 인사를 나누었습니다. 그 후 아래쪽 주차장에서 홍보관 1층 출입구를 통해 사무실로 들어가려는데, 마침 아내가 선교기념관 협의회 사무실로 간다고 했습니다. 아내와 한 걸음이라도 더 함께 걷기 위해 홍보관 2층 정문 쪽으로 걸어 올라왔습니다. 그리고 홍보관 정문 계단 아래에서 중년 부부와 눈이 마주쳤습니다. 그분들은 저를 보자마자 놀란 표정으로 아무 말도 하지 못하고 그냥 저를 쳐다보기만 했습니다. 제가 다가가서 악수를 청하자 그제야 입을 열었습니다. 그분들은 카자흐스탄에서 잠시 귀국한 선교사님 부부였습니다. 그분들은 양화진을 방문하기 전에, 자신들이 묘역을 참배하는 동안 우연히라도 저를 한번 만나기를 원했다고 합니다. 그런데 양화진을 들어오자마자 이내 저와 마주쳤으니, 깜짝 놀라 할 말을 잃었던 것입니다. 저는 아내와 함께 그분들을 제 방으로 모셔서 환담을 나누었습니다. 카자흐스탄에서 장애우들을 위해 헌신하고 있는 그분들은 평소에 열악한 선교지에서, 제가 쓴 책들을 포함하여 신앙 도서를 정기적으로 받아 볼 수 있으면 좋겠다는 소박한 꿈을 지니고 있었습니다. 그래서 우리 교회가 해당 책들을 지원해 드리기로 했습니다.

그분들과 헤어질 때 감격에 찼던 그분들의 표정을 아직 잊을 수가 없습니다. 그날 그분들에게 저와의 만남은 한마디로 그분들을 위해 신비롭게 역사하시는 하나님을 '이두', '보라'는 감탄의 만남이었지 않겠습니까? 그분들이 그 하나님을 그분들의 중심에 모시고 선교지로 다시 귀임할 때, 하나님께서 그분들의 선교지에서 그분들의 삶을 통해 '이두', '보라'는 감탄과 감격의 역사를 계속 이루어 가시지 않겠습니까?

그날 그분들과의 만남은 제게도 역시 '이두', '보라'는 감탄의 만남이었습니다. 만약 그날 오전에 손님들이 교회로 저를 방문하지 않았다면, 그 손님들이 교회에서 점심 식사를 하지 않았다면, 그 손님들의 자동차가 다른 곳에 주차되어 있어서 그분들과의 작별이 아래쪽 주차장 아닌 다른 곳에서 이루어졌다면, 그 손님들과 작별한 아내의 행선지가 다른 곳이어서 제가 홍보관

1층 출입구로 들어가 버렸더라면, 홍보관 2층 정문을 향해 갔더라도 선교사님 부부가 저를 향해 돌아서지 않고 저를 등지고 걸어갔더라면, 그분들과의 만남은 결코 이루어지지 않았을 것입니다. 그날 아침에 제가 일어난 뒤에 그분들을 만나기까지의 제 일정에 단 몇 초의 어긋남만 있었더라도 그 만남은 불가능했을 것입니다. 하나님께서는 그날 선교지에서 일시 귀국한 선교사님들을 위로하는 당신의 도구로 부족한 저를 사용하시기 위해 제가 그분들을 만나기도 전에, 제 눈으로 그분들을 뵙기도 전에, 제가 알지도 못하는 가운데, 그날 제 모든 일정을 한 치의 오차도 없이 치밀하게 주관하셨습니다. 그래서 그분들과의 만남은 제게도 '이두', '보라'는 감탄의 만남이 아닐 수 없었습니다. 하나님께서 그날 그분들을 위하여 저를 '이두', '보라'는 감탄의 도구로 사용하셨다는 것은, 하나님께서 저 자신을 위해서도 제 눈이 미치지 않는 곳에서, 제가 상상할 수도 없는 신비로운 당신의 방법으로, 제 생각보다 높은 당신의 생각을 치밀하게 이루고 계심을 확인시켜 주시는 증거였기 때문입니다. 그 하나님을 잊지 않는 한 설령 제 생각과 다른 상황이 전개되는 경우일지라도 저는, 저를 위해 제 생각보다 높은 당신의 생각을 신비롭게 펼치시는 하나님의 손길을 믿음의 눈으로 바라보며 오늘의 본문처럼 '이두', '보라'는 감탄과 감격의 삶을 살아가지 않겠습니까?

사랑하는 교우 여러분!

하나님의 생각이 우리의 생각과 같아야 한다는 어리석음을 버리십시다. 하나님께서는 내 눈길이 닿는 곳에서, 내가 인식할 수 있는 방법으로만 역사하신다는 미련함도 버리십시다. 토기장이이신 하나님과, 진흙에 불과한 우리 자신의 근본적인 차이를 인정하십시다. 그때부터 우리의 인생이 우리의 생각과는 다르게 전개된다 할지라도, 우리는 하나님께서 우리의 삶 속에서 당신의 높은 생각을 이루시는 하나님의 역사를 보면서 '이두', '보라'는 감탄과 감격의 삶을 살게 될 것입니다. 본문 속에서 깊이 잠든 베드로를 구원하시기 위해 '이두', '보라'는 감탄의 역사를 행하신 하나님께서는, 지금 우리를 위해 치밀하게 역사하고 계시는 우리의 하나님이시기 때문입니다.

다윗은 시편 144편 3절을 통해, "여호와여! 사람이 무엇이기에 주께서 그를 알아주시며, 인생이 무엇이기에 그를 생각하시나이까"라고 하나님을 찬양하였습니다. 자기 생을 되돌아볼수록 자신의 일평생이, 온통 자신을 위한 하나님의 역사 속에서, '이두', '보라'는 감탄과 감격의 연속이었기 때문입니다. 이 시간 다윗의 이 찬양이 나의 찬양이 되게 하심을 감사드립니다.

하나님, 내가 대체 무엇이기에 하나님께서 나를 이토록 알아주시고, 내가 대체 누구이기에 하나님께서 나를 이다지도 생각해 주십니까? 더러운 죄인인 나를 살리시기 위해, 어찌 성자 하나님께서 십자가의 제물로 돌아가시는 사랑을 베풀어 주셨습니까? 하나님을 알지도 못하던 내가 그리스도인으로 이 자리에 앉아 있을 수 있게끔, 어찌 그리도 신비스럽게 역사해 주셨습니까? 생각하면 할수록 나 자신이 '이두', '보라'는 감탄의 기적 덩어리임을 고백하며, 하나님을 찬양하지 않을 수 없습니다.

이제부터 우리 모두 우리는 진흙이요, 하나님은 토기장이이심을 잊지 말게 도와주십시오. 하나님의 생각이 우리의 생각과 같아야 한다는 어리석음을 버리게 해주십시오. 하나님께서는 우리의 눈길이 닿는 곳에서, 우리가 인식할 수 있는 방법으로만 역사하신다는 미련함도 버리게 해주십시오. 오늘 본문 속에서 깊이 잠든 베드로를 구원하시기 위해 '이두', '보라'는 감탄의 역사를 행하신 하나님께서 우리의 하나님이심을 굳게 믿음으로, 하나님께 우리의 삶을 온전히 의탁하게 해주십시오. 그리하여 하나님에 의해 엮어질 우리의 삶 자체가, 이 세상에 보여 줄 하나님의 감탄이 되게 해주십시오. 아멘.

28. 쇠사슬이 벗어지더라

사도행전 12장 6-12절

헤롯이 잡아 내려고 하는 그 전날 밤에 베드로가 두 군인 틈에서 두 쇠사슬에 매여 누워 자는데 파수꾼들이 문밖에서 옥을 지키더니 홀연히 주의 사자가 나타나매 옥중에 광채가 빛나며 또 베드로의 옆구리를 쳐 깨워 이르되 급히 일어나라 하니 **쇠사슬이** 그 손에서 **벗어지더라** 천사가 이르되 띠를 띠고 신을 신으라 하거늘 베드로가 그대로 하니 천사가 또 이르되 겉옷을 입고 따라오라 한대 베드로가 나와서 따라갈새 천사가 하는 것이 생시인 줄 알지 못하고 환상을 보는가 하니라 이에 첫째와 둘째 파수를 지나 시내로 통한 쇠문에 이르니 문이 저절로 열리는지라 나와서 한 거리를 지나매 천사가 곧 떠나더라 이에 베드로가 정신이 들어 이르되 내가 이제야 참으로 주께서 그의 천사를 보내어 나를 헤롯의 손과 유대 백성의 모든 기대에서 벗어나게 하신 줄 알겠노라 하여 깨닫고 마가라 하는 요한의 어머니 마리아의 집에 가니 여러 사람이 거기에 모여 기도하고 있더라

세계적인 가수 마이클 잭슨이 지난 6월 25일 급성 심장마비로 불과 51세

의 나이에 세상을 떠났습니다. 다섯 살의 어린나이에 팝의 세계에 입성한 마이클 잭슨은, 평생 팝의 역사를 계속 경신하면서 팝의 황제로 군림해 왔습니다. 그러나 안타깝게도 90년대 이후 거듭된 성형수술로 인해 그의 피부는 하얗게 탈색되어 버렸고, 눈 코 입 턱 등 그의 얼굴 어디에서도 그 이전의 모습을 찾아볼 수 없게 되어 버리고 말았습니다. 예전에 그의 얼굴은 호수처럼 그윽하면서도 다정한 눈빛에 언제나 미소를 띤, 천진난만하면서도 복스러운 모습이었습니다. 그 모습을 기억하는 사람들은, 왜 그가 스스로 자신의 얼굴을 그렇듯 망가뜨렸는지 이해하기 어려울 정도로 그의 얼굴은 성형수술 부작용으로 심각하게 망가져 버리고 말았습니다. 생전의 마이클 잭슨은 음악 전문 채널인 MTV의 다큐멘터리 〈그의 삶, 마이클 잭슨His Life-Michael Jackson〉에 출연하여, 자신이 그토록 성형수술에 집착한 이유를 밝힌 적이 있습니다. 나이가 들어 갈수록 아버지의 모습을 닮아 가는 자신의 얼굴이 싫었기 때문이라는 것입니다.

　마이클 잭슨은 1958년 클라리넷 연주가였던 어머니와 기타리스트였던 아버지 사이에서 9남매 중 다섯째로 태어났습니다. 마이클의 아버지는 마이클이 어릴 때부터 그를 집에 가두어 가혹하리만치 음악교육을 시켰고, 돈을 벌기 위해 잭슨의 형제와 친척들을 묶어 어린 나이의 마이클을 '잭슨 파이브Jackson 5'라는 그룹으로 데뷔시켰습니다. '잭슨 파이브'의 성공적인 데뷔 이후 솔로로 전향하여 세계 팝계의 황제로 군림한 마이클 잭슨은, 비록 그의 음악적 재능이 자신의 아버지로부터 주어진 것이긴 하였지만 시간이 흘러갈수록 아버지를 증오하였습니다. 어릴 때부터 집에 갇혀 아버지에게 가혹한 음악 훈련을 받느라 학교에도 가지 못하고 친구도 사귈 수 없었던 마이클은, 아버지로 인해 자신의 어린 시절을 도둑맞았다는 피해의식에서 벗어날 수 없었기 때문입니다. 어린 마이클에게 아버지는 단지 돈을 벌기 위해 자신을 도구로 부리는 냉혹한 흥행사에 지나지 않아 보였던 것입니다. 그런데 나이가 들어 갈수록 마이클 자신의 얼굴에 그토록 증오하던 아버지의 얼굴이 나타나기 시작했습니다. 그것은, 마이클로서는 도저히 받아들일 수 없는 일이었습니다. 그래서 그는 자신의 얼굴에 나타난 아버지의 얼굴을 지우기 위해 성형수술을 거듭했고, 결국 그 후유증으로 자신의 얼굴을 망가뜨리고 세상을 기피하는 비극적인 결과를 초래하고 말았습니다.

만약 마이클 잭슨이 자신이 원하는 대로 성형수술에 성공하여 자신의 얼굴에서 아버지의 흔적을 완벽하게 지워 냈다면, 그것으로 마이클과 아버지의 관계는 단절되는 것입니까? 그것으로 마이클은 아버지와는 전혀 상관없는 존재가 되는 것입니까? 결코 그렇지 않습니다. 얼굴에서 아무리 아버지의 흔적을 지워 내도, 아들은 아버지의 아들일 뿐입니다. 아버지와 아들의 혈연관계는 그 어떤 경우에도, 그 무엇으로도 지워지거나 단절되지 않습니다. 마이클 잭슨이 이 사실을 깊이 인식했더라면, 한 걸음 더 나아가 아버지에 대한 증오심을 뛰어넘어 아버지를 아버지로 받아들였더라면, 스스로 자신의 얼굴과 삶을 스스로 훼손하는 안타까운 결과를 초래하지는 않았을 것입니다. 한마디로 마이클 잭슨은 일평생, 스스로 아버지에 대한 증오의 쇠사슬에 묶여 살던 자기 희생자였습니다.

지난주 초, 지방에서 신앙생활한다는 여집사님의 전화를 받았습니다. 올해 40세로 두 자녀를 둔 그분은 결혼한 이래 10여 년 동안 단 한 번도 남편을 사랑해 본 적이 없고, 남편으로부터 사랑을 받아 본 적도 없다고 했습니다. 그러던 중, 같은 교회에 다니는 남자 집사와 정도 이상으로 가까워지게 되었습니다. 그 남자는 그분에게 남편과 이혼하고 자기와 살자고 유혹했습니다. 두 아이도 자신이 책임지겠다고 했습니다. 그 말을 믿고 그 남자와 불륜의 관계까지 맺은 그분은 남편에게 이혼을 요구했습니다. 그러나 남편은 무슨 소리냐며, 이혼을 거절하였습니다. 남편은 아내가 그 남자와 정도 이상으로 가까이 지내는 것은 알고 있었지만, 서로 불륜의 관계라는 것은 상상도 하지 않았습니다. 그분은 남편과 이혼하고 그 남자와 살고 싶은데 남편이 이혼에 응해 주지 않으니, 주일예배에 참석해도 말씀이 귀에 들어오지도 않고 일주일 내내 마음의 갈피를 잡을 수 없다고 했습니다. 그래서 어떻게 하면 좋겠느냐는 것이 상담의 요지였습니다.

그분의 말을 다 들은 뒤 제가 그분과 이런 내용의 대화를 나누었습니다.

"그 남자가 40세 유부녀인 집사님과 함께 살겠다면, 그 역시 유부남 아닌가요?"

"그렇습니다."

"유부남이 두 아이가 달린 유부녀와 살려면 먼저 자신의 아내와 이혼하고 자기 자식들을 버려야 할 텐데, 그 남자가 그렇게 하겠다고 하던가요?"

"물론입니다. 그렇지 않고서는 제가 남편과 이혼하려고 하겠습니까?"

"집사님이 이혼만 하면 집사님의 아이까지 함께 책임지겠다는 그 남자의 말을 집사님은 그의 진심이라고 믿으십니까? 그것은 단지 집사님을 유혹하기 위한 감언이설이라고 생각해 보지는 않았습니까? 자기 조강지처를 버리고 다른 유부녀와 살겠다는 남자가 설령 집사님과 산다고 해도 몇 년을 살겠습니까? 또 다른 여자를 만나면, 그때는 집사님을 버리고 그 여자에게 가지 않겠습니까? 그 남자가 그런 감언이설로 집사님만 유혹했겠습니까? 그 남자가 그동안 그런 식으로 유혹했다가 차버린 여자가 얼마나 많겠습니까? 자기 욕구를 위해 남의 가정마저 깨뜨리려는 사기꾼 같은 그 남자의 감언이설에 더 이상 속지 마십시오."

잠시 침묵이 흐른 후에 그분이 작은 목소리로 말했습니다.

"사실 그 남자의 품행이 단정하지는 않지만, 저에게만은 예외일 것이라 믿고 싶었습니다."

제가 다시 말씀드렸습니다.

"죄송한 말씀이지만 집사님은 지금까지 교회에 다니는 교인이었을 뿐, 주님을 믿는 신자가 아니었습니다. 만약 집사님이 주님을 믿는 신자였다면 남편과 아이들을 두고 딴 남자와 불륜에 빠져, 자기 손으로 자기 가정을 깨뜨릴 엄두인들 낼 수 있겠습니까? 또 가정을 깨뜨리고 두 아이를 데리고 그 남자와 산다고 한들 과연 집사님이 지금보다 행복해질 수 있겠습니까? 집사님이 그 남자와 정도 이상으로 가까운 것을 남편이 알면서도, 남편은 집사님의 불륜 사실은 상상도 하지 않는다고 하셨지요? 그리고 이혼도 원치 않는다면서요? 그것은 남편이 남편 나름대로는 집사님을 사랑한다는 증거가 아니겠습니까? 집사님은 결혼한 이후에 남편을 한 번도 사랑해 본 적이 없었다면서요? 그 남자를 사랑했듯이 이제부터 남편을 사랑해 보십시오. 그리고 그 고약한 남자를 다시는 만나지 않게끔 당장 교회를 옮기세요. 이제 제가 한 가지 방법을 제시해 드리겠습니다. 지금 상태로는 성경을 읽어도 머리에 들어오지 않을 테니, 노트에 성경을 쓰기 시작하십시오. 하나님께서는 당신의 말씀을 우리에게 주셨지만, 그 말씀을 카세트테이프나 CD에 담긴 소리가 아닌 문자로 주셨습니다. 따라서 하나님의 말씀인 문자를 손으로 쓰면 눈으로 읽을 때보다 하나님의 사랑과 능력을 더 깊이 체험하게 될 것입니다. 그 말씀의 빛을 좇아 그동안의 잘못된 삶에서 돌아서십시오. 말씀의 빛 속에서 남편과 두 아이가 하나님께서 주신, 얼마나 귀한 선물인지를 깨달아 진심으로 사랑하십시오. 집사님은 지금까지 경험해 보지 못한 행복을 누리게 될 것입니다."

그분이 흐느끼면서 물었습니다.

"하나님의 말씀이 갈피를 잡지 못하는 제 마음을 정말 사로잡아 주실까요?"

"분명히 사로잡아 주실 것입니다. 집사님이 쓰게 될 성경은 인간의 말이 아니라, 살아 계신 하나님의 말씀이기 때문입니다. 그렇게 해보시겠습니까?"

계속 흐느끼며 "예"라고 대답하는 그 집사님을 위해 제가 기도해 드렸습니다.

"하나님, 이분이 하나님의 말씀을 쓰기 시작할 것입니다. 하나님의 사랑과 능력으로 이분의 마음을 붙들어 주십시오. 말씀의 빛을 좇아 헛된 정욕의 사슬에서 벗어나게 하시고, 진리의 빛 속에서 남편과 아이들을 사랑하는 기쁨과 행복을 누리게 해주십시오."

따지고 보면 모든 인간은 자기라는 감옥에 갇혀, 온갖 모양의 자기 쇠사슬에 묶여 사는 존재들입니다. 어떤 사람은 마이클 잭슨처럼 자기 증오의 쇠사슬에, 어떤 사람은 방금 말씀드린 여집사님처럼 자기 정욕의 쇠사슬에, 또 어떤 사람은 자기 욕망이나 자기 이념의 쇠사슬에 매여 살고 있습니다. 겉으로는 자유인인 것처럼 보이지만, 실은 자유인이 아닌 것입니다. 그런 의미에서 오늘의 본문은 우리에게 중요한 메시지를 던져 주고 있습니다.

헤롯이 잡아 내려고 하는 그 전날 밤에, 베드로가 두 군인 틈에서 두 쇠사슬에 매여 누워 자는데 파수꾼들이 문밖에서 옥을 지키더니(6절).

헤롯 아그립바가 베드로를 참수형에 처하기 전날 밤, 베드로는 두 군사 틈에 양손이 쇠사슬에 묶인 채 감옥에 갇혀 있었습니다. 베드로와 우리 사이에 차이가 있다면, 우리는 자기라는 감옥 속에서 보이지 않는 자기라는 쇠사슬에 묶여 있는 반면, 베드로는 벽돌로 지어진 감옥 속에서 눈에 보이는 쇠사슬에 묶여 있었습니다. 또 우리는 우리 스스로 자기라는 감옥과 쇠사슬에 갇혀 있지만, 베드로는 헤롯 아그립바에 의해 투옥되어 쇠사슬에 묶여 있었습니다.

홀연히 주의 사자가 나타나매 옥중에 광채가 빛나며(7절 상).

지난 시간에 살펴본 것처럼 '이두', '보라!'—주님의 사자가 베드로가 갇혀 있는 감옥에 나타났습니다. 드디어 베드로를 위한 주님의 구원의 역사가 시작된 것입니다. 그 첫 번째 현상은 베드로가 갇혀 있는 감옥에 광채가 빛나는 것이었습니다. 우리말 '광채'로 번역된 헬라어 '프호스φῶς'는, 신약성경이 예수 그리스도를 '빛'이라 칭할 때의 바로 그 '프호스'입니다. 주님께서 베드로가 갇힌 감옥에 빛으로 임하신 것입니다.

또 베드로의 옆구리를 쳐 깨워 이르되 급히 일어나라 하니 쇠사슬이 그 손에서 벗어지더라(7절 하).

주님의 빛이 감옥을 훤히 밝히는 가운데, 주님의 사자가 깊이 잠든 베드로를 깨우기 위해 베드로의 옆구리를 내리침과 동시에 베드로의 양손에 묶여 있던 쇠사슬이 벗어졌습니다. 그 쇠사슬은 헤롯 아그립바가 베드로를 죽이기 위해 동원한 죽음의 쇠사슬이었습니다. 그 죽음의 쇠사슬이 주님의 빛 속에서 절로 벗어진 것입니다. 그뿐이 아니었습니다.

천사가 이르되 띠를 띠고 신을 신으라 하거늘 베드로가 그대로 하니, 천사가 또 이르되 겉옷을 입고 따라오라 한대 베드로가 나와서 따라갈새, 천사가 하는 것이 생시인 줄 알지 못하고 환상을 보는가 하니라 이에 첫째와 둘째 파수를 지나 시내로 통한 쇠문에 이르니, 문이 저절로 열리는지라(8-10절).

베드로가 갇혀 있던 감방의 문도 절로 열렸습니다. 감방 안에 두 명, 그리고 감방 밖에 두 명, 총 네 명의 군사가 베드로 한 사람을 지키고 있었지만, 그 누구도 베드로가 띠를 띠고 신을 신고 겉옷까지 입고 감방 문을 나서는 것을 인식하지 못했습니다. 베드로가 주님의 사자를 따라 첫째 초소와 둘째 초소를 지날 때도 그 누구, 그 무엇의 제지도 없었습니다. 마침내 육중한 쇠문인 감옥 정문에 다다르자 정문마저 절로 열렸습니다. 베드로가 갇혀 있던 감옥 역시 헤롯 아그립바가 베드로를 죽이기 위해 가둔 죽음의 감옥이었습니다. 그러나 주님의 빛 앞에서는 베드로의 양손을 묶고 있던 죽음의 쇠사슬은 말할 것도 없고 죽음의 감방 문, 죽음의 초소, 죽음의 감옥 정문마저 모두 절로 열렸습니다. 그 모든 일이 주님의 빛 속에서 이루어진 일이었습니다.

그렇다면 우리는 본문 속의 베드로와, 베드로를 투옥시킨 헤롯 아그립바를 비교하여 생각해 볼 필요가 있습니다. 베드로가 갇혀 있던 곳은 감옥 속 감방이었습니다. 2천 년 전, 한밤중의 감옥이라면 필요한 곳에만 횃불이 켜져 있을 뿐, 죄수가 갇힌 감방 속은 암흑천지였을 것입니다. 그에 반해 헤롯 아그립바의 왕궁은 한밤중에도 휘황찬란했을 것입니다. 그러나 주님의 빛은 베드로가 갇힌 흑암 속의 감옥으로 임했습니다. 흑암이었던 감옥이 주님의 빛으로 가득한 반면, 휘황찬란한 헤롯 아그립바의 왕궁은 그 빛 앞에서는 도리어 흑암천지일 뿐이었습니다. 주님의 빛이 베드로가 갇힌 감옥에 임함과 동시에 베드로를 묶고 있던 죽음의 쇠사슬, 죽음의 초소, 죽음의 감옥 정문이 모두 절로 벗어지고 절로 열렸습니다. 하지만 헤롯 아그립바는 화려한 왕궁 속에서 자기라는 쇠사슬에 묶여 있습니다. 욕망의 쇠사슬, 정욕의 쇠사슬, 권력의 쇠사슬, 증오의 쇠사슬 등 온갖 쇠사슬에 묶여 있습니다. 한마디로 자기라는 감옥 속에서 매일 죽어 가는 죽음의 쇠사슬에 묶여 있습니다. 그러고 보면 휘황찬란한 헤롯 아그립바의 왕궁 자체가 그를 가두고 있는 거대한 감옥이었습니다. 헤롯 아그립바가 투옥시킨 베드로는 주님의 빛 속에서 자유인이 되었습니다. 그러나 정작 베드로를 구속시켰던 헤롯 아그립바 자신은 자유인처럼 보였지만 전혀 자유인이 아니었습니다.

이 땅에서 공생애를 시작하신 주님께서 안식일에 회당을 찾아 가장 먼저 읽으신 하나님의 말씀은 구약성경 이사야서 61장 1-2절이었습니다.

> 주님께서 나에게 기름을 부으시니, 주 하나님의 영이 나에게 임하셨다. 주님께서 나를 보내셔서, 가난한 사람들에게 기쁜 소식을 전하고, 상한 마음을 싸매어 주고, 포로에게 자유를 선포하고, 갇힌 사람에게 석방을 선언하고, 주님의 은혜의 해와 우리 하나님의 보복의 날을 선언하고, 모든 슬퍼하는 사람들을 위로하게 하셨다(새번역).

주님께서 이 땅에 오신 이유를 밝혀 주는 이 구절을 통해, 주님께서는 "포로에게 자유를" 그리고 "갇힌 사람에게 석방을" 주시기 위해 오셨음을 천명하셨습니다. 포로란 대체 누구이겠습니까? 전쟁 중에 적국에 포로로 끌려간 사람만을 의미하겠습니까? 갇힌 사람은 또 누구이겠습니까? 감옥에 갇한 사람만 뜻하겠습니까? 주님께서는 적국에 포로로 끌려간 사람이나 감옥에 갇혀 있는 사람만의 구원자가 되기 위해 오신 것이 아닙니다. 주님께서는 그들을 포함하여 우리 모두의 구원자이십니다. 죄와 사망의 포로로 살아가는 우리, 자기라는 감옥에 갇혀 온갖 종류의 자기 쇠사슬에 매여 있는 우리 모두를 자유하게 해주시기 위하여 주님께서 오신 것입니다.

태초에 온 땅은 혼돈하고 무질서했습니다. 한마디로 온통 카오스chaos의 세상이었습니다. 그러나 하나님께서 "빛이 있으라" 명하시매 빛이 있었고(창 1:3), 하나님의 그 빛 속에서 카오스의 세상은 코스모스cosmos, 즉 질서와 조화의 세상이 되었습니다. 이 세상이 하나님의 빛 속에서 혼돈의 감옥과 무질서의 쇠사슬에서 벗어나 질서와 조화를 이루게 된 것입니다. 하나님의 빛은 생명의 빛이기 때문입니다.

이사야 선지자는 이 땅에 오신 예수 그리스도에 대하여 다음과 같이 예언하였습니다.

> 전에 고통받던 자들에게는 흑암이 없으리로다 옛적에는 여호와께서 스불론 땅과 납달리 땅이 멸시를 당하게 하셨더니, 후에는 해변 길과 요단 저쪽 이방의 갈릴리를 영화롭게 하셨느니라 흑암에 행하던 백성이 큰 빛을 보고, 사망의 그늘진 땅에 거주하던 자에게 빛이 비치도다(사 9:1-2).

이 땅에 오셨던 주님 역시 빛이시라는 것입니다. 혼돈과 무질서로 인한 흑암의 쇠사슬을 끊는 진리의 빛이시요, 죄로 인한 사망의 감옥을 깨뜨리는 생명의 빛이시라는 것입니다. 이것이 주님께서 요한복음 8장 12절을 통해 이렇게 말씀하신 이유입니다.

나는 세상의 빛이니, 나를 따르는 자는 어둠에 다니지 아니하고 생명의 빛을 얻으리라.

누구든지 주님을 주인으로 모시면 죄와 사망의 감옥과, 혼돈과 무질서로 인한 흑암의 쇠사슬에서 벗어날 수 있습니다. 주님께서는 진리의 빛이시요, 생명의 빛이시기 때문입니다. 바울은 본래 진리를 짓밟고 주님을 대적하던 어둠의 자식이었지 않습니까? 자기라는 감옥에 갇혀 자기 신념의 쇠사슬에 꽁꽁 묶여 있던 사람이었습니다. 그 바울에게 주님께서 진리와 생명의 빛으로 임하셨고, 그 빛 속에서 바울은 자기 감옥과 자기 쇠사슬에서 벗어나 진리를 좇는 진정한 자유인으로 살 수 있었습니다.

세상의 빛은 우리의 외적 상태만을 알게 해줄 뿐입니다. 오직 진리요 생명이신 주님의 빛만 우리의 내적 상태를 비춰 줍니다. 단지 비춰 줄 뿐만 아니라 혼돈과 무질서, 죄와 어둠으로 가득 찬 우리의 마음을 치유하여 우리로 하여금 자기라는 죽음의 감옥과 쇠사슬에서 벗어나게 해줍니다. 그렇기에 세상의 빛 속에서만 살아가는 사람은 실은 흑암 속에서 자기 감옥에 갇힌 사람일 뿐입니다. 가장 큰 불행은 주님의 빛을 알지 못하는 사람들은 죄와 사망으로 인한 흑암 속에서 자기라는 감옥과 쇠사슬에 갇혀 있으면서도 자신을 자유인이라 착각하는 것입니다. 그런 사람은 살아 있는 것처럼 보이지만 죽은 사람과 다를 바가 없습니다.

사랑하는 교우 여러분!

아버지에 대한 증오의 감옥과 쇠사슬에 갇혀 스스로 자신의 얼굴과 삶을 훼손한 마이클 잭슨이 남의 이야기가 아니지 않습니까? 정욕의 감옥과 쇠사슬에 묶여 자기 손으로 자기 가정을 무너뜨리려 했던, 서두에 언급한 여인 역시 다른 사람의 이야기가 아니지 않습니까? 휘황찬란한 왕궁에서 천하를 호령하는 자유인처럼 보이지만, 실은 흑암 속에서 자기라는 감옥과 쇠사슬에 묶여 죽음의 삶을 살던 헤롯 아그립바가 바로 우리 자신이지 않습니까? 우리는 자기라는 감옥 속에서 욕망의 쇠사슬, 정욕의 쇠사슬, 쾌락의 쇠사슬, 증오의 쇠사슬, 분노의 쇠사슬, 이기심의 쇠사슬, 불안의 쇠사슬, 두려움의 쇠사슬, 권력의 쇠사슬, 돈의 쇠사슬, 이념의 쇠사슬 등 온갖 죽음의 쇠사슬에 묶여 있습니다. 그 감옥과 쇠사슬에서 벗어날 수 있는 길은 오직 하나, 주님의 빛 속에 거하는 것입니다.

일주일에 한 번 교회에 다니기만 하는 교인의 삶에 이제 마침표를 찍으십시다. 우리 모두 주님을 주인으로 모시고, 매사에 주님을 온전히 믿는 진정한 신자가 되십시다. 오직 말씀과 기도를 통해 주님의 진리의 빛, 생명의 빛 속에 거하십시다. 주님의 빛 속에서 베드로의 양손에 묶여 있던 쇠사슬이 벗어지고 감방 문과 감옥 정문이 절로 열렸듯이, 우리 역시 주님의 빛 속에서 자기라는 감옥과 온갖 쇠사슬로부터 자유를 얻게 될 것입니다. 그 자유 속에서만 진리를 행할 수 있고, 그 자유 속에서만 정의를 좇을 수 있고, 그 자유 속에서만 사랑을 실천할 수 있습니다. 주님의 빛 속에서는 반드시 그 자유를 얻을 수 있습니다. 주님께서 포로에게 자유를 주시고, 갇힌 사람을 석방해 주시기 위해 이 땅에 오셨기 때문입니다.

"너희가 내 말에 거하면, 참으로 내 제자가 되고, 진리를 알지니, 진리가 너희를 자유롭게 하리라"(요 8:31하-32).

주님! 이제 형식적인 교인의 삶에 마침표를 찍고, 진리를 아는 참된 신자가 되기를 원합니다. 오직 주님의 말씀 속에서, 진리와 생명의 빛을 좇아 살게 해주십시오. 진리의 빛 속에서, 자기라는 감옥으로부터 벗어나게 해주십시오. 생명의 빛 속에서, 죄와 사망의 쇠사슬로부터 석방되게 해주십시오. 그 빛 속에서, 우리 자신을 얽매고 있던 온갖 종류의 쇠사슬로부터 자유를 얻게 해주십시오. 그 자유 속에서 진리와 정의를 좇고 사랑을 실천하는, 참자유인의 기쁨을 누리게 해주십시오. 포로에게 자유를 주시고, 갇힌 사람을 석방해 주시기 위해 이 땅에 오신 예수 그리스도의 이름으로 기도드립니다. 아멘.

29. 띠를 띠고 100주년기념교회 창립 4주년 기념 주일

사도행전 12장 6-12절

헤롯이 잡아 내려고 하는 그 전날 밤에 베드로가 두 군인 틈에서 두 쇠사슬에 매여 누워 자는데 파수꾼들이 문밖에서 옥을 지키더니 홀연히 주의 사자가 나타나매 옥중에 광채가 빛나며 또 베드로의 옆구리를 쳐 깨워 이르되 급히 일어나라 하니 쇠사슬이 그 손에서 벗어지더라 천사가 이르되 **띠를 띠고** 신을 신으라 하거늘 베드로가 그대로 하니 천사가 또 이르되 겉옷을 입고 따라오라 한대 베드로가 나와서 따라갈새 천사가 하는 것이 생시인 줄 알지 못하고 환상을 보는가 하니라 이에 첫째와 둘째 파수를 지나 시내로 통한 쇠문에 이르니 문이 저절로 열리는지라 나와서 한 거리를 지나매 천사가 곧 떠나더라 이에 베드로가 정신이 들어 이르되 내가 이제야 참으로 주께서 그의 천사를 보내어 나를 헤롯의 손과 유대 백성의 모든 기대에서 벗어나게 하신 줄 알겠노라 하여 깨달고 마가라 하는 요한의 어머니 마리아의 집에 가니 여러 사람이 거기에 모여 기도하고 있더라

오늘은 우리 교회가 창립된 지 4주년을 맞는 기념 주일입니다. 무엇보다도

먼저, 4년이란 짧은 기간 동안 우리가 이렇듯 아름답고도 건강한 신앙 공동체를 이룰 수 있도록 은혜를 베풀어 주신 하나님을 높이 찬양합니다. 그리고 오늘이 있기까지 온갖 어려움 속에서도, 하나님께서 우리에게 주신 소명을 위해 수고와 헌신을 아끼지 않은 교우님들께 깊이 감사를 드립니다. 이 뜻 깊은 창립 주일에 주님께서 우리에게 주시는 말씀은 본문 8절 말씀입니다.

천사가 이르되 띠를 띠고 신을 신으라 하거늘 베드로가 그대로 하니 천사가 또 이르되 겉옷을 입고 따라오라 한대(8절).

우리가 이미 잘 알고 있는 것처럼, 헤롯 아그립바에 의해 투옥된 베드로가 참수형을 당하기 전날 밤, 마침내 베드로를 위한 주님의 구원의 역사가 시작되었습니다. 베드로가 갇힌 감옥에 주님께서 '이두', '보라!'—빛으로 임하셨습니다. 그 빛 속에서 주님의 사자가 깊이 잠든 베드로의 옆구리를 내리쳐 깨움과 동시에 베드로의 양손에 묶여 있던 쇠사슬이 절로 벗어졌습니다. 주님의 사자는 베드로에게 먼저 "띠를 띠고 신을 신으라"고 명령했습니다. 헬라어 원문에는 '띠라'는 동사와 '신으라'는 동사 사이에 '그리고'를 뜻하는 접속부사 '카이χαί'가 붙어 있습니다. 즉 주님의 사자는 베드로에게 '띠를 띠라, 그리고 신을 신으라'고 명령했습니다. 깊이 잠든 베드로를 깨운 주님의 사자가 베드로에게 제일 먼저 한 명령이 '띠를 띠라'는 것이었습니다.

우리가 흔히 그림이나 영화에서 보듯이 2천 년 전 유대인들은 '케토네트 kethoneth'라고 불리는, 어깨에서 발목까지 이르는 원피스 형태의 옷을 입었습니다. 그 자체만으로는 행동이 불편하기 때문에 허리에는 반드시 띠를 둘렀습니다. 그리고 그 위에 긴 조끼 형태의 겉옷인 '메일meil'을 걸쳤습니다. 당시에는 외출복과 잠옷의 구별이 없었으므로 잠을 잘 때에는 겉옷을 벗고 허리띠는 풀지만 '케토네트'는 그대로 입고 잠을 잤습니다. 그러므로 아침에 일어난 사람이 제일 먼저 하는 것은 허리띠를 띠는 것이었습니다. 날씨에 따라 겉옷은 걸치지 않을 수 있지만, 유대인에게 허리띠를 띠지 않는다는 것은 있을 수 없는 일이었습니다. 다시 말하면 잠자리에서 일어난 유대인이 허리띠를 띠는 것은, 요즈음 사람들이 아침에 일어나 이를 닦고 옷을 입는 것처럼 당연한 일상사였을 뿐입니다. 그것은 특별히 강조할 일이 전혀 아니었습니다. 그런데도 본문은, 참수형을 당하기 직전의 베드로를 구출하기 위해 나타난 주님의 사자가 베드로에게 무엇보다도 먼저 '띠를 띠라'고 명령하였음을 강조하고 있습니다. 그것은 단순히 옷매무새를 바르게 하라는 의미가 아니었기 때문입니다.

    우리말 '허리띠'는 단순히 허리에 두르는 요대腰帶만을 의미하지 않습니다. 그것은 삶의 상태를 나타내는 의미로도 사용되고 있습니다. 이를테면 "허리띠를 늦추다"라는 말은 '긴장을 풀고 편안하게 마음을 놓다'는 의미입니다. 반대로 "허리띠를 졸라매다"라고 하면, '새로운 결의와 굳은 각오를 다지는 것'을 의미합니다. 히브리어 역시 마찬가지였습니다. 단순한 일상사일 뿐인 허리띠를 띠는 것을 특별히 언급한다면, 그것은 새로운 결의와 굳은 각오를 다지거나 나타내기 위함이었습니다. 그래서 이튿날로 예정된 참수형을 기정사실로 받아들이고 평상심으로 깊이 잠든 베드로를 쳐서 깨운 주님의 사자는, 베드로에게 무엇보다도 먼저 '띠를 띠라'고 명령하였습니다. 다시 한 번 새로운 결의와 굳은 각오를 다지라는 의미였습니다. 너는 내일로 예정된 참수형을 당연하게 받아들이고 있지만, 그것은 주님의 뜻이 아니라는 것입니다. 이 땅에서 너의 사명은 아직 끝나지 않았다는 것입니다. 주님께서 아직도 너를 통해 이 땅에서 이루시기 원하는 주님의 뜻이 있다는 것입니다. 그러므로 새로운 결의와 굳은 각오로 다시 일어서라는 것입니다.

부활하신 주님께서 승천하시기 전에 베드로에게 특별히 하신 말씀이 있습니다.

> 내가 진실로 진실로 네게 이르노니 네가 젊어서는 스스로 띠 띠고 원하는 곳으로 다녔거니와 늙어서는 네 팔을 벌리리니 남이 네게 띠 띠우고 원하지 아니하는 곳으로 데려가리라(요 21:18).

믿음은 더 이상 자신을 위해 자기 인생의 띠를 두르는 것이 아닙니다. 믿음은 두 팔을 벌려 주님에 의해 띠 띠워져, 주님께서 원하시는 대로 자신을 사용하실 수 있도록 자신의 삶을 온전히 주님께 맡기는 것입니다. 그러므로 주님의 사자가 베드로에게 띠를 띠라고 명령한 것은, 감옥을 나가 자신의 뜻을 이루기 위해 새로운 결의와 굳은 각오를 다지라는 말이 아니었습니다. 주님께서 당신의 뜻을 이루실 수 있게끔 주님을 향해 두 팔을 벌리고, 자신의 삶을 온전히 주님께 맡기는 결의와 각오를 다시 다지라는 의미였습니다.

바로 이것이 오늘 창립 4주년을 맞는 우리에게 주님께서 주시는 메시지입니다. 주님께서 우리에게 부여하신 사명을 위해 다시 띠를 띠라는 것입니다. 주님께서 우리를 통해 당신의 뜻을 이루실 수 있게끔 우리의 두 팔을 벌리고, 주님께 우리 자신을 온전히 의탁하는 결의와 각오를 다시 한 번 굳게 다지라는 것입니다.

4년 전 우리 교회는 양화진외국인선교사묘원과 용인순교자기념관의 법적 소유주인 한국기독교100주년기념사업협의회에 의해 초교파적인 독립교회로 창립되었습니다. 창립 목적은 두 성지를 관리 보존하고, 두 성지와 관련된 신앙 선조들의 믿음을 계승하며, 선교 200주년을 향한 비전을 함양하라는 것이었습니다. 20개 교단과 26개 기독 기관에 의해 태동된 100주년기념사업협의회의 초대 이사장은 예수교장로회의 고 한경직 목사님이셨고, 우리 교회가 창립될 당시의 2대 이사장은 기독교장로회의 고 강원용 목사님이셨으며, 현재 3대 이사장은 기독교성결교의 정진경 목사님(2009년 9월 3일 소천—편집자)이십니다.

본래 이곳 양화진은 한국인과는 상관없는, 그저 버려진 외국인묘지였을 뿐입니다. 그래서 1979년 양화진을 답사했던 고 전택부 선생님은 당시의 상황을 《양화진 선교사 열전》에 다음과 같이 피력하였습니다.

1979년 당시 양화진 외인묘지는 쓰레기장을 방불케 하는 폐허지였고, 흉凶터처럼 아이들이 무서워하는 곳이었으며, 아무도 돌보지 않는 쓸쓸한 땅이었다. 더욱이 서울시 당국은 지하철 공사를 하는 데 지장이 된다고 해서 이 묘지를 다른 데로 옮기려 했다.

그리고 전택부 선생님은 지하철 2호선 공사를 위해 양화진외국인묘지를 시 외곽으로 이전시키려는 서울시의 계획을 앞장서서 저지하였습니다. 그 이후 1985년 양화진의 법적 소유주가 된 100주년기념사업협의회는 현대그룹 고 정주영 회장, 대우그룹 김우중 회장, 대농그룹 박용학 회장, 고려합섬 장치혁 회장, 한국유리 고 최태섭 회장 등 기업인의 찬조를 받아 폐허지였던 묘역을 정비하고, 한국 교회를 위해 선교기념관을 건립하였습니다. 1890년 의료 선교사였던 헤론이 처음으로 양화진에 묻힌 이후 계속 방치 상태에 있던 외국인묘지가 근 100년 만에, 100주년기념사업협의회에 의해 비로소 한국 교회의 성지로 거듭나게 된 것입니다.

양화진을 한국 교회의 성지로 일군 100주년기념사업협의회는, 당시 고정된 예배 처소가 없던 유니온교회로 하여금 선교기념관에서 예배드리면서 묘역을 관리토록 하였습니다. 그러나 출석 교인이 많지 않던 유니온교회가 넓은 묘역을 관리하기에는 역부족이었습니다. 유니온교회 관리 기간 중에 불법 묘지 판매와 불법 매장이 이루어졌고, 양화진과 아무 관련 없는 특정 교회와 특정 개인의 기념비가 세워지는가 하면, 돈을 받고 단체 참배객을 무분별하게 안내하는 특정 상업 선교회에 의해 묘역이 심각하게 훼손되기도 했습니다. 이에 100주년기념사업협의회는 한국을 대표하는 네 교회를 차례대로 찾아가 양화진 관리를 부탁하였지만, 개교회로서는 부담스러운 일이라며 네 교회 모두 사양하였습니다. 100주년기념사업협의회는 양화진을 제대로 관리 보존하기 위해서는 그 목적을 전담할 교회를 설립할 수밖에 없다는 결론을 내리고, 마침내 4년 전 우리 교회를 창립하게 되었습니다. 100주년기념사업협의회에 의해 성지로 일구어진 양화진을 한국 교회의 공동 유산으로 지키기 위함이었습니다.

이를 위해 지난 4년 동안 많은 교우님들의 육체적, 물질적 헌신과 노력이 있었습니다. 묘지 불법 판매와 불법 매장은 근절되었고, 불법 기념비들도 제거 되었으며, 돈을 받는 상업 가이드들이 묘역을 더 이상 관광지로 전락시킬 수도 없게 되었습니다. 묘역에 묻힌 선교사님들의 숭고한 정신을 기리기 위한 양화진홀도 개관하였습니다. 우리 교회가 2006년 말부터 참배객들을 위해 무료 안내를 실시한 이래 지난 6월 말까지, 2년 7개월 동안 11만 6,706명의 참배객이 양화진묘역과 양화진홀을 순례하였습니다. 양화진이 명실공히 한국 교회의 공동 유산으로 지켜지게 된 것입니다. 그럼에도 불구하고 지난 4년 동안 우리는, 우리 교회의 출현을 불편해하거나 달가워하지 않는 사람들과 단체에 의한 거짓 모함에 계속 시달려 왔습니다. 그 거짓 모함들의 내용은 하도 기가 막히고 어이가 없어서 차마 입에 담을 가치도 없는 것들입니다. 그 거짓 모함이 언제 끝날지도 알 수 없습니다. 그러나 창립 4주년을 맞이하여 우리는 흔들림 없이 양화진을 더욱 겸손하게 지키기 위해, 다시 한 번 허리띠를 동여매어야 하겠습니다. 양화진을 한국 교회의 공동 유산으로 관리하고 보존하는 것은 주님께서 100주년기념사업협의회를 통해 우리에게 부여하신 우리의 사명이기 때문입니다.

부끄러운 고백입니다만 저는 제 부모님 묘소는 한식과 추석, 이렇게 일 년에 단 두 번밖에 찾아가 보지 못합니다. 찾아간들 정성스럽게 비석을 닦아 본 적도 없습니다. 지방에 있는 제 조상의 선산은 15년 이래 한 번도 찾지 못했습니다. 많은 돈을 투입하여 부모님 묘소나 조상의 선산을 단장해 보려 한 적도 없습니다. 아마 대부분의 교우님들이 저와 같을 것입니다. 그런데도 우리는 이곳 양화진에서는 매일 묘역을 둘러보고, 1년에도 몇 번씩이나 우리의 손으로 비석을 닦고 잡초를 뽑습니다. 막대한 돈을 들여 축대를 쌓고, 묘역 보호 철책을 두르고, 꽃과 잔디를 심습니다. 이곳에 묻힌 선교사님들과 우리 사이에는 피 한 방울 섞여 있지 않지만, 그것이 주님께서 우리에게 부여하신 사명이기 때문입니다. 그 결과 한국 교회의 공동 유산인 양화진묘역은 한국 교회의 공동 유산답게 잘 보존되고 있습니다.

저는 1986년 양화진 담벼락에 붙어살기 시작한 이래 우리 교회가 창립되기 전까지 근 20년 동안, 양화진묘역에서 비석을 닦는 그리스도인을 단 한 번도 만나거나 본 적이 없습니다. 가끔 돈을 받고 잡초를 뽑는 인부 외에, 자기 손으로 직접 잡초를 뽑는 그리스도인도 본 적이 없습니다. 우리 교회가 창립되기 이전까지 양화진은 한국 교회의 무관심 속에서, 단지 양화진을 통해 사익을 얻으려는 소수의 사람들에 의해 훼손되고 있었을 뿐입니다. 그러나 우리 교회의 창립 이후 양화진이 오늘날처럼 아름답게 관리 보존되자, 우리 교회를 대신하여 양화진 관리를 자임하며 우리 교회를 압박하는 교단과 교회들이 있습니다. 양화진을 사유화했던 사람들의 일탈 행위가 양화진에서 근절된 이상, 앞으로 어떤 교단이나 교회가 양화진 관리를 맡더라도 예전과 같은 일탈 행위가 재연되지는 않을 것입니다. 그러나 창립 4주년을 맞이하여 언제까지일는지는 알 수 없지만, 주님께서 작정하신 기간 동안 우리가 양화진을 더욱 겸손하게 지키기 위해 다시 한 번 허리띠를 졸라매어야 하겠습니다. 우리가 양화진 관리를 전담하는 기간을 정하시는 분은 주님이시고, 우리는 주님께서 우리를 통해 이곳 양화진에 당신의 뜻을 이루시도록 주님을 향해 두 팔을 벌린 주님의 종들이기 때문입니다.

20개 교단과 26개 기독 기관의 연합체인 100주년기념사업협의회에 의해 초교파적 독립교회로 태동된 우리 교회는 어느 특정 교단에 예속될 수 없는 동시에, 모든 교단과 어울릴 수도 있어야 합니다. 그래야만 특정 교단에 치우침이 없이 한국 교회의 공동 유산인 양화진을 바르게 지킬 수 있기 때문입니다. 우리 교회에 장로교 통합, 장로교 합동, 장로교 고신, 성결교, 침례교 출신 목회자가 함께 동역하고 있고, 또 우리 교회가 어느 특정 교단의 헌법을 따르지 않고 독자적으로 제정한 정관에 의해 운영되는 이유가 여기에 있습니다. 현재 우리 교회는 각 봉사팀원들의 추천으로 임명되는 60여 명의 봉사팀장으로 구성된 상임위원회가 교회 운영을 담당하고 있고, 담임목사 청빙과 상임위원 추인 그리고 담임목사 해임 및 정관 개정 발의와 같은 주요 사항은 구역원들의 추천으로 임명되는 167명의 구역장으로 구성된 운영위원회에서 다루어지고 있습니다. 우리 교회가 2005년 12월에 정관을 제정할 때, 이처럼 교회 운영과 관련된 정관 내용은 당시 운영위원회에서 쉽게 합의가 이루어졌습니다. 그러나 교인들끼리 서로 어떻게 부를 것이냐는 것은 그리 간단한 문제가 아니었습니다. 교단 배경이 어디냐에 따라 생각이 달랐기 때문입니다. 이와 관련하여 많은 의견들이 제시된 가운데, 당시 운영위원회는 5개월에 걸친 협의 끝에 '장로·권사 호칭제'를 실시하기로 결의하였습니다. 우리 교회는 상임위원회와 운영위원회에 의해 운영되는 만큼, 장로교의 당회원과 같은 직분으로서의 장로·권사가 아니라, 교회 등록 이후 일정한 기간이 지난 어른들을 장로·권사로 차별 없이 호칭하여 존경하자는 취지였습니다. 다시 말해 자칫 장로·권사를 계급이나 감투로 오인하는 폐단을 없애고, 남녀노소 빈부귀천을 막론하고 모든 그리스도인은 주님 안에서 똑같은 제사장이 될 수 있다는, 개신교의 핵심 사상인 만인제사장의 정신을 구현하기 위함이었습니다. 그래서 우리 교회에 등록한 지 2년을 초과하고 집사로 임명된 지 5년 이상 되는 50세 이상의 여자는 권사로, 동일한 조건의 60세 이상의 남자는 장로로 호칭하기로 하고 작년부터 이를 실시하였습니다.

그러나 이로 인해 몇 달 전부터 제가 속한 교단인 예수교장로회(통합)로부터 비판을 받게 되었습니다. 우리 교회의 '장로·권사 호칭제'가, 장로는 노회의 허락을 받아 교인의 투표로 선출되는 직분이라는 교단 헌법을 어겼다는 이유에서였습니다. 우리 교회는 독자적인 정관에 의해 운영되는 초교파적 독립교회이지만, 저 개인은 교단에 소속되어 있으므로 교단 헌법을 지켜야 한다는 것이었습니다. 혹자는 우리 교회의 '장로·권사 호칭제'가, 장로·권사로 불리기 원하는 타 교회 교인들을 유인하기 위한 교묘한 술책이라고 비방하기도 했습니다. 그러나 우리 교회의 '장로·권사 호칭제'를 비판하는 분들이나, 반대로 지지하는 분들의 지적 속에는 우리가 경청해야 할 내용들이 있었습니다. 이를테면 다음과 같은 내용들입니다.

*일정한 기간만 지났다고 일괄적으로 장로·권사로 호칭하면, 호칭자들

중에는 자신의 호칭을 계급으로 착각하는 사람들도 있을 수 있다.
* 일정한 기간만 지났다고 일괄적으로 장로·권사로 호칭하면, 오로지 장로·권사로 호칭받기 위한 목적으로 교적을 우리 교회로 옮기는 사람들이 정말 있을 수 있다.
* 일정한 기간이 지났다고 일괄적으로 장로·권사로 호칭하면, 그 가운데는 신실한 믿음을 결여한 사람들도 분명히 있을 것이므로, 세상에서 그들의 그릇된 삶으로 인해 우리 교회의 '장로·권사 호칭제'가 결과적으로 한국 교회에 누를 끼칠 수 있다.
* 일정한 기간이 지났다고 일괄적으로 장로·권사로 호칭하면, 자신의 호칭에 대해 떳떳하게 여기지 못하는 사람들도 있을 수 있다.

이와 같은 지적들은 우리 교회가 4년 전 정관을 제정할 때는 미처 생각하지 못한 내용들이었습니다. '장로·권사 호칭제'와 관련된 우리 교회 정관 내용이, 정관 제정 당시의 뜻과는 달리 이처럼 오해의 소지가 있음이 밝혀짐에 따라, 우리 교회는 지난 5월 13일부터 각 구역을 통하여 교인들의 의견을 물었고, 대다수의 교인들이 호칭제 관련 정관 개정의 필요성에 공감하였습니다. 따라서 지난 6월 10일 운영위원회는 일정한 기간만 지나면 일괄적으로 장로·권사로 호칭한다는 정관 내용을, 신실한 그리스도인이라면 누구든 지킬 수 있는 내용으로 다음과 같이 개정하였습니다.

〈제5조 3항〉 다음 사항에 모두 해당되는 남자는 장로, 여자는 권사로 호칭한다.
① 만 60세 이상 된 자,
② 우리 교회에서 집사로 임명된 지 7년 이상 된 자,

③ 디도서 2장 2-3절에 합당한 자,

④ 새신자반 10주, 성숙자반 10주, 사명자반 10주, 총 30주간의 훈련을 거친 자,

⑤ 우리 교회에서 3년 이상의 봉사 경력을 가진 자,

⑥ 해당 구역장과 교구 교역자가 추천하는 자

〈제5조 4항〉 타 교회에서 장로, 권사로 임직받은 자는 ④항의 과정을 거쳐 그 호칭대로 호칭한다.

물론 개정된 정관 역시 제가 속한 교단의 헌법과는 일치하지 않습니다. 제가 속한 교단의 서울서노회는 제가 교단에 대한 "의무를 위반하고 불법을 자행"하였다는 이유로 저를 노회 기소위원회에 고발하였습니다. 제가 속한 교단은 제가 고등학교 1학년 때부터 45년 동안 몸담아 온 제 신앙의 모태입니다. 그러나 제가 독립교회인 우리 교회를 목회함으로 인해 제가 속한 교단을 더 이상 불편하게 해서도 안 되고, 제가 특정 교단에 속해 있음으로 인해 100주년기념교회에 더 이상 걸림돌이 되어서도 안 되겠다는 판단으로, 저는 지난 6월 26일 제가 속해 있던 교단을 탈퇴하였습니다. 45년간이나 몸담았던 교단을 떠나는 것이 개인적으로는 무척 어려운 일이었지만 그것만이 제가 사랑하는 교단, 부족한 저를 믿고 양화진으로 불러 주신 100주년기념사업협의회, 그리고 제가 목회하고 있는 100주년기념교회를 모두 지킬 수 있는 최선의 길이기 때문입니다. 그럼에도 불구하고 교단의 서울서노회는 7월 16일에 기소위원회에 출석하라는 출석요구서를 보내왔습니다. 제가 비록 교단을 탈퇴하긴 했지만 출석요구를 받은 이상, 저는 역사의 기록을 위해 당일 기소위원회에 출석할 예정입니다. 제가 이미 탈퇴한 교단이 더 이상 교단 소속이 아닌 저를 교단법으로 징계한다 할지라도 주님께서 제게 주신 소명

을 다하려는 제 의지를 꺾지는 못할 것입니다. 저는 100주년기념교회를 목회하는 한, 독립교회인 우리 교회가 특정 교단이나 특정 교단의 헌법에 예속되지 않는 독자성을 계속 지켜 나갈 수 있도록 창립 4주년을 맞아 다시 한 번 제 허리띠를 동여맬 것입니다. 100주년기념교회의 초교파적 독립성이 확립되지 않고서는, 한국 교회의 공동 유산인 양화진을 한국 교회의 모든 교단과 교파를 위해 공평무사하게 관리 및 보존해야 하는, 주님께로부터 부여받은 우리 교회의 사명을 완수할 수 없기 때문입니다.

아울러 저는 앞으로 목회 고유 업무에만 전념하고자 합니다. 우리 교회 정관은 담임목사가 상임위원회와 운영위원회의 의장직을 수행하도록 규정하고 있습니다. 그러나 지난 4년간 100주년기념교회를 목회해 오면서 제가 얻은 결론은, 앞으로 행정적인 일들은 교우님들이 처리하고, 담임목사인 저는 말씀과 기도에만 전념하는 것이 좋겠다는 것입니다. 그것이 성경(사도행전 6장)이 우리에게 제시해 주는 교회의 모델이요, 또 주님의 몸 된 교회나 저 자신의 영성을 위해서도 유익하리라는 판단 때문입니다. 우리 교회에는 각계각층의 훌륭한 인재들이 많습니다. 굳이 제가 행정적인 일들에까지 전면에 나서지 않더라도, 오히려 그분들이 훨씬 더 잘 감당하리라 저는 믿고 있습니다. 그래서 상임위원회와 운영위원회를 일단 연말까지 담임목사 없이 대행 체제로 운영해 보고 별 무리가 없다면, 앞으로도 저는 계속 관여하지 않을 계획입니다. 그렇게 함으로써 우리 교회는 세월이 지난 뒤에도 담임목사 한 사람에 의해 좌지우지되지 않는, 진정한 주님의 교회로 존속될 것입니다.

사랑하는 교우 여러분!

우리에게는 한국 교회 공동 유산인 양화진을 관리 보존하는 것보다 더 중요한 일이 있습니다. 우리 각자가 바른 교회로 서는 것입니다. 교회는 건물이나 제도가 아닙니다. 주님을 믿는 우리 자신이 교회입니다. 그러므로 우리 각자가 주님 안에서 주님의 몸 된 교회로 바로 서지 않는다면 우리가 모인 100주년기념교회는 참된 교회가 될 수도 없고, 주님께서 부여하신 양화진 관리의 사명을 제대로 감당할 수도 없을뿐더러, 이 세상의 어둠을 물리치는 빛이 될 수는 더더욱 없습니다.

이제 창립 4주년을 맞이하여, 본문을 통해 '띠를 띠라'는 주님의 명령에 순종하여 우리 모두 다시 한 번 허리띠를 동여매십시다. 진리의 허리띠를 동여매십시다. 사랑의 허리띠를 동여매십시다. 생명의 허리띠를 동여매십시다. 겸손의 허리띠를 동여매십시다. 양화진을 지키는 우리의 궁극적인 목적이 모든 사람을 사랑하고 살리기 위함임을 잊지 마십시다. 어떤 경우에도 그리스도인다움을 잃지 마십시다. 교회다움을 상실하지 마십시다. 우리 모두 주님을 향해 두 팔을 벌리고, 주님께서 당신의 뜻대로 우리를 이끌어 가실 수 있도록, 우리의 삶을 주님께 온전히 맡기기 위한 결의와 각오를 새로이 굳게 다지십시다. 그때 주님의 뜻이 우리의 삶을 통해 이곳 양화진 동산에, 우리의 가정과 일터에, 한국 교회에, 그리고 이 민족의 역사 속에 아름답게 결실될 것입니다. 부족한 우리를 양화진으로 부르시어 100주년기념교회 되게 하신 분이, 바로 주님이시기 때문입니다.

창립 4주년을 맞아 그동안 우리에게 베풀어 주신 주님의 은혜에 감사드리면서, 우리 모두 다시 한 번 우리의 결의와 각오를 굳게 다집니다. 주님을 향해 우리의 두 팔을 벌립니다. 우리에게 진리의 허리띠를 둘러 주십시오. 사랑의 허리띠를 둘러 주십시오. 생명의 허리띠를 둘러 주십시오. 겸손의 허리띠를 둘러 주십시오. 언제 어디서나 그리스도인다움을 잃지 말게 해주십시오. 어떤 상황 속에서든 교회다움을 상실하지 않게 해주십시오.

그리하여 우리에게 부여하신 사명을 잘 감당하게 하시고, 우리로 하여금 100주년기념교회를 이루게 하신 주님의 뜻이 우리의 삶을 통해 이곳 양화진 동산에 온전히 이루어지게 해주십시오. 주님의 명령에 따라 허리띠를 다시 동여매고 감옥을 나선 베드로에 의해 인류의 역사가 새로워졌듯이, 창립 4주년을 맞아 다시 허리띠를 동여매는 우리로 인해 한국 교회와 이 땅의 역사가 새로워지게 해주십시오. 그것이 주님 앞에서 우리가 누릴 기쁨이요, 행복이 되게 해주십시오. 아멘.

30. 깨닫고

사도행전 12장 6-12절

헤롯이 잡아 내려고 하는 그 전날 밤에 베드로가 두 군인 틈에서 두 쇠사슬에 매여 누워 자는데 파수꾼들이 문밖에서 옥을 지키더니 홀연히 주의 사자가 나타나매 옥중에 광채가 빛나며 또 베드로의 옆구리를 쳐 깨워 이르되 급히 일어나라 하니 쇠사슬이 그 손에서 벗어지더라 천사가 이르되 띠를 띠고 신을 신으라 하거늘 베드로가 그대로 하니 천사가 또 이르되 겉옷을 입고 따라오라 한대 베드로가 나와서 따라갈새 천사가 하는 것이 생시인 줄 알지 못하고 환상을 보는가 하니라 이에 첫째와 둘째 파수를 지나 시내로 통한 쇠문에 이르니 문이 저절로 열리는지라 나와서 한 거리를 지나매 천사가 곧 떠나더라 이에 베드로가 정신이 들어 이르되 내가 이제야 참으로 주께서 그의 천사를 보내어 나를 헤롯의 손과 유대 백성의 모든 기대에서 벗어나게 하신 줄 알겠노라 하여 **깨닫고** 마가라 하는 요한의 어머니 마리아의 집에 가니 여러 사람이 거기에 모여 기도하고 있더라

우리 교회가 실시하고 있는 '장로·권사 호칭제'와 관련하여 제가 속해 있

던 교단인 예수교장로회(통합) 서울서노회가 교단에 대한 '의무를 위반하고 불법을 자행했다'는 이유로 저를 노회 기소위원회에 고발하였고, 노회 기소위원회는 제가 교단을 탈퇴하였음에도 불구하고 제게 출석요구서를 보내왔음을 지난 시간에 말씀드렸습니다. 이 시간에는 제가 기소위원회에 다녀온 보고를 먼저 드리겠습니다.

지난 목요일(7월 16일) 오전 11시 서울서노회 사무실에서 저는 피고발인 신분으로 기소위원회의 조사를 받았습니다. 조사 시작 직전에 기소위원회 위원장이 테이블 위에 놓여 있는 녹음기를 켜려고 했습니다. 그래서 조사 내용을 녹음한다면 저도 녹음할 수 있게 해달라고 요청하자, 저는 녹음할 수 없다고 했습니다. 피고발인에게는 어떤 진술도 허용되지 않고, 단지 묻는 질문에 '예' '아니오'라고만 답해야 하므로 녹음할 필요도 없다고 했습니다. 그렇더라도 저 역시 이 자리에서 어떤 질문을 받았는지 기록을 남길 필요가 있지 않겠느냐고 말씀드렸지만, 제 요청은 받아들여지지 않았습니다. 그래서 저는, 저 역시 조사 내용을 녹음할 수 있도록 요청했지만 기소위원회가 허락하지 않았다는 기록을 남겨 줄 것을 부탁했습니다. 그리고 저는 대략 다음과 같은 내용의 질문을 받았습니다. '이름이 이재철입니까?' '나이가 60세입니까?' '100주년기념교회의 담임목사입니까?' '주소가 마포구 합정동 144번지입니까?' '1990년 평양노회에서 목사 안수를 받았습니까?' '당시 안수를 받을 때 교단 헌법을 지키고 교단의 권징勸懲과 치리治理에 순종한다는 등의 서약을 했습니까?' '100주년기념교회에서 장로·권사 호칭제 정관을 제정하고 실시했습니까?' '4월 24일 기자간담회에서 100주년기념교회는 장로권사호칭제를 실시하고 있다고 말한 적이 있습니까?' 이 모든 질문에 대해 저는 '예'라고 대답했습니다. 그것으로 피고발인인 저에 대한 기소위원회의 모든 조사는 끝났습니다. 소요된 시간은 채 10분도 되지 않은 것 같았습니다. 저는 자리에서 일어나기 전, 네 분의 기소위원들에게 다음과 같은 요지의 말씀을 드렸습니다.

이제 공식적인 조사가 끝났으니, 개인적으로 잠시 말씀드리겠습니다. 이번 문제의 핵심은 독립교회인 100주년기념교회가 '장로·권사 호칭제'를 실시하는 것 자체가 아니라, 장로교 소속의 목사가 장로교에 소속되어 있지 않은 교회를 목회하는 것이 과연 위법이냐의 문제입니다. 예를 들어 장로교 목사가 침례교회의 청빙을 받았다고 가정해 보십시다. 본래 장로제를 인정하지 않는 침례교회에서도 이미 호칭장로제를 실시하고 있지 않습니까? 그 경우 장로교 소속 목사가 호칭장로제를 실시하는 침례교회를 목회한다고 해서, 그것이 장로교의 헌법을 위반하는 것이라 할 수 있겠습니까? 100주년기념교회는 100주년기념사업협의회가 한국 연합 교회의 형태로 초교파적 독립교회로 세웠습니다. 따라서 특정 교단의 헌법을 따를 수 없는 100주년기념교회는 자체 정관을 만들어 운영하고 있습니다. 장로교 헌법은, 장로는 당회의 결의로 노회의 허락을 받아 공동의회에서 총투표수의 3분의 2 이상의 득표로 선출한다고 되어 있습니다. 독립교회인 100주년기념교회는 상임위원회와 운영위원회에 의해 운영되므로 장로교의 당회가 없습니다. 독립교회이므로 장로교의 노회에도 소속되어 있지 않습니다. 그렇다면 100주년기념교회의 '장로·권사 호칭제'가 장로교 헌법과 어긋나는 것은 장로를 투표로 선출하지 않는다는 것 하나밖에 없는데, 그것을 이유로 독립교회인 100주년기념교회가 장로교헌법을 어겼다고 제재할 수 있겠습니까?

아시다시피 저는 지난 6월 26일 교단을 탈퇴하였습니다. 교단에 소속되어 있는 제가 독립교회인 100주년기념교회를 목회함으로 인해 교단이 불편해했고, 또 제가 특정 교단 소속의 목사로서 독립교회인 100주년기념교회를 목회하는 것이 100주년기념사업협의회와 교회에 더 이상 걸림돌로 작용해서도 안 된다는 판단 때문이었습니다. 저의 탈퇴는 제가 사랑하는 교단과 100주년기념사업협의회 그리고 100주년기념교회를 모두 지킬 수 있는 최선의 길이었습니다. 그러나 기소위원회는 이미 교단을 탈퇴한 제게 출석요구서를 보내왔습니다. 처음에는 기소위원회의 출석요구에 응하지 않으려고 했습니다. 그러나 생각을 바꾸어 출석하기로 한 것은 두 가지 이유 때문입니다. 첫째는, 교단에 공식적으로 인사를 드리기 위함입니다. 그동안 교단이 양화진과 관련하여 교단지를 내세워 저를 부당하게 공박하면서도, 교단의 어느 누구도 저를 불러 진실을 알아보려 한 분이 없었습니다. 그러나 이번에 기소위원회에서 저를 불러 주셨으므로, 이 자리를 빌려 교단에 마지막 인사를 드리는 것이 예의라고 생각하여 이 자리에 출석했습니다. 두 번째 출석 이유는, 제 진심을 전해 드리기 위함입니다. 교단에서는 교단의 관점으로 제가 목회하는 100주년기념교회의 '장로·권사 호칭제'가 교단 헌법을 어겼다고 할 수 있을는지 모르지만, 독립교회인 100주년기념교회 교인들은 자신들과 관련도 없는 교단의 조치를 어떻게 받아들이겠습니까? 또 장로교가 아닌 타 교단에서는 이 사안을 어떻게 생각하고 있겠습니까? 더욱이 믿지 않는 세상 사람들은 어떻게 보고 있겠습니까? 저는 제가 사랑하는 교단이 이 사안과 관련하여 세월이 흐른 뒤에 비판과 비난의 대상이 되기를 원치 않습니다. 이 말씀을 진심으로 드리고 싶어 이 자리에 출석하였습니다. 저는 지난 6월 26일 자로 이미 교단을 탈퇴하였으므로, 앞으로는 또다시 교단에서 출석을 요구해도 응하지 않을 것입니다. 제가 비록 교단을 떠났지만, 제가 몸담았던 교단의 정신만은 계속 간직하고 살아갈 것입니다. 앞으로 혹 길에서 만난다면 반갑게 인사 올리겠습니다.

이로써 저는 45년 동안 몸담았던 교단에 대한 마지막 의무와 예의를 다하였습니다. 앞으로 저는 우리 교회가 소속되어 있는 독립교회연합회 소속의 목사로서, 주님께서 제게 주신 소명을 거두시기까지, 이 양화진 동산에서 모든 사람을 살리고 사랑해야 하는 양화진 묘지기의 소명을 다하기 위해 저의 남은 신명을 다 바칠 것입니다.

바울 사도는 깨달음의 중요성을 다음과 같이 피력하였습니다.

> 내가 어렸을 때에는 말하는 것이 어린아이와 같고 깨닫는 것이 어린아이와 같고 생각하는 것이 어린아이와 같다가 장성한 사람이 되어서는 어린아이의 일을 버렸노라(고전 13:11).

바울 사도는 바른 깨달음 여부를 어린아이와 성인의 분기점으로 간주하였습니다. 깨달아야 할 것을 깨닫지 못하면, 아무리 오래 산 사람도 실은 어린아이와 다를 바가 없다는 의미에서 바울의 지적은 타당합니다. 그러나 하나님께서는 깨달음과 관련하여 훨씬 더 엄중하게 말씀하십니다.

> 소는 그 임자를 알고 나귀는 그 주인의 구유를 알건마는 이스라엘은 알지 못하고 나의 백성은 깨닫지 못하는도다(사 1:3).

하나님께서는, 깨달아야 할 것을 깨닫지 못하는 사람은 짐승보다 못한 존재라고 말씀하십니다. 이것이 얼마나 타당한 말씀이신지는, 인간의 역사가 증명해 주고 있습니다. 세상을 더럽히고 혼란에 빠뜨리는 것은, 언제나 짐승이 아니라 인간입니다. 피비린내 나는 전쟁도, 심각한 오염도, 자연법칙의 파괴도, 모두 짐승이 아닌 인간에 의해서만 자행되고 있습니다. 그래서 시편 49편 20절은 이렇게 증언하고 있습니다.

존귀하나 깨닫지 못하는 사람은 멸망하는 짐승 같도다.

깨달음의 중요성은 아무리 강조해도 지나침이 없습니다. 그래서 주님 역시 이 땅에 계시는 동안 제자들에게 수차례나 깨달음을 강조하셨습니다. 그러나 깨달음 그 자체보다 더 중요한 것은 깨달음 이후입니다. 다시 말하면, 깨달음의 참됨 여부는 깨달음 이후에 드러납니다. 가령 어떤 사람이 인생의 유한함을 깨달았다고 하십시다. 그것은 참으로 소중한 깨달음일 수 있습니다. 유한한 인간의 한계점이 영원한 진리와의 접점이 될 수 있기 때문입니다. 그러나 자신의 유한성을 깨달은 사람이 기껏 무당을 찾아 푸닥거리나 하고 다닌다면, 그 사람의 깨달음은 바른 깨달음일 수 없습니다. 이런 의미에서 오늘의 본문은, 그리스도인의 바른 깨달음은 그 이후에 무엇을 수반하게 되는지를 일깨워 주고 있습니다.

베드로가 참수형을 당하기 전날 밤, 베드로를 구출하기 위해 감방 속에 나타난 주님의 사자는 베드로에게 먼저 '띠를 띠라'고 명령했습니다. 그것은 단지 옷매무새를 고치라는 말이 아니라, 주님을 위해 다시 한 번 새로운 결의와 굳은 각오를 다지라는 의미였습니다.

베드로가 나와서 따라갈새 천사가 하는 것이 생시인 줄 알지 못하고 환상을 보는가 하니라(9절).

주님의 구출이 얼마나 신비로운 방법으로 이루어졌던지, 당사자인 베드로는 주님의 사자를 좇아 감방을 나서면서도 그것이 현실이라고는 전혀 인식하지 못했습니다.

이에 첫째와 둘째 파수를 지나 시내로 통한 쇠문에 이르니 문이 저절로 열리는지라 나와서 한 거리를 지나매 천사가 곧 떠나더라 이에 베드로가 정신이 들어 이르되 내가 이제야 참으로 주께서 그의 천사를 보내어 나를 헤롯의 손과 유대 백성의 모든 기대에서 벗어나게 하신 줄 알겠노라 하여 깨닫고(10-12절 상).

베드로는 감옥 정문을 나와 한 길에 이르러서야 자신에게 일어난 일이 꿈이 아니라 현실 속의 실제 상황임을 인식하였습니다. 그리고 자신을 참수형에 처하려는 헤롯 아그립바와 유대인들의 모든 음모와 기대로부터 주님께서 친히 자신을 구해 내셨음을 분명하게 깨달았습니다. 그것은 참으로 귀한 깨달음이었습니다. 자신의 삶이 아무리 볼품없어도 자신을 주님께 드리기만 하면, 죽음을 깨뜨리고 부활하신 주님께서 인간의 상상을 초월하는 신비로운 방법으로 자신을 온전히 책임져 주신다는 깨달음은, 감옥과도 같은 이 험한 세상을 살아가는 유한한 인간에게 얼마나 보배로운 깨달음입니까? 그러나 그것은 단순히 머리로 깨달은 지적 유희가 아니었습니다. 참수형을 당하기 직전, 죽음의 골짜기에서 자신의 삶으로 직접 체득한 체험적 깨달음이었습니다. 전능하신 주님의 책임져 주심을 삶을 통해 직접 체험하고 깨달았으니 이 세상에서 무엇을 두려워하며, 또 주님을 위해 무엇을 주저하겠습니까? 베드로가 이처럼 극적인 체험을 통해 극적인 깨달음을 얻은 만큼, 그 이후 베드로에게는 그 이전과는 비교가 되지 않을 정도로 극적인 삶이 전개되어야만 할 것 같습니다. 그러나 본문은 우리의 기대와는 다르게 전개되고 있습니다.

> 깨닫고 마가라 하는 요한의 어머니 마리아의 집에 가니 여러 사람이 거기에 모여 기도하고 있더라(12절).

베드로는 그 소중한 깨달음 후에 "마가라 하는 요한의 어머니 마리아의 집"을 찾아갔습니다. 그 집은 특별한 곳이 아니었습니다. 평소에 베드로가 믿음의 형제자매들과 함께 예배드리거나 기도하던 처소였습니다. 그곳에서 베드로가, 자신이 특별한 경험을 통해 특별한 깨달음을 얻었다고 유별난 언행을 보인 것도 아니었습니다.

> 베드로가 그들에게 손짓하여 조용하게 하고 주께서 자기를 이끌어 옥에서 나오게 하던 일을 말하고 또 야고보와 형제들에게 이 말을 전하라 하고 떠나 다른 곳으로 가니라(17절).

베드로는 그곳에서 자신을 위해 기도하고 있던 믿음의 형제자매들에게, 주님께서 자신을 어떻게 구원해 주셨는지 설명해 주었습니다. 그리고 예수님의 동생 야고보와 다른 형제자매들에게도 자신의 이야기를 전해 주기를 부탁한 뒤, 베드로는 여태까지 그래 왔던 것처럼 마치 아무 일도 없었다는 듯, 복음을 전하기 위해 또 다른 곳으로 표표히 떠났습니다.

이상과 같은 베드로의 행적은 우리에게 값진 교훈을 안겨 주고 있습니다. 바른 깨달음은 그것이 특별한 체험을 통한 특별한 깨달음일수록 거창한 것을 추구하는 것이 아니라, '지금 이 자리'에서 해야 할 일이 무엇인지 분별케 해주고, 설령 대수롭지 않아 보일지라도 그 일을 충실히 이행하게 해줍니다. 다시 말해 참된 그리스도인은 주님의 뜻이 '나중에 저 자리에서'가 아니라, 언제나 '지금 이 자리에서' 자신의 삶을 통해 현재진행형으로 이루어지고 있음을 깨달은 사람입니다.

영화배우 크리스토퍼 리브가 생전에 아내와 함께 CNN의 〈래리 킹 라이브Larry King Live〉에 출연한 것을 시청한 적이 있습니다. 리브는 한때 영화 〈슈퍼맨〉의 주인공으로 널리 알려진 유명한 배우였습니다. 잘생긴 얼굴에 정의의 사자로만 등장했기에, 영화를 좋아하는 사람치고 '슈퍼맨' 리브를 모르거나 좋아하지 않는 사람이 없을 정도였습니다. 그 인기 절정의 배우가 1995년 승마 경기에서 불의의 낙마 사고로 전신 불구자가 되고 말았습니다. 한순간의 인생 몰락이었습니다. 텔레비전 화면에 비친 리브는 손과 발이나 손가락은 말할 것도 없고, 심지어는 얼굴조차 움직이지 못했습니다. 움직이는 것이라곤 단지 눈과 입뿐이었습니다. 그러나 그의 대화 내용은 얼마나 맑고 밝았는지 모릅니다. 특히 사고 이후 2004년 리브가 심장마비로 타계할 때까지 남편의 손과 발이 되어 준 부인 다나 리브는 참으로 아름다웠습니다. 육감적인 미가 아니라, 영혼의 아름다움이 배어나는 신앙의 내적 아름다움이었습니다. 그녀는 남편이 전신 불구인 것과는 상관없이 남편은 변함없는 자신의 사랑하는 남편이요, 자신은 사랑하는 남편의 아내라고 답했습니다.

래리 킹이 크리스토퍼 리브에게, 만약 지금 일어나서 걸을 수 있다면 제일 먼저 무엇을 하겠느냐는 마지막 질문을 던졌습니다. 그 질문은 그에게 얼마나 가슴 설레는 질문이겠습니까? 밤낮 가만히 누워 있어야만 하는 그가 정상인처럼 일어나 하고 싶은 일은 얼마나 많겠으며, 가고 싶은 곳과 보고 싶은 것은 또 얼마나 많겠습니까? 그러나 그의 대답은 전혀 뜻밖이었습니다. 만약 자신이 정상인처럼 일어나 지금 걸을 수 있다면, 제일 먼저 이 방의 방문을 열겠노라고 대답했습니다.

그것은 그 어떤 대답보다도 더 감동적이었습니다. 만약 그가 거창한 대답을 했더라면, 그의 대답은 공허하게만 들렸을 것입니다. 그는 만약 자신이 걸을 수만 있다면, '지금 이 자리에서' 해야 할 것이 무엇인지를 정확하게 깨달은 사람이었습니다. 그래서 "나에게 기적은 다시 일어서는 것이 아니라, 사랑하는 아내와 하루하루 함께하는 것입니다. 사랑하는 사람과 함께하는 삶은 날마다 기쁨이고 기적입니다"라는 그의 말은 전 세계 수많은 사람을 감동시켰습니다. 래리 킹의 마지막 멘트처럼, 크리스토퍼 리브는 전신 불구자가 되어 도리어 진정한 슈퍼맨이 되었습니다. 건강한 배우였을 때, 그는 고작 만화 같은 영화의 주인공이었을 뿐입니다. 그런 황당한 이야기의 영화로는 사람의 인생을 새롭게 하기보다는, 아이들에게 부정적인 영향을 미치기 십상이었습니다. 실제로 영화 속의 슈퍼맨을 흉내 내기 위해 높은 곳에서 뛰어내리다 다친 아이들이 전 세계적으로 얼마나 많았는지 모릅니다. 그러나 그는 전신 불구자가 된 뒤에 그를 아는 모든 사람들에게 '지금 이 자리에서' 해야 할 것이 무엇인지를 스스로 생각하고 깨닫게 해주는, 진정한 슈퍼맨이 되었습니다. 그 자신이 진정한 깨달음의 사람이었기 때문입니다.

베드로는 자신이 현실이라고 믿을 수조차 없는 신비로운 방법으로, 주님께서 자신을 온전히 책임져 주심을 자기 삶의 체험으로 깨달았습니다. 그 깨달음 속에서 베드로는 거창한 것이 아니라, '지금 이 자리에서' 해야 할 일을 조용히 실천했습니다. 본문 12절에서 우리말 '깨닫다'는 의미로 사용된 헬라어 동사 '쉬네이돈συνεἶδον'은 '함께'라는 의미의 전치사와 '보다'라는 뜻의 동사가 합쳐진 합성어로서, 본래 '함께 보다to see together'라는 의미입니다. 그리스도인이 깨닫는다는 것은 함께 보는 것입니다. 그러므로 무엇과 함께, 누구와 함께 보느냐에 따라 깨달음의 내용과 결과가 달라질 수밖에 없습니다. 그리스도인은 두말할 것도 없이 주님과 함께 보는 사람입니다. 그래서 참된 그리스도인은 어떤 상황 속에서든 주님과 함께 주님의 관점에서 '지금 이 자리를' 직시함으로, 대수롭지 않아 보이는 일일지라도 '지금 이 자리에서' 해야 할 일을 묵묵히 실천합니다. 자신과 함께하시는 주님께서 자신의 삶을 통해 언제나 '지금 이 자리에서' 당신의 뜻을 현재진행형으로 이루고 계시고, 또 자신의 삶을 온전히 책임져 주심을 이미 깨달아 밝히 알고 있기 때문입니다. 본문의 베드로를 포함한 사도행전의 주인공들은 유별난 삶을 살거나, 기행奇行을 일삼던 사람들이 아니었습니다. 그들은 모두 주님과 함께 '지금 이 자리에서' 해야 할 것을 직시하고 실천함으로써 '지금 이 자리에서' 주님의 뜻을 이루며 살았던 그리스도인들이었을 뿐이고, 그 깨달음의 삶의 이야기가 바로 사도행전입니다.

사랑하는 교우 여러분!

우리가 주님을 우리 인생의 주인으로 모시고 살아갈 때, 주님께서 우리가 상상할 수도 없는 신비로운 방법으로 우리 삶의 결과를 온전히 책임져 주심을 믿는 깨달음이 진정 우리에게 있습니까? 그렇다면 우리 모두 거창한 것을 추구하려 하지 말고, 언제나 주님과 함께 주님의 관점으로 '지금 이 자리를' 직시하면서, '지금 이 자리에서' 해야 할 것을 묵묵히 실천하십시다. 하나님의 공의를 외치기 전에 우리가 '지금 이 자리에서' 주님의 뜻을 좇고 있지 않다면, 우리 자신이 먼저 '지금 이 자리에서'부터 주님의 말씀을 좇으십시다. 그러지 않는다면, 우리가 외치는 하나님의 공의는 공허한 공기의 진동으로 사라지고 말 것입니다. 사회정의를 외치기 전에 '지금 이 자리에서' 내가 사랑해야 할 사람을 외면하고 있다면, 그 사람을 먼저 사랑하십시다. 그러지 않는다면, 내가 외치는 사회정의는 한낱 무의미한 정치 구호나 정치 선동으로 그치고 말 것입니다. 그러나 우리가 언제나 '지금 이 자리에서' 좇아야 할 주님의 말씀을 좇으면서 사랑해야 할 사람을 사랑한다면, 우리의 삶이 곧 이 시대를 위한 사도행전이 될 것입니다. 깨달아야 할 것을 바르게 깨달은 우리의 삶을 통해 주님의 뜻이 언제나 현재진행형으로 이루어질 것이요, 또 우리 삶의 결과를 주님께서 온전히 책임져 주실 것이기 때문입니다.

보잘것없는 내가 단지 주님을 내 인생의 주인으로 모시고 살아간다는 이유만으로, 천지를 창조하시고 죽음을 깨뜨리신 주님께서 언제나 나와 함께하시고 내 삶의 결과를 온전히 책임져 주심을, 이 시간 다시 한 번 깨닫게 해주셔서 감사드립니다. 이 귀한 깨달음 속에서 언제 어디서나 주님과 함께 주님의 관점으로 '지금 이 자리'를 직시하고, 대수롭지 않은 일일지언정 내가 그리스도인으로 '지금 이 자리에서' 행하여야 할 일을 묵묵히 행하게 해주십시오. 그리하여 주님의 뜻이 '나중에 저 자리에서'가 아니라, 언제나 '지금 이 자리에서' 나의 삶을 통해 현재진행형으로 이루어짐을 늘 기억하며 살게 해주십시오.

사도행전은 유별난 사람들의 유별난 기록이 아니라, 주님과 함께 주님의 관점으로 '지금 이 자리에서' 행하여야 할 것을 직시하고 실천한 사람들의 행적이기에, 언제 어디서나 '지금 이 자리에서' 행하여야 할 것을 행하는 나의 삶 역시 이 시대를 위한 사도행전이 됨을 잊지 말게 도와주십시오. 아멘.

31. 마가의 어머니 마리아

사도행전 12장 6-12절

헤롯이 잡아 내려고 하는 그 전날 밤에 베드로가 두 군인 틈에서 두 쇠사슬에 매여 누워 자는데 파수꾼들이 문밖에서 옥을 지키더니 홀연히 주의 사자가 나타나매 옥중에 광채가 빛나며 또 베드로의 옆구리를 쳐 깨워 이르되 급히 일어나라 하니 쇠사슬이 그 손에서 벗어지더라 천사가 이르되 띠를 띠고 신을 신으라 하거늘 베드로가 그대로 하니 천사가 또 이르되 겉옷을 입고 따라오라 한대 베드로가 나와서 따라갈새 천사가 하는 것이 생시인 줄 알지 못하고 환상을 보는가 하니라 이에 첫째와 둘째 파수를 지나 시내로 통한 쇠문에 이르니 문이 저절로 열리는지라 나와서 한 거리를 지나매 천사가 곧 떠나더라 이에 베드로가 정신이 들어 이르되 내가 이제야 참으로 주께서 그의 천사를 보내어 나를 헤롯의 손과 유대 백성의 모든 기대에서 벗어나게 하신 줄 알겠노라 하여 깨닫고 **마가라 하는 요한의 어머니 마리아**의 집에 가니 여러 사람이 거기에 모여 기도하고 있더라

헤롯 아그립바에 의해 투옥된 베드로가 참수형을 당하기 전날 밤, 마침내

베드로를 구출하기 위한 주님의 역사가 시작되었습니다. 그 역사가 얼마나 신비로운 방법으로 이루어졌던지, 당사자인 베드로는 주님의 사자를 좇아 감방을 나서면서도 그것이 현실이라고는 전혀 인식하지 못했습니다. 베드로는 감옥 정문을 나와 한 길에 이르러서야, 자신에게 일어난 모든 일이 꿈이 아니라 현실 속의 실제 상황임을 비로소 인식하였습니다. 그리고 자신을 참수형에 처하려는 헤롯 아그립바와 유대인들의 모든 음모와 기대로부터 주님께서 친히 자신을 구해 내셨음을 분명하게 깨달았습니다. 그것은 단순히 머리로 깨달은 지적 유희가 아니었습니다. 참수형을 당하기 직전 죽음의 골짜기에서 베드로가 자신의 삶으로 체득한 체험적 깨달음이었습니다. 그야말로 극적인 체험을 통한 극적인 깨달음이었습니다. 그 이후의 베드로의 행적은 본문 12절이 밝혀 주고 있습니다.

깨닫고 마가라 하는 요한의 어머니 마리아의 집에 가니 여러 사람이 거기에 모여 기도하고 있더라.

베드로는 극적인 체험을 통한 극적인 깨달음을 얻었다고 하여 평소와는 달리 거창한 것을 계획하거나 추구하지 않았습니다. 그는 평소에 믿음의 형제자매들과 함께 예배를 드리거나 기도하던 처소를 찾아갔습니다. 그곳에서 베드로가 평소와는 다른 유별난 언행을 보인 것도 아니었습니다. 베드로는 그곳에서 자신을 위해 기도하고 있던 믿음의 형제자매들에게, 주님께서 자신을 어떻게 구원해 주셨는지 설명해 주었습니다. 그리고 지난 시간에 함께 살펴본 것처럼 베드로는 예수님의 동생 야고보와 다른 믿음의 형제자매들에게도 자신의 이야기를 전해 주기를 부탁한 뒤, 여태까지 그래 왔던 것처럼 마치 아무 일도 없었다는 듯, 복음을 전하기 위해 또 다른 곳으로 표표히 떠났습니다.

 이상과 같은 베드로의 행적은 우리에게 값진 교훈을 안겨 주었습니다. 바른 깨달음은 그것이 극적인 체험을 통한 극적인 깨달음일수록 거창한 것을 추구하는 것이 아니라, '지금 이 자리에서' 해야 할 일이 무엇인지 분별케 해주고, 설령 대수롭지 않아 보일지라도 그 일을 충실히 이행하게 해준다는 것입니다. 다시 말해 참된 그리스도인은 주님의 뜻이 '나중에 저 자리에서'가 아니라, 언제나 '지금 이 자리에서' 자신의 삶을 통해 현재진행형으로 이루어지고 있음을 깨달은 사람이라는 것입니다.

 이 시간에 우리가 주목하고자 하는 대상은, 감옥에서 구출된 베드로가 곧장 찾아갔던 집의 주인입니다. 본문은 그 집을 가리켜 마가의 집이라거나 마리아의 집이라 부르지 않고, "마가라 하는 요한의 어머니 마리아의 집"이라 칭하고 있습니다. 성경이 어느 특정인의 집을 가리킬 때 자식과 어머니의 이름을 동시에 사용한 경우는 본문이 유일합니다. 자식과 어머니라면 그들은 한 가정을 구성하고 있는 가족입니다. 따라서 본문이 그들의 집을 '마가라 하는 요한의 어머니 마리아의 집'이라고 부르는 것은 그 집 모양이나 구조를 강조하기 위함이 아니라, 마가 혹은 요한이라 불리는 아들과 마리아란 이름의 어머니가 함께 이루고 있는 그들의 가정을 강조하기 위함입니다.

 마가라 하는 요한의 어머니 마리아는, 성경에 등장하는 여러 마리아 중 어느 마리아와도 동일치 않는 독자적인 여인입니다. 마리아의 아들이 마가와 요한이라는 두 개의 이름을 동시에 갖고 있었던 것은, 당시 이스라엘이 로마제국의 식민지였기 때문입니다. 즉 마가는 로마식 이름이었던 반면에 요한은 히브리식 이름이었습니다. 이 시간에는 편의상 그를 마가라고만 부르겠습니다.

한글 성경 골로새서 4장 10절은 마가가, 우리가 이미 잘 알고 있는 바나바의 생질, 다시 말해 바울과 함께 안디옥 교회를 공동 목회하던 바나바의 조카라고 밝혀 주고 있습니다. 그러나 우리말 '생질'이라 번역된 헬라어 '아네프시오스ἀνεψιός'는 생질이 아니라 사촌 동생을 일컫는 단어입니다. 하지만 마가가 우리의 관심을 끄는 것은 그가 그 유명한 바나바의 사촌 동생이었기 때문이 아니라, 그 자신이 그리스도인으로서 우리에게 보여 준 그 자신의 삶으로 인함입니다. 마가는 바나바와 바울이 1차 선교 여행을 떠날 때 그들의 수종자로 따라나서는 영광을 얻었습니다. 젊은이들 중에 마가가 그만큼 남다른 데가 있었음을 의미합니다. 마가가 1차 선교 여행 중 무책임하게 도중하차한 탓에 바울과 한동안 관계가 단절되기도 했지만, 말년의 바울은 빌레몬서 1장 24절을 통해 마가를 자신의 동역자라 부를 정도로 그는 신실한 사람이었습니다. 뿐만 아니라 히에라볼리Hierapolis의 감독이었던 파피아스Papias는 마가가 베드로의 통역이었음을 전해 주고 있습니다. 박학다식했던 바울과는 달리 갈릴리의 무식한 어부였던 베드로는 모국어인 히브리어를 제외하곤, 당시 세계 공용어였던 라틴어나 헬라어를 구사할 줄 몰랐습니다. 따라서 베드로가 이방인을 상대로 설교할 때에는 누군가가 반드시 통역을 해주어야 했는데, 마가가 그 역할을 담당했습니다. 그래서 신약성경의 베드로전후서 역시 마가가 대필한 것으로 전해지기도 합니다. 여하튼 베드로 자신이 베드로전서 5장 13절을 통해 마가를 "내 아들"이라 불렀을 만큼, 마가는 베드로로부터도 전폭적인 신임을 받았습니다. 신약성경에 등장하는 사람들 중에 사도 베드로와 사도 바울 모두로부터 이처럼 신임을 받았던 사람은 마가뿐이었습니다. 그는 그만큼 출중한 그리스도인이었습니다.

그러나 이 모든 것을 차치하고서라도 우리가 마가를 존중히 여기지 않을 수 없는 것은, 그가 시기적으로 최초의 복음서인 마가복음을 기록한 바로 그 마가이기 때문입니다. 성경은 무려 약 1500년에 걸쳐 기록되었습니다. 주전 1400년경 모세에 의해 창세기가 기록된 이후, 주후 1세기 말 사도 요한이 요한계시록을 기록함으로써 성경은 비로소 완성되었습니다. 성경 기록에 장장 1500년이 소요된 셈입니다. 1500년이라면 참으로 장구한 세월입니다. 그 장구한 1500년 동안 이 땅을 거쳐 간 사람들이 얼마나 많았겠습니까? 하늘의 별보다, 바닷가의 모래보다 더 많지 않았겠습니까? 아니, 그 수를 상상하는 것조차 아예 불가능하지 않겠습니까? 그러나 1500년 동안 이 땅을 거쳐 간 그 수많은 사람들 중에서, 하나님의 말씀인 성경의 기록자로 선택받은 사람은 겨우 40여 명뿐이었습니다.

그렇다면 그 40여 명은 특별히 선택받은 사람들이 아닐 수 없습니다. 마가가 귀한 것은, 그가 그 40여 명 중에 속한 사람이기 때문입니다. 그렇다고 마가가 모세나 여호수아처럼 위대한 지도자였던 것은 아닙니다. 이사야나 예레미야와 같은 뛰어난 선지자도 아니었습니다. 베드로나 마태처럼 주님의 직계 제자거나, 바울처럼 주님의 특별한 사도였던 것도 아닙니다. 당시 모든 사람들의 존경을 한 몸에 받던 의사 누가처럼 특별한 직업을 가진 것은 더더욱 아니었습니다. 다른 성경 기자에 비하면, 그는 무엇 하나 딱히 내보일 만한 것이 없었습니다. 그런데도 그는 영광스럽게도 성경을 기록하는 40여 명의 반열에 올랐습니다.

마가가 살던 시대에 왜 권력가가 없었겠습니까? 어찌 대사업가나 뛰어난 학자가 없었겠습니까? 그러나 그들은 모두 바람처럼 형체도 없이 사라져 버렸을 뿐이건만, 영원한 하나님의 말씀을 기록한 마가는 그 영원한 말씀과 더불어 오늘도 살아 있습니다. 도대체 변변하게 내세울 것 하나 없어 보이는 마가가 어찌 그와 같은 영광을 누릴 수 있었겠습니까? 우리는 그 해답을 얻기 위해 오늘 본문이 말하는, 마가라 하는 요한의 어머니 마리아의 집을 들여다보지 않을 수 없습니다.

　본문이 그 집을 마리아의 집으로 소개한 것은 마리아가 남편을 여읜 과부였기 때문입니다. 그러나 마리아는 집에 하인을 거느릴 만큼 경제적으로 넉넉하였고, 그녀의 집은 많은 사람들이 함께 예배드리거나 기도회를 가질 수 있는 큰 규모의 대저택이었습니다. 그 정도의 경제적 여유를 지닌 집주인이라면 평상시라면 모르되, 본문의 때만은 자기 집을 예배나 기도 처소로 제공하기를 유보해야만 했습니다. 헤롯 아그립바가 교회 지도자들을 죽이기로 획책, 이미 행동을 개시했기 때문입니다. 부자는 다른 사람에 비해 상대적으로 지킬 것이 많은 사람입니다. 대저택을 소유한 부자 마리아 역시 자신의 재산을 지키기 위해 몸을 사려야 할 때였습니다. 그러나 마리아는 전혀 개의치 않고, 감옥에서 참수형을 기다리고 있는 베드로를 위해 자신의 집을 기꺼이 기도처로 제공하였습니다. 이것은 비단 이때만의 일이 아니었습니다.

　주님께서 십자가에 못박혀 돌아가시기 전 제자들과 가지셨던 '최후의 만찬' 장소 역시 흔히 '마가의 다락방'이라 불리는 바로 이 집이었습니다. 최후의 만찬이 끝난 다음 주님께서 최초로 성찬식을 거행하신 곳도 이 집이요, 주님께서 제자들에게 마지막 유훈의 말씀을 남기신 곳도 이 집이요, 부활하신 주님께서 두려움에 떨고 있는 제자들을 찾아오셔서 부활하신 당신을 확인시켜 주신 곳도 이 집이요, 주님께서 승천하신 뒤 제자들을 포함하여 120여 명의 성도들이 기도하던 곳도 이 집이요, 오순절에 성령님께서 강림하셨던 곳도 이 집이었던 것으로 전해지고 있습니다.

　베드로를 참수형에 처하려 했던 헤롯 아그립바의 재위 기간은 주후 41년부터 44년까지 3년간이었습니다. 따라서 본문의 내용은 주님께서 부활 승천하신 지 10여 년이 지난 시기의 이야기입니다. 이를테면 주님께서 친히 그 집을 사용하신 지 10여 년이 지났지만, 본문에 언급된 마리아의 주님을 향한 신앙심은 조금도 흔들림이 없었습니다. 교회 지도자에 대한 헤롯 아그립바의 무자비한 박해가 이미 시작되었음에도 자신의 집을 변함없이 주님을 위해 제공할 정도로 마리아의 신심은 요지부동이었습니다.

그 정도의 신심을 지닌 어머니라면 자신의 아들 마가를 위해 얼마나 기도했을는지는 충분히 짐작이 가고도 남습니다. 특히 마리아가 과부요 마가가 외아들이었음을 감안하면, 마리아에게 외아들 마가보다 더 큰 기도 제목은 없었을 것입니다. 그 마가가 안디옥 교회의 두 지도자인 바나바와 바울의 수행원으로 최초의 선교 여행에 동참하게 되었을 때, 어머니 마리아의 기쁨이 얼마나 컸겠습니까? 서두에 마가는 바나바의 사촌 동생이라고 했습니다. 바나바와 마가가 사촌지간이라면, 마리아는 바나바의 이모 혹은 고모가 됩니다. 따라서 마가가 바나바와 바울의 수행원이 되게끔 주선한 사람이 바나바의 이모 혹은 고모인 마리아였음을 알게 됩니다. 믿음의 어머니인 마리아에게 자신의 아들 마가가 주님의 도구로 쓰임 받을 수 있게 되었다는 것보다 더 큰 기쁨은 없었을 것입니다. 그러나 아들 마가가 선교 여행 도중에 수행원의 사명을 내팽개치고 무책임하게 되돌아와 버렸을 때, 더욱이 그로 인해 자신의 조카인 바나바와 바울이 결별했을 때, 그 안타까운 상황을 지켜보아야 하는 마리아의 심정은 얼마나 처참하고 괴로웠겠습니까? 그러나 세월이 흐른 뒤 이미 초대교회 최고의 지도자 반열에 오른 바울이 마가를 다시 불러 자신의 동역자로 삼아 주었을 때, 또 다른 최고 지도자인 베드로가 마가를 자신의 아들로 삼아 주었을 때, 나아가 주님께서 마가를 복음서의 기록자로 선택해 주셨을 때, 마리아는 아들 마가를 향한 주님의 신비로운 섭리 앞에서 얼마나 감격했겠습니까? 마리아가 아들 마가로 인해 주님께 감사하며 흘렸을 눈물은 또 얼마나 많았겠습니까?

그러므로 우리는 어머니 마리아와 아들 마가, 이 모자지간으로부터 중요한 깨달음을 얻게 됩니다. 첫째 깨달음은 부모는 어떤 경우에도 자식을 믿어야 한다는 것이요, 둘째 깨달음은 부모는 자식에게 항상 믿음의 본이어야 한다는 것입니다. 부모인 내가 보기에 내 자식이 한때 어긋나고 비뚤어지는 것 같아도 부모인 내가 자식 앞에서 믿음의 본으로 바로 서 있는 한, 주님께서 나를 통로로 삼아 내 자식을 반드시 바로 세워 주실 것을 믿어야 합니다. 생각해 보십시오. 나같이 형편없는 죄인도 주님께서 바로 세워 주셨다면, 나보다 이 세상을 덜 살았기에 나보다 그 심령이 훨씬 깨끗할 내 자식을 왜 하나님께서 바로잡아 주시지 않겠습니까? 결국 아들 마가에 대한 어머니 마리아의 믿음과, 아들 마가 앞에서 변함없는 믿음의 본으로 살았던 어머니 마리아의 삶이 우리가 아는 바대로의 마가를 가능케 해주었습니다. 만약 어머니 마리아가 선교 여행 도중에 무단 귀가함으로 자신을 실망시킨 아들 마가에 대한 기대를 접어 버렸더라면, 혹은 외아들의 형편없는 삶에 절망한 마리아가 자기 기분 내키는 대로 살았더라면, 그녀의 아들 마가의 인생은 전혀 다르게 전개되었을 것입니다. 이런 의미에서 초대교회의 주요 인물이 된 마가도 위대했지만, 주님을 믿기에 자신을 실망시킨 아들 마가를 주님 안에서 끝까지 믿으며 그 아들 앞에서 믿음의 본으로 초지일관했던 어머니 마리아는 더 위대했습니다.

마가의 어머니 마리아가 이렇듯 훌륭한 믿음의 어머니였던 데 반해, 마가의 아버지는 자식의 신앙을 위해 아무것도 한 일이 없었는가? 마가는 어머니의 믿음만으로 우리가 아는 마가가 되었는가? 그런 것은 아니었습니다. 마가는 마가복음을 기술하면서 자신의 아버지에 대한 기록을 마가복음 속에 남겼습니다. 주님께서 제자들과 함께 마지막 유월절을 맞으시기 위해 예루살렘에 입성하셨을 때입니다. 유월절 만찬을 어디에서 가지실 것인지 묻는 제자들의 질문에 대한 주님의 답변을 마가는 다음과 같이 기술하였습니다.

> 예수께서 제자 중의 둘을 보내시며 이르시되 성내로 들어가라 그리하면 물 한 동이를 가지고 가는 사람을 만나리니 그를 따라가서 어디든지 그가 들어가는 그 집 주인에게 이르되 선생님의 말씀이 내가 내 제자들과 함께 유월절 음식을 먹을 나의 객실이 어디 있느냐 하시더라 하라 그리하면 자리를 펴고 준비한 큰 다락방을 보이리니 거기서 우리를 위하여 준비하라 하시니 제자들이 나가 성내로 들어가서 예수께서 하시던 말씀대로 만나 유월절 음식을 준비하니라(막 14:13-16).

주님께서는 두 제자들에게 성내에서 물동이를 멘 사람이 들어가는 집으로 따라가, 그 '집주인'에게 유월절 만찬을 위한 방을 요청하라고 말씀하셨습니다. 제자들은 주님의 말씀대로 하였고, 집주인은 주님을 위해 기꺼이 자기 집 다락방을 내어놓았습니다. '다락방'으로 번역된 '아노게온ἀνώγεον'은 본래 '2층'이란 의미로, 그 2층은 우리가 흔히 '마가의 다락방'이라 부르는 곳입니다. 즉 제자들이 주님의 말씀을 좇아 찾아간 집은 마가의 집이었습니다. 그런데 마가는 본문을 기술하면서 자기 집을 주님께 기꺼이 내어 드린 '집주인'을 '오이코데스포테스οἰκοδεσπότης'란 단어로 표현하였습니다. 이 단어는 성인 가장인 남자를 일컫는 단어입니다. 그 집을 최초로 주님을 위해 내어 드린 사람은 마가의 어머니 마리아도, 당시 어린아이였던 아들 마가도 아니었습니다. 그 집을 최초로 주님을 위해 내어 드린 성인 남자는 그 집의 가장, 즉 마가의 아버지였음을 마가 스스로 마가복음을 통해 밝힌 것입니다.

마가의 아버지는 주님을 위해 자신의 집을 기꺼이 내어놓을 정도로 주님께 헌신된 믿음의 소유자였습니다. 그러나 하나님께서는 하나님 나라의 필요를 위해 그를 먼저 하나님 나라로 부르셨습니다. 그 이후엔 홀로 남은 그의 아내 마리아가 남편의 신앙을 본받아, 자신이 상속받은 집을 계속하여 예배와 기도 처소로 제공하였습니다. 마가는 그런 부모 밑에서 자란 자식이었습니다. 마가의 아버지와 어머니가 요동치 않는 신앙의 구심력을 지니고 있을 때, 한때 어긋나는 듯했던 아들 마가의 신앙은 본래의 구심점으로 되돌아왔습니다. 부모의 믿음의 구심력 속에서 마가의 인생이 바르게 펼쳐질 수 있었다면, 초대교회의 주요 인물이 된 마가의 인생은 부모의 믿음의 완결편인 셈이었습니다. 마가의 어머니도 위대했고, 모범적인 신앙의 가장으로 믿음의 본과 유산을 물려준 마가의 아버지도 위대한 그리스도인이었습니다. 그리고 부모로부터 이어받은 신앙 유산 위에서 초대교회의 주요 인물로 우뚝 선 마가 역시 위대한 그리스도인이었음은 두말할 나위도 없습니다. 그리고 주님께서는 그 가정을, 이 세상의 어둠을 밝히는 빛의 통로로 사용하셨습니다.

우리는 이 가정을 통해 세 번째 깨달음을 얻게 됩니다. 부모가 자식에게 신앙을 유산으로 남겨 주는 것이 부모의 의무라면, 자식이 부모로부터 물려받은 신앙의 유산 위에 자신의 인생을 세우는 것은 자식의 의무라는 것입니다. 부모가 남겨 준 물질적 유산은 자식을 진리와 동떨어지게 만들기 쉽지만, 자식을 공동묘지 이후까지 책임져 줄 유일한 유산은 신앙 유산밖에 없습니다. 만일 마가가 부모로부터 이어받은 신앙 유산의 중요성을 경홀히 여기고 제멋대로 살았다면, 그가 속했던 가정이 성경 속에서 '마가라 하는 요한의 어머니 마리아의 집'이라고 영원토록 기려지지는 않았을 것입니다.

사람이 홀로 가정을 이룰 수는 없다고 했습니다. 반드시 두 명 이상의 사람들, 복수의 가족들에 의해서만 가정은 이루어집니다. 그렇기에 거기엔 필히 죽음의 작별이 있기 마련입니다. 홀로라면 만남도 작별도 있을 수 없지만, 복수이기에 만남과 죽음의 작별이 없을 수 없습니다. 가족들의 만남엔 순서가 있습니다. 남편과 아내가 먼저 만나고, 그다음에 부모와 자식의 만남이 차례대로 이루어집니다. 그러나 죽음의 작별엔 순서가 없습니다. 부모보다 자식이, 형보다 아우가 얼마든지 먼저 떠날 수 있습니다. 만남엔 언제나 기쁨의 인사가 있습니다. 하지만 죽음의 작별은, 작별 인사도 없이 떠나는 경우가 훨씬 더 많습니다.

사랑하는 교우 여러분!

우리가 복수의 가족들과 함께 가정을 이루고 있다는 것은, 언젠가 사랑하는 가족들과 작별해야 할 시각이 우리에게 시시각각 다가오고 있음을 의미합니다. 그때가 되면, 눈에 넣어도 아프지 않을 자식들을 두고 먼저 떠나야만 합니다. 경우에 따라서는 자식이 부모보다 먼저 가야 할지도 모릅니다. 그날이 이르기 전, 우리의 코끝에 호흡이 붙어 있을 때, 어떤 경우에도 자식을 믿으면서 사랑하는 자식을 위해 신앙의 본과 구심점이 되어야 하는 부모의 의무에 충실하십시다. 부모의 신앙을 이어받아 믿음의 자식으로 우뚝 서는 자식의 의무를 다하십시다. 그때 우리 가족이 둘러앉은 식탁은 언제나 주님께서 함께하시는 주님의 만찬장과 성찬식장이 될 것입니다. 그때 우리 가정은 뭇사람들이 부활하신 주님의 생명을 확인하는 생명의 통로가 될 것입니다. 그때 우리 가정은 주님의 말씀이 육신을 입는 진리와 기도의 전당이 될 것입니다. 그때 우리 가족이 맞는 매일매일은 성령님께서 역사하시는 오순절이 될 것입니다. 무엇보다도 그때 우리의 자식들은 자신들의 삶으로 복음서를 기록해 가는 우리 시대의 마가가 될 것입니다. 부모와 자식이 한마음으로 주님을 주인으로 모시고 살아가는 우리 가정이 바로 본문이 말하는, '마가라 하는 요한의 어머니 마리아의 집'일 것이기 때문입니다.

부모가 되기는 어렵지 않지만, 좋은 부모가 되기는 쉽지 않습니다. 내가 좋은 부모냐 아니냐에 따라 내 자식의 현재가 달라지고, 결과적으로 미래가 달라집니다. 오늘 이 시간 나로 하여금 나 자신이 주님 보시기에 좋은 믿음의 부모인지, 아니면 세상의 것만을 탐하는 속된 부모인지, 나 자신을 되돌아보게 해주심을 감사합니다. 이 세상에 태어나는 모든 인간은 반드시 죽기 마련이고, 사랑하는 내 자식 또한 예외일 수 없기에, 내 자식에게 영원을 알게 해주는 것보다 더 귀한 유산이 없음을 잊지 말게 해주십시오. 나의 코끝에 호흡이 있는 동안 나 자신을 믿음의 본으로, 믿음의 구심점으로 바로 세우는, 부모의 의무를 다하게 해주십시오. 설령 내 자식이 지금 나의 바람과는 다른 모습을 보일지라도 내가 믿음의 부모의 의무를 다하는 한, 나 같은 죄인을 살리신 주님께서 나보다 심령이 더 깨끗한 내 자식을 반드시 바로 세워 주실 것임을 확신하게 해주십시오.

자식은 자신의 노력 없이 태어나지만, 좋은 자식은 저절로 만들어지지 않습니다. 아무리 훌륭한 부모에게서 태어나도 자식이 망나니처럼 살면, 그 가정은 결국 허물어질 수밖에 없습니다. 언젠가 작별 인사도 없이 부모와 작별하기 전에, 내가 부모 앞에서 믿음의 자식으로 우뚝 서는 자식의 의무를 다하게 해주십시오.

이처럼 믿음의 부모와 믿음의 자식이 한데 어울려 사는 우리의 가정이 주님의 만찬장과 성찬식장이 되고, 부활의 생명과 진리와 기도의 전당이 되며, 성령님께서 역사하시는 오순절 현장이 되어, 이 어둔 세상을 밝히는 이 시대의 '마가라 하는 요한의 어머니 마리아의 집'이 되게 해주십시오. 아멘.

32. 야고보와 형제들에게

사도행전 12장 13-17절

베드로가 대문을 두드린대 로데라 하는 여자아이가 영접하러 나왔다가 베드로의 음성인 줄 알고 기뻐하여 문을 미처 열지 못하고 달려 들어가 말하되 베드로가 대문 밖에 섰더라 하니 그들이 말하되 네가 미쳤다 하나 여자 아이는 힘써 말하되 참말이라 하니 그들이 말하되 그러면 그의 천사라 하더라 베드로가 문 두드리기를 그치지 아니하니 그들이 문을 열어 베드로를 보고 놀라는지라 베드로가 그들에게 손짓하여 조용하게 하고 주께서 자기를 이끌어 옥에서 나오게 하던 일을 말하고 또 **야고보와 형제들에게** 이 말을 전하라 하고 떠나 다른 곳으로 가니라

감옥에서 극적으로 구출된 베드로는 곧장 마가라 하는 요한의 어머니 마리아의 집으로 갔습니다. 베드로가 이미 구출되었음을 알지 못하던 믿음의 형제자매들은 그때까지 그 집에서 베드로를 위하여 계속 기도하고 있었습니다.

베드로가 대문을 두드린대 로데라 하는 여자아이가 영접하러 나왔다가 베드로의 음성인 줄 알고 기뻐하여 문을 미처 열지 못하고 달려 들어가 말하되 베드로가 대문 밖에 섰더라 하니(13-14절).

베드로는 마가라 하는 요한의 어머니 마리아의 집에 당도하자마자 급히 대문을 두드렸습니다. 그 소리를 듣고 로데라 하는 이름의 하녀가 나왔다가, 문밖에서 문을 열라고 소리치는 사람이 베드로임을 알았습니다. 하녀는 베드로의 음성을 통해 베드로를 본 것이었습니다. 그 순간 하녀는 너무나도 기쁜 나머지, 미처 문을 열어 줄 생각도 않고 집 안으로 뛰어 들어갔습니다. 기도하고 있는 교인들에게 베드로의 생환 소식을 1초라도 더 빨리 전해 주기 위함이었습니다. 그러나 하녀의 말을 들은 교인들의 반응은 하녀의 예상 밖이었습니다.

그들이 말하되 네가 미쳤다 하나 여자아이는 힘써 말하되 참말이라 하니 그들이 말하되 그러면 그의 천사라 하더라(15절).

집 안에서 기도하던 교인들은, 베드로가 살아서 돌아왔다는 하녀의 말에 환호를 터뜨리거나 베드로를 영접하기 위해 뛰쳐나가지 않았습니다. 그들은 "네가 미쳤다"고 도리어 하녀를 비난했습니다. 하녀는 그들에게 "힘써 말하되, 참말"이라고 했습니다. 헬라어 원문에는 '힘써 말하다'라는 동사가 미완료형으로 기록되어 있습니다. 헬라어 문법상 미완료형은 단 일회적 행동이 아니라, 동일한 행동의 반복을 의미합니다. 하녀는 자신을 미쳤다고 비난한 교인들에게 베드로가 정말 살아왔다고 되풀이하여 말했습니다. 교인들은 그렇다면, 그것은 베드로의 천사임에 틀림없다고 단정했습니다. 당시 유대인은 각 사람에겐 수호천사가 딸려 있다고 생각했습니다. 그러므로 만약 베드로가 문밖에 와 있다면 그것은 베드로의 천사임에 틀림없다고 교인들이 단정한 것은, 그들은 베드로가 이미 참수형을 당해 죽었기에 베드로의 천사가 그 사실을 전해 주기 위해 왔을 것이라고 속단했음을 의미했습니다. 이처럼 베드로의 생환 소식을 전한 하녀를 미쳤다고 속단한 교인들의 생각엔 추호의 변함도 없었습니다.

우리는 8주 전에 '교회가 베드로를 위해 간절히 기도했다'는 5절 말씀을 묵상하면서, 본문 속의 교인들이 베드로를 위해 간구한 기도 내용에 대해 생각해 본 적이 있었습니다. 그들은 죽음에 직면한 베드로를 무조건 살려 주시기만을 간구한 것이 아니었습니다. 그들은 사도행전 4장이 증언하고 있는 기도 내용의 연장선상에서, 베드로가 참수형을 당해야 하는 절체절명의 상황 속에서도, 영원한 생명을 이미 얻은 주님의 증인다울 수 있기를 기도하였습니다. 그것이 주님의 뜻이라면, 베드로가 참수형을 믿음으로 담대히 받아들일 수 있기를 기도한 것입니다. 이것이 베드로가 살아서 돌아왔다는 하녀의 말을 듣고, 베드로를 위해 기도하고 있던 교인들이 도리어 '네가 미쳤다'고 속단했던 이유였습니다. 사도 야고보도 이미 참수형을 당한 판에, 헤롯 아그립바가 죽이기로 작심한 베드로가 그 철통같은 경비의 감옥에서 살아서 나오리라고는 교인들은 애당초 기대조차 하지 않았던 것입니다.

반면에 하녀는 문밖에 서 있는 베드로의 음성을 듣고 그가 살아서 돌아왔음을 보았습니다. 그 순간 하녀가 너무나도 기쁜 나머지, 교인들에게 베드로의 생환 소식을 단 1초라도 빨리 전해 주려 문도 열어 주지 않고 뛰어 들어갔다는 것은, 그녀 역시 베드로를 위해 함께 기도하던 초대교회 교인이었음을 의미합니다. 그녀는 '미쳤다'는 소리를 들으면서도 베드로가 살아서 돌아왔음을 교인들에게 거듭 강조했습니다. 그 이유는 단 하나, 그 하녀는 살아서 돌아온 베드로의 음성을 직접 들었고, 그 음성을 통해 베드로를 보았기 때문입니다. 바로 그것이 베드로의 생환을 거듭 강조하는 하녀와, 그 하녀를 미쳤다고 속단한 교인들의 차이였습니다.

그 이후의 상황은 본문 17절이 전해 주고 있습니다.

베드로가 그들에게 손짓하여 조용하게 하고 주께서 자기를 이끌어 옥에서 나오게 하던 일을 말하고 또 야고보와 형제들에게 이 말을 전하라 하고 떠나 다른 곳으로 가니라.

베드로는 살아서 귀환한 자신을 보고 소스라치게 놀라는 교인들에게, 주님께서 요새같이 철통같은 경비의 감옥으로부터 어떻게 자신을 구출해 주셨는지 소상하게 설명하였습니다. 그리고 그곳을 떠나기 직전에 베드로는, 그 자리에 없는 다른 교인들에게도 자신의 이야기를 전해 줄 것을 당부하면서 "야고보와 형제들에게 이 말을 전하라"고 말했습니다. 당시의 교인들 사이에는 형제란 호칭이 보편화되어 있었기에, 베드로가 사도들과 교인들을 통틀어 '형제'라고 불렀다면 이상할 것이 전혀 없습니다. 그런데 베드로는 그들을 '야고보와 형제들'이라 불렀습니다. 다른 사람은 모두 한데 묶어 형제라고 통칭한 반면, 야고보의 이름만은 굳이 별도로 구별하여 거명하였습니다. 이와 같은 표현은 유대인의 언어 관습상, 당시 야고보가 초대교회의 우두머리였음을 의미하고 있습니다. 그렇지 않고서야 베드로가 유독 야고보의 이름만을 구별하여 밝힐 이유가 없었습니다. 그렇다면 우리는, 베드로에 의해 초대교회의 우두머리로 거명된 본문의 야고보가 구체적으로 누구인지 규명하지 않을 수 없습니다.

예수님의 열두 제자 중에 야고보란 이름을 가진 사람이 두 명 있었습니다. 먼저는 세배대의 아들 야고보로서 그는 사도 요한의 친형제였습니다. 그러나 본문의 야고보가 세배대의 아들 야고보일 수 없는 것은, 그 야고보는 사도행전 12장 2절의 증언처럼 이미 헤롯 아그립바 1세에 의해 참수형을 당해 죽었기 때문입니다. 예수님의 제자 중에 또 다른 야고보는 알패오의 아들 야고보였습니다. 하지만 알패오의 아들 야고보의 활동에 대해서는 복음서가 거의 침묵하고 있음에 미루어, 그 역시 초대교회의 우두머리 야고보와 동일 인물일 수는 없습니다. 그렇다면 베드로가 본문에서 초대교회의 우두머리로 구별하여 거명한 야고보는 제3의 야고보임에 틀림없습니다.

마태복음 13장 53-55절은 또 다른 야고보를 소개해 주고 있습니다.

> 예수께서 이 모든 비유를 마치신 후에 그곳을 떠나서 고향으로 돌아가사 그들의 회당에서 가르치시니 그들이 놀라 이르되 이 사람의 이 지혜와 이런 능력이 어디서 났느냐 이는 그 목수의 아들이 아니냐 그 어머니는 마리아, 그 형제들은 야고보, 요셉, 시몬, 유다라 하지 않느냐.

공생애를 시작하신 예수님께서 고향 나사렛에서 말씀을 가르치시자, 예수님을 어린 시절부터 잘 알고 있던 동네 사람들이 깜짝 놀라면서 보인 반응입니다. 예수님께서는 성령님에 의해, 요셉이란 남자의 약혼녀였던 동정녀 마리아에게서 태어나셨습니다. 그러나 마리아가 예수님을 낳은 이후에도 일평생 동정녀로 산 것은 아니었습니다. 마리아는 성령님의 역사로 예수님을 낳은 이후, 남편 요셉과의 사이에서 여러 명의 자녀를 낳았습니다. 이를테면 예수님의 동생들이었습니다. 그들 중에서 예수님의 첫째 동생의 이름이 야고보였습니다. 물론 예수님은 성령님에 의해 동정녀 마리아로부터 태어난 하나님의 아들이신 반면에 야고보는 인간 요셉과 마리아 사이에서 태어났기에, 예수님과 야고보의 본질은 결코 동일할 수 없습니다. 그러나 그 두 사람을 낳은 마리아의 입장에서 혈육적으로만 따진다면, 예수님과 야고보는 분명 형제였습니다.

이슬람교의 창시자는 마호메트입니다. 570년경 메카에서 태어나 일찍 부모를 여읜 그는 조부에 의해 양육되었습니다. 그러나 조부마저 사망하자 성인이 되기까지, 그는 숙부인 아부 탈리브 집에서 살았습니다. 숙부의 소개로 부유한 과부 하디자와 결혼하였는데, 결혼 당시 마호메트의 나이 25세, 하디자는 40세였습니다. 마호메트는 부유한 아내 덕에 경제적으로 안정된 삶을 누리면서 3남 4녀를 얻었지만, 그의 아들들은 모두 일찍 죽고 말았습니다. 그때부터 마호메트는 메카에 있는 히라 산 동굴에서 명상과 기도 생활을 시작하였습니다. 그리고 그의 나이 40세가 되던 주후 610년, 알라의 계시가 그에게 임함으로 이슬람교가 태동되었습니다. 처음에는 많은 어려움이 있었지만, 632년 그가 죽을 때엔 아라비아 반도의 거의 전 지역이 이슬람교로 통일되어 있었습니다.

그러나 마호메트 사후 이슬람교는 교권 다툼으로 인한 심각한 내부 분열의 진통을 겪게 되는데, 수니파와 시아파의 분열이 가장 대표적이었습니다. 수니파는 유일신 알라와 그의 사자인 마호메트를 믿고 따른다는 단순하고도 소박한 교의를 으뜸으로 삼는 종파로서, 현재 전 세계 이슬람교도의 90퍼센트를 차지하고 있습니다. 이에 반해 시아파는 이슬람교의 윤리성을 극단적으로 추구하는 과격파로서, 호메이니의 지휘하에 이슬람혁명으로 팔레비 왕조를 타도한 이란 등이 이에 속하고 있습니다. 전 세계적으로 이슬람교도에 의해 자행되는 무력 테러가 거의 대부분 시아파에 의해 일어나는 것은, 그들이 옳다고 믿는 바를 극단적으로 추구하는 그들의 교리와 무관하지 않습니다.

이와 같은 수니파와 시아파 분열의 한가운데엔 마호메트의 사위였던 알리라는 인물이 자리 잡고 있습니다. 이슬람교를 창시한 마호메트의 아들들이 모두 일찍 죽었으므로, 마호메트의 사위인 알리의 피를 이어받은 사람만 이슬람교의 지도자가 될 수 있다는 것이 시아파의 주장인 반면, 수니파는 이것을 인정하지 않으므로 결국 이슬람교는 분열되고 말았습니다. 그런데 문제의 인물인 알리는 마호메트의 사위이기 이전에 마호메트의 사촌 동생이었습니다. 일찍 고아가 된 마호메트가 숙부의 도움으로 성장하고 결혼하였음은 이미 말씀드린 바와 같습니다. 후에 대지도자가 된 마호메트는 숙부의 아들, 즉 자신의 사촌 동생인 알리를 자기 사위로 맞아들임으로 숙부에 대한 은혜를 갚았습니다. 혈혈단신 고아로 자란 마호메트에게 사촌 동생 알리는, 실은 친동생이나 다름없었습니다. 그러나 바로 그 동생에 의해 이슬람교는 분열되고 말았습니다. 결과적으로 동생이 형의 뜻을 그르친 셈이었습니다.

그러나 예수님의 동생은 이와 좋은 대조를 이루고 있습니다.

사도행전 15장에는, 기독교 역사상 최초로 예루살렘에서 개최되었던 초대교회 지도자들의 총회에 관한 내용이 기록되어 있습니다. 그때 그 역사적 총회의 의장을 담당했던 사람이 야고보였던바, 그 야고보는 바로 예수님의 동생 야고보였습니다. 예수님께서 부활 승천하신 뒤, 예수님의 동생이었던 야고보가 초대교회 최초의 지도자 역할을 담당한 것입니다. 따라서 베드로가 본문에서 초대교회의 우두머리로 구별하여 거명한 야고보 역시 예수님의 동생 야고보임을 알게 됩니다. 그는 예루살렘의 초대 감독이었으며, 성경 야고보서의 저자로 알려지고 있습니다. 누구보다 혈통을 중시하던 유대인들이기에 예수님의 동생 야고보가 예수님의 직계 제자가 아니었음에도, 예수님의 승천 이후 교인들이 그를 첫 번째 지도자로 세웠음은 조금도 이상한 일이 아니었습니다.

그렇다고 해서 야고보가 처음부터 자신의 형님인 예수님의 뜻을 잘 알고 따랐던 것은 아닙니다.

> 그 뒤에 예수께서는 갈릴리를 두루 다니셨다. 유대 사람들이 자기를 죽이려고 하였으므로, 유대 지방에는 돌아다니기를 원하지 않으셨다. 그런데 유대 사람의 명절인 초막절이 가까워지니, 예수의 형제들이 예수께 말하였다. "형님은 여기에서 떠나 유대로 가셔서, 거기에 있는 형님의 제자들도 형님이 하는 일을 보게 하십시오. 알려지기를 바라면서 숨어서 일하는 사람은 없습니다. 형님이 이런 일을 하는 바에는, 자기를 세상에 드러내십시오"(요 7:1-4, 새번역).

유대 지방 사람들이 예수님을 죽이려 하므로, 예수님께서 유대 지방을 피하여 갈릴리 지역에 당신의 사역을 집중하실 때의 일입니다. 마침 유대인의 명절인 장막절이 가까워지자 예수님의 동생들은 예수님께, 이왕 사역을 할 바에야 더 이상 갈릴리에 숨지 말고 당당하게 세상을 향해 나가라고 말했습니다. 언뜻 동생들이 예수님의 사역을 이해하고 예수님을 위해서 한 말 같습니다. 그러나 사실은 그 반대였습니다.

> 예수의 형제들까지도 예수를 믿지 않았기 때문이다(요 7:5, 새번역).

예수님의 동생들은 예수님을 전혀 믿지 않았습니다. 그들이 예수님께 더 이상 숨지 말고 당당하게 세상을 향해 나가라고 말한 것은 예수님을 믿어서가 아니라, 예수님을 조롱하기 위함이었습니다.

한 핏줄을 나눈 친형제는 이 세상 누구보다도 가까운 사이입니다. 그러므로 이 세상 모든 사람이 오해하고 곡해할지라도 친형제만은 서로 믿어야 합니다. 하지만 예수님의 동생들은 예수님을 믿을 수 없었습니다. 그들은 예수님의 어머니가 누구인지 잘 알고 있었습니다. 바로 자신들의 어머니인 마리아였습니다. 그들은 예수님이 누구인지 정확하게 알고 있었습니다. 자신들과 한솥밥을 먹고 자란 자신들의 맏형이었습니다. 그들은 예수님의 직업이 무엇인지도 알고 있었습니다. 자신들의 아버지인 요셉의 직업을 이어받은 목수였습니다. 이처럼 그들은 이 세상 그 누구보다도 예수님을 개인적으로 더 잘 아는 예수님의 동생들이었습니다. 그 동생들이 보기에 어느 날부터 형님이 이상해지기 시작했습니다. 맏형인 예수님이 갑자기, 자신이 하나님의 아들이라는 것입니다. 자신은 하늘에서 내려왔으므로 이제 곧 하늘 위로 다시 올라갈 것이랍니다. 하나님이 자기 안에 계시고, 자기는 하나님 안에 있답니다. 예수님과 더불어 한 지붕 밑에서 함께 자라 온 동생들로서는, 그런 황당한 말을 거침없이 해대는 맏형 예수님을 더 이상 믿을 수가 없었습니다. 우리가 그들의 입장이라도 마찬가지였을 것입니다.

그러나 사도행전 1장 12-15절 상반절은 그 이후 그들의 달라진 모습을 보여 주고 있습니다.

> 제자들이 감람원이라 하는 산으로부터 예루살렘에 돌아오니 이 산은 예루살렘에서 가까워 안식일에 가기 알맞은 길이라 들어가 그들이 유하는 다락방으로 올라가니 베드로, 요한, 야고보, 안드레와 빌립, 도마와 바돌로매, 마태와 및 알패오의 아들 야고보, 셀롯인 시몬, 야고보의 아들 유

다가 다 거기 있어 여자들과 예수의 어머니 마리아와 **예수의 아우들과 더불어** 마음을 같이하여 오로지 기도에 힘쓰더라 모인 무리의 수가 약 백 이십 명이나 되더라.

예수님께서 승천하신 이후 사도들을 비롯한 120명의 신자들은 날마다 마가의 다락방에 모여 기도회를 가졌는데, 그 기도회에 예수님의 동생들도 참여하고 있었습니다. 그런데 상기 본문은 예수님의 동생들이 사도들과 함께 기도한 것이 아니라 사도들이 예수님의 동생들과 더불어 기도하였음을 증언하고 있습니다. 즉 성경은 사도들보다는 예수님의 동생들에게 더 큰 비중을 두고 있습니다. 처음엔 형님을 믿지도 않고 오히려 비웃던 동생들이 나중에는 누구보다도 형님인 예수님의 뜻에 충실한, 초대교회의 구심점이 된 것입니다.

그러나 그것은 절로, 혹은 동생들의 노력으로 이루어진 일이 아니었습니다. 고린도전서 15장 7절에 의하면, 부활하신 예수님께서는 동생 야고보를 찾아가셔서 부활하신 당신의 모습을 개인적으로 보여 주셨습니다. 예수님께서 사랑하는 동생들에게는 그 정도로 특별한 사랑과 관심을 베푸셨다는 의미입니다. 그와 같은 예수님의 특별 배려 속에서 형님을 불신하고 비웃던 동생들은 어느덧 예수님의 동역자가 되었고, 그중에서도 첫째 동생인 야고보는 초대교회의 우두머리 역을 감당하였습니다. 야고보가 다른 사람도 아닌, 한 어머니의 태에서 태어난 예수님의 동생이었음을 감안하면 그것은 조금도 놀랄 일이 아닙니다. 오히려 놀랄 일은 그 이후에 일어났습니다.

야고보가 예수님과의 혈연관계상 초대교회 대내적으로 구심점 역할을 하였지만, 대외적으로는 베드로를 비롯한 사도들의 활약이 훨씬 더 컸습니다. 다시 말해 대외적으로는 사도들이 교회의 우두머리로 부각되어 있었습니다.

게다가 신학적이거나 교리적인 면에서는 사도 바울이 독보적인 존재였습니다. 복음서를 제외하면, 신약성경의 절반 이상이 바울 한 사람에 의해 기록되었을 정도입니다. 따라서 세월이 경과할수록 초대교회의 내적 구심점 역시 예수님의 동생 야고보에서 사도들에게로 옮겨 가게 되었습니다.

그것은 이미 교회의 우두머리 자리에 앉아 있던 야고보로서는, 항상 최고의 자리를 지향하는 인간의 속성상 견디기 어려운 일일 수 있었습니다. 야고보는 예수님과의 혈연관계를 내세워 우두머리 자리를 고수할 수도 있었습니다. 이슬람교를 창시한 마호메트의 동생 알리처럼, 아들이 없는 예수님을 대신하여 예수님의 동생인 자신의 핏줄을 이어받은 사람만 교회의 우두머리가 될 수 있다고 주장하면서, 자신의 기득권에 대한 세습을 시도할 수도 있었습니다. 무엇보다도 핏줄을 중시하는 유대인들이고 보면, 그와 같은 논리는 유대인들 사이에서 분명히 설득력을 지녔을 것입니다. 만약 야고보가 만에 하나라도 그런 시도를 획책했더라면, 기독교회는 이슬람교처럼 초창기에 예수님의 동생으로 인해 분열되고 말았을 것입니다.

그러나 야고보는 단 한 번도 그런 어리석음을 범치 않았습니다. 그는 단지 초대교회를 위해, 승천하신 예수님의 빈자리를 잠시 메우는 자신의 역할에 충실했을 뿐입니다. 교회가 분열된 것은 그 이후 로마제국의 국교가 된 기독교가 권력화되면서 종교 권력에 눈먼 교회 지도자들 간의 교권 다툼에서 비롯된 것이요, 예수님의 동생 야고보는 초대교회가 이 지상에 뿌리를 내리게 하는 데에 소리 없이 지대한 공헌을 하였습니다. 그리고 그것은 동생 야고보에 대한 예수님의 특별한 사랑과 신뢰로 가능할 수 있었습니다. 이런 의미에서 예수님의 형제들이야말로 서로 사랑하고 신뢰하면서 하나님의 뜻을 삶으로 실천한, 참형제의 전형이었습니다.

그렇다면 우리는 여기에서 우리 자신의 형제자매 관계를 되돌아보지 않을 수 없습니다.

이 세상 수십억 인구 가운데 친형제자매가 될 수 있는 사람은, 한 부모의 핏줄을 타고 태어난 사람에게만 국한되기에 그 수는 지극히 제한적일 수밖에 없습니다. 수십 명 혹은 수백 명의 친형제자매란 있을 수 없습니다. 요즘 같은 세상에서는 기껏해야 한두 명일뿐입니다. 그러므로 친형제자매 간의 만남은 하나님의 특별하신 섭리임이 분명합니다. 한 부모 슬하의 친형제자매로 살게 하심으로 이루실 당신의 특별한 뜻이 있기에 하나님께서 친형제자매로 태어나게 하셨을 것이기 때문입니다. 따라서 친형제자매 사이의 사랑과 신뢰는 그 누구와의 관계보다 더 깊어야 합니다. 그때에만 자신들을 친형제자매 되게 하신 하나님의 뜻을 자신들의 삶으로 실천하는 진정한 믿음의 친형제자매가 될 수 있습니다.

그러나 이 세상에는 친형제자매지만 남남보다 더 못한 경우, 심지어는 원수지간이 된 친형제자매들이 적지 않습니다. 그것은 그들을 특별히 친형제자매 되게 하신 하나님의 뜻을 부정하는 행위요, 하나님의 섭리에 대한 도발이 아니겠습니까? 생각해 보십시오. 자기 자식들이 싸우는 것은 용납하지 못하면서도, 자신이 자기 친형제자매와 반목하는 것은 당연시한다면, 그것은 얼마나 무서운 이율배반입니까?

> 누구든지 하나님을 사랑하노라 하고 그 형제를 미워하면 이는 거짓말하는 자니 보는 바 그 형제를 사랑하지 아니하는 자는 보지 못하는 바 하나님을 사랑할 수 없느니라(요일 4:20).

그렇지 않습니까? 눈에 보이는 친형제자매를 사랑하지 않는 사람이, 어찌 그 친형제자매와 함께 살게 하신 하나님을 진정으로 사랑할 수 있겠습니까? 한 부모로부터 한 피를 나눈 친형제자매를 사랑하지 못하는 사람이, 어찌 남남인 이웃을 바르게 사랑할 수 있겠습니까?

일반적으론 형이 아우를 돌봅니다. 그러나 요셉은 정반대였습니다. 이집트의 국무총리가 된 요셉은, 그 옛날 자신을 종으로 팔았던 형들에게 복수하기는커녕 도리어 형들을 지성으로 돌보아 주었습니다. 형들을 진심으로 사랑하고 신뢰한 것입니다. 그래서 요셉의 열두 형제를 통해 이스라엘 열두 지파를 이루시려는 하나님의 뜻이 이루어질 수 있었습니다. 세상의 관습은 아우가 형을 섬깁니다. 그러나 아론은 달랐습니다. 그는 형이었는데도, 마치 아랫사람이 상전을 섬기듯 동생 모세를 섬겼습니다. 그들은 오랜 세월 동안 전혀 다른 환경 속에서 살았지만, 그러나 서로 사랑하며 신뢰하였습니다. 그리고 하나님께서는 그 형제를 통해 출애굽의 대역사를 성취하셨습니다. 이처럼 친형제자매가 하나님 안에서 서로 사랑하고 신뢰하는 삶을 통해 하나님의 섭리가 성취됨을 성경은 누누이 강조하고 있습니다.

사랑하는 교우 여러분!

혹 친형제자매와 남남처럼 살고 있는 것은 아니십니까? 친형제자매 간에 자신의 의무는 마다한 채 다른 형제자매의 의무만 요구하고 있는 것은 아니십니까? 진리를 좇아 살려는 친형제자매를 격려하기보다는, 도리어 그의 발목을 잡고 있는 것은 아니십니까? 자신의 불의한 생각과 그릇된 삶으로 친형제자매를 실족시키고 있지는 않으십니까? 친형제자매가 서로 사랑하고 신뢰하기보다는, 서로 상대를 자신의 몫을 잠식하는 경쟁 상대로 인식하고 있는 것은 아니십니까? 그렇다면 우리는 이 시간 하나님의 말씀에 귀 기울여야만 합니다. 하나님께서는 친형제자매를 사랑하지 않으면서 그 친형제자매를 주신 하나님 당신을 사랑한다는 것은, 어떤 경우이든, 그것은 새빨간 거짓말이라고 말씀하십니다.

친형제자매를 사랑하지 않으면서 그 친형제자매를 주신 하나님을 사랑한다는 것은, 하나님 보시기에는 거짓말일 수밖에 없음을 깨닫게 해주신 하나님 아버지! 친형제자매가 서로 사랑하며 신뢰하지 않고서는, 참된 그리스도인으로 살아갈 길이 없음을 잊지 말게 해주십시오. 하나님의 말씀과 사랑 속에서 친형제자매들이 서로 각자의 의무와 책임과 역할에 충실하고, 또 서로 사랑하고 신뢰함으로써, 자신들을 친형제자매 되게 하신 하나님의 섭리를 이루어 가는 진정한 믿음의 친형제자매들이 되게 해주십시오. 우리의 친형제자매가 이 시대를 위한 요셉의 형제들, 이 시대를 위한 아론과 모세, 이 시대를 위한 예수님과 예수님의 동생 야고보가 되게 해주십시오. 그리하여 친형제자매가 주님 안에서 서로 주고받는 사랑과 신뢰의 진동을 통해 주님께서 이 세상을 새롭게 하심을, 우리의 삶으로 확인하게 해주십시오. 아멘.

33. 다른 곳으로 가니라

사도행전 12장 13-17절

베드로가 대문을 두드린대 로데라 하는 여자아이가 영접하러 나왔다가 베드로의 음성인 줄 알고 기뻐하여 문을 미처 열지 못하고 달려 들어가 말하되 베드로가 대문 밖에 섰더라 하니 그들이 말하되 네가 미쳤다 하나 여자아이는 힘써 말하되 참말이라 하니 그들이 말하되 그러면 그의 천사라 하더라 베드로가 문 두드리기를 그치지 아니하니 그들이 문을 열어 베드로를 보고 놀라는지라 베드로가 그들에게 손짓하여 조용하게 하고 주께서 자기를 이끌어 옥에서 나오게 하던 일을 말하고 또 야고보와 형제들에게 이 말을 전하라 하고 떠나 **다른 곳으로 가니라**

투옥된 베드로가 참수형을 당하기 전날 밤, 마가라 하는 요한의 어머니 마리아의 집에 모여 베드로를 위해 기도하던 교인들은 베드로가 살아 돌아왔다는 하녀의 말을 믿지 않았습니다. 그들은 도리어 하녀를 가리켜 '네가 미쳤다'고 비웃었습니다. 하녀는 힘을 다해 그것이 참말임을 되풀이하여 말했지만, 교인들은 그렇다면 베드로가 이미 참수형을 당해 죽었기에 그의 수호천사가 그 사실을 알리러 왔음이 틀림없다고 단정했습니다. 그 와중에도 베드로는 대문 두드리기를 멈추지 않았고, 직접 대문을 열어 정말 살아서 귀환한 베드로를 자신들의 눈으로 확인한 교인들은 모두 깜짝 놀랐습니다.

그 이후의 상황은 본문 17절이 전해 주고 있습니다.

> 베드로가 그들에게 손짓하여 조용하게 하고 주께서 자기를 이끌어 옥에서 나오게 하던 일을 말하고 또 야고보와 형제들에게 이 말을 전하라 하고 떠나 다른 곳으로 가니라.

베드로는 살아서 귀환한 자신을 보고 놀라는 교인들에게, 주님께서 요새같이 철통같은 경비의 감옥으로부터 어떻게 자신을 구출해 주셨는지 소상하게 설명한 뒤, 그 자리에 없는 야고보와 형제들에게도 자신의 말을 전해 줄 것을 당부했습니다. 그리고 베드로는 그곳을 떠나 "다른 곳"으로 갔습니다. 그때의 시각이 한밤중이었지만, 베드로는 잠시나마 눈도 붙이지 않고 곧장 다른 곳으로 떠나갔습니다. 감옥에서 극적으로 구출되었던 터라 베드로가 없어진 것을 안 헤롯의 군사들이 베드로를 찾아 나설 것이므로, 마가라 하는 요한의 어머니 마리아의 집에 계속 머물렀다가는 자신의 안전을 도모할 수 없기 때문이었을 것입니다.

우리는, 이때 베드로가 향한 '다른 곳'이 구체적으로 어디인지 그 지리적인 장소는 알 수 없습니다. 그렇지만 본문이 언급하고 있는 그 '다른 곳'의 의미는 알 수 있습니다. 이때 '다른 곳'으로 떠나간 베드로는 사도행전 15장의 예루살렘 공의회에 잠시 나타난 것을 제외하고는, 더 이상 사도행전에 등장하지 않습니다. 따라서 베드로가 본문에서 향한 '다른 곳'은 사도행전의 초점에서 사라지는 곳이었습니다. 그리고 사도행전 12장 25절부터 사도행전의 초점은 바울에게로 옮겨 갔습니다.

우리는 사도행전 6장에서 히브리파 유대인과 헬라파 유대인에 대하여 배운 적이 있습니다. 다윗 왕 때 통일왕국이었던 이스라엘은, 솔로몬 왕을 거쳐 르호보암 왕 때에 남과 북으로 분열되었습니다. 그 이후 북왕국은 주전 722년 아시리아 제국에 의해, 그리고 남왕국은 주전 586년 바빌로니아 제국에 의해 각각 멸망당했습니다. 그때 많은 유대인들이 정복자인 아시리아와 바빌로니아 제국에 포로로 끌려가거나, 혹은 화를 피해 자발적으로 이스라엘을 떠나 세계 각처로 흩어졌습니다. 소위 '디아스포라'로 불리는 사람들이었습니다. 이처럼 해외에 정착한 유대인들은 세월의 경과와 더불어 자연스럽게 주전 300년경부터 국제 공용어가 된 헬라어, 즉 그리스어를 모국어로 사용하게 되었습니다. 반면에 이스라엘의 멸망에도 불구하고 이스라엘을 떠나지 않았던 유대인의 자손들은 당연하게 그들의 고유어인 아람어를 모국어로 사용하였습니다. 그런데 해외에 살던 유대인 가운데 이런저런 이유로 이스라엘에 되돌아와 사는 유대인들이 있었습니다. 이를테면 헬라어를 모국어로 구사하는 유대인과 아람어를 모국어로 사용하는 유대인들이 함께 어울려 살게 된 것입니다. 그래서 헬라어를 모국어로 구사할 수 있는 해외파는 헬라파 유대인으로, 그리고 아람어만을 모국어로 사용하는 국내파는 히브리파 유대인으로 구별하여 불렀습니다. 그러지 않아도 선민의식에 사로잡혀 살던 유대인인 만큼, 조상 대대로 이스라엘 땅에서 살면서 고유 언어만을 사용하던 히브리파 유대인은 이방인에 대해 더욱 배타적일 수밖에 없었습니다. 반면에 이방 세계에서 이방인들과 이방 언어를 사용하며 살던 헬라파 유대인은 이방인과 관계를 맺는 일이 어려운 일이 아니었습니다.

예수님을 3년 동안 모시고 살았던 직계 제자들은 모두 히브리파 유대인이었습니다. 히브리파 유대인들이 복음의 길을 개척한 것입니다. 그러나 사도행전 6장에서 최초로 선출된 일곱 명의 집사는 전원 헬라파 유대인이었습니다. 또 주님께서는 사도행전 9장에서 헬라파 유대인의 거두인 바울을 부르셨습니다. 이를테면 주님께서 히브리파 유대인이 절대다수를 차지하고 있던 교회의 전면에 헬라파 유대인들을 포진시키신 것입니다. 히브리파 유대인들이 개척한 복음의 길을 따라, 헬라파 유대인들로 하여금 예루살렘과 사마리아를 넘어 이방 세계에까지 복음이 전해지게 하시기 위함이었습니다. 그 연장선상에서 히브리파 유대인이었던 베드로는 오늘의 본문을 끝으로 사도행전으로부터 사라지고 있습니다. 이런 관점에서 오늘의 본문은 사도행전의 초점이 베드로에서 바울로, 다시 말해 히브리파 유대인에서 헬라파 유대인으로 옮겨 가는 분기점을 이루고 있습니다.

그렇다면 우리는 이 시간에, 복음의 길을 개척하는 사명과 수고를 다한 뒤에 묵묵히 다른 곳으로 떠나 사라지는 히브리파 유대인 베드로의 뒷모습을 주시하지 않을 수 없습니다. 이미 우리는 사도행전 3장 11절에서도 베드로의 뒷모습을 관찰했던 적이 있습니다.

베드로가 성전 미문 앞에서 구걸하던 선천성 하반신 불구자를 치유해 준 적이 있었습니다. 그 걸인은 태어난 이래 40여 년 동안 단 한 번도 일어서 본 적이 없는 선천성 하반신 불구자였습니다. 베드로가 '은과 금은 내게 없거니와 내게 있는 이것을 네게 주노니 나사렛 예수 그리스도의 이름으로 일어나 걸으라'(행 3:6)는 명령과 함께 선천성 하반신 불구자의 손을 잡아 일으켰습니다. 그 순간, 용수철처럼 벌떡 일어선 걸인이 얼마나 감격했던지 성전 안으로 뛰어 들어가며 있는 힘을 다해 하나님을 찬송하였습니다. 한동안에 걸친, 주체할 수 없는 감격의 순간이 지난 뒤 정신을 차렸을 때, 그는 성전 안에 있는 사람들이 모두 자신을 주시하고 있음을 뒤늦게 알았습니다. 그들은 모두 놀라움과 경이에 찬 눈으로 걸인을 쳐다보며, 하고한 날 미문 앞에서 구걸하던 선천성 하반신 불구자에게 어떻게 저런 일이 있을 수 있느냐는, 의구심에 가득 찬 표정을 짓고 있었습니다. 이에 나음을 입은 걸인은 베드로에게 다가가 베드로를 꼭 붙잡았습니다. 바로 이 사람에 의해, 다시 말해 이 사람이 전한 예수 그리스도에 의해 자신이 치유되었다는 답변이요 간증인 셈이었습니다.

그런데 사도행전 3장 11절에서 '붙잡다'로 번역된 '크라테오κρατέω'는 '붙들어 매다'라는 뜻과 함께 '어깨에 매달리다', '등을 껴안다'는 의미를 지니고 있습니다. 그러므로 나음을 입은 걸인이 베드로를 붙잡았다는 것은, 그에게 다가가 그의 뒤에서 그의 등을 꼭 껴안았다는 의미이기도 합니다. 그 광경은 상상해 보는 것만으로도 가슴이 뭉클해집니다. 그것은 어린 자식이 부모의 등을 껴안고 있는 것과 같은 형국입니다. 그때 베드로의 등에 매어 달리듯 베드로를 껴안고 있는 걸인의 마음속 깊은 곳으로부터 베드로에 대한 감사가 얼마나 뜨겁게 끓어올랐겠습니까? 베드로가 아니었던들 평생 앉은뱅이로 절망적인 삶을 살 수밖에 없었던 자신의 처지를 되돌아보며, 베드로의 등을 껴안은 걸인은 어쩌면 흐느껴 울었는지도 모릅니다. 어찌 그뿐이겠습니까? 베드로의 감격은 또 얼마나 컸겠습니까? 베드로는 마치 매어 달리듯 자신의 등을 꼭 껴안고 있는 걸인의 체온과 숨결과 흐느낌을 온몸으로 느끼며, 자신과 같이 하찮은 인간을 당신의 도구로 사용해 주신 주님께 깊이 감사드렸을 것입니다.

베드로에겐, 그의 고백대로 은이나 금이 없었습니다. 사회적으로 내세울 만한 학력이나 경력이 있는 것도 아니었습니다. 그런데도 그가 어떻게 40여 년 동안 절망 속에 빠져 있던 한 인간의 인생을 능히 세워 주고 버텨 줄 만큼 넉넉한 등을 지닐 수 있었겠습니까? 두말할 것도 없이 그 자신이 예수 그리스도를 붙잡고 사는 사람, 예수 그리스도에게 매달린 사람, 다시 말해 예수 그리스도를 껴안고 살아가는 사람이었기 때문입니다. 베드로가 길이요 진리요 생명이신 예수 그리스도를 붙잡고 예수 그리스도를 껴안고 살아갈 때, 베드로를 붙잡고 베드로의 등을 껴안은 사람은 불의나 악을 추구하는 사람이 아니었습니다. 태어날 때부터 뒤틀린 생명으로 인해, 참되고 바른 생명에 주리고 목말라하던 걸인이었습니다. 만약 베드로가 불의와 악을 껴안고 살아가는 사람이었을지라도, 그날 선천성 하반신 불구자였던 걸인이 베드로의 등을 껴안았겠습니까? 그런 일은 결코 일어나지 않았을 것입니다. 불의와 악을 껴안고 살아가는 사람을 통해서는 생명의 역사가 불가능하기 때문입니다.

사람은 자신을 치장하는 데 적지 않은 시간과 물질을 투자합니다. 여자가 화장을 하고 남자가 면도를 하는 것, 운동으로 몸매를 가다듬고 새 옷을 차려입는 것은 모두 자신을 치장하기 위함입니다. 그러나 곰곰이 생각해 보면, 인간의 치장은 모두 인간의 앞모습에 국한된 것입니다. 하나님께서는 인간이 자기 등 뒤를 치장하고 싶어도 자기 손으로는 치장할 수 없도록 인간을 만드셨습니다. 등은 보이지도 않을뿐더러 손이 제대로 닿지도 않습니다. 그래서 사람의 참모습은 그 사람의 앞면이 아니라 그의 등을 통해 드러납니다. 세기의 살인마 히틀러가 겉으로는 웃고 있었지만 그것은 단지 꾸며진 위장일 뿐, 등 뒤로는 인류를 향한 비수를 숨기고 있었습니다. 그러므로 꾸미고 위장이 가능한 사람의 앞모습을 보아서는 그 사람의 실상을 제대로 알기 어렵습니다. 한 인간의 참모습은 언제나 그의 손이 닿지 않는 등 뒤에 서려 있습니다.

앞으로는 화려하기 그지없지만, 등 뒤는 뭔가 부족하고 허전해 보이는 사람이 있습니다. 앞으로는 한없이 다정다감해 보이지만, 등 뒤로는 찬바람이 일어 가까이하기 민망한 사람도 있습니다. 당당한 체격이긴 하지만 앞으로 보나 뒤로 보나 신중함이 결여된 모습이, 문자 그대로 '어깨'로만 보이는 사람도 있습니다. 그런가 하면 앞으로는 전혀 볼품없지만 뒷등만은 마치 어머니의 등처럼 더없이 포근하고 다정해 보여, 마냥 매달리거나 껴안고 싶은 사람도 있습니다. 베드로는 바로 그런 범주의 사람이었습니다. 베드로의 앞모습을 상상해 보십시오. 그는 가난에 찌든 갈릴리의 어부였습니다. 태양에 그을려 새카맣고 깡마른 얼굴에 볼품없는 옷매무새의 초라한 그의 모습이 눈에 선하지 않습니까? 그런데도 그는 선천성 하반신 불구자였던 걸인이 매달리듯 꼭 껴안을 만큼 포근하고도 넉넉한 등을 지니고 있었습니다.

그것이 가능했던 것은 이미 언급한 것처럼, 베드로가 예수 그리스도를 붙잡고, 예수 그리스도에게 매달려, 예수 그리스도를 껴안고 살아가는 사람이었기 때문입니다. 예수 그리스도가 누구십니까? 인간의 죄짐을 대신 져주시기 위해 십자가를 지신 분이십니다. 주님께서 십자가를 손이나 가슴으로 지셨습니까? 아닙니다. 주님께서는 당신의 등으로 십자가를 지시고 골고다로 향하셨습니다. 주님의 등이야말로 세례 요한의 표현처럼 세상 모든 인간의 죄를 지신(요 1:29), 우주보다 더 크고 넓은 등이었습니다. 주님께서 수고하고 무거운 인생의 짐을 지고 가는 사람들 모두 당신께 나아와 쉼을 얻으라고 초청하시는 것은, 주님의 등이 이 세상 모든 사람의 인생을 지고도 남을 만큼 넉넉하기 때문입니다.

베드로는 주님의 그 큰 등에 매달려 살았습니다. 주님의 그 넓은 등에 자신을 온전히 의탁하고, 그 등을 껴안고 살았습니다. 그와 같은 베드로의 등이 주님 안에서, 숱한 사람들의 인생을 함께 져주는 넉넉하고도 포근한 주님의 등으로 어찌 승화되지 않았겠습니까? 그래서 성전 미문 앞에서 구걸하던 걸인뿐 아니라 그 이후, 삶에 지치고 진리와 생명에 목말라하는 수많은 사람들이 그에게 기대고 의지할 정도로 그의 등은 주님 안에서 넉넉하기만 했습니다. 갈릴리의 어부에 지나지 않았던 베드로만으로는 전혀 불가능한 일이었지만, 베드로가 꼭 껴안고 있는 예수 그리스도로 인해 예수 그리스도 안에서 가능한 일이었습니다.

그 베드로가 오늘의 본문 속에서, 마가라 하는 요한의 어머니 마리아의 집을 떠나 다른 곳으로 향하고 있습니다. 그 다른 곳은, 사도행전의 초점으로부터 사라지는 곳입니다. 사도행전의 스포트라이트에서 제외되는 곳입니다. 사도행전의 박수갈채로부터 외면당하는 곳입니다. 사도행전의 관심으로부터 멀어지는 곳입니다. 예수님의 직계 제자라는 긍지를 지니고 있던 히브리파 유대인 베드로가, 예수님의 직계 제자도 아닌 헬라파 유대인 바울에게 사도행전의 바통을 넘겨주는 곳입니다. 사도행전 15장의 예루살렘 공의회에 잠시 참여하는 것을 제외하고는 아예 사도행전의 무대에서 퇴장해야 하는 곳입니다.

대체 베드로가 누구입니까? 영광스럽게도 그는 이 땅에 오신 주님의 첫 번째 부르심을 받은, 주님의 첫 번째 제자였습니다. 주님께서 야이로의 죽은 딸을 살리시는 현장에도, 주님께서 신비로운 형상으로 변형하시던 마태복음 17장의 산 위에도, 주님께서 마지막으로 기도하시던 겟세마네에도, 주님의 배려 속에서 특별히 입회하는 특권을 누렸던 세 제자 중의 한 명이었습니다. 어디 그뿐입니까? 베드로는 주님을 향해 '주는 그리스도시요 살아 계신 하나님의 아들이십니다'라고 고백했습니다. 그 고백은 아무도 없는 심산계곡이나 허허벌판에서 드린 고백이 아니었습니다. 베드로는 로마 황제의 신전이 인간을 압도하는 황제의 도시 빌립보 가이사랴에서 주님께 그 고백을 드렸습니다. 그러므로 그 고백의 의미는, 황제의 신전에서 인간의 경배를 받는 로마 황제가 하나님이 아니라, 삼권을 장악하고 있는 절대군주 로마 황제가 하나님이 아니라, 비록 겉으로는 보잘것없어 보이지만 나사렛 예수, 당신이 하나님이시라는 의미였습니다. 이 세상을 압도하고 있는 황제의 논리, 다시 말해 욕망의 논리가 아니라 나사렛 예수, 당신의 생명과 진리의 길을 좇아 살겠다는 결단의 고백이었습니다. 그것은 황제의 논리가 판을 치고 있는 이 세상에서 인간이 주님께 드릴 수 있는 최상의 고백이었습니다. 주님께서는 베드로의 그 고백 위에 당신의 몸 된 교회를 세우시겠다고 천명하시며, 베드로에게 말씀하셨습니다.

> 내가 천국 열쇠를 네게 주리니 네가 땅에서 무엇이든지 매면 하늘에서도 매일 것이요 네가 땅에서 무엇이든지 풀면 하늘에서도 풀리리라 (마 16:19).

이 세상 어느 인간이 주님으로부터 이런 극찬을 받은 예가 또 있습니까? 복음서를 들여다볼수록 주님으로부터 베드로보다 더 큰 영광을 입은 사람은 없습니다. 그렇다면 그 베드로가 복음서에 이어진 사도행전에서도, 사도행전이 끝나기까지 사도행전의 스포트라이트를 받음이 마땅하지 않겠습니까? 그런데도 베드로는 오늘 본문에서 다른 곳으로, 다시 말해 사도행전의 초점에서 사라지는 곳으로 향하고 있습니다. 세상적인 관점에서만 따진다면, 그것은 베드로에게는 참으로 절망적인 일일 수 있었습니다. 당시 히브리파 유대인이 절대다수를 차지하던 초대교회 내에서 자신이 누리고 있던 명성에 비한다면, 거의 무명에 가까운 헬라파 유대인 바울에게 사도행전의 바통을 넘겨주고 사도행전에서 아예 사라져 버린다는 것은, 히브리파 유대인이었던 베드로로서는 심히 자존심 상하는 일일 수 있었습니다. 만약 그랬더라면, 오늘 본문에서 다른 곳으로 사라지는 베드로의 뒷모습은 풀이 죽어 축 처진 채 보기에 민망하면서도 안쓰럽기만 할 것입니다.

그러나 어떻습니까? 본문 속에서 다른 곳으로 사라지는 베드로의 뒷모습을 믿음의 눈으로 주시해 보십시다. 그의 등은 선천성 하반신 불구자였던 걸인이 꼭 껴안던 그때처럼, 여전이 넉넉하고 따뜻하지 않습니까? 사도행전의 초점으로부터 사라지면서도, 그의 발걸음은 조금도 흐트러짐이 없지 않습니까? 그의 등에서 절망이나 낙망의 조짐은 전혀 찾아볼 수 없지 않습니까? 그것이 가능할 수 있었던 것은 다시 말씀드리지만, 베드로가 주님을 붙들고 주님을 껴안고 살아가는 사람이었기 때문입니다. 그에게 중요한 것은 그가 껴안고 있는 길이요 진리요 생명이신 주님이셨지, 사도행전의 초점이나 박수갈채가 아니었습니다. 그러므로 베드로에게는, 사도행전의 초점에서 사라졌다고 해도 아무것도 달라질 것이 없었습니다. 히브리파 유대인이었던 베드로가 개척한 복음의 길을 따라 헬라파 유대인 바울이 이방 세계로 향할 수 있었던 것처럼, 베드로는 바울이 닦은 이방 선교의 길을 따라 복음의 증인이 됨으로, 히브리파 유대인과 헬라파 유대인을 양 축으로 삼아 세계를 새롭게 하시려는 주님의 뜻이 이루어질 수 있었습니다. 베드로가 비록 사도행전의 초점에서는 사라질망정, 변함없이 주님을 붙들고 주님을 껴안고 살아가는 사람이었기에 가능할 수 있었던 생명의 역사였습니다.

사람들은 이 세상의 초점이 되어 온 세상 사람들의 관심과 스포트라이트와 박수갈채 속에서 살기를 원합니다. 그러나 그와 같은 삶 속에는 생명의 역사가 일어날 수 없습니다. 생명의 원동력인 주님의 진리는 세상 사람들의 스포트라이트와 박수갈채 속에 터를 잡지 않기 때문입니다. 그래서 세상 사람들의 스포트라이트와 박수갈채에 집착하는 것보다 더 어리석은 자기 소진은 없습니다. 세상 사람들의 스포트라이트가 꺼지고 박수갈채가 멈추는 순간, 남는 것이라고는 허무 이외에는 아무것도 있을 수 없기 때문입니다.

사랑하는 교우 여러분!

오직 주님을 붙들고 주님만 껴안고 삶으로써, 사도행전의 초점에서 사라진 이후에도 수많은 사람들이 껴안고 의지하기를 원했던 베드로가 되지 않으시렵니까? 세상이 우리에게 아무 관심을 주지 않더라도, 세상의 스포트라이트와 박수갈채가 없더라도, 세상 사람들의 이목에서 멀어지는 상황 속에서도, 우리 모두 주님을 굳게 붙잡으십시다. 그분의 말씀 속에서 그분의 사랑과 생명에 매달리십시다. 우리를 살려 주시기 위해 십자가를 지셨던 그분의 피 묻은 등을 우리의 온 삶으로 껴안으십시다. 그때 우리의 등 역시 생명과 진리에 목말라하는 사람들이 껴안기 원하는, 포근하면서도 넉넉한 주님의 등으로 승화될 것이요, 주님의 등을 지닌 우리로 인해 우리의 가정과 일터 그리고 이 세상은 살 만한 곳이 될 것입니다.

누가 하나님 앞에서 진정한 부자이겠습니까? 생명과 진리에 주리고 목마른 사람들이 의지하고 껴안기 원하는 사람입니다. 하나님께서 가장 귀하게 여기시는 것이 생명이기 때문입니다. 이런 의미에서, 사도행전의 초점에서 사라지면서도 포근한 생명의 등을 지닌 뒷모습을 우리에게 의연히 보여 주는 본문의 베드로야말로, 시간과 공간을 초월한 영원한 부자입니다.

우리는 그동안 세상의 초점이 되어 세상 사람들의 스포트라이트와 박수갈채 속에 살기 원하느라, 우리의 앞모습만을 열심히 치장해 왔습니다. 그 결과, 우리가 치장하고 위장한 우리의 앞모습이 마치 우리의 실상인 양 스스로 속으며 살아왔습니다. 그러나 오늘 본문을 통해, 우리가 마음대로 치장하거나 위장할 수 없는 우리의 뒷모습이 우리의 참모습임을 깨닫게 해주셔서 감사합니다.

오직 영원하신 주님만을 붙잡고 살아가게 해주십시오. 우리를 살려 주시기 위해 십자가를 지신 주님의 피 묻은 등을 우리의 온 삶으로 껴안게 해주십시오. 그래서 우리의 등 역시 생명과 진리에 목말라하는 사람들이 꼭 껴안기 원하는 주님의 등으로 승화되게 해주셔서, 우리 모두 시간과 공간을 초월한 진정한 생명의 부자로 살아가게 해주십시오.

인간의 실상은 언제나 뒷모습으로 드러나며, 오직 주님의 말씀 안에서 주님을 껴안음으로써만 인간의 뒷모습이 사랑과 생명과 진리의 초장으로 가꾸어질 수 있음을, 언제 어디서나 잊지 말게 해주십시오. 아멘.

34. 파수꾼들을 죽이라 I

> 사도행전 12장 18-19절
> 날이 새매 군인들은 베드로가 어떻게 되었는지 알지 못하여 적지 않게 소동하니 헤롯이 그를 찾아도 보지 못하매 **파수꾼들을** 심문하고 **죽이라** 명하니라 헤롯이 유대를 떠나 가이사랴로 내려가서 머무니라

한국 기독교의 양대 성지인 양화진외국인선교사묘원과 용인순교자기념관을 관리·보존·계승하기 위해 창립된 우리 교회를 못마땅해하거나 불편해하는 개인 혹은 단체들이, 지난 4년 동안 우리 교회를 양화진에서 떠나게 하기 위해 얼마나 터무니없이 공박해 왔는지는 이미 주지의 사실입니다. 최근에는 제가 이미 탈퇴한 교단의 서울서노회가, 제가 쓴 책 중에서 한 문장의 의미를 왜곡 과장하여 저를 이단이라고 노회 기소위원회에 고발하였다가 여론의 역풍을 맞자, 준비가 미흡했다며 고발장에서 이단이란 단어는 삭제한다고 언론에 밝히는 해프닝을 벌이기도 했습니다. 준비가 미흡했다는 말이

또다시 무슨 일을 꾸미겠다는 의미인지는 저도 모르겠습니다. 여하튼 그와 관련된 상세한 자료가 우리 교회 홈페이지 전면에 게재되어 있으므로 누구든지 참조하실 수 있습니다.

이처럼 끊임없이 계속되는 외풍을 혹 제가 견디지 못하고 주저앉을까 우려한 2, 30대 청년 수백 명이 지난 몇 주 동안 제게 격려의 편지와 쪽지를 보내 주셨습니다. 그분들에게 일일이 답신을 드릴 수 없어, 이 자리를 빌려 감사의 말씀을 드립니다. 그런데 한 청년의 편지 내용 중에는 믿음과 관련한 질문이 들어 있었습니다. 어떻게 하면 어떤 상황 속에서든 염려함이 없이, 담대하고 흔들림 없는 믿음을 지닐 수 있느냐는 질문이었습니다. 그런 믿음이 어떻게 가능할 수 있겠습니까? 오늘의 본문이 그 질문에 대한 해답을 제시해 주고 있습니다.

참수형을 당하기 전날 밤, 요새처럼 철통같은 경비의 감옥으로부터 주님에 의해 극적으로 구출된 베드로는, 자신을 위해 교인들이 기도하고 있는 마가라 하는 요한의 어머니 마리아의 집으로 갔습니다. 베드로는 자신이 살아서 돌아왔음을 선뜻 믿지 못하는 교인들에게 주님께서 어떻게 자신을 구해 주셨는지 소상하게 설명해 준 다음, 마침 그곳에 부재중이던 예수님의 동생 야고보를 비롯한 다른 교인들에게도 자신의 말을 전해 줄 것을 당부하였습니다. 그리고 베드로는 그곳을 떠나 또 다른 곳으로 갔습니다. 그 모든 일이 일어난 시간은 한밤중이었습니다.

날이 새매 군인들은 베드로가 어떻게 되었는지 알지 못하여 적지 않게 소동하니 헤롯이 그를 찾아도 보지 못하매 파수꾼들을 심문하고 죽이라 명하니라(18-19절 상).

날이 새기가 무섭게 감옥에서 일대 소동이 일어났습니다. 두 군사가 감시하고 있던 감방 안에서, 양손이 또 다른 두 군사의 손과 함께 쇠사슬에 묶여 있던 베드로가 감쪽같이 사라져 버린 것이었습니다. 감옥을 샅샅이 뒤졌지만, 그 어디에서도 베드로의 모습은 보이지 않았습니다. 탈옥의 흔적이 남아 있는 것도 아니었습니다. 파수꾼들은 대체 어떻게 된 영문인지 알 도리가 없었습니다. 그러나 그것은 파수꾼들의 실수나 태만으로 인함이 아니었습니다. 그것은 주님의 신비스러운 역사였기에, 파수꾼들에겐 그 어떤 잘못이나 책임도 있을 수 없었습니다. 그들은 평소처럼 자신들의 임무와 책임에 충실하였을 뿐입니다. 그러나 베드로가 감옥에서 사라진 사실을 알고 대노한 헤롯 아그립바 1세는 파수꾼들을 심문한 뒤에, 그들을 죽여 버리고 말았습니다.

우리는 헤롯이 얼마나 철저하게 베드로를 감시하게 했었는지 잘 알고 있습니다. 그는 16명의 군사를 특별히 차출하여 네 조로 나눈 뒤, 그들로 하여금 베드로의 감방만을 교대로 지키게 하였습니다. 단 한 명의 죄수가 갇힌, 손바닥만 한 감방을 감시하기 위해 16명의 군사를 동원한 것은 전무후무한 일이었을 것입니다. 주님께서 베드로를 구출하시던 밤에도, 그 시각의 교대조인 4명의 군사가 그 감방과 그 감방 속의 베드로만을 지키고 있었습니다. 만약 헤롯이 그 교대조만 죽였다면 처형당한 파수꾼은 네 명일 것이요, 그날 감옥 전체에 배치되어 있던 파수꾼들을 모두 죽였다면 처형당한 사람의 수는 훨씬 많을 것입니다. 하나님께서 그날 밤 구해 내신 사람은 베드로 한 사람뿐이었습니다. 그러나 베드로 인해 목숨을 잃어야만 했던 파수꾼들은 최소한 네 명이었습니다. 단 한 사람을 살리기 위해 다수의 희생이 수반된 것입니다. 하나님의 허락 없이는 참새 한 마리도 떨어질 수 없다는 주님의 말씀(마 10:29)에 비추어 볼 때, 그것 역시 하나님의 허락하에 이루어진 일이었습니다. 하나님께서는 그만큼 베드로를 귀하게 여기셨습니다. 단 한 명에 불과한 베드로의 생명을, 최소한 파수꾼 네 명의 생명과 맞바꾸실 정도였습니다. 그 놀라운 사실을 자신의 삶으로 체험한 베드로는 후에 베드로전서 1장 5-6절을 통해 이렇게 증거하고 있습니다.

> 하나님께서는 여러분의 믿음을 보시고 그의 능력으로 여러분을 보호해 주시며, 마지막 때에 나타나기로 되어 있는 구원을 얻게 해주십니다. 그러므로 여러분이 지금 잠시 동안 여러 가지 시련 속에서 어쩔 수 없이 슬픔을 당하게 되었다 하더라도 기뻐하십시오(새번역).

베드로는 어떤 시련이 닥치더라도 전혀 두려워하지 않았습니다. 자기 한 사람의 생명을 최소한 파수꾼 네 명의 생명과 맞바꾸실 정도로 자신을 완벽하게 책임지시고 보호해 주시는 하나님의 사랑과 능력을 자신의 삶으로 체득했기에, 이 세상의 그 어떤 시련도 하나님에 의해 반드시 기쁨으로 귀결됨을 확신하고 있었습니다. 어떤 시련 속에서도 담대하고 흔들림 없는 베드로의 믿음의 뿌리는 이처럼 자기 자신이 아니라, 자기 한 사람의 생명을 최소한 파수꾼 네 명의 생명과 맞바꾸시는 하나님이셨습니다.

여기에서 이런 질문을 제기하는 분이 있을 수 있습니다. 베드로 한 사람의 생명을 최소한 파수꾼 네 명의 생명과 맞바꾸시는 하나님이라면, 그 하나님은 불공평한 하나님이 아니시냐는 것입니다. 이미 말씀드린 것처럼, 그 파수꾼들이 잘못한 것이라곤 아무것도 없었습니다. 그들은 주어진 임무에 평소와 같이 최선을 다하였습니다. 단지 그들이 유한한 인간이었기에, 전능하신 하나님의 신비스러운 역사를 인지할 수 없었을 뿐입니다. 아무리 따져 보아도 베드로의 구출과 관련하여 파수꾼들이 잘못한 것이라곤 단 하나도 없었습니다. 그런데도 베드로가 참수형의 덫으로부터 살아남으로 인해 무고한 파수꾼들이 어이없이 죽어야만 했습니다. 그 모든 일들은 하나님의 섭리 속에서 이루어졌습니다. 그렇다면 그런 하나님을 어찌 의로우신 하나님이요, 사랑의 하나님이시라 말할 수 있겠습니까?

이것은 참으로 논리적이고도 합리적인 질문입니다. 그러나 이 질문의 근저에는 대단히 중요한 전제가 깔려 있음을 간과해서는 안 됩니다. 그런 질문을 제기하는 사람은 자신이 의식하든 의식지 못하든 상관없이, 자신을 은연중에 처형당한 파수꾼들과 동일시하고 있다는 사실입니다. 오늘의 본문을 읽으면서 자기 자신을 그 죽음의 감옥으로부터 구출받은 베드로와 동일시하는 사람에게는 그와 같은 질문이 제기될 수 없다는 것은, 주님에 의해 구출된 베드로를 보면 알 수 있습니다. 베드로가 감옥에서 구출된 이튿날, 자신으로 인해 최소한 네 명의 파수꾼들이 처형당한 사실을 알고서 하나님은 불공평하다며 하나님을 성토하거나 매도했습니까? 결코 아니었습니다. 왜 하나님께서 보잘것없는 자신의 생명을 최소한 파수꾼 네 명의 생명과 맞바꾸셨는가? 왜 하나님께서는 자기 대신 파수꾼들을 죽게 하셨는가? 그 이유를 따지는 것은 베드로에게는 부질없는 일이었습니다. 베드로에게 중요한 것은, 하나님께서는 자신의 생명을 최소한 파수꾼 네 명의 생명과 맞바꾸실 정도로 자신을 사랑하신다는 사실 그 자체였습니다. 그래서 베드로는 하나님의 그 사랑에 감격하면서, 우리가 방금 살펴본 베드로전서 1장 5-6절의 증언처럼, 어떤 시련 속에서도 하나님의 능력을 힘입어 담대하고 흔들림 없는 믿음으로, 주님을 위해 충성을 다 바칠 수 있었습니다. 그러므로 오늘 본문을 읽으며 구출받은 베드로와 자신을 동일시하는 사람이라면, 그 하나님에 대한 믿음으로 어떤 상황을 맞든 베드로처럼 흔들림 없이 오직 하나님의 뜻을 좇아 담대하게 살아갈 것입니다.

우리 교회를 창립한 100주년기념사업협의회 3대 이사장 정진경 목사님께서 지난 목요일(9월 3일) 밤 10시 10분, 만 88세를 일기로 소천하셨습니다. 지난 4년 동안 제가 곁에서 뵌 정진경 목사님께서는 참으로 온유한 어른이셨습니다. 많은 그리스도인들이 '온유'를 잘못 이해하고 있습니다. 우유부단하거나 일의 매듭이 애매한 사람을 좋게 표현하여 "저 사람은 온유하다"고 말하는 식입니다. 그러나 '성숙자반'을 통해 이미 배운 것처럼 성경이 말하는 온유, 즉 '프라우테스πραΰτης'는 본래 야생동물의 품성과 관련된 단어입니다. 예를 들어 야생마는 품성이 매우 사납고 거칩니다. 그러나 일단 조련사의 조련을 거치면, 야생마는 거친 옛 품성을 그대로 지니고 있긴 하지만, 그 품성을 더 이상 자신을 위해서가 아니라 자기 주인을 위해 사용하게 됩니다. 그래서 조련된 야생마는 주인이 달리라면 화살이 빗발치는 적진을 향해서도 뛰어들고, 아무리 달리고 싶어도 주인이 멈추라면 그 즉시 멈추어 섭니다. 그것이 바로 온유입니다. 조련된 야생마가 집에서 길러진 말보다 월등 뛰어난 것은, 조련된 야생마는 그렇듯 온유하기 때문입니다. 온유한 그리스도인 역시 그런 사람입니다. 모세와 바울처럼, 자신의 품성과 힘과 능력을 비롯한 자신의 모든 것을 오직 주인이신 주님을 위해서만 사용하는 사람입니다. 그래서 온유한 사람만 어떤 상황 속에서든 흔들림 없는 믿음으로 주님의 뜻을 좇아 담대하게 살 수 있습니다.

정진경 목사님께서는 지난 4년 동안 양화진과 관련하여 사사로운 의도를 지닌 개인과 단체의 온갖 모함과 비방 속에서도, 한국 개신교의 성지인 양화진을 지키는 데 초지일관 온유하셨습니다. 사람이 나이가 들면 바른 사리분별보다는, 자신이 평생 쌓아 온 자신의 명예를 더 소중히 여기는 것이 일반적인 경향입니다. 그러나 정 목사님은 그 반대로 주님께서 당신께 부여하신 소명을 다하기 위해, 그 어떤 거짓과 불의와 압력에도 일체의 타협이나 굴함이 없이 온유하기만 하셨습니다. 저는 그와 같은 정 목사님을 곁에서 뵈며, 언제 어떤 상황 속에서든 어떻게 그토록 흔들림 없이 온유한 믿음으로 일관하실 수 있는지 늘 궁금했습니다. 그 궁금증은 우리 교회 이유진 권사님이 대필한 정 목사님의 자서전 《목적이 분명하면 길은 열린다》를 읽고서 비로소 풀렸습니다.

　북한의 기습 남침으로 서울이 북한 인민군의 수중에 떨어졌던 1950년 여름이었습니다. 서울 혜화동에서 목회하던 만 29세의 정진경 목사님은 인민군을 피해 수유리 산속의 땅굴 속에서, 당시 판사였던 분과 함께 피신 생활을 하였습니다. 그 판사는 정 목사님보다 훨씬 연상이었습니다. 먹을 것이 떨어져 더 이상 허기를 참을 수 없게 되자, 두 분은 산을 내려와 어느 민가에서 밥을 얻어먹었습니다. 오랜만에 포식한 탓에 두 분은 그 집에서 이내 잠에 곯아떨어졌고, 집주인의 신고로 그 집을 덮친 인민군에게 두 분은 체포되고 말았습니다. 알고 보니 그 판사는 인민군이 잡으려고 혈안이 되어 있던 반공 판사였습니다. 반공 판사가 인민군에게 "나는 공산당이 싫어서 숨어 있었지만, 이 학생은 11대 종손이어서 부모가 인민군에 끌려가지 않도록 산속에 피신을 시킨 것이므로 이 어린 학생에게는 아무 잘못이 없다"고 정 목사님을 변호해 주었습니다. 유난히 얼굴이 동안이었던 정 목사님은, 그 판사에 의해 인민군들 앞에서 졸지에 10대의 학생이 되어 버렸습니다. 판사의 말에 인민군관은 판사만 인민위원회로 끌고 가면서 자기 부하에게, 이 학생을 데리고 이들이 피신해 있던 땅굴로 가서 혹 남은 사람이 있는지 확인한 뒤에 즉결 처분해 버리라고 명령했습니다.

　인민군관에게 끌려간 반공 판사는, 인민위원회의 인민재판을 거쳐 죽창에 찔려 죽었을 것임은 두말할 나위도 없습니다. 정 목사님을 끌고 산속 땅굴로 가서 현장을 확인한 인민군은 정 목사님을 사살하기 위해 정 목사님에게 따발총을 겨냥하였습니다. 그리고 그가 막 방아쇠를 잡아당기려는 순간이었습니다. 갑자기 하늘에서 굉음이 들렸습니다. 미공군기가 나타난 것이었습니다. 인민군은 미공군기가 산등성이를 넘어 사라질 때까지 하늘을 향해 따발총을 미친 듯이 마구 쏘아 대었습니다. 그리고 다시 정 목사님을 쏘려 했지만, 그의 따발총에는 더 이상 총알이 남아 있지 않았습니다. 정 목사님을 즉결 처분하라는 명령을 받은 인민군은 총알이 떨어진 따발총 개머리판으로 정 목사님의 머리를 후려쳐 죽일 수도 있었고, 벼랑 아래로 밀쳐 죽일 수도 있었습니다. 그러나 그는 정 목사님에게, 집에 가서 인민군에 입대할 준비나 하고 있으라며, 마치 무엇에 홀린 듯 그냥 성큼성큼 산을 내려가 버렸습니다.

참수형 직전의 베드로를 철통같은 경비의 감옥으로부터 구해 내신 주님께서, 정 목사님을 사망의 골짜기에서 건져 내신 것이었습니다. 분명히 땅굴 속에 두 사람이 피신해 있었는데 왜 하나님께서는 정 목사님만을 구해 주셨습니까? 하나님께서는 청년 정진경보다 월등한 경력을 지닌 그 판사로 하여금, 왜 청년 정진경을 살리는 역할만 하게 하시고 그냥 사지로 끌려가게 내버려 두셨습니까? 그것은 정 목사님이 따질 몫이 아니었습니다. 정 목사님에게 중요한 것은, 하나님께서 보잘것없는 자신의 생명을 대한민국 판사의 생명과 맞바꾸실 정도로 자신을 사랑하신다는 사실 그 자체였습니다. 그 놀라운 사실을 자신의 삶으로 체험한 만큼, 그 이후 정 목사님께서는 일평생토록 주님께 매인 온유한 그리스도인으로, 어떤 상황 속에서든 흔들림 없이 담대하게 주님을 좇는 성결한 삶으로 일관하실 수 있었습니다.

저는 정진경 목사님을 처음 뵙던 2005년 4월 21일, 정 목사님의 눈에 맺혔던 눈물을 잊을 수가 없습니다. 제가 양화진 묘지기로 있는 한, 앞으로도 그 눈물을 잊지 못할 것입니다. 그날, 당시 방치되어 있던 양화진을 전담할 목적으로 협의회가 창립할 교회를 제게 맡기기 위해 저를 찾아온 협의회 어른들 가운데 정 목사님께서 가장 연장자이셨습니다. 당신들은 모두 한 발을 요단강에 담그고 있을 정도로 연로하여 어쩔 도리가 없으니, 이 목사가 꼭 양화진을 지켜 달라고 당부하시면서 정 목사님과 어른들의 눈에 눈물이 맺혔습니다. 그 눈물의 당부 앞에서, 저는 더 이상 교회 목회를 하지 않겠다는 저 자신의 신념을 깨뜨리고 양화진 묘지기가 되겠다는 약속을 드렸습니다. 그 이후 정 목사님께서는, 제가 정 목사님과의 약속을 위해 제 신념을 깨뜨리고 다시 목회를 시작했고, 또 양화진을 한국 교회의 성지로 공평무사하게 관리하기 위해 온갖 모함과 비방을 감수하는 데 대해 채무감을 갖고 계셨습니다. 그래서 수차례에 걸친 유니온교회의 무고한 고소로, 노구를 이끌고 수사기관에서 몇 시간 동안 조사를 받으시고서도 초연하셨습니다. 조사 받으시던 날 밤 전화를 드린 제게 정 목사님께서는, 당신이 수모를 당하심으로 양화진이 바르게 지켜질 수만 있다면 당신께는 아무 상관이 없다고 도리어 저를 위로해 주셨습니다. 소천하시기 전날에도 모 인사를 만나 양화진을 부탁하신 정 목사님께서는 소천하시던 날 바로 그날 낮에, 우리 교회 교인들에게 처음이자 마지막 편지를 보내 주셨습니다.

100주년기념교회 성도 여러분께

하나님의 기묘하신 섭리와 은혜를 감사하오며 영광과 찬송을 주님께 드립니다.

본 협의회에 의해 2005년 7월에 창립된 100주년기념교회는, 지난 4년 동안 아름답게 성장하여 교회다움을 갈망하는 국내외 기독교계에 새로운 희망을 안겨 드리고 있습니다. 이는 오직 주의 영을 힘입은 목회자와 성도 여러분의 믿음의 역사와, 사랑의 수고와, 소망의 인내가 낳은 고귀한 열매임을 믿고 치하와 감사를 드립니다. 특히 창립과 더불어 귀 교회는 양화진외국인선교사묘원과 순교자기념관 운영 관리에 물심양면에서 정성을 다하여 헌신하였으며, 일그러졌던 한국 기독교 성지의 질서를 바로잡고 세우는 일에 묵묵히 봉사해 오셨습니다. 순수한 기독교인이라면 성도 여러분의 노고에 대하여 냉수 한 그릇, 꽃 한 송이라도 들고 고마움을 표시함이 최소한의 보답임에도 불구하고, 책임 없이 음해하며 왜곡된 허위사실을 유포하는 현상들을 보게 됩니다.

그중 몇 가지 문제는 유니온교회 측이 본 협의회와 100주년기념교회를 상대로 제기한 형사 고소, 그다음의 항고, 또 그다음의 재정신청에 이르는 고통스러운 과정을 통하여 지난 4월 14일 국법에 의해 그 진실이 밝혀졌습니다. "유니온교회는 양화진에서 쫓겨나지 않았다"는 것과, "100주년기념교회가 유니온교회의 업무를 방해한 사실이 없다"는 것이었습니다. 이재철 담임목사에 대한 통합측 장로교단 서울서노회의 기소는, 본 협의회 이사회가 2006년 4월 정기이사회에서 이미 승인한 '장로·권사 호칭제'를 시비 삼는 것이고, 더욱이 최근에는 터무니없는 이단 시비까지 벌이고 있지만, 그 이면에는 거론하기조차 힘든 불순한 동기가 깔려 있습니다. 이 모든 문제들로 인하여 100주년기념교회 성도 여러분이 큰 고통을 안고 있는데, 이는 많은 부분에서 본 협의회가 적절한 역할을 감당하지 못한 결과인 줄 알고 성도 여러분께 송구한 마음 금할 길 없습니다.

성도 여러분, 100주년기념교회를 세우시고 자라게 해주신 우리 주님께서 마침내 이 모든 풍랑을 잠잠케 해주시리라 믿습니다. 교회 설립에 참여한 본 협의회의 집행부는, "후견자의 입장에서 교회를 섬긴다"고 명시한 기본 방침에 따라, 앞으로 여러분의 울타리가 되어 교회를 지키는 일에 최선을 다할 것입니다.

사랑하는 성도 여러분과 100주년기념교회 위에 하나님의 은총이 늘 함께하시기를 축원합니다.

2009년 9월 3일
재단법인 한국기독교100주년기념사업협의회 이사장 정진경

이 편지가 우리 교회로서는 정진경 목사님의 유언장이 된 셈입니다. 마지막 날까지 맑은 정신으로 흔들림 없이, 이 땅에서 누구보다도 더 고결하고 온유한 믿음의 삶으로 일관한 정 목사님께서는, "앞으로 여러분의 울타리가 되어 교회를 지키는 일에 최선을 다하겠다"는 약속을 우리에게 남기시고 하나님의 품에 안기셨습니다. 이제 정 목사님께서는 당신의 약속대로, 하나님의 나라에서 주님과 함께 우리의 든든한 울타리가 되어 주실 것을 믿습니다. 우리에게 남은 것이 있다면, 양화진을 한국 교회의 성지로 공평무사하게 지키겠다는 정 목사님과의 약속을 어떤 경우에도 흔들림 없이 실천하는 것입니다.

사랑하는 교우 여러분!

하찮은 베드로의 생명을 최소한 파수꾼 네 명의 생명과 맞바꾸신 하나님, 아무것도 가진 것 없는 청년 정진경의 생명과 대한민국 판사의 생명을 맞바꾸신 하나님, 그 하나님께서 우리 개개인의 하나님이심을 아십니까? 하나님께서 우리를 이 생명의 자리에 앉아 있게 하시기 위해, 그동안 얼마나 값비싼 대가를 치르셨는지 아십니까? 하나님께서 더러운 죄인에 지나지 않는 우리의 생명을, 당신의 독생자의 생명과 맞바꾸셨음을 믿으십니까? 하나님께서 우리의 생명과 당신의 독생자의 생명을 맞바꾸어 주시기 위해, 십자가 위

에서 사지가 찢어지며 '어찌하여 나를 버리시느냐'는 당신의 독생자의 절규마저 외면하셨음을 믿으십니까? 그렇다면 우리 모두 그 하나님께 우리 믿음의 뿌리를 내리고, 어떤 상황 속에서든 흔들림 없는 믿음으로, 오직 주님의 뜻을 좇아 담대하게 살아가는 온유한 그리스도인들이 되십시다. 그때 우리의 삶을 통해 주님의 진리와 사랑과 생명이 아름답게 결실될 것이요, 그 결과로 우리의 삶은 마치 정진경 목사님의 일생처럼, 수정보다 더 고결하고 성결한 주님의 메시지로 남게 될 것입니다.

가난하고 무식한 갈릴리 어부 출신 베드로의 생명을, 최소한 파수꾼 네 명의 생명과 맞바꾸신 하나님께서 나의 하나님이심을 감사드립니다. 아무것도 가진 것이 없던 청년 정진경의 생명을, 대한민국 판사의 생명과 맞바꾸신 하나님께서 내 삶의 현장에서 나와 함께하고 계심을 감사드립니다. 내게 영원한 생명을 주시기 위해 더러운 나의 생명을 당신의 독생자의 생명과 맞바꾸시고, 십자가의 죽음을 피하게 해달라는 독생자의 기도를 외면하시면서까지, 하나님께서 내 삶의 주인 되어 주심을 감사드립니다.

이제 우리 모두 하나님께 우리 믿음의 뿌리를 견고하게 내립니다. 하나님의 영으로 우리를 붙들어 주셔서 어떤 상황 속에서든 흔들림 없는 담대한 믿음으로, 오직 하나님의 뜻을 좇아 사는 온유한 믿음의 그리스도인들이 되게 해주십시오. 우리의 삶을 통해 주님의 진리와 사랑과 생명이 결실되게 해주십시오. 그와 같은 우리의 하루하루가 정진경 목사님의 일생처럼, 수정보다 더 고결하고 성결한 주님의 메시지로 축적되게 해주십시오. 아멘.

35. 파수꾼들을 죽이라 II

사도행전 12장 18-19절
날이 새매 군인들은 베드로가 어떻게 되었는지 알지 못하여 적지 않게 소동하니 헤롯이 그를 찾아도 보지 못하매 **파수꾼들을** 심문하고 **죽이라** 명하니라 헤롯이 유대를 떠나 가이사랴로 내려가서 머무니라

참수형을 당하기 전날 밤, 요새 같은 감옥으로부터 주님에 의해 극적으로 구출된 베드로는, 자신을 위해 교인들이 기도하고 있는 마가라 하는 요한의 어머니 마리아의 집으로 갔습니다. 베드로는 자신이 살아서 돌아왔음을 선뜻 믿지 못하는 교인들에게 주님께서 어떻게 자신을 구해 주셨는지 소상하게 설명해 준 다음, 마침 그곳에 부재중이던 예수님의 동생 야고보를 비롯한 다른 교인들에게도 자신의 말을 전해 줄 것을 당부하였습니다. 그리고 베드로는 그곳을 떠나 또 다른 곳으로 갔습니다. 그 모든 일이 일어난 시간은 한밤중이었습니다.

날이 새매 군인들은 베드로가 어떻게 되었는지 알지 못하여 적지 않게 소동하니 헤롯이 그를 찾아도 보지 못하매 파수꾼들을 심문하고 죽이라 명하니라(18-19절 상).

날이 새기가 무섭게 감옥에서 일대 소동이 일어났습니다. 두 군사가 감시하고 있던 감방 안에서, 양손이 또 다른 두 군사의 손과 함께 쇠사슬에 묶여 있던 베드로가 감쪽같이 사라져 버린 것이었습니다. 감옥을 샅샅이 뒤졌지만, 그 어디에서도 베드로의 모습은 보이지 않았습니다. 파수꾼들은 대체 어떻게 된 영문인지 알 도리가 없었습니다. 그러나 그것은 파수꾼들의 실수나 태만으로 인함이 아니었습니다. 그것은 주님의 신비스러운 역사였기에, 파수꾼들에겐 그 어떤 잘못이나 책임도 있을 수 없었습니다. 그들은 평소처럼 자신들의 임무와 책임에 충실하였을 뿐입니다. 그러나 베드로가 감옥에서 사라진 사실을 알고 대노한 헤롯 아그립바 1세는 파수꾼들을 심문한 뒤에, 그들을 죽여 버리고 말았습니다.

지난 시간에 살펴본 것처럼, 헤롯이 죽인 파수꾼들의 수는 최소한 네 명이었습니다. 하나님께서 베드로를 구하시기 위해, 베드로 한 사람의 생명을 최소한 파수꾼 네 명의 생명과 맞바꾸신 것이었습니다. 가난하고 무식한 갈릴리 어부 출신에 불과한 보잘것없는 자신의 생명을, 왜 하나님께서 최소한 파수꾼 네 명의 생명과 맞바꾸셨는가? 왜 하나님께서 베드로 자신을 살리시는 대신 파수꾼들을 죽게 하셨는가? 그런 것을 따지는 것은 베드로에게는 부질없는 일이었습니다. 베드로에게 중요한 것은, 하나님께서 자신의 생명을 최소한 파수꾼 네 명의 생명과 맞바꾸실 정도로 자신을 사랑하신다는 사실 그 자체였습니다. 나아가, 하나님께서 하찮은 자신의 생명을 하나님의 독생자이신 예수 그리스도의 생명과 맞바꾸실 정도로 자신을 사랑하신다는 사실, 그 기적 같은 사실이 중요했습니다. 베드로에게는 자신이 그리스도인이 되었다는 것 자체가 기적이었습니다. 그래서 베드로는 어떤 상황 속에서든 담대하고 흔들림 없는 믿음으로, 오직 주님 안에서 하나님의 뜻을 좇아 살아갈 수 있었습니다.

그렇다면 하나님의 섭리 속에서 최소한 파수꾼 네 명의 생명과 맞바꾸어진 생명, 나아가 예수 그리스도의 생명과 맞바꾸어진 생명으로 살아가는 베드로에게, 오직 주님 안에서 하나님의 뜻을 좇아 살아가는 삶이란 구체적으로 어떤 삶을 의미했겠습니까? 우리는 바울의 고백 속에서 그 해답을 찾을 수 있습니다.

바울은 본래 그리스도인들을 색출·연행·투옥시키고 박해하기를 자신의 천직으로 삼은 사람이었습니다. 그는 예루살렘에서 200킬로미터 이상 떨어진 다메섹의 그리스도인들까지 색출하러 나설 정도로 자신의 천직에 열심이었습니다. 그러나 그 다메섹 도상에서 바울은 하나님의 일방적인 구원의 은총을 입었습니다. 그때 그곳에 바울 한 사람만 있었던 것은 아니었습니다. 그곳에는 분명히 바울의 일행이 바울과 함께 있었습니다. 바울이 단수라면, 바울의 일행은 복수였습니다. 그러나 복수인 바울의 일행은 제외되고, 단수였던 바울 한 사람만 하나님의 구원을 입었습니다. 그들 가운데 바울이 가장 선하고 의로운 사람이었던 것은 아니었습니다. 바울이 그리스도인을 박해하는 그 일행의 우두머리였던 만큼, 바울이 그들 중에 가장 패역한 인간이었습니다. 그런데도 하나님께서는 그날 그곳에서 다른 사람들은 다 버리시고, 가장 패역한 바울 단 한 사람만 당신의 자녀로 불러 주셨습니다. 언뜻 그것은 불공평한 처사처럼 보일 수도 있었습니다. 그러나 바울은 그 이후 단 한 번도, 그날 그곳에서 자신만을 구원해 내신 하나님을 불공평하시다고 비난한 적이 없었습니다. 도리어 그는 하나님을 찬양하였습니다.

> 하나님은 세상 창조 전에 그리스도 안에서 우리를 택하시고 사랑해 주셔서, 하나님 앞에서 거룩하고 흠이 없는 사람이 되게 하셨습니다. 하나님은 하나님의 기뻐하시는 뜻을 따라 예수 그리스도를 통하여 우리를 하나님의 자녀로 삼으시기로 예정하신 것입니다. 그래서 하나님이 하나님의 사랑하시는 아들 안에서 우리에게 거저 주신 하나님의 영광스러운 은혜를 찬미하게 하셨습니다(엡 1:4-6, 새번역).

바울은 복수의 사람 중에서 단수인 자신만 홀로 구원받은 것이 얼마나 신비스러웠던지, 그 구원은 하나님께서 자신을 위해 창세전부터 예정하신 은혜라고 하나님을 찬양했습니다. 바울에게 하나님의 구원은 그 정도로 불가사의한 일이었습니다. 더욱이 하나님의 구원이, 하나님께서 패역한 자신의 생명을 하나님의 독생자이신 예수 그리스도의 생명과 맞바꾸신 결과임을 깨달은 바울은, 일평생 어떤 시련과 박해 속에서든 하나님의 그 사랑에 사로잡혀 살지 않을 수 없었습니다.

> 누가 우리를 그리스도의 사랑에서 끊을 수 있겠습니까? 환난입니까, 곤고입니까, 박해입니까, 굶주림입니까, 헐벗음입니까, 위협입니까, 또는 칼입니까? 성경에 기록한바 "우리는 종일 주님을 위하여 죽임을 당합니다. 우리는 도살당할 양과 같이 여김을 받았습니다" 한 것과 같습니다. 그러나 우리는 이 모든 일에서 우리를 사랑하여 주신 그분을 힘입어서, 이기고도 남습니다. 나는 확신합니다. 죽음도, 삶도, 천사들도, 권세자들도, 현재 일도, 장래 일도, 능력도, 높음도, 깊음도, 그 밖에 어떤 피조물도,

우리를 우리 주 예수 그리스도 안에 있는 하나님의 사랑에서 끊을 수 없습니다(롬 8:35-39, 새번역).

그러나 바울은 이처럼 하나님의 사랑을 노래하는 것으로 그치거나, 하나님의 사랑을 힘입어 자신의 입신양명을 위해 살지 않았습니다. 만약 그랬더라면, 바울은 결코 성경이 전하는 바대로의 위대한 사도 바울이 될 수는 없었을 것입니다.

그는 로마서 1장 14-15절을 통해 이렇게 고백했습니다.

나는 그리스 사람에게나 미개한 사람에게나, 지혜가 있는 사람에게나 어리석은 사람에게나, 다 빚을 진 사람입니다. 그러므로 나의 간절한 소원은, 로마에 있는 여러분에게도 복음을 전하는 일입니다(새번역).

전통적으로 유대인들은 예외 없이 인종차별주의자들이었습니다. 소위 선민의식에 사로잡혀 있던 그들은 어느 민족도 자신들과 동일한 인간으로 간주하지 않았습니다. 그러나 바울은 달랐습니다. 그는 유대인이든 이방인이든, 문명인이든 야만인이든, 지식인이든 무식꾼이든 구별 없이 똑같이 사랑하면서, 그 모든 사람들에게 빚진 마음으로 살았습니다. 하나님께서 다른 사람들을 버리시면서까지 하찮은 자신의 생명과 예수 그리스도의 생명을 맞바꾸는 사랑을 베풀어 주신 것은 자기 홀로 그 사랑을 누리라 하심이 아니라, 하나님께서 또 다른 사람을 구원하시기 위한 도구로 자신을 사용하시기 위함임을 바울은 정확하게 알고 있었습니다. 그래서 바울은 하나님께 진 사랑의 빚을, 하나님께서 구원하시려는 사람에게 갚기 위해 자신의 일평생을 바쳤습니다. 그 사랑의 빚을 갚기 위해 죽음의 위협을 수도 없이 겪어야 했지만, 이 세상의 그 어떤 위협도 바울의 앞길에 장애물이 될 수는 없었습니다. 하나님께 진 사랑의 빚을, 하나님께서 구원하시려는 사람에게 갚는 것이 하나님의 뜻임을 추호도 의심하지 않았기 때문입니다.

이것은 베드로 역시 마찬가지였습니다. 하나님께서 자신의 생명을 최소한 파수꾼 네 명의 생명과 맞바꾸어 주셨다고 해서, 하나님께서 하찮은 자신의 생명을 예수 그리스도의 생명과 맞바꾸어 주실 정도로 자신을 사랑해 주셨다고 해서, 하나님의 그 사랑을 자기 개인의 안일을 위한 전유물로 삼으려 하지 않았습니다. 베드로 역시 일평생 사람에게 빚진 마음으로 살았습니다. 그래서 17절은 그가 그곳을 떠나 또 다른 곳으로 갔음을 증언하고 있습니다. 2주 전에 살펴본 것처럼, 그 '다른 곳'은 세상의 스포트라이트나 인간의 박수갈채로부터 사라지는 곳이었습니다. 그러나 베드로는 전혀 개의치 않았습니다. 자신의 생명을 최소한 파수꾼 네 명의 생명과 맞바꾸시고 나아가 예수 그리스도의 생명과 맞바꾸어 주신 하나님께 진 사랑의 빚을, 하나님께서 구원하시려는 또 다른 곳의 사람들에게 갚는 것이 하나님의 뜻임을 베드로도 분명히 알았기 때문입니다.

이처럼 하나님께 진 사랑의 빚을, 하나님께서 구원하시려는 사람들에게 갚기 위해 자기 삶을 던진 사람들의 행적, 바로 그것이 사도행전입니다. 그러므로 우리는 교회를 새롭게 정의할 수 있습니다. 교회는 '자신들의 생명을 예수 그리스도의 생명과 맞바꾸어 주신 하나님께 사랑의 빚을 진 사람들이, 하나님께서 구원하시려는 사람들에게 그 사랑의 빚을 갚기 위해 모인 사랑의 채무자들의 모임'입니다. 이 땅의 그리스도인들이 하나님과 사람에 대한 사랑의 빚을 갚기 위해 살아가는 한, 이 땅의 그리스도인들에 의해 이 세상은 새로워지지 않을 수 없습니다. 그런 사람을 통해 하나님의 사랑과 생명이 반드시 역사하실 것이기 때문입니다. 그러나 만약 그리스도인들이 그 사랑의 채무감을 상실한다면, 교회는 추한 이기 집단으로 전락하고 말 것입니다. 사랑의 채무감을 상실한 그리스도인은, 하나님의 사랑을 이용하여 자신의 안일만을 꾀하려는 독선적인 이기주의자에 지나지 않을 것이기 때문입니다.

세계의 오지를 찾아다니며 사랑의 빚을 갚고 있는 박태수 선교사님은, 고등학교 시절에 아버지의 사업 실패로 집안이 순식간에 몰락하는 절망과 맞닥뜨렸습니다. 하루아침에 인생 밑바닥으로 추락한 자신의 삶을 도저히 받아들일 수 없었던 그는 스스로 목숨을 끊기 위해 쥐약을 샀습니다. 그러나 바로 그날 친구의 인도로 교회에 갔다가 주님을 만났습니다. 가족의 몰락을 통해 주님께서 그에게 새로운 생명, 영원한 생명을 주신 것이었습니다. 그는 그날 밤 쥐약을 버렸습니다. 그리고 그날 이후 지금까지 박 선교사님은, 자신의 생명을 예수 그리스도의 생명과 맞바꾸어 주신 하나님께 진 사랑의 빚을 세계 오지의 소외된 사람들에게 갚고 있습니다. 박 선교사님은 자신의 수기인 《보이지 않는 세계가 더 넓다》라는 책 속에서 일본 여성 리꼬에 관한 이야기를 소개하고 있습니다.

박 선교사님이 아프가니스탄에서 사역할 때의 일입니다. 타고 가던 낡은 차가 허허벌판에서 갑자기 바퀴 축이 부러지면서 멈추어 버렸습니다. 사방 어디에도 도움을 청할 곳이 없었습니다. 현지인인 운전기사가 하루 종일 애썼지만 자동차는 전혀 움직일 생각을 하지 않았습니다. 해 질 무렵, 마침 그곳을 지나가던 구호단체의 지프차가 멈추어 섰습니다. 차에서 내린 구호단체 직원들은 박 선교사님 일행을 자신들의 차에 태우고, 자동차로 두 시간 거리에 있는 자신들의 숙소로 함께 가서 그날 밤을 지내게 해주었습니다. 그 구호단체 직원 중에 일본 여성 리꼬가 있었습니다. 아프가니스탄 오지에서 같은 동양인을 만났다는 기쁨에, 두 사람은 차를 마시며 밤늦게까지 환담을 나누었습니다. 리꼬는 도쿄의 일류 대학에서 정치학을 공부하다가, 우연히 소외된 사람들을 만나면서 인생관이 바뀌었습니다. 그녀는 정치학을 포기하고 의사의 길로 진로를 바꾸었습니다. 정치보다 의술이 소외된 사람들에게 더 많은 도움을 줄 수 있으리라는 생각에서였습니다. 인턴과 레지던트 과정을 마칠 즈음, 주위 모든 사람들의 만류를 무릅쓰고 전쟁이 끝난 직후의 아프가니스탄 난민을 돕기 위해 자원하여 아프가니스탄을 찾았습니다. 그 이후 3년 동안 아프가니스탄에서도 가장 열악한 산악 지역을 다니며 구호 활동을 펼치고 있었습니다.

이튿날 리꼬의 도움으로 고장 난 차를 수리하고 귀가한 박 선교사님은 그날부터 리꼬를 위해 기도하기 시작했습니다. 아프가니스탄에서 누구도 흉내 낼 수 없을 정도로 헌신적인 사랑을 베풀고 있는 리꼬에게 꼭 전해 주고 싶은 말이 있었습니다. 영원한 생명이 무엇이며, 그 생명이 어디로부터 오는지를 일러 주고 싶었습니다. 그녀가 고민하는 인생 문제는 아무리 파고들어 가도 끝나지 않는 땅속과 같고, 불쌍하고 가난한 사람을 돕는 것 역시 생명의 참된 본질에 닿지 않고서는 계속 갈증만 일으킬 뿐이라는 것을 일러 주고 싶었던 것입니다. 박 선교사님은 몇 차례에 걸쳐 리꼬의 구호단체를 찾아갔지만, 그때마다 길이 엇갈려 서로 만나지는 못했습니다.

몇 달 후, 박 선교사님은 아프가니스탄의 수도 카불의 식당에서 우연히 리꼬를 만났습니다. 리꼬는 일본에 다녀오기 위해 카불의 본부에서 잠시 머무는 중이었습니다. 박 선교사님은 그동안 기도하며 준비했던 복음을 리꼬에게 전했습니다. 고교 시절 갑작스런 집안 몰락으로 자살하기 위해 쥐약을 샀던 이야기, 바로 그날 친구를 통해 알게 된 예수 그리스도가 자신의 인생을 어떻게 바꾸어 주셨는지, 주님의 사랑과 생명에 대해 열과 성을 다해 설명하였습니다. 박 선교사님의 이야기를 끝까지 진지하게 듣던 리꼬가 입을 열었습니다.

나는 이곳에서 죽는 것도 겁내지 않고 이 나라 사람들을 도왔습니다. 지뢰가 깔린 마을도, 전염병이 돌고 있는 마을도 아무 거리낌 없이 다녔지요. 내가 활동하는 지역은 당신이 알다시피 인간답게 살 수 있는 환경이 아닙니다. 일본에서는 강아지도 이렇게 살지는 않습니다. 그러나 나는 그런 환경도 개의치 않았습니다. 왠지 아세요? 이 사람들이 너무 불쌍해서 그랬습니다. 이렇게 어려운 사람들을 보는 것만으로도 마음이 아파서 견딜 수 없었지요. 내가 할 수 있는 최선의 봉사와 구호를 하는 것이 인간의 도리라고 생각했지요. 그런데 나보다 더 큰 사랑을 가졌다고 말하는 당신 같은 사람들은 어디에 있나요? 이 세상 전부를 사랑하시는 하나님을 믿는다는 사람들은 지금 어디에 있습니까? 그 하나님을 믿으면 영원히 살 수 있다고 하면서, 어떻게 이 지옥 같은 곳에 살고 있는 사람들을 도울 생각은 하지 않는 건가요? 완전한 사랑으로 사랑하시는 하나님이시라고요? 그런 사랑이 어떤 사랑인지, 이곳에 와서 왜 보여 주지는 못하는 건가요? 죽는 것이 겁나서인가요?

리꼬는 예의를 갖추려 애쓰면서도 격앙된 감정마저 숨기려 하지는 않았습니다. 그녀는, 말만 하고 행동하지 않는 사람들을 "상식적으로 이해할 수 없는 사람들"이라고 말했습니다. 그녀가 복음 그 자체에 반항한 것은 아니었습니다. 단지 하나님을 믿는다는 사람들에 대한 실망으로 하나님을 믿지 못하겠다는 것이었습니다. 그리고 리꼬는 식당을 떠나기 전에 박 선교사님께 마지막 한마디를 던졌습니다. "그런데 당신은 좀 다른 것 같습니다." 그러나 리꼬의 그 마지막 말이 박 선교사님에게 위로가 되기는커녕 오히려 자신을 더 부끄럽게 했습니다. 그리고 그 이후 리꼬의 말이 계속 선교사님의 귀에서 메아리쳤습니다.

여기 있는 사람들은 지옥같이 살아가는데, 천국 간다는 당신 같은 사람들은 어디에 있습니까? 나는 죽어서 지옥에 간다고 해도 위험을 무릅쓰고 이들을 도우려고 애를 쓰는데, 영원한 생명을 가졌다고 하는 사람들은 왜 이런 곳에 오지 않는 거죠? 이런 곳에서 죽는 것이 두려운가요? 이런 곳에서 죽으면 천국을 못 가요? 나 같은 사람은 작은 동정심만으로도 이 험한 곳에서 목숨을 거는데, 열방을 향해 사랑을 가졌다는 사람들은 어디서 무얼 하나요? 완전한 사랑으로 세계를 책임진다는 사람들은, 대체 어디에서 무엇을 책임지고 있는 건가요?

어떻습니까? 리꼬의 이 질문이 혹, 믿지 않는 내 가족의 질문인 것은 아닙니까? 하나님의 완전한 사랑이 어떤 사랑인지, 왜 내게는 보여 주지 못하느냐고 내게 질문하는 나의 가족 말입니다. 리꼬의 이 질문이 혹, 학교나 일터에서 믿지 않는 내 동료의 질문인 것은 아닙니까? 하나님의 사랑을 입었다면서, 왜 그렇듯 이기적이기만 하느냐고 내게 반문하는 나의 동료 말입니다. 리꼬의 이 질문이 혹, 나를 향한 세상 사람들의 질문인 것은 아닙니까? 하나님의 사랑으로 세상을 책임지겠다는 그리스도인들이, 대체 어디에서 무엇을 책임지고 있느냐고 우리에게 묻는 세상 사람들 말입니다.

사랑하는 교우 여러분!

다메섹 도상에서 다른 사람들은 다 버리시고 그들 중에 가장 패역한 인간이었던 바울 한 사람을 구원하신 하나님, 하찮은 베드로의 생명을 최소한 파수꾼 네 명의 생명과 맞바꾸신 하나님, 그 하나님께서 우리 개개인의 하나님이심을 아십니까? 하나님께서 우리를 이 생명의 자리에 앉아 있게 하시기 위해, 그동안 얼마나 값비싼 대가를 치러 오셨는지 아십니까? 하나님께서 우리를 살리시기 위해 더러운 죄인에 지나지 않는 우리의 생명을, 당신의 독생자의 생명과 맞바꾸셨음을 믿으십니까? 하나님께서 우리의 생명을 당신의 독생자의 생명과 맞바꾸어 주시기 위해, 십자가 위에서 사지가 찢어지며 '어찌하여 나를 버리시느냐'는 당신의 독생자의 절규마저 외면하셨음을 믿으십니까?

그렇다면 이제부터 우리 모두 하나님께 진 그 사랑의 빚을 갚아야 하지 않겠습니까? 그 사랑의 빚을 우리의 가정과 일터에서, 이 세상 속에서, 우리 곁에 있는 사람에게서부터 갚아 나가십시다. 지구는 둥글기에 한 방향으로 계속 나아가면, 지구를 한 바퀴 돌아 원 위치로 되돌아온다고 했습니다. 즉 언제나 내가 두 발 딛고 있는 곳이 땅끝이요, 어디에서든 내 곁에 있는 사람이 내가 사랑해야 할 땅끝의 사람입니다. 바로 그 사람에게, 하나님께 진 사랑의 빚을 갚으십시다. 하나님께서 하찮은 나의 생명을 당신의 독생자이신 예수 그리스도와 맞바꾸는 사랑을 베풀어 주신 것은, 나를 도구 삼아 바로 그 사람을 구원하시기 위함임을 잊지 마십시다. 이처럼 언제 어디서나 하나님께 진 사랑의 빚을 사람에게 갚는 사랑의 채무자로 살아갈 때, 우리는 주님과 더불어 참된 사랑과 생명을 누리는 행복한 그리스도인이 될 것이요, 그 결과로 우리의 삶은 하나님에 의해 이 시대의 땅끝을 새롭게 하는 사도행전으로 승화될 것입니다.

오늘날 교회는 세상 사람들로부터 비판의 대상으로 전락해 있습니다. 믿지 않는 사람들에게 그리스도인은 입으로만 사랑을 말할 뿐, 실제로는 자기 자신만 위하는 이기적인 사람으로 간주되고 있습니다. 그 모든 이유가, 하나님의 구원을 입은 내가 하나님에 대한 사랑의 빚 진 마음을 상실한 결과임을 이 시간 깨닫게 해주셔서 감사합니다. 하나님께 사랑의 빚을 지고서도 내가 채무자임을 인식조차 못하고 살아왔던 나의 어리석음을 회개하오니, 하나님의 자비하심으로 용서해 주십시오.

이제부터 우리의 하찮은 생명을 예수 그리스도의 생명과 맞바꾸어 주신 하나님께 진 사랑의 빚을, 하나님께서 구원하시기 원하는 사람에게 갚는 진정한 그리스도인으로 살아가기를 원합니다. 우리가 어디에 있든, 그 사람이 바로 우리 곁에 있는 사람임을 잊지 말게 도와주십시오. 바로 그 사람을 위해, 우리 자신을 주님의 사랑과 생명의 도구로 기꺼이 내어놓게 해 주십시오. 교회는 주님 안에서 하나님께 진 사랑의 빚을 사람들에게 갚는 채무자의 모임임을 자신들의 삶으로 실천하는 100주년기념교회로 인해, 수많은 땅끝의 사람들 역시 사랑의 채무자로 거듭나는 생명의 역사가 일어나게 해주십시오. 그보다 더 가치 있고, 더 행복하고, 더 영원한 삶이 없음을 항상 기억하며 살게 해주십시오. 아멘.

36. 말씀은 흥왕하여 I

사도행전 12장 20-25절

헤롯이 두로와 시돈 사람들을 대단히 노여워하니 그들의 지방이 왕국에서 나는 양식을 먹는 까닭에 한마음으로 그에게 나아와 왕의 침소 맡은 신하 블라스도를 설득하여 화목하기를 청한지라 헤롯이 날을 택하여 왕복을 입고 단상에 앉아 백성에게 연설하니 백성들이 크게 부르되 이것은 신의 소리요 사람의 소리가 아니라 하거늘 헤롯이 영광을 하나님께로 돌리지 아니하므로 주의 사자가 곧 치니 벌레에게 먹혀 죽으니라 하나님의 **말씀은 흥왕하여** 더하더라 바나바와 사울이 부조하는 일을 마치고 마가라 하는 요한을 데리고 예루살렘에서 돌아오니라

우리가 지난 2주간 함께 살펴보았던 19절은 다음과 같이 끝났습니다.

헤롯이 그를 찾아도 보지 못하매 파수꾼들을 심문하고 죽이라 명하니라 헤롯이 유대를 떠나 가이사랴로 내려가서 머무니라.

밤사이에 베드로가 사라진 것을 확인한 헤롯 아그립바 1세는 무고한 파수꾼들을 심문한 뒤, 아예 죽여 버렸습니다. 그리고 그는 아무 일도 없었다는 듯 가이사랴로 내려갔습니다. 예루살렘 북서쪽 약 104킬로미터 지점에 위치한 지중해의 항구도시 가이사랴는, 본문에 등장하는 헤롯 아그립바 1세의 할아버지이자 헤롯 왕조의 창시자인 헤롯 대왕에 의해 건설된 인공 항구도시입니다. 헤롯 대왕은 본래 스트라톤Straton이라 불리던 이곳의 자연적 한계를 뛰어넘어 대대적인 공사를 벌였습니다. 그는 항구의 규모를 확장하기 위해 수심이 36.6미터나 되는 바다를 돌로 메웠습니다. 오늘날에도 바닷속에서 확인할 수 있는 돌들 중 큰 돌들은 가로 15미터, 세로 3미터에 높이 2.7미터에 이르고 있습니다. 그렇게 돌로 메워 축조한 인조 항구의 길이는 무려 61미터에 달했습니다. 약 12년에 걸친 대역사 끝에 주전 10년경에 완공된 그 항구도시는 수로, 극장, 원형경기장까지 갖춘 대규모의 도시였습니다. 헤롯 대왕이 이처럼 대규모의 항구도시를 신설한 이유는, 자신의 위대함을 과시함과 동시에 로마 황제의 환심을 사기 위함이었습니다. 그래서 그는 완공된 그 도시에 로마 황제의 칭호인 카이사르를 붙여 가이사랴라 명명하였습니다. 그 이후 가이사랴는 팔레스타인 내에서 로마제국의 행정 중심 도시가 되어, 로마 총독의 관저도 그곳에 자리 잡게 되었습니다. 헤롯 대왕이 가이사랴를 건설한 만큼 그곳에 그의 왕궁도 있었음은 물론입니다.

당시 로마제국 내에는 로마 황제의 칭호나 이름으로 불리는 도시가 적지 않았는데, 아무 도시나 로마 황제의 칭호나 이름을 붙일 수 있는 것은 아니었습니다. 로마 황제의 칭호나 이름을 붙이기 위해서는 도시의 규모가 일정 규모 이상이어야만 했고, 또 도시의 한가운데나 주요 지점에 반드시 로마 황제의 신전이 있어야만 했습니다. 따라서 헤롯 대왕이 심혈을 기울여 신설한 대규모 항구도시의 이름을 가이사랴로 명명했다는 것은, 바로 그 도시에 로마 황제의 신전이 자리 잡고 있었음을 의미합니다. 이를테면 가이사랴는 신으로 군림하는 황제의 논리가 판을 치는 황제의 도시였습니다. 황제는 인간 욕망의 대명사로서, 자신의 욕망을 위해서라면 수단과 방법을 가리지 않는 사람입니다. 그 황제의 호칭으로 불리는 가이사랴는 그러므로, 인간 스스로 하나님이 되어 자신의 욕망만을 삶의 목적으로 삼는 욕망의 도시였습니다.

오늘의 본문은 바로 그 욕망의 도시로 내려간 헤롯 아그립바 1세에게 어떤 일이 일어났었는지를 전해 주고 있습니다.

예루살렘에 있던 헤롯 아그립바 1세가 갑자기 가이사랴의 왕궁으로 내려간 이유에 대해서는 로마의 역사가 요세푸스가 밝혀 주고 있습니다. 요세푸스가 기록한《유대 고대사Antiquitates Judaicae》에 의하면 헤롯은 그때, 로마 황제 글라우디오가 영국 원정에서 승리하고 귀환한 것을 축하하는 축제에 참여하기 위해 가이사랴로 갔습니다. 헤롯이 로마 황제에 의해 임명된 분봉왕이었던 만큼, 로마 황제를 위한 축제를 개최하고 참여하는 것은 그의 주요 업무였습니다.

> 헤롯이 두로와 시돈 사람들을 대단히 노여워하니 그들의 지방이 왕국에서 나는 양식을 먹는 까닭에 한마음으로 그에게 나아와 왕의 침소 맡은 신하 블라스도를 설득하여 화목하기를 청한지라(20절).

지중해 북쪽 연안에 자리 잡고 있던 페니키아의 두로와 시돈은 무역 항구 도시인지라, 어쩔 수 없이 식량을 전적으로 인근 이스라엘에 의존하고 있었습니다. 그러나 어찌 된 영문인지 두로와 시돈에 대해 적개심을 품은 헤롯은, 그 지방에 대한 식량 공급을 갑자기 중단해 버리고 말았습니다. 하루아침에 식량난의 위기에 봉착한 두로와 시돈의 지도자들은, 헤롯 왕궁의 내실 집사였던 블라스도를 매수하여 헤롯 왕과의 관계를 회복하려 안간힘을 썼습니다. 그 와중에 헤롯은 로마 황제를 위한 축제에 참여하기 위해 두로와 시돈에서 가까운 가이사랴로 내려갔고, 이 정보는 블라스도를 통해 즉각 두로와 시돈 사람들에게 전해졌습니다.

> 헤롯이 날을 택하여 왕복을 입고 단상에 앉아 백성에게 연설하니 백성들이 크게 부르되 이것은 신의 소리요 사람의 소리가 아니라 하거늘 헤롯이 영광을 하나님께로 돌리지 아니하므로 주의 사자가 곧 치니 벌레에게 먹혀 죽으니라(21-23절).

헤롯이 날을 택하여 왕복을 입고 위엄을 갖추어 군중들 앞에서 일장 연설을 했습니다. 그때 군중들이 헤롯에게 열광적으로 환호와 찬사를 보내었습니다. 당신의 말은 사람의 소리가 아니라 하나님의 소리라 외치면서 말입니다. 물론 그들 가운데 대부분은 헤롯의 환심을 사기 위해 시돈과 두로에서 동원된 박수 부대였으므로, 그들의 환호와 찬사 속에 진실이 담겨 있을 리가 없었습니다. 그런데도 헤롯은 자신을 하나님이라 칭송하는 그들의 환호와 찬사를 당연한 듯 즐겼습니다. 그에게 하나님은 안중에도 없었습니다. 그 자신이 이미 하나님의 자리에 앉아 하나님이 되어 있었습니다. 그러나 그 결과는 너무나도 비참했습니다. 스스로 하나님이 된 그를 하나님의 사자가 치매, 그는 곧 벌레에게 먹혀 죽어 버리고 말았습니다. '벌레'로 번역된 헬라어 '스콜렉스σκώληξ'는 성경을 통틀어 본문에서만 유일하게 사용된 단어로서, 요즈음 용어로는 세균이라 이해할 수 있겠습니다. 즉 헤롯은 급성 세균 감염으로 죽고 말았습니다.

이미 언급한 로마의 역사가 요세푸스의 《유대 고대사》에는 이때의 상황이 좀더 상세하게 기술되어 있습니다. 그날은 영국 원정에서 승리한 글라우디오 황제를 축하하기 위한 축제 둘째 날로서, 주후 44년 8월 1일이었던 그날은 로마 황궁에 있는 글라우디오 황제의 생일이기도 했습니다. 헤롯은 그 날 은실로 짠 왕복을 입고 있었습니다. 그가 원형극장의 무대 위에 올라가자 그의 은빛 왕복은 햇빛을 받아 눈이 부시도록 황홀하게 빛났습니다. 이어 그의 연설이 시작되었습니다. 시돈과 두로에서 동원된 박수 부대는 그를 향해 하나님이라며 열광적인 환호와 찬사를 보냈고, 스스로 하나님이 된 헤롯은 그들의 환호와 찬사를 마냥 즐겼습니다. 바로 그때, 유대인들이 불길의 징조로 여기는 올빼미 한 마리가 날아와 무대 기둥 위에 앉았습니다. 헤롯이 그 올빼미를 보는 순간, 그는 갑자기 복통을 일으키며 그 자리에서 쓰러지고 말았습니다. 놀란 측근들이 황급히 왕궁으로 옮겼지만 끝내 정신을 되찾지 못하고 사경을 헤매던 헤롯은, 불과 닷새 만에 숨을 거두어 버리고 말았습니다.
　이처럼 헤롯의 최후에 대해 누가가 기술한 본문과, 로마의 역사가 요세푸스의 기록은 큰 줄기에서 서로 일치하고 있습니다.

　16주 전에 살펴본 것처럼, 사도행전 12장은 헤롯 아그립바 1세가 무자비하게 권력을 휘두르는 것으로부터 시작되었습니다. 때는 무교절 기간이었습니다. 무교절은 이집트의 노예살이에서 해방되었음을 기념하기 위해 유월절이 시작되는 저녁부터 7일 동안 계속되는 절기로서, 옛 조상들의 고난을 되새기는 의미로 누룩 없는 빵을 먹는 기간이라 하여 무교절이라 불렀습니다. 유대인 최대의 명절인 무교절이 이르면 예루살렘성전에서 유월절 제사를 드리기 원하는 유대인들이 온 사방에서 예루살렘으로 몰려들었는데, 그 숫자가 최소한 100만 명 이상이었습니다. 고작 인구 몇만 명에 불과한 성읍에 일시에 100만 명 이상의 대인파가 몰려드는 것은, 그 자체만으로도 가공스러운 사건이기에 충분했습니다. 그래서 예루살렘의 통치자들은 매해 무교절이 되면 민란이 일어날 것을 가장 두려워하였습니다. 100만 명 이상의 유대인들이 일시에 예루살렘에 운집한다는 것은, 그들의 종교적 열기가 민족주의 열기와 맞부딪쳐 상승작용을 일으키면서, 조그마한 사건도 순식간에 정치적 폭동으로 비화할 위험성을 내포하고 있었습니다. 예수님을 심문했던 빌라도 총독이 예수님의 무죄를 확신하면서도, 예수님을 못박아 죽이라는 유대인들의 함성에 민란이 일어날 것을 두려워하여 예수님을 사형에 처한 것 역시, 바로 그날 저녁부터 무교절이 시작되었기 때문입니다. 그때 예루살렘은 이미 온 사방에서 몰려든 유대인들로 가득 차 있었기에, 자칫 그 가공할 인파에 의해 폭동이라도 일어날 경우 자신의 군대로는 진압할 도리가 없었기 때문입니다.

본문의 헤롯 또한 예외가 아니었습니다. 무교절을 지내기 위해 예루살렘으로 몰려드는 인파를 보면서, 그 역시 민란을 우려하지 않을 수 없었습니다. 자신이 정통 유대인이 아닌 이두매인인 만큼 일단 거대한 유대인군중이 한자리에 모이면, 이방인인 자신에 대한 정치적 반란은 언제든지 일어날 수 있었습니다. 그러므로 헤롯으로서는 혹시 있을지도 모를 민란의 가능성을 사전에 차단하기 위해, 무교절이 시작되기 전에 미리 유대인들의 환심을 사둘 필요가 있었습니다. 바로 그 필요에 대한 충족이 야고보 사도에 대한 참수형으로 나타났습니다. 유대인들이 십자가에 못박아 죽인 예수가 다시 살아났다고 주장함으로 인해 유대인들이 눈엣가시처럼 간주하는 그리스도인, 그것도 교회의 지도자인 사도의 목을 침으로써 유대인들의 환심을 살 수 있다고 계산한 것이었습니다. 그의 계산은 정확하게 적중하였습니다. 야고보 사도를 참수형에 처하자 유대인들은 더없이 기뻐했습니다. 그 사실을 확인한 헤롯 아그립바는 사도들의 우두머리 격이었던 베드로마저 투옥시켰습니다. 내친김에 베드로까지 죽여 유대인들의 마음을 더욱 확실하게 사로잡아 두기 위함이었습니다.

그러나 투옥된 베드로가 처형 직전 사라져 버리자, 헤롯은 베드로 대신 무고한 파수꾼들을 죽여 버리고 말았습니다. 그리고 단지 자신의 마음에 들지 않는다는 이유로 하루아침에 두로와 시돈에 대한 식량 공급을 봉쇄하여, 그곳에 살고 있는 수많은 주민들을 죽음의 위험에 빠뜨리기도 했습니다. 헤롯은 진리라든가 정의와는 애당초 거리가 먼 인간이었습니다. 그는 무엇이 옳고 그른지는 상관하지 않았습니다. 그의 인생 목적과 최대의 관심사는 오직 자신의 왕권과 권력, 다시 말해 자기 욕망이었습니다. 그는 자기 욕망을 위해서라면 죄 없는 사람들을 투옥시키고, 목을 치고, 양식을 끊어 굶겨 죽이려 하는 등 무슨 짓이든 서슴없이 행하였고, 또 자기 욕망의 논리로 자신의 행위를 얼마든지 합리화시킬 수 있었습니다. 한마디로 자기 욕망에 눈먼 그는 선과 악, 의와 불의조차 분간치 못하는 어리석은 인간이었습니다. 그뿐이 아니었습니다. 그는 자신의 권력에 심취하여 스스로 하나님의 자리를 차지하기도 했습니다. 그의 권력은 가히 무소불위의 권력이었습니다. 그 권력이라면 불가능할 것이 없을 것 같았습니다. 그런 권력이라면 자신의 인생을 천년만년 지킬 수 있을 것 같았습니다. 그러나 그는 벌레의 밥이 되어, 가장 비참한 모습으로 순식간에 죽고 말았습니다. 그 무소불위의 권력으로, 그는 막상 자신의 생명을 갉아먹는 벌레 한 마리도 막지 못했습니다. 본문은 그것을 가리켜, 하나님께서 그를 치셨기 때문이라고 증언하고 있습니다.

자기 욕망에 눈이 어두워 자신의 권력을 맹신하면서 스스로 하나님처럼 살던 헤롯의 일생은, 욕망의 논리가 판을 치는 황제의 도시 가이사랴에서 그렇듯 비참하면서도 허무하게 끝나 버리고 말았습니다.

그렇듯 비참한 헤롯의 최후에 관한 본문의 증언은 24절에서 다음과 같이 이어지고 있습니다.

하나님의 말씀은 흥왕하여 더하더라.

헤롯이 벌레에 먹혀 죽은 가이사랴는, 스스로 하나님이 된 인간들이 욕망의 논리에 사로잡혀 사는 황제의 도시였습니다. 한마디로 하나님의 말씀과는 무관한 욕망의 도시였습니다. 헤롯 역시 하나님의 말씀을 외면한, 욕망에 눈먼 욕망의 노예였습니다. 그런데도 본문은 욕망에 눈먼 헤롯이 욕망의 도시에서 벌레에 먹혀 죽었음을 증언하면서, '하나님의 말씀은 흥왕하여 더하였음'을 밝히고 있습니다. 언뜻 상충되는 것처럼 보이는 내용이 이처럼 서로 이어져 있는 것은, 욕망에 눈먼 헤롯이 스스로 하나님이 되었다가 욕망의 도시 가이사랴에서 비참하게 벌레에 먹혀 죽은 것과 하나님의 말씀은 서로 무관한 것이 아니라, 도리어 그 둘은 불가분의 관계에 있음을 일깨워 주고 있습니다. 다시 말해 욕망에 눈먼 헤롯이 스스로 하나님이 되었다가 욕망의 도시 가이사랴에서 비참하게 벌레에 먹혀 죽은 것은, 바로 살아 계신 하나님의 말씀으로 인함이라는 것입니다. 이것이 무슨 의미인지는 하나님의 말씀을 확인하면 절로 알 수 있습니다.

스스로 속이지 말라 하나님은 업신여김을 받지 아니하시나니 사람이 무엇으로 심든지 그대로 거두리라 자기의 육체를 위하여 심는 자는 육체로부터 썩어질 것을 거두고 성령을 위하여 심는 자는 성령으로부터 영생을 거두리라(갈 6:7-8).

사람들은 스스로 자신을 속이면서 살아갑니다. 욕망에 눈이 멀어 욕망의 삶을 살면서도, 삶의 열매만은 영원한 것을 거둘 수 있으리라 스스로 속이는 것입니다. 그러나 그것은 하나님을 업신여기는 짓입니다. 그것은 결코 하나님의 법칙이 아니기 때문입니다. 하나님의 법칙은 무엇으로 심든지 심은 대로 거두게 하시는 것입니다. 하나님의 이 말씀만으로도, 욕망의 도시 가이사랴에서 욕망에 눈이 멀어 스스로 하나님이 되었다가 어이없이 벌레에 먹혀 죽은 헤롯의 최후는, 그 자체가 하나님의 말씀이 그의 삶 속에서 성취된 것임을 극명하게 보여 주고 있습니다. 그의 비참하고도 허무한 최후야말로 육체의 욕망만을 삶의 목적으로 삼은 인생은, 그 삶이 겉으로는 아무리 화려해 보여도, 하나님의 말씀 앞에서는 구더기라는 벌레의 밥 이상의 의미를 지닐 수는 없음을 여실히 증명해 주고 있습니다. 어디 그뿐입니까?

나를 존중히 여기는 자를 내가 존중히 여기고 나를 멸시하는 자를 내가 경멸하리라(삼상 2:30하).

하찮은 인간에 지나지 않는 헤롯이 자신의 권력을 믿고 스스로 하나님의 자리를 차지한 것은, 살아 계신 하나님을 멸시하는 행위였습니다. 그리고 그가 욕망의 도시 가이사랴에서 비참하게 벌레에 먹혀 죽은 것은, 하나님께서 그를 경멸하신 결과였습니다.

만군의 여호와가 이르노라 보라 용광로 불 같은 날이 이르니 교만한 자와 악을 행하는 자는 다 지푸라기 같을 것이라 그 이르는 날에 그들을 살라 그 뿌리와 가지를 남기지 아니할 것이로되(말 4:1).

하나님께서는 스스로 하나님의 자리에 앉은 교만한 사람과, 자신의 욕망을 위해 온갖 불의를 서슴지 않는 악한 사람을, 용광로의 불이 지푸라기를 태우듯이 뿌리째 쓸어버리는 하나님이십니다. 스스로 하나님이 되어 무소불위의 권력을 휘둘렀던 욕망의 노예 헤롯이 욕망의 도시 가이사랴에서 벌레에 먹혀 죽은 것은 우연이 아니라, 그를 향한 하나님의 심판이었던 것입니다.

이처럼 헤롯은 하나님의 말씀을 철저하게 외면하고 살았지만, 그렇다고 하나님의 말씀마저 헤롯을 외면했던 것은 결코 아니었습니다. 헤롯의 삶 속에서도 하나님의 말씀은 예외 없이 흥왕하였습니다. 하나님의 말씀을 믿는 사람과 그 말씀을 외면했던 헤롯 간에 차이가 있다면, 하나님의 말씀을 믿는 사람의 삶 속에서 하나님의 말씀은 생명의 말씀으로 흥왕하지만, 하나님의 말씀을 외면했던 헤롯의 삶 속에서 하나님의 말씀은 저주와 심판의 말씀으로 흥왕하였다는 것입니다. 가이사랴는 인간인 로마 황제가 하나님이 되어 인간의 경배를 받으며, 황제의 논리가 인간을 압도하는 황제의 도시였습니다. 바꾸어 말하면 가이사랴는 스스로 하나님이 된 인간들이 욕망의 노예가 되어 오직 욕망을 좇아 사는 욕망의 도시였습니다. 그 도시는 하나님의 말씀이 부재하는 곳, 하나님의 말씀이 통하지 않는 곳, 하나님의 말씀이 전혀 영향력을 미치지 못하는 곳인 것처럼 보였습니다. 그러나 그것은 인간의 착각이었을 뿐입니다. 하나님의 말씀은 그곳에서도 어김없이 흥왕하였습니다. 단지 흥왕한 하나님의 말씀의 의미가 달랐을 뿐입니다. 생각해 보십시오. 이 세상이 온통 하나님의 말씀으로 지어지지 않았습니까? 그렇다면 이 세상 어디엔들 하나님의 말씀이 흥왕하지 않겠습니까? 단지 차이가 있다면 생명의 말씀으로 흥왕하냐, 아니면 저주와 심판의 말씀으로 흥왕하냐의 차이뿐입니다. 그리고 그 차이는 전적으로, 하나님에 의해 창조된 인간의 삶에 기인하고 있습니다.

사랑하는 교우 여러분!

오늘 우리가 살고 있는 이 땅이, 바로 가이사랴인 것을 알고 계십니까? 배금주의와 과학만능주의에 사로잡혀 인간 스스로 자기 인생의 하나님이 되어 오직 욕망을 좇고 있는 이 땅은 여지없이, 황제의 논리가 인간을 압도하는 황제의 도시, 다시 말해 욕망의 논리가 판을 치는 욕망의 도시 가이사랴입니다. 그 속에서 인간들은 본문의 헤롯처럼, 자신의 욕망을 위해서라면 수단과 방법을 가리지 않고 살아갑니다. 그리스도인의 삶 역시 세속주의에 물들어 별 차이가 없어 보입니다. 그러나 인간이 하나님의 말씀을 외면한다고 해서, 하나님의 말씀마저 인간을 외면하는 것은 아님을 절대로 잊지 마십시오. 하나님의 말씀은, 당신의 말씀을 경외하든 하지 않든 상관없이 모든 인간의 삶 속에서 반드시 흥왕하십니다. 그러므로 우리는 선택해야 합니다. 이 거대한 욕망의 도시 가이사랴에서 욕망을 좇아 살다가 어느 날 갑자기 공동묘지에서 고작 구더기라는 벌레의 밥이 될 것인가, 아니면 이 욕망의 도시에서 욕망의 논리를 거슬러 영원하신 하나님의 말씀을 좇아 영원한 생명을 누릴 것인가? 이 두 길 가운데 우리가 어느 길을 선택해야 할 것인지는 역설적이게도, 욕망에 눈이 멀어 스스로 하나님이 되었다가 욕망의 도시 가이사랴에서 비참하게 벌레에 먹혀 죽은 헤롯이, 그 바른 해답을 우리에게 친절하게 제시해 주고 있습니다.

인간이 하나님의 말씀을 외면하고 살아도, 하나님의 말씀은 모든 인간의 삶 속에서 언제나 흥왕함을 일깨워 주셔서 감사합니다. 하나님께서 우리에게 당신의 말씀을 생명의 말씀으로 주셨는데, 그 말씀을 저주와 심판의 말씀이 되게 하는 어리석음을 범치 않도록 도와주십시오. 욕망에 눈이 멀어 스스로 하나님이 되었다가 욕망의 도시 가이사랴에서 비참하게 벌레에 먹혀 죽은 헤롯을, 우리의 반면교사로 삼는 지혜를 주십시오. 욕망의 논리가 판을 치는 이 가이사랴의 세상에서, 죽음을 깨뜨리고 부활하신 예수님을 나의 구주로 모시고, 오직 영원하신 하나님의 말씀을 좇아 영원한 생명을 누리도록 인도해 주십시오. 언제 어디서나 하나님의 말씀이 우리의 삶 속에서, 생명의 말씀으로 흥왕하게 해주십시오. 그리하여 우리의 겉사람은 비록 낡아 갈지라도, 우리의 속사람은 하나님의 말씀 속에서 날로 강건해지는 참생명의 기쁨과 행복을 누리게 해 주십시오. 아멘.

37. 말씀은 흥왕하여 II

사도행전 12장 20-25절

헤롯이 두로와 시돈 사람들을 대단히 노여워하니 그들의 지방이 왕국에서 나는 양식을 먹는 까닭에 한마음으로 그에게 나아와 왕의 침소 맡은 신하 블라스도를 설득하여 화목하기를 청한지라 헤롯이 날을 택하여 왕복을 입고 단상에 앉아 백성에게 연설하니 백성들이 크게 부르되 이것은 신의 소리요 사람의 소리가 아니라 하거늘 헤롯이 영광을 하나님께로 돌리지 아니하므로 주의 사자가 곧 치니 벌레에게 먹혀 죽으니라 하나님의 **말씀은 흥왕하여** 더하더라 바나바와 사울이 부조하는 일을 마치고 마가라 하는 요한을 데리고 예루살렘에서 돌아오니라

우리가 지난 18주 동안 살펴본 사도행전 12장은 헤롯 아그립바 1세와 관련된 내용입니다. 이두매인이었던 헤롯은 유대인들의 환심을 사기 위해 사도 야고보를 참수형에 처해 버렸습니다. 사도 야고보의 죽음을 유대인들이 기뻐하는 것을 확인한 헤롯은 사도들 가운데 우두머리 격이었던 베드로마

저 투옥시켜 버렸습니다. 내친김에 베드로마저 죽여 유대인들의 환심을 확실하게 사두기 위함이었습니다. 그러나 베드로가 참수형을 당하기 전날 밤, 하나님께서 철통같은 경비의 감옥으로부터 베드로를 구출해 내셨습니다. 이튿날 베드로가 감쪽같이 사라져 버린 것을 확인한 헤롯은, 무고한 파수꾼들을 심문한 뒤에 죽여 버리고 말았습니다. 그리고 아무 일도 없었다는 듯이 가이사랴로 내려갔습니다. 가이사랴는 로마 황제가 신이 되어 인간의 경배를 받는, 황제의 논리가 세상을 압도하는 황제의 도시였습니다. 다시 말해 가이사랴는 스스로 하나님이 된 인간들이 욕망의 노예가 되어 오직 욕망의 논리를 좇는 욕망의 도시였습니다. 그 욕망의 도시 가이사랴로 내려간 헤롯은 스스로 하나님의 자리를 차지하고 앉았다가 하나님의 사자가 치시매, 비참하게도 벌레에 먹혀 죽어 버리고 말았습니다. 이처럼 사도행전 12장은 헤롯의 이야기가 주를 이루고 있습니다.

그런데 뜻밖에도 사도행전 12장의 마지막 구절인 본문 25절의 내용은 다음과 같습니다.

> 바나바와 사울이 부조하는 일을 마치고 마가라 하는 요한을 데리고 예루살렘에서 돌아오니라.

여기에서 사울은 바울의 옛 이름으로서, 이 구절은 지금까지 전개된 헤롯의 이야기와는 전혀 동떨어진 내용입니다. 이 구절은 내용상 사도행전 11장의 마지막 구절과 이어지는 것이 타당해 보입니다. 사도행전 11장의 마지막 단락은 이렇게 끝났습니다.

> 그때에 선지자들이 예루살렘에서 안디옥에 이르니 그중에 아가보라 하

는 한 사람이 일어나 성령으로 말하되 천하에 큰 흉년이 들리라 하더니 글라우디오 때에 그렇게 되니라 제자들이 각각 그 힘대로 유대에 사는 형제들에게 부조를 보내기로 작정하고 이를 실행하여 바나바와 사울의 손으로 장로들에게 보내니라(27-30절).

안디옥 교회 교인들이 대흉년을 당한 예루살렘 교인들을 위해 힘닿는 대로 구제금을 모아, 바울과 바나바로 하여금 직접 예루살렘 교회를 찾아가 전달케 하였습니다. 이것이 사도행전 11장의 마지막 내용입니다. 그리고 사도행전 12장 마지막 구절인 본문 25절은, 바울과 바나바가 그 임무를 완수하고 안디옥으로 귀환하였음을 밝혀 주고 있습니다. 따라서 사도행전 11장 마지막 구절과 12장 마지막 구절 사이에 기록되어 있는 사도행전 12장의 내용은, 모두 바울과 바나바가 예루살렘을 방문했을 때에 일어난 일처럼 여겨집니다. 즉 바울과 바나바가 구제금을 전하기 위해 예루살렘을 방문한 기간 중에 야고보 사도가 헤롯에 의해 참수형을 당하고, 뒤이어 투옥된 베드로가 구출되었으며, 황제의 도시 가이사랴로 내려간 헤롯이 그곳에서 벌레에 먹혀 죽은 것처럼 사도행전 12장이 전개되고 있습니다. 그러나 그것은 실제의 연대순을 따른 것은 아니었습니다.

19주 전 사도행전 11장 마지막 단락을 살펴볼 때 말씀드린 바와 같이, 로마 황제 글라우디오 통치 기간 중에 대흉년이 팔레스타인 지역을 휩쓴 것은, 주후 46년부터 48년 사이의 일이었습니다. 그러므로 바울과 바나바가 안디옥 교회 교인들의 구제금을 들고 예루살렘 교회를 찾은 것도 바로 그 시기였습니다. 그 반면에 헤롯 아그립바 1세가 죽은 해는, 그보다 앞선 주후 44년이었습니다. 대흉년이 예루살렘을 강타하기도 전에, 헤롯은 이미 가이사랴에서 벌레에 먹혀 죽어 더 이상 이 세상 사람이 아니었습니다. 그것은 바울과 바나바가 예루살렘 교회를 찾아가기 최소한 2년 전의 일이었습니다.

그렇다면 바울과 바나바가 안디옥 교회의 구제금을 예루살렘 교회에 전달하고 안디옥으로 귀환하였다는 본문 25절은, 그들이 구제금을 들고 예루살렘 교회를 찾아갔음을 증언하는 사도행전 11장 마지막 구절과 연결됨이 마땅하지 않겠습니까? 그런데도 사도행전을 기록한 누가가 응당 붙어 있어야 할 그 두 구절을 굳이 분리시키고, 그 중간에 연대순을 무시하면서까지, 최소한 2년 전에 죽은 헤롯의 이야기를 삽입한 이유가 무엇이었겠습니까?

사도행전 12장을 끝으로 사도행전의 카메라는 베드로로부터 바울에게로 이동합니다. 이 이후 사도행전 13장부터는, 사도행전 카메라의 초점이 바울에게만 맞춰지고 있습니다. 따라서 사도행전의 카메라가 이제부터 바울에게로 옮겨 감을 강조하기 위해, 누가가 사도행전 12장의 마지막 구절인 본문 25절에 바울의 이야기를 새삼스럽게 언급했을 수도 있습니다. 또 본문 25절은 바울과 바나바가 예루살렘에서 안디옥으로 귀환하면서 마가라는 청년을 대동하였음을 밝혀 주고 있습니다. 9주 전에 말씀드린 것처럼 마가는 바울과 바나바가 1차 선교 여행을 떠날 때 수행자였고, 그 이후에는 바울과 베드로의 동역자가 되었을 뿐 아니라 마가복음을 기록하기도 했습니다. 한마디로 그는 초대교회의 중요 인물이 된 청년이었습니다. 그 마가는, 감옥에서 극적으로 구출된 베드로가 곧장 찾아간 집의 아들이었습니다. 감옥에서 구출된 베드로는, 그때까지 교인들이 자신을 위해 기도하고 있던 마가라 하는 요한의 어머니 마리아의 집으로 갔음을 사도행전 12장 12절이 증언하고 있습니다. 마가는 흔히 우리가 '마가의 다락방'이라 부르는 바로 그 집 주인 마리아의 아들이었던 것입니다. 그래서 초대교회의 중요 인물이 된 마가가 바로 그 마가임을 밝히기 위해, 그의 집에 관한 이야기가 나오는 사도행전 12장의 끝부분에 그의 등장을 알리는 본문 25절을 붙였다고도 이해할 수 있습니다.

그와 같은 견해들은 충분히 일리가 있습니다. 그러나 우리는 누가가 본문 25절을 사도행전 11장에서 분리하여 굳이 사도행전 12장의 마지막 구절로 기록한, 보다 성경적인 해답을 본문 속에서 찾을 수 있습니다. 본문 20절에서 23절은, 가이사랴에서 비참하게 벌레에 먹혀 죽은 헤롯의 최후에 대한 증언입니다. 그리고 그에 뒤이은 24절의 증언은 다음과 같습니다.

> 하나님의 말씀은 흥왕하여 더하더라.

지난 시간에 살펴본 것처럼 헤롯은 하나님의 말씀을 철저하게 외면하고 살았지만, 그렇다고 하나님의 말씀마저 헤롯을 외면했던 것은 결코 아니었습니다. 헤롯의 삶 속에서도 하나님의 말씀은 예외 없이 흥왕하였습니다. 하나님의 말씀을 믿는 사람과 그 말씀을 외면했던 헤롯 간에 차이가 있다면, 하나님의 말씀을 믿는 사람의 삶 속에서 하나님의 말씀은 생명의 말씀으로 흥왕하지만, 하나님의 말씀을 외면했던 헤롯의 삶 속에서 하나님의 말씀은 저주와 심판의 말씀으로 흥왕했습니다. 가이사랴는 스스로 신의 자리에 앉는 황제의 논리가 세상을 압도하는 황제의 도시, 다시 말해 스스로 하나님이 된 인간들이 욕망에 눈이 멀어 오직 욕망의 논리를 좇는 욕망의 도시였습니다. 그 도시는 하나님의 말씀이 부재하는 곳, 하나님의 말씀이 통하지 않는 곳, 하나님의 말씀이 전혀 영향력을 미치지 못하는 곳인 것처럼 보였습니다. 그러나 그것은 인간의 착각이었을 뿐입니다. 하나님의 말씀은 황제의 도시인 가이사랴에서도 어김없이 흥왕하였습니다. 단지 흥왕한 하나님의 말씀의 의미가 달랐을 뿐입니다. 이 세상이 온통 하나님의 말씀으로 지어진 바에야, 이 세상 어디에선들 하나님의 말씀이 흥왕하지 않을 까닭이 없습니다. 단지 차이가 있다면 생명의 말씀으로 흥왕하냐, 아니면 저주와 심판의 말씀으로 흥왕하냐의 차이뿐입니다.

그렇다면 이제 우리는 사도행전 11장에 연결됨이 타당할 본문 25절이, 왜 연대순을 무시하면서까지 사도행전 12장 마지막 구절이 되었는지 그 이유를 알게 됩니다. '하나님의 말씀은 흥왕하여 더하였다'는 24절을 중심으로 그 이전의 헤롯과, 그 이후의 바울 일행을 우리에게 대조하여 보여 주기 위함입니다.

가이사랴에서 벌레에 먹혀 죽은 헤롯에게 하나님의 말씀은 저주와 심판의 말씀으로 흥왕하였습니다. 그 반면에 바울과 바나바, 그리고 마가에게는 하나님의 말씀이 생명의 말씀으로 흥왕하였습니다. 나아가 그들 자신이 하나님의 말씀의 통로였습니다. 그들이 어디로 가든지 그들을 통해 하나님의 생명의 말씀이 흥왕하였습니다. 그러므로 우리는 연대순을 무시하면서까지 '하나님의 말씀은 흥왕하여 더하였다'는 24절을 중심으로 헤롯과 바울 일행을 대조하여 보여 주고 있는 본문의 메시지를 깨달을 수 있습니다.

헤롯은 황제의 논리가 판을 치는 황제의 도시, 즉 욕망의 도시 가이사랴에서 로마 황제의 임명을 받은 분봉왕으로 군림하였습니다. 이를테면 그는 로마 총독을 비롯한 로마 관리들과 더불어 가이사랴의 주류를 이루고 있었습니다. 그는 가이사랴의 주류를 점한 자신의 지위와 기득권을 지키기 위해 온갖 불의를 마다하지 않았습니다. 사도 야고보를 참수형에 처하고 베드로마저 죽이려 했던 이유도 거기에 있었습니다. 오직 황제의 논리, 욕망의 논리를 좇아 수단과 방법을 가리지 않고서는 욕망의 도시 가이사랴의 주류에 편입될 수도 없고, 요행히 편입되었다 할지라도 주류의 자리를 지탱할 수 없었기 때문입니다.

　그 헤롯과 대비되는 25절의 바울과 바나바, 그리고 마가는 욕망의 논리와는 전혀 무관한 사람들이었습니다. 욕망의 논리가 인간을 압도하는 욕망의 도시 가이사랴는 애당초 그들의 인생 목적이 아니었습니다. 그들이 바보였기 때문입니까? 그들이 지혜로웠기 때문입니다. 욕망은 마치 속 빈 물거품과 같아 좇으면 좇을수록 삶의 실체는 실종되어 버립니다. 욕망은 쇠의 녹과 같아 쇠에서 나온 녹이 쇠를 갉아먹듯이, 인간 속에서 나온 욕망이 인간의 생명과 삶을 갉아먹고 맙니다. 욕망의 도시 가이사랴에서 헤롯이 벌레에 먹혀 죽었다는 것은, 결국 욕망의 노예였던 헤롯이 욕망이란 이름의 벌레에 먹혀 죽었음을 의미하기도 합니다. 이것을 아는 것이 지혜입니다. 이 지혜를 지닌 사람만 영원한 진리를 좇을 수 있습니다. 바울과 바나바 그리고 마가는 이 지혜를 지녔기에, 욕망의 논리가 인간을 압도하는 거대한 욕망의 도시 가이사랴 한가운데 있으면서도, 온 세상 사람들이 미친 듯이 추구하는 가이사랴의 주류 되기를 삶의 목적으로 삼지 않았습니다. 욕망의 도시 가이사랴에 관한 한, 그들은 철저하게 비주류였습니다. 가이사랴의 주류에 비한다면, 바울과 바나바 그리고 마가는 아무것도 내세울 것 없는 보잘것없는 존재에 지나지 않았습니다. 그러나 가이사랴의 주류였던 헤롯이 벌레에 먹혀 죽어 그에게 하나님의 말씀이 저주와 심판의 말씀으로 흥왕했던 반면에, 가이사랴의 비주류였던 바울 일행에게 하나님의 말씀은 생명의 말씀으로 흥왕하였고, 나아가 그들은 일평생 그 말씀의 통로로 쓰임 받았습니다.

　바로 이것이 본문이 우리에게 주고자 하는 메시지입니다. 이 세상이 온통 욕망의 논리가 판을 치는 거대한 가이사랴라고 했습니다. 이 거대한 욕망의 도시 가이사랴에서 가이사랴의 주류에 편입되는 것을 삶의 목적으로 삼은 사람에게는, 하나님의 말씀은 생명의 말씀으로 흥왕할 수가 없습니다. 그 사람에게 하나님의 말씀은, 욕망의 도시 가이사랴에서 주류가 되기 위한 수단 이상이 될 수 없기 때문입니다. 이 거대한 욕망의 도시 가이사랴에서 비주류로 살 용기를 지닌 사람에게만 하나님의 말씀은 생명의 말씀으로 흥왕할 수 있습니다. 바꾸어 말해 하나님의 말씀이 참되고도 영원한 생명의 말씀임을 경험한 사람은, 이 거대한 욕망의 도시 가이사랴에서 아무리 욕망의 논리가 판을 쳐도 오직 하나님의 말씀을 삶의 목적으로 삼는 가이사랴의 비주류가 될 수밖에 없습니다. 그 사람은 하나님의 말씀이 아니고는, 하루하루를 산다는 것은 물거품처럼 속 빈 욕망으로 인해 자기 삶의 실체를 상실하는 것이요, 쇠의 녹과 같은 욕망이란 이름의 벌레에 자기 생명이 갉아먹히는 것임을 아는 지혜로운 사람이기 때문입니다.

생각해 보십시오. 바울과 바나바 그리고 마가가 이 거대한 욕망의 가이사랴에서 가이사랴의 주류가 되는 것을 삶의 목적으로 삼았던들, 그들이 오늘까지 위대한 사도로, 마가복음과 신약성경의 기록자로 영원히 살아 있을 수 있겠습니까? 그들은 헤롯처럼 이미 2천 년 전에 욕망이란 이름의 벌레에 먹혀 흔적도 없이 사라져 버리고 말았을 것입니다. 그러고 보면 헤롯에게 하나님의 말씀이 심판과 저주의 말씀으로 흥왕했던 바로 그 가이사랴에서 하나님의 말씀이 생명의 말씀으로 흥왕했던 또 다른 사람을 우리는 이미 알고 있습니다. 사도행전 10장에 등장하는 고넬료입니다. 그는 가이사랴에 주둔하는 로마 군대의 백부장이었습니다. 백부장이란 군인 100명을 거느리는 초급 장교입니다. 이를테면 그는 황제의 도시 가이사랴에서 주류의 언저리에 겨우 들어간 사람입니다. 그에게 꿈이 있다면 당시 모든 군인의 꿈처럼, 하루속히 공을 세워 확실하게 주류에 편입되는 것이었을 것입니다. 그런데 그가 베드로를 통해 하나님의 말씀을 받고, 그리스도인이 되었습니다. 로마 군대의 장교라면 로마 황제를 신으로 경배해야 하는 사람입니다. 오직 황제의 논리에 충실한, 가이사랴의 신민이 되어야만 합니다. 그 고넬료가 자신을 위해 십자가에 못박혀 돌아가신 예수 그리스도 안에서 하나님의 신민이 되었습니다. 황제의 논리를 버리고 진리를 좇는 말씀의 사람이 된 것입니다. 그것은 백부장 고넬료로서는 가이사랴의 주류 되기를 포기하는 일이었습니다. 평생 비주류로 살아도 좋다는 의미였습니다. 그러나 그는 그 삶을 주저하지 않았습니다. 그래서 그에게는 하나님의 말씀이 생명의 말씀으로 흥왕했고, 그는 오늘도 사도행전을 통해 영원히 살아 있는 자신의 모습을 우리에게 자랑스럽게 보여 주고 있습니다.

주님께서 제자들에게 '너희에게 나는 누구냐'고 물으셨던 적이 있었습니다. 그 질문에 대해 베드로가 '주는 그리스도시요 하나님의 아들이시다'라고 고백했고, 주님께서는 베드로의 그 고백 위에 당신의 몸 된 교회를 세울 것을 선언하셨습니다. 중요한 것은 베드로의 그 고백과 주님의 선언이 있었던 곳이 빌립보 가이사랴였다는 사실입니다. 빌립보 가이사랴는 헤롯 대왕의 아들 헤롯 빌립이 이스라엘 북쪽 헤르몬Hermon 산 기슭에 로마 황제를 위해 건설한 도시입니다. 그는 자신의 아버지인 헤롯 대왕이 로마 황제를 위해 지중해 연안에 건설한 본문의 가이사랴와 구별하기 위해, 자신이 세운 도시의 이름에 로마 황제의 칭호와 자신의 이름을 동시에 붙여 빌립보 가이사랴라 불렀습니다. 지난 시간에 말씀드린 것처럼, 그 도시의 이름에 로마 황제의 칭호가 붙었다는 것은 그 도시 역시 로마 황제의 신전이 인간을 압도하는 황제의 도시였음을 의미합니다. 그 황제의 도시에 주님께서 제자들과 함께 나타나셨습니다. 웅장한 도시 규모와 그 속에 사는 세련된 사람들에 비한다면, 갈릴리 빈민 출신인 주님 일행의 행색은 보기에도 민망할 정도였을 것입니다. 그런데 주님께서는 바로 그 황제의 도시에서 '내가 누구냐'고 물으셨고, 베드로는 그 황제의 도시에서 '주는 그리스도시요 하나님의 아들이시다'라고 고백했습니다. 황제의 신전에서 인간의 경배를 받는 로마 황제가 하나님이 아니라, 비록 외견상 보잘것없어 보이지만 나사렛 예수 당신이 하나님이시라는 것이었습니다. 삼권을 장악하고 있는 로마 황제가 인간을 구원해 줄 그리스도가 아니라, 길이요 진리요 생명이신 나사렛 예수, 당신만이 참된 구원자이시라는 것이었습니다. 황제의 논리가 판을 치는 이 거대한 욕망의 도시 가이사랴에서 오직 나사렛 예수, 당신의 말씀을 좇아 살겠다는 것이었습니다. 욕망의 도시 가이사랴의 주류가 되기 위해 자기 욕망으로 자신의 생명을 어이없이 갉아먹는 어리석음을 버리고, 영원한 생명을 좇기 위해 기꺼이 가이사랴의 비주류로 살겠다는 것이었습니다. 주님께서는 베드로의 그 고백 위에 당신의 몸 된 교회를 세우셨습니다.

이처럼 교회는 자기 욕망을 위해 가이사랴의 주류가 되려는 사람들이 아니라, 영원한 생명을 위해 기꺼이 가이사랴의 비주류로 살기 원하는 용기 있는 사람들의 모임으로 시작되었습니다. 예루살렘에서 소수의 무리로 시작된 교회가 거대한 로마제국을 뒤집어 놓을 수 있었던 것은, 진리를 위해 기꺼이 욕망의 도시 가이사랴의 비주류가 되기를 마다치 않았던 그리스도인들을 통해 하나님의 말씀이 생명의 말씀으로 흥왕했기 때문입니다. 그러나 거대한 욕망의 도시 가이사랴에서 진리를 위해 욕망의 논리를 거스르는 비주류를 자처함으로 박해받던 기독교가, 로마제국의 국교가 되어 로마제국의 주류에 편입되기 시작하면서 교회는 생명력을 상실하였습니다. 그리스도인들 역시 거대한 욕망의 도시 가이사랴에서 가이사랴의 주류를 지향하는 것을 삶의 목적으로 삼았기에, 그들에게 하나님의 말씀이 생명의 말씀으로 흥왕할 수 없었기 때문입니다. 생명력을 상실한 교회는 거대한 권력기관 혹은 추악한 이해 집단과 구별되지 않았습니다. 그 이후 교회는 자기 욕망을 위해 가이사랴의 주류를 추구하는 길과, 영원한 생명을 위해 기꺼이 가이사랴의 비주류를 선택하는 길 사이를 마치 시계의 추처럼 오가면서, 생명력을 상실하고 회복하기를 반복해 온 것이 지난 2천 년에 걸친 교회 역사의 실상입니다.

오늘날 이 땅의 교회 역시 세상으로부터 심각한 비판에 직면해 있습니다. 세상은 더 이상 교회를 신뢰하지 않습니다. 교회가 이 세상을 새롭게 한다는 말을 세상은 도리어 비웃고 있습니다. 교회가 교회의 생명인 생명력을 상실해 버린 것입니다. 그 이유는 두말할 것도 없이 교회를 이루고 있는 우리 자신들이, 이 거대한 욕망의 도시 가이사랴에서 가이사랴의 주류가 되는 것을 삶의 목적으로 삼고 있기 때문이 아닙니까? 그렇다면 욕망의 도시 가이사랴에서 어이없이 욕망이라는 벌레에 먹혀 죽은 헤롯처럼, 우리 역시 하나님의 말씀 앞에서 결국엔 자기 욕망으로 파멸할 수밖에 없지 않겠습니까?

사랑하는 교우 여러분!

'하나님의 말씀은 흥왕하여 더하였다'는 24절을 중심으로 헤롯과 바울의 일행을 대조하여 보여 주는 오늘의 본문 앞에서 우리 자신을 되돌아보십시다. 하나님께서 우리를 헤롯처럼 파멸하라고 부르신 것이 아니지 않습니까? 바울과 바나바와 마가처럼 영원한 생명의 삶을 살도록 불러 주시지 않았습니까? 하나님을 믿는다면서도, 이 거대한 욕망의 도시 가이사랴에서 가이사랴의 주류가 되려는 삶보다 더 불행한 삶은 없습니다. 욕망은 밑 빠진 독과 같아서 절대적인 만족이 있을 수 없기에 거기에는 참된 행복도, 진정한 감사도, 영원한 기쁨도 있을 수 없습니다. 이제부터 우리 모두 영원한 생명의 삶을 위해, 욕망의 논리를 거스르는 가이사랴의 비주류가 되기를 자원하는 용기 있는 그리스도인들이 되십시다. 하나님께서 당신의 뜻을 위해 우리를 가이사랴의 주류로 사용하실 수도 있습니다. 그러나 어떤 경우에도 그 자체를 우리 삶의 목적으로 삼는 어리석음을 범하지는 마십시다. 그때에만 우리의 삶 속에는 하나님의 말씀이 생명의 말씀으로 흥왕할 것이요, 결과적으로 우리는 하나님의 사랑과 공의를 우리의 삶으로 실천하는, 이 시대를 살리는 진정한 그리스도인들이 될 것입니다. 잊지 마십시다. 하나님께서는 우리를 가이사랴의 주류가 아니라, 하나님 나라의 주류로 부르셨습니다.

하나님의 말씀은 이집트의 주류였던 파라오가 아니라, 비주류였던 모세를 도구 삼아 역사하셨습니다. 구약의 사울이 비주류였을 때 하나님께서는 그를 이스라엘 초대 왕으로 부르셨지만, 그가 자기 권력의 노예가 되어 스스로 주류가 되려 했을 때, 그는 스스로 자신의 목숨을 끊는 비참한 최후를 맞았습니다. 구약의 선지자들은 모두 그 시대의 비주류를 지향하는 사람들이었습니다. 신약시대라고 예외인 것은 아니었습니다. 예루살렘의 주류를 다 제쳐 놓고, 하나님의 말씀은 비주류였던 광야의 세례 요한에게 임하셨습니다. 주님께서는 갈릴리의 비주류들을 당신의 제자로 삼으셨고, 이 거대한 욕망의 도시 가이사랴에서 진리를 위해 기꺼이 비주류의 삶을 살겠다는 베드로의 고백 위에 당신의 교회를 세우셨습니다.

주님! 내가 주님을 믿는 그리스도인이면서도, 왜 내 삶 속에 참된 행복과 감사와 기쁨이 없는지, 왜 나의 삶이 무기력하기만 한지, 왜 나의 삶을 통해 주님의 생명이 역사하지 않는지, 이 시간에 그 이유를 깨닫게 해 주셔서 감사합니다. 주님을 믿는다면서도, 이 거대한 욕망의 도시 가이사랴에서 오직 욕망의 논리를 좇아 가이사랴의 주류 되기를 내 삶의 목적으로 삼아 온 나의 어리석음을 용서해 주십시오. 이렇게 살아서는 가이사랴의 헤롯처럼, 욕망이란 벌레의 밥으로 나의 인생이 허망하게 끝날 수밖에 없음을 잊지 말게 도와주십시오. 본문의 바울과 바나바 그리고 마가처럼 욕망의 논리를 거스르며, 이 거대한 욕망의 도시 가이사랴에서 기꺼이 비주류를 지향하는 용기 있는 그리스도인으로 살아가게 인도해 주십시오.

그리하여 하나님의 말씀이 생명의 말씀으로 흥왕하는 우리의 삶을 통해, 이 시대가 새로워지게 해주십시오. 이 거대한 욕망의 도시 가이사랴에서 욕망의 논리를 거슬러 하나님 나라의 주류로 살아가는 우리로 인해, 신뢰를 상실한 이 땅의 교회가 회복되게 해주십시오. 아멘.

38. 말씀은 흥왕하여 III

사도행전 12장 20-25절
헤롯이 두로와 시돈 사람들을 대단히 노여워하니 그들의 지방이 왕국에서 나는 양식을 먹는 까닭에 한마음으로 그에게 나아와 왕의 침소 맡은 신하 블라스도를 설득하여 화목하기를 청한지라 헤롯이 날을 택하여 왕복을 입고 단상에 앉아 백성에게 연설하니 백성들이 크게 부르되 이것은 신의 소리요 사람의 소리가 아니라 하거늘 헤롯이 영광을 하나님께로 돌리지 아니하므로 주의 사자가 곧 치니 벌레에게 먹혀 죽으니라 하나님의 **말씀은 흥왕하여** 더하더라 바나바와 사울이 부조하는 일을 마치고 마가라 하는 요한을 데리고 예루살렘에서 돌아오니라

저는 2남 5녀 집안의 막내아들로 태어났습니다. 제가 태어난 뒤 얼마 지나지 않아 형님이 세상을 떠났기에 저는 위로 누님을 다섯 분 둔 외아들이 되었습니다. 어릴 때부터 누님들 속에서 자란 탓이었는지, 저는 동네 친구들과 개인적으로 사귀는 것은 아무 문제가 없었지만, 여러 사람이 저를 주시하면

주눅이 들어 말을 할 수가 없었습니다. 그러다 보니 자연히 많은 사람들 앞에 서는 것을 두려워하게 되었습니다. 제가 유치원에 다닐 때였습니다. 성탄절이 가까워지자 어머님께서 성탄 전야 발표회에서 제가 인사말을 하기로 유치원 원장님과 약속했다고 말씀하셨습니다. 사람들 앞에 나선다는 것이 두려웠지만, 인사말 정도는 할 수 있겠다 싶어 어머님의 말씀에 순종하기로 했습니다. 저는 인사말을, 사람들 앞에서 "안녕하세요" 하고 인사만 하면 되는 줄로 생각했던 것입니다. 그다음 날부터 어머님께서는, 그때까지 한글도 깨치지 못한 제게 상당한 분량의 원고를 외우게 하셨습니다. 어머님께서 한 문장씩 불러 주시면 제가 복창하는 식이었습니다. 저는 매일 그 원고를 외우면서도 그 용도가 무엇인지는 알지 못했고, 또 알려고 하지도 않았습니다.

마침내 성탄 전야 발표회 날이 되었습니다. 어머님께서는 제게 비단으로 만들어진 한복에 색동두루마기까지 새로 지어 주셨습니다. 어머님의 손을 잡고 유치원에 가서야 저는 깜짝 놀라고 말았습니다. 제가 맡은 인사말이, 제가 생각했던 대로 '안녕하세요' 한마디하고 들어오는 것이 아니었습니다. 지난 며칠 동안 외웠던 그 긴 내용의 원고를 많은 사람들 앞에서 발표해야 하는 것이었습니다. 저는 어머님께 그런 인사말은 할 수 없다고 말씀드렸습니다. 이번에는 어머님께서 깜짝 놀라셨습니다. 순서지에 인쇄까지 되어 있는 저의 인사말이 불발에 그칠 경우 발표회가 낭패를 볼 것은 말할 것도 없고, 더욱이 어머님으로서는 그보다 더 큰 집안 망신이 없었기 때문입니다. 이미 유치원은 원생들과 부모들로 만석을 이루고 있었습니다. 어머님께서는 사람들이 눈치채지 못하도록 다급하게 저를 설득시키려 하셨습니다. 그러나 발표회 시작 10분 전까지 효과가 없자, 어머님께서는 어쩔 수 없다는 듯 저를 화장실로 데리고 가셨습니다. 그곳에서 저를 꼬집으며 온갖 협박과 회유를 다 하셨습니다. 어쩔 수 없이 저는 제 뜻과는 상관없이, 유치원을 가득 채운 그 많은 사람들 앞에서 그동안 외운 대로 인사말을 하게 되었습니다. 그러나 제대로 될 리가 없었습니다. 잔뜩 겁먹은 표정과 울먹이는 목소리의 제 말을 제대로 알아듣는 사람은 거의 없었습니다. 결국 사람 앞에 서기를 두려워하는 저의 나약함을 공개적으로 자연스럽게 고쳐 주시려던 어머님의 시도는 실패로 돌아갔고, 오히려 그 부작용으로 저는 사람들 앞에 서기를 더욱 두려워하게 되었습니다.

5년 후 초등학교 5학년이 되었을 때입니다. 제 아버님은 아주 엄한 분이셨습니다. 아버님 앞에서는 '아니오'가 있을 수 없었습니다. 무슨 말씀을 하시든 '예'라고 대답해야만 했습니다. 어느 날 아버님께서 "다음 달에 열릴 예정인 경상남도 주최 웅변대회에 너를 출전시키기로 하였으니 그리 알라"고 말씀하셨습니다. 그리고 며칠 후, 아버님께서는 당신이 손수 작성한 웅변 원고를 제게 건네주시며 이삼일 내에 외우게 하셨습니다. 원고를 다 외우자 아버님의 강훈련이 시작되었습니다. 어느 단어에서 호흡을 멈추어야 하는지, 어느 문장은 어떤 톤으로 말해야 하는지, 말하는 자세와 시선은 어떠해야 하는지, 매일 밤 고강도의 훈련이 되풀이되었습니다. 아버님의 지엄한 명령인지라 순종은 하면서도, 대회일이 가까워질수록 걱정은 태산같이 높아지기만 했습니다. 아무리 강훈련을 받는다 한들 막상 대회 당일 사람들 앞에 서면, 결과는 옛날 유치원 인사말 사건처럼 낭패 볼 것이 뻔했습니다. 도저히 못 하겠다는 말씀을 드리고 싶은 마음이 굴뚝같았지만, 대회 전날이 되기까지 엄한 아버님께 차마 그 말씀을 꺼내지 못한 채 저는 결국 마지막 밤을 맞았습니다. 두려움과 불안감으로 잠을 잘 수가 없었습니다. 거의 뜬눈으로 밤을 새운 저는 아침밥마저 제대로 먹을 수 없었습니다. 대회장으로 출발하기 전, 아버님께서 저를 아버님의 서재로 부르셨습니다. 아버님께서는 평소와는 달리 저를 당신의 무릎 위에 앉게 하셨습니다. 그리고 뒤에서 저를 감싼 자세로 제 앞에 성경책을 펴신 아버님께서 당신의 손가락으로 성경 구절을 가리키며 말씀하셨습니다.

"이 말씀은 하나님께서 여호수아에게 하신 말씀이다. 그러나 오늘 아침에는 하나님께서 네게 하시는 말씀이다. 네가 직접 읽어 보거라."

그 말씀은 여호수아 1장 5-6절 말씀이었습니다.

> 네 평생에 너를 능히 대적할 자가 없으리니 내가 모세와 함께 있었던 것 같이 너와 함께 있을 것임이니라 내가 너를 떠나지 아니하며 버리지 아니하리니 강하고 담대하라 너는 내가 그들의 조상에게 맹세하여 그들에게 주리라 한 땅을 이 백성에게 차지하게 하리라.

모태 신앙이었던 저는 어릴 적부터 교회학교에서 출애굽의 위대한 지도자 모세와, 그의 후계자이자 가나안 정복의 영웅이었던 여호수아에 대해서는 귀가 따갑도록 들어 익히 알고 있었습니다. 그러나 하나님께서 여호수아에게, 위대한 모세와 함께하셨던 것처럼 그와 함께하시리라고 말씀하셨다는 것은 그날 아버님의 무릎 위에서 처음 알았습니다. 하지만 그 말씀은 더 이상 여호수아를 위한 말씀이 아니었습니다. 아버님의 표현처럼, 그날 아침 그 말씀은 웅변대회를 앞두고 두려움에 사로잡혀 있는 저를 향한 하나님의 말씀이었습니다.

'재철아, 너를 능히 당할 자가 없을 것이다. 내가 모세와 함께 있었던 것처럼 너와 함께할 것이다. 내가 너를 떠나지 않고, 버리지 않을 것이다. 강하고 담대하라. 내가 오늘 네게 주기로 작정한 상을 네가 반드시 차지할 것이다.'

그 말씀을 읽는 제 마음과 귀에서 둥—둥—하며, 큰 북소리가 울렸습니다. 저는 그때까지 그렇게 큰 북소리를 들어 본 적이 없었습니다. 제가 말씀을 읽자 아버님께서 저를 꼭 껴안으시고 저를 위해 기도해 주셨는데, 그때도 그 북소리는 계속되었습니다. 그리고 집을 나서는데 놀랍게도 더 이상 두렵거나 불안하지 않았습니다. 중요한 사실은 그날 웅변대회를 무사히 치르고 우승컵을 안았다는 것이 아니었습니다. 그날 이후, 아무리 많은 사람들 앞에서도 제 의견을 거리낌 없이 표현할 수 있게 되었다는 것입니다. 어머님께서 유치원 인사말을 통해 고쳐 주려 하셨다가 실패한 제 두려움과 나약함을 하나님께서 당신의 말씀으로 치유하여 주신 것이었습니다. 제가 세상에 태어난 이래 초등학교 5학년이었던 그날 아침, 저는 아버님의 무릎 위에서 하나님의 말씀의 능력을 제 온몸으로 그렇게 처음 경험하였습니다. 그날 아침 하나님의 말씀의 능력이 저를 사로잡아 주시고 저의 두려움과 나약함을 치유하여 주시지 않았던들, 오늘 교우님들 앞에서 하나님의 말씀을 전하는 목사 이재철은 존재하지 않을 것입니다. 하나님의 말씀도 제대로 알지도 못하고, 하나님의 말씀을 한 번도 읽어 본 적도 없고, 하나님을 제대로 믿지도 않았던 초등학교 5학년의 삶 속에서도 이처럼 하나님의 말씀이 흥왕함으로 그 삶이 새로워질 수 있었다면, 하물며 하나님을 바르게 경외하는 사람의 삶 속에서야 두말해 무엇하겠습니까?

욕망의 도시 가이사랴에서 욕망에 눈이 멀어, 스스로 하나님의 자리를 차지하고 앉았던 헤롯은 비참하게도 벌레에 먹혀 죽어 버리고 말았습니다. 그러나 그 사실을 전해 주는 사도행전 12장의 마지막 구절인 본문 25절 말씀은 헤롯과는 전혀 상관없는 내용이었습니다.

바나바와 사울이 부조하는 일을 마치고 마가라 하는 요한을 데리고 예루살렘에서 돌아오니라.

여기에서 사울은 바울의 옛 이름이라고 했습니다. 안디옥 교회 교인들은 대흉년을 당한 예루살렘 교인들을 위해 모은 구제금을 바울과 바나바로 하여금 직접 예루살렘을 찾아가 전달하도록 했습니다. 본문 25절은, 그 임무를 완수한 바울과 바나바가 안디옥으로 귀환하면서 청년 마가를 대동하였음을 전해 주고 있습니다. 그러나 그것은 실제로는, 헤롯이 가이사랴에서 벌레에 먹혀 죽은 지 최소한 2년 후의 일이었습니다. 바울과 바나바가 안디옥 교회의 구제금을 들고 예루살렘을 찾아갔을 때, 헤롯은 이미 이 세상 사람이 아니었습니다. 따라서 본문 25절은 안디옥 교회가 바울과 바나바를 예루살렘으로 보내었음을 전해 주는 사도행전 11장에 연결되어야만 합니다. 그럼에도 사도행전을 기록한 누가가 그 구절을 연대순을 무시하면서까지 헤롯의 죽음을 다룬 사도행전 12장의 마지막 구절로 기록한 까닭은, 지난 시간에 살펴본 것처럼 본문 24절을 중심으로 헤롯과 바울 일행을 대조하여 보여 주기 위함이었습니다.

하나님의 말씀은 흥왕하여 더하더라.

이미 말씀드린 것처럼 헤롯의 삶 속에서도, 바울과 바나바 그리고 마가의 삶 속에서도 하나님의 말씀은 동일하게 흥왕하였습니다. 단지 흥왕한 말씀의 의미가 달랐을 뿐입니다. 욕망의 도시 가이사랴의 주류가 되기 위해 스스로 하나님이 되어 자기 욕망을 섬기던 헤롯의 삶 속에서 하나님의 말씀은 저주와 심판의 말씀으로 흥왕하였습니다. 그래서 그는 절대 권력을 지닌 제왕이었으면서도 비참하게 벌레에 먹혀 죽고 말았습니다. 그러나 욕망의 도시 가이사랴에서 가이사랴의 주류가 아니라 하나님 나라의 주류를 지향했던 바울과 바나바, 그리고 마가의 삶 속에서 하나님의 말씀은 생명의 말씀으로 흥왕하였습니다. 그들에게 비록 세상의 것들은 부족하기 짝이 없었지만, 그러나 그들은 세상의 것들을 부러워하거나 목적으로 삼지 않았습니다. 그들에게는, 언젠가는 썩어 없어질 세상의 것들과는 결코 견줄 수 없는 영원하신 하나님의 말씀이 흥왕했기 때문입니다.

  그들에게 하나님의 말씀은 추상적인 이론이거나 혹은 모호한 상상력의 산물이 아니었습니다. 그들에게 하나님의 말씀은 하나님의 생명이었고, 하나님의 능력이었으며, 하나님의 사랑이었습니다. 그 말씀은 먼저 그들을 새롭게 했고, 그들을 통로로 삼아 세상을 새롭게 했습니다. 그들이 위대해서가 아니라, 그들의 삶 속에서 흥왕했던 하나님 말씀의 생명과 능력과 사랑으로 인함이었습니다. 그들의 삶 속에서 하나님의 말씀이 얼마나 흥왕했던지 마가는 마가복음을 기록하였고, 바울은 혼자 신약성경 4분의 1 이상을 기록하였습니다. 그리고 그 말씀의 증인이었던 바나바는 하나님의 말씀인 사도행전의 주요 인물이 되었습니다. 거대한 욕망의 도시 가이사랴에서 그들은 헤롯에 비해 보잘것없어 보였지만, 그러나 하나님의 말씀 속에서 하나님 나라의 영원한 주류가 된 그들이야말로 벌레에 먹혀 죽은 헤롯이 감히 넘볼 수 없는, 진정으로 부요한 사람들이었습니다.

  유럽 성당들의 유리창은 모두 스테인드글라스로 만들어져 있습니다. 그러나 성당 밖에서는 스테인드글라스의 아름다움을 확인할 수 없습니다. 밖에서 보는 스테인드글라스는 잿빛의 유리로 아름답기는커녕 오히려 어둡고 칙칙하게 보일 뿐입니다. 스테인드글라스의 아름다움은 성당 안에서만 확인할 수 있습니다. 성당 안에서 외부의 빛에 투영되는 스테인드글라스는 얼마나 아름다운지 보는 이의 경탄을 자아내게 합니다. 하나님의 말씀도 이와 같습니다. 사람들은 하나님의 말씀을 좇는 삶은 따분하고, 재미도 없고, 무미건조할 것이라고 여깁니다. 그것은 하나님의 말씀을 밖에서만 보기 때문입니다. 하나님의 말씀은 관찰이나 감상의 대상이 아닙니다. 하나님의 말씀은 그 말씀 속으로 들어가야만 합니다. 하나님의 말씀 속으로 들어갈 때에만 성령님의 빛에 의해 그 말씀의 아름다움을, 그 말씀의 생명을, 그 말씀의 능력을 확인하고, 그 말씀을 좇아 사는 것만이 영원히 아름다운 삶임을 알게 됩니다. 그 말씀의 흥왕함 속에서 살았던 마가는 마가복음에 하나님의 말씀을 다음과 같이 기록하였습니다.

> 갈릴리 해변으로 지나가시다가 시몬과 그 형제 안드레가 바다에 그물 던지는 것을 보시니 그들은 어부라 예수께서 이르시되 나를 따라오라 내가 너희로 사람을 낚는 어부가 되게 하리라 하시니 곧 그물을 버려두고 따르니라(막 1:16-18).

주님께서 시몬, 즉 베드로 형제를 부르시는 장면에 대한 마가의 증언입니다. 갈릴리의 어부였던 베드로 형제는 '나를 따르라'는 주님의 말씀 한마디에 그들의 생업을 버리고 주님을 좇기 시작했습니다. 베드로 형제가 대단한 의지와 결단력을 지녔기 때문이었습니까? 그게 아니었습니다. 주님의 말씀이 부르시는 능력을 지니고 있었기 때문입니다. 하나님의 말씀이 육신을 입고 이 땅에 오신 분이 바로 나사렛 예수, 주님이셨습니다. 그러므로 주님의 말씀이 곧 하나님의 말씀이셨습니다. 그 말씀이 주님을 대적하던 바울에게 임했을 때, 바울은 가이사랴의 주류를 지향하던 삶을 버리고 주님을 향해 돌아서지 않을 수 없었습니다.

> 한 나병 환자가 예수께 와서 꿇어 엎드려 간구하여 이르되 원하시면 저

를 깨끗하게 하실 수 있나이다 예수께서 불쌍히 여기사 손을 내밀어 그에게 대시며 이르시되 내가 원하노니 깨끗함을 받으라 하시니 곧 나병이 그 사람에게서 떠나가고 깨끗하여진지라(막 1:40-42).

주님께서 한센병자에게 "깨끗함을 받으라"고 말씀하시는 순간, 썩어 문드러지던 그의 몸이 깨끗하게 회복되었음을 마가는 증언하고 있습니다. 주님의 말씀이 지닌 치유의 능력으로 인함이었습니다. 주님께서는 공연히 인간을 부르시지 않습니다. 주님께서 당신의 말씀으로 인간을 부르시는 것은, 자기 욕망으로 썩어 문드러져 가던 인간의 육체와 영혼을 치유해 주시고, 새로운 삶을 살 수 있도록 바로 세워 주시기 위함입니다.

예수께서 헌금함을 대하여 앉으사 무리가 어떻게 헌금함에 돈 넣는가를 보실새 여러 부자는 많이 넣는데 한 가난한 과부는 와서 두 렙돈 곧 한 고드란트를 넣는지라 예수께서 제자들을 불러다가 이르시되 내가 진실로 너희에게 이르노니 이 가난한 과부는 헌금함에 넣는 모든 사람보다 많이 넣었도다(막 12:41-43).

당시의 화폐는 지폐가 아니라 모두 금속으로 만든 주화였습니다. 또 지금과 같은 헌금 봉투도 없었으므로, 사람들은 누가 헌금함에 어떤 주화를 넣는지 다 볼 수 있었습니다. 부자들은 보라는 듯이 금화와 은화를 당당하게 넣었습니다. 그러나 가난한 과부는 남 보기에 부끄러운 듯, 겨우 동전 한 닢만을 넣었습니다. 그런데도 주님께서는 그 과부를 가리켜 '네가 최고'라고 격려해 주셨습니다. 주님의 평가는 상대적인 평가가 아니라, 인간의 중심에 대한 절대적 평가이기 때문입니다. '네가 최고'라는 주님의 격려 속에서 그 가련한 과부의 삶의 의미가 새로워졌을 것임은 두말할 나위도 없습니다.

하나님의 말씀은 이처럼 욕망의 도시 가이사랴의 주류를 지향하는 죄와 사망의 길로부터 인간을 생명의 길로 불러 주시는 능력의 말씀이요, 인간을 영육 간에 회복시켜 주시는 치유의 말씀이요, 허물 많은 인간이 하나님의 자녀답게 살아갈 수 있도록 끊임없이 격려해 주시는 사랑의 말씀입니다. 연약한 인간은 오직 그 말씀을 힘입어서만 하나님의 자녀답게 살아갈 수 있습니다. 그래서 그 말씀의 흥왕함 속에서 살았던 바울은 이렇게 고백했습니다.

> 항상 기뻐하라 쉬지 말고 기도하라 범사에 감사하라 이것이 그리스도 예수 안에서 너희를 향하신 하나님의 뜻이니라(살전 5:16-18).

바울은 세속적인 부귀영화를 누린 적이 없었습니다. 그는 물질적으로는 가난했고, 끊임없는 박해 속에서 그의 삶은 고달팠고, 끝내는 비참하게 참수형을 당해 죽어야만 했습니다. 그럼에도 그는 항상 기뻐했고, 범사에 감사하는 기도의 삶을 중단치 않았습니다. 그가 늘 하나님의 말씀 속에서 살았기 때문입니다. 그가 하나님의 말씀 속에서 살아갈 때 그에게 하나님의 말씀은 그를 날마다 보다 성숙한 삶의 자리로 불러 주시는 능력의 말씀으로, 어제보다 더 새롭고도 강건하게 그를 회복시켜 주시는 치유의 말씀으로, 그의 모든 허물에도 불구하고 늘 그를 격려해 주시는 사랑의 말씀으로 흥왕했습니다. 바울은 하나님의 그 말씀을 힘입어, 자신의 삶을 한순간도 흩날려 버림이 없이 언제나 영원으로 건져 올리는 하나님 나라의 주류로 살 수 있었기에, 그는 어떤 상황 속에서도 항상 기뻐하고 범사에 감사하는 믿음의 삶을 살 수 있었습니다.

'하나님의 말씀은 흥왕하여 더하였다'는 24절을 중심으로 헤롯과 바울 일행을 대조하여 보여 주는 오늘의 본문 앞에서, 우리 자신을 다시 한 번 되돌아보십시다. 하나님께서 우리를 헤롯처럼, 자기 욕망이라는 벌레에 스스로 먹혀 죽는 어리석은 인간이 되라고 부르신 것은 아니지 않습니까? 바울과 바나바와 마가처럼, 하나님의 말씀 속에서 영원한 생명의 삶을 살도록 우리를 불러 주시지 않았습니까? 그렇다면 우리가 더 이상 우리의 생명을 자기 욕망이라는 벌레에 갉아먹히는 어리석은 헤롯으로 살 수는 없지 않겠습니까?

서두에 말씀드린 것처럼, 저는 초등학교 5학년 때에 제 속에서 흥왕하는 하나님의 말씀을 체험하였습니다. 하나님의 말씀은 성경 속의 문자나, 교회학교 선생님의 이야기 속에 갇혀 있지 않았습니다. 그날 제게 하나님의 말씀은 사람 앞에 서기를 두려워하던 나약한 저로 하여금, 누구 앞에서든 거리낌 없이 말할 수 있게끔 저를 바로 세워 주시는 능력과 생명의 말씀이었습니다. 그로부터 2년 후인 중학교 1학년 때 저는 하나님 말씀의 능력을 다시 경험하였습니다. 어릴 때부터 잦은 속병으로 시달리던 제 소화기관이 하나님 말씀의 은혜 속에서 완전히 회복된 것이었습니다. 하나님의 말씀이 열세 살에 불과하던 제 몸속에서 저를 고치시는 치유의 능력으로 다시 흥왕한 것이었습니다. 이처럼 저는 열세 살이 되기까지 두 번씩이나 하나님 말씀의 능력을 온몸으로 경험하였으면서도, 하나님의 말씀 속에서 살려 하지는 않았기에 저는 그 이후 오랫동안, 저의 귀한 생명을 욕망이라는 벌레에 갉아먹히는 어리석은 삶을 살아야만 했습니다. 그러나 하나님께서는 저를 버리지 않으시고, 제 나이 서른여섯 살이 되던 해 저를 또다시 사로잡아 주셨습니다. 그날에도 제 귀와 마음속에서는, 그 옛날 아버님의 무릎 위에서 들었던 북소리가 울렸습니다. 그날 이후 제가 이런 모습으로 살 수 있게 된 것은 절대로 제가 잘나서가 아닙니다. 저는 여전히 형편없는 인간이지만, 제 삶 속에서 흥왕하는 하나님의 말씀으로 인함입니다.

사랑하는 교우 여러분!

하나님의 말씀은 관찰이나 감상의 대상이 아닙니다. 우리 모두 하나님의 말씀 속으로 뛰어드십시다. 성령님의 빛 속에서 하나님의 영원하신 말씀에 우리의 삶을 온전히 의탁하십시다. 그때 비록 우리가 보잘것없는 존재라 할지라도, 하나님의 말씀은 날마다 우리를 보다 성숙한 믿음의 삶으로 불러 주시는 능력의 말씀으로 흥왕할 것입니다. 그 말씀은, 연약한 우리를 영육 간에 강건하게 세워 주시는 치유의 말씀으로 흥왕할 것입니다. 그 말씀은, 허물투성이인 우리를 향해 '네가 최고'라고 우리를 격려해 주시는 사랑의 말씀으로 흥왕할 것입니다. 그래서 우리는 그 말씀을 힘입어, 결국엔 욕망이라는 벌레에 먹혀 죽는 허망한 가이사랴의 주류가 아니라, 바울과 바나바 그리고 마가처럼 우리 시대를 새롭게 하는 하나님 나라의 영원한 주류가 될 것입니다.

> 헤롯처럼 하나님의 말씀을 관찰하고 감상만 하느라, 자기도 모르게 자기 욕망이라는 벌레에 갉아먹히는 어리석은 인간이 되지 말게 해주십시오. 하나님께서 우리에게 주신 말씀 속으로 들어가, 그 말씀 안에서 살게 해주십시오. 그 말씀이, 보다 성숙한 믿음의 삶으로 매일 나를 부르시는 능력의 말씀임을 경험하게 해주십시오. 그 말씀이, 나를 영육 간에 강건하게 세워 주시는 치유의 말씀임을 체험하게 해주십시오. 그 말씀이, 허물투성이인 내 삶을 격려해 주시는 사랑의 말씀임을 확인하게 해주십시오.

우리에게 날마다 흥왕하는 그 말씀 속에서 항상 기뻐하고 범사에 감사하는 우리의 삶이 하나님의 아름다운 예술품이 되게 해주시고, 우리 모두 이 시대를 새롭게 하는 하나님 나라의 영원한 주류로 살아가게 해주십시오. 아멘.

39. 바나바와 사울이 마가를

사도행전 12장 20-25절

헤롯이 두로와 시돈 사람들을 대단히 노여워하니 그들의 지방이 왕국에서 나는 양식을 먹는 까닭에 한마음으로 그에게 나아와 왕의 침소 맡은 신하 블라스도를 설득하여 화목하기를 청한지라 헤롯이 날을 택하여 왕복을 입고 단상에 앉아 백성에게 연설하니 백성들이 크게 부르되 이것은 신의 소리요 사람의 소리가 아니라 하거늘 헤롯이 영광을 하나님께로 돌리지 아니하므로 주의 사자가 곧 치니 벌레에게 먹혀 죽으니라 하나님의 말씀은 흥왕하여 더하더라 **바나바와 사울이** 부조하는 일을 마치고 **마가라 하는 요한을** 데리고 예루살렘에서 돌아오니라

미국에 살고 있는 한인들 사이에 회자되는 이야기 중에 이런 이야기가 있습니다. 미국에 이민 오는 사람이 미국 공항에 도착하여 누구를 처음 만나느냐에 따라 그 사람의 직업이 결정되기 쉽다는 것입니다. 이를테면 한국에서 갓 도착한 이민자를 미국 공항에서 처음 영접한 사람이 세탁소 경영자면

그 이민자 역시 세탁소 경영자가 되고, 슈퍼 경영자가 영접했다면 그 이민자도 슈퍼 경영자가 되기 쉽다는 것입니다. 전문직 이민자가 아닌 경우에는 미국 땅에서 뿌리를 내리기까지 모든 면에 걸쳐, 자신이 미국에서 처음 만난 사람의 영향을 받지 않을 수 없습니다. 첫발을 내디딘 이국땅에서 모험을 하기에는 위험 부담이 너무 크기 때문입니다. 그러므로 자신이 처음 만난 사람의 경험을 좇아 그의 직업이나 직종을 자연스레 따르게 되는 것은, 자신이 책임져야 할 가족의 안정을 위한 불가피한 선택일 수 있습니다.

첫 이민자는 직업의 선택뿐 아니라, 직업을 수행하는 방법 또한 자신이 처음 만난 사람으로부터 자유로울 수 없습니다. 가령 이민자가 미국에서 처음 만난 사람이 성실하게 미국의 법을 좇아 세탁소나 슈퍼를 경영하는 사람이라면, 그와 동일한 직업이나 직종을 선택한 이민자 또한 그렇게 살아갈 것입니다. 그러나 처음 만난 사람이 목전의 이득을 위해 탈법과 불법을 개의치 않는 사람이라면, 이민자 역시 그의 삶을 당연한 듯 답습하게 될 것입니다.

그러나 이것은 비단 미국에만, 그리고 미국으로 이주한 이민자에게만 국한된 이야기가 아닙니다. 우리가 살고 있는 한국을 비롯하여, 인간이 사는 곳이라면 어디에서든 공통적으로 해당되는 이야기입니다. 이 세상에 태어난 인간이 어떤 부모를 만나느냐에 따라 그의 가치관이 달라집니다. 부모가 일평생 욕망의 노예로 사는 사람이냐, 혹은 영원한 가치를 지향하는 사람이냐에 따라 자식의 삶의 방향과 수준과 질과 의미가 갈라지게 됩니다. 동네에서, 혹은 학교에서 어떤 친구를 만나느냐에 따라 인생이 달라지기도 합니다. 태어나서부터 폭력배가 되기 원하는 사람은 없습니다. 그러나 폭력배를 만나 친하게 어울리다 보면 자신도 모르게 폭력에 의존하는 사람이 되기 십상입니다. 직장에서 어떤 상사나 동료를 만나느냐에 따라 성실한 직장인이 될 수도 있고, 적당하게 눈치만 보면서 사는 기회주의자가 될 수도 있습니다. 세상에서 어떤 사람들을 만나느냐에 따라 이 세상을 바르게 세워 가는 사람이 될 수도 있고, 자기 손으로 이 세상의 질서를 허무는 사람도 될 수 있습니다. 교회에서 누구를 만나느냐에 따라 매 순간을 영원으로 건져 올리는 참된 그리스도인이 될 수도 있고, 선데이 크리스천으로 만족할 수도 있습니다.

이처럼 인간이 있는 곳이라면 어느 곳에서든 인간 간의 만남은 중요합니다. 인간 간의 만남이 당사자들을 살릴 수도 있고, 반대로 죽일 수도 있기 때문입니다.

우리가 4주째 살펴보고 있는 본문은 두 부류의 사람을 대조하여 보여 주고 있습니다. 먼저는 본문 20-23절에 등장하는 헤롯 아그립바 1세입니다. 그는 거대한 욕망의 도시 가이사랴에서 스스로 하나님이 되어 오직 욕망만을 섬기던 욕망의 노예였습니다. 자신의 욕망을 위해서라면 수단과 방법을 가리지 않는 그에게 선과 의, 사랑과 자비, 진리와 영원은 관심 밖의 사항이었습니다.

그와 같은 헤롯에게 인간은 어떤 의미였겠습니까? 자기 욕망을 위한 이용의 대상이었을 뿐입니다. 그는 위로는 로마 황제를 이용하여 자신의 왕권을 보장받았고, 아래로는 백성들을 이용하여 왕좌를 지켰습니다. 자신을 제외한 다른 사람의 존엄성이나 인권은 그의 안중에도 없었습니다. 그에게 인간은 자신의 욕망을 채우기 위한 소모품에 지나지 않았습니다. 그는 유대인들의 환심을 사기 위해 사도 야고보를 참수형에 처해 버렸습니다. 그가 유대인들을 사랑했거나, 사도 야고보가 죽어 마땅한 범죄를 저질렀기 때문임이 전혀 아니었습니다. 유대인들이 증오하는 교회의 지도자를 죽임으로, 이방인인 이두매인으로서 유대인의 왕좌를 차지한 자신의 약점을 교묘하게 은

폐하기 위함이었습니다. 그는 자신의 왕권을 더욱 공고히 하기 위해 내친김에 사도들의 우두머리 격이었던 베드로마저 죽이기 위해 투옥시켰습니다. 그러나 베드로를 처형하기 전날 밤 하나님께서 베드로를 감옥에서 구출하심으로 그의 계획이 실패로 돌아가자, 그는 무고한 파수꾼들을 죽여 버렸습니다. 단지 자신의 마음에 들지 않는다는 이유만으로, 이스라엘에 전적으로 식량을 의존하던 두로와 시돈에 대한 식량 공급을 하루아침에 중단하여, 그곳에 살고 있는 수많은 주민들을 죽음의 위협 속에 몰아넣기도 했습니다. 더욱이 그는 자신을 향해 신이라 칭송하는 박수 부대의 환호를 당연한 듯 즐겼습니다. 한마디로 모든 인간을 자기 욕망을 위한 이용의 대상으로만 대하는 헤롯에게, 인간과의 만남은 인간을 이용하기 위한 수단 이상의 의미는 없었습니다.

그렇다면 헤롯이 비록 절대 권력은 지녔을망정, 그 역시 그가 만난 사람들에게 일평생 이용당하며 살았을 수밖에 없습니다. 사람을 이용하려고만 하는 사람 곁에는, 바로 그 사람을 이용하려는 사람들만 포진하기 마련이기 때문입니다. 인간을 단지 이용의 대상으로만 간주하던 헤롯은, 자기 욕망을 위해 인간의 목숨을 파리 목숨처럼 여기던 포악하고 잔인하며 오만한 인간이었습니다. 그러나 그가 지닌 절대 권력으로 인해 어쩔 수 없이 그의 곁에 있거나 그를 만나야 하는 사람에게는, 그를 이용하는 만남 이외에 그와 어떤 진지한 만남이 가능할 수 있었겠습니까? 어떤 사람은 헤롯을 이용하여 큰 벼슬을 얻었을 수 있습니다. 어떤 사람은 헤롯을 이용하여 큰돈을 벌었을 수도 있습니다. 어떤 사람은 헤롯을 이용하여 자신의 정적을 제거했을 수도 있습니다. 그들 역시 절대 권력을 지닌 헤롯을 이용하기 위해 그들 나름대로 수단과 방법을 가리지 않았을 것입니다. 헤롯 앞에서 자주 비굴하고, 아부하기를 밥 먹듯 하고, 목적을 위해 거짓도 서슴지 않았을 것입니다.

그러다가도 변덕스런 헤롯으로 인해 몰락한 사람도 부지기수였을 것입니다. 그러므로 헤롯과 헤롯이 만난 사람들, 헤롯을 만난 사람들과 헤롯, 그들의 만남은 결국 서로를 죽이는 만남이었을 뿐입니다. 인간이 인간을 서로 이용하기만 하는 욕망을 토대로 한 만남은, 그 만남을 통해 인간의 욕망을 성취할 수는 있으나, 그런 만남 속에는 참되고도 영원한 생명이 깃들 수 없기 때문입니다. 일평생 수많은 사람과의 만남을 통해 수많은 사람을 이용하면서 욕망은 이루었는데, 그 결과가 고작 공동묘지에서 한 줌의 흙으로 허망하게 끝나 버린다면, 그런 만남은 차라리 아니 만남만 못하지 않겠습니까?

헤롯의 만남과는 전혀 대조되는 만남은 본문 25절에서 확인할 수 있습니다.

> 바나바와 사울이 부조하는 일을 마치고 마가라 하는 요한을 데리고 예루살렘에서 돌아오니라.

본문에는 세 사람이 등장하고 있습니다. 바나바와 사울, 그리고 마가라 하는 요한입니다. 사울은 바울의 옛 이름이라고 했습니다. 그리고 마가라 하는 요한이 두 개의 이름을 가진 것은 당시 이스라엘이 로마제국의 식민지였기에, 그가 로마식 이름과 히브리식 이름을 동시에 지녔기 때문이라고 했습니다. 이 시간에는 편의상 우리에게 잘 알려진, 그의 로마식 이름인 마가라 부르기로 하겠습니다. 안디옥 교회는 대흉년을 당한 예루살렘 교인들을 위해 모은 구제금을 바울과 바나바로 하여금 직접 예루살렘을 찾아가 전달케 했습니다. 그 임무를 완수한 바울과 바나바가 안디옥으로 귀환하면서 청년 마가를 대동하였음을 본문은 전해 주고 있습니다. 이처럼 세 사람이 등장하는 본문 속에서 우리는 세 사람 이상의 만남을 확인할 수 있습니다.

첫째는, 바울과 바나바의 만남입니다. 다메섹 도상에서 회심한 바울이 몇 년 만에 예루살렘으로 되돌아갔을 때, 예루살렘의 그리스도인들은 바울의 회심을 믿어 주지 않았습니다. 교회를 박해하던 그의 전력을 알고 있는 예루살렘의 그리스도인들은 그의 회심을, 교회를 일망타진하기 위한 위장 전술로 여겼습니다. 그때 바울의 회심의 진정성을 사도들에게 보증해 준 사람이 바나바였습니다. 그 이후 바울이 고향 다소에서 마치 실패자처럼 무려 13년 동안이나 칩거해야만 했을 때, 목회 경험이 전무한 바울을 안디옥 교회의 공동 목회자로 불러낸 사람도 바나바였습니다. 만약 바울의 인생에서 바나바와의 만남이 없었던들, 우리에게 알려진 바대로의 위대한 사도 바울은 존재할 수 없었을 것입니다. 바울의 인생에서 바나바와의 만남은 그 정도로 절대적이었습니다. 그런 만큼 그 만남은 바나바에게도 절대적이었습니다. 바나바를 만난 바울이 세계의 역사를 뒤바꾸어 놓는 위대한 사도가 됨으로 인해, 그 바울의 믿음을 보증하고 또 그를 목회자로 불러낸 바나바 역시 사도행전의 주요 인물로 부상할 수 있었습니다.

둘째는, 바울과 바나바 그리고 마가의 만남입니다. 예루살렘은 초대교회의 총 본산지로서, 어느 곳보다 그리스도인의 수가 많은 곳이었습니다. 예루살렘의 그 많은 그리스도인들 가운데 바울과 바나바는 유독 청년 마가를 선택하여 안디옥으로 귀환하였습니다. 마가는 바나바의 사촌 동생이었으므로, 바울과 바나바가 마가를 선택한 데에는 바나바와의 혈연관계가 작용하였다고도 생각할 수 있습니다. 그러나 세상 사람들이 사촌이라는 이유만으로 무조건 신뢰하는 것은 아닙니다. 다른 사람보다 서로 더 잘 알 수 있는 사촌지간이기에 오히려 더 불신하는 경우도 허다합니다. 중요한 것은 바울과 바나바가 마가를 선택한 이유가 아니라, 그 만남의 결과입니다. 그 만남으로 인해, 이미 우리가 잘 알고 있는 것처럼 마가는 바울과 바나바의 첫 번째 선교 여행의 수행자가 되었고, 그 이후에는 복음서인 마가복음의 기록자가 되었습니다. 첫 번째 선교 여행 시 마가의 경솔한 행동으로 인해 한때 바울과 마가의 관계가 소원해지기도 했지만, 나중에 마가는 바울에게 유익한 동역자가 되었습니다. 그 자랑스러운 사촌 동생 마가로 인해 바나바가 큰 긍지를 느꼈을 것임은 두말할 나위가 없습니다.

셋째는, 마가와 마가 부모의 만남입니다. 사도행전 12장 12절은, 오늘의 본문에 등장하는 마가의 어머니 마리아를 미리 우리에게 소개해 주었습니다.

> 이에 베드로가 정신이 들어 이르되 내가 이제야 참으로 주께서 그의 천사를 보내어 나를 헤롯의 손과 유대 백성의 모든 기대에서 벗어나게 하신 줄 알겠노라 하여 깨닫고 마가라 하는 요한의 어머니 마리아의 집에 가니 여러 사람이 거기에 모여 기도하고 있더라(11-12절).

하나님의 섭리에 의해 감옥에서 극적으로 구출된 베드로는 즉각 마가의 어머니 마리아의 집으로 갔습니다. 그 집은, 그 집의 여주인인 마리아가 초대교회를 위한 예배와 기도 처소로 제공한 집이었습니다. 흔히 '마가의 다락방'으로 불리는 그 집은 주님께서 제자들과 최후의 만찬을 가지셨던 집이요, 부활하신 주님께서 제자들에게 부활하신 당신을 몸소 보여 주셨던 곳이요, 오순절에 성령님께서 강림하셨던 곳이었습니다. 이를테면 그 집은 주님과 밀접한 관계를 지닌 집이었습니다. 11주 전에 12절을 살펴볼 때 말씀드린 것처럼, 그 집을 애초 주님을 위해 내어놓았던 사람은 생전의 마가의 아버지였습니다. 마가의 아버지는 주님을 위해 자신의 집을 기꺼이 내어놓았고, 그가 하나님 나라의 필요에 의해 이 세상을 먼저 떠난 후에는, 뒤에 남은 그의 아내 마리아가 남편의 신앙 유지를 받들어 그 집을 초대교회의 예배와 기도 처소로 계속 제공했습니다. 이처럼 마가의 부모는 오직 주님 중심으로 사는 신실한 그리스도인들이었고, 그 부모 슬하에서 자란 마가가 젊은 시절에 잠깐의 실수는 있었지만 끝내 초대교회의 주요 인물로 우뚝 선 것은 조금도 이상한 일이 아니었습니다.

이상 살펴본 것처럼 본문 25절에서 확인할 수 있는 바울과 바나바의 만남, 바울과 바나바 그리고 마가의 만남, 마가와 마가 부모의 만남은 모두 서로를 살리고, 나아가 세상을 살리는 생명의 만남이었습니다. 앞에서 확인한 헤롯과 그 주위 사람들의 만남과는 본질적으로 달랐습니다. 그 본질적인 차이는 어디에서 유래했겠습니까? 본문 25절에서 확인할 수 있는 만남은 모두 주님과의 만남 속에서 이루어진 만남이었습니다. 이미 언급한 바울과 바나바, 마가와 마가의 부모에게는 한 가지 공통점이 있었습니다. 그들은 모두 예수 그리스도를 만난 사람들이었습니다. 예수 그리스도 안에서 예수 그리스도의 생명을, 예수 그리스도의 사랑을, 예수 그리스도의 진리를 만난 사람들이었습니다. 예수 그리스도의 생명과 사랑과 진리의 토대 위에서 바울과 바나바가 만났기에, 그들의 만남에는 생명이 넘쳤습니다. 예수 그리스도의 생명과 사랑과 진리의 토대 위에서 바울과 바나바가 마가를 만났기에, 그들의 만남에는 사랑이 충만했습니다. 예수 그리스도의 생명과 사랑과 진리의 토대 위에서 마가가 마가의 부모를 만났기에, 그 만남을 통해 진리의 말씀인 마가복음이 잉태된 것은 너무나도 당연한 일이었습니다. 예수 그리스도와의 만남을 떠나서는 결코 있을 수 없는 일들이었습니다.

인류 최초의 만남은 아담과 하와의 만남이었습니다. 그러나 그들이 하나님의 말씀을 외면했을 때, 그들의 만남은 서로를 죽음으로 이끄는 죽음의 만남으로 끝나 버리고 말았습니다. 이처럼 구약성경의 첫 번째 책인 창세기는, 인간 간의 만남은 애당초 죽음의 만남이었음을 전해 주는 것으로 시작되고 있습니다. 그러나 신약성경의 첫 번째 책인 마태복음은 전혀 다른 만남으로 시작됩니다. 그것은 예수님과 예수님을 잉태한 마리아의 만남입니다. 예수님은 이 땅에 육신을 입고 오신 로고스, 하나님의 말씀이셨습니다. 그렇기에 예수님과 마리아의 만남은 영원한 생명의 만남이요, 영원한 사랑의 만남이요, 영원한 진리의 만남이었습니다. 마태복음 1장은 예수님의 육적 족보로 이루어져 있습니다. 그 족보에 나오는 사람치고 온전한 사람은 단 한 사람도 없었습니다. 모두 허물투성이인 인간들이었습니다. 그런데도 그들의 족보로부터 마태복음 1장이 시작하는 것은, 예수 그리스도와의 만남을 통해서는 그 어떤 인간 간의 만남도 생명과 사랑과 진리의 만남으로 승화될 수 있음을 일깨워 주기 위함입니다.

주님을 만나기 이전의 바울을 생각해 보십시오. 그때의 바울은 그리스도인이라면 남녀노소를 불문하고 색출, 연행, 투옥하기를 자신의 천직으로 삼은 폭도였습니다. 그리스도인 사냥을 위해 예루살렘에서 200킬로미터 이상 떨어진 다메섹 원정에 나선 원정대의 우두머리였을 만큼, 그는 난폭한 인간이었습니다. 그 시절의 바울에게 과연 오늘의 본문에서 확인할 수 있는 바나바와 마가와의 따뜻한 만남이 가능했겠습니까? 그 시절의 바울은 그가 만나는 그리스도인에게는 고통을, 그를 따라 그리스도인들을 박해하는 동료들에게는 자신의 혈기와 분노와 증오를 심어 주었을 뿐입니다. 한마디로 그 시절의 바울은 자신과 타인을 동시에 죽이는 죽음의 흉기였고, 그가 갖는 모든 만남은 죽음의 만남에 불과하였습니다. 만약 그 시절에 바울이 바나바와 마가를 만났더라면, 바울은 필히 그들도 해치고 말았을 것입니다. 그런 바울에게 바나바와 마가를 비롯한 모든 사람들과의 만남이 영원한 생명과 사랑과 진리의 만남으로 승화될 수 있었던 것은, 그가 주님의 은총 속에서 주님을 만난 결과였습니다.

다음은 누가복음 7장 11-16절의 증언입니다.

> 그 후에 예수께서 나인이란 성으로 가실새 제자와 많은 무리가 동행하더니 성문에 가까이 이르실 때에 사람들이 한 죽은 자를 메고 나오니 이는 한 어머니의 독자요 그의 어머니는 과부라 그 성의 많은 사람도 그와 함께 나오거늘 주께서 과부를 보시고 불쌍히 여기사 울지 말라 하시고 가까이 가서 그 관에 손을 대시니 멘 자들이 서는지라 예수께서 이르시되 청년아 내가 네게 말하노니 일어나라 하시매 죽었던 자가 일어나 앉고 말도 하거늘 예수께서 그를 어머니에게 주시니 모든 사람이 두려워하며 하나님께 영광을 돌려 이르되 큰 선지자가 우리 가운데 일어나셨다 하고 또 하나님께서 자기 백성을 돌보셨다 하더라.

나인성 과부의 젊은 외아들이 죽었습니다. 과부에게 젊은 외아들이라면 과부의 모든 것이지 않습니까? 그러나 과부의 기대를 한 몸에 받던 젊은 외아들이 과부 어머니보다 먼저 숨을 거두고 말았습니다. 죽은 외아들의 장례를 치르기 위해 흐느끼며 외아들의 관을 쫓는 과부의 비참한 심정을 어찌 이루 다 표현할 수 있겠습니까? 마침 그때 주님께서 그 과부를 불쌍하게 여기시고 외아들의 시신이 누워 있는 관에 손을 대시고 말씀하셨습니다. "청년아, 내가 네게 말하노니 일어나라." 그와 동시에 죽었던 청년이 살아났습니다. 그 현장을 목격한 사람들은 모두 하나님께 영광을 돌렸습니다. 자신들의 눈으로 죽은 청년이 살아나는 기적을 생생하게 목격했기 때문입니다. 죽은 사람이 살아난다는 것, 그것은 실은 기적이 아니었습니다. 성자 하나님이신 주님께 그보다 더한 일인들 불가능하겠습니까? 그날의 기적은, 주님께서 그 죽음의 행렬 속에서 그 불쌍한 과부 모자를 찾아가 만나 주셨다는 것입니다. 주님께서 그들을 만나 주시기 직전까지 그 과부 모자의 만남은 죽음의 만남이었습니다. 부모가 자식을 아무리 사랑해도, 자식이 부모를 아무리 공경해도, 부모 자식의 만남은 순서의 차이만 있을 뿐 결국엔 피차 공동묘지에서 끝날 죽음의 만남에 지나지 않습니다. 그러나 주님께서 그들을 기적적으로 만나 주셨을 때, 그 과부 모자 간의 만남은 더 이상 죽음의 만남이 아니었습니다. 주님 안에서 새로운 생명을 얻은 아들이 어머니를 다시 만났을 때, 과부가 잃은 외아들을 주님 안에서 다시 만났을 때, 그들의 만남은 예수 그리스도 안에서 영원한 생명과 사랑과 진리의 만남으로 승화되지 않았겠습니까? 오직 예수 그리스도와의 만남 속에서만 가능한 일이었습니다.

사랑하는 교우 여러분!

사람들은 모든 것을 과학적 결과나 수치로 증명하는 오늘날을 가리켜 '기적 부재의 시대'라고 말합니다. 그러나 오늘날에도 기적은 분명히 있습니다. 기적은 먼 곳에 있지 않습니다. 나 같은 죄인을 주님께서 먼저 찾아오셔서, 나를 만나 주셨다는 것이 기적입니다. 주님께서 나를 만나 주시는 기적을 베풀어 주시지 않았던들, 나 같은 인간은 오늘 절대로 이 자리에 있을 수 없을 것입니다. 우리 모두는 이 기적 속에 있습니다. 이 기적을 외면하지 마십시오. 이 기적적인 만남 속에 거하십시오. 주님과의 기적적인 만남 속에서만, 우리의 모든 만남은 죽음의 만남을 탈피할 수 있습니다. 주님과의 만남 속에서만, 사랑하는 가족 간의 만남이 공동묘지를 뛰어넘어 영원한 생명의 만남으로 승화될 수 있습니다. 주님과의 만남 속에서만, 이웃과의 만남 속에 참사랑이 충만할 수 있습니다. 주님과의 만남 속에서만, 세상과의 만남이 진리로 수놓아질 수 있습니다. 그 기적적인 만남을 우리에게 주시기 위해 주님께서는 이 시간에도 말씀으로 우리를 찾아오셔서, 지금 우리 가운데 계십니다.

지금까지 우리의 만남들은, 헤롯의 만남들과 다르지 않았습니다. 피차 이용하기 위한 그동안의 만남들을 통해 설령 우리의 욕망이 성취되었다 한들, 그 만남들은 아담과 하와의 만남처럼, 자신과 타인의 생명을 동시에 갉아먹는 죽음의 만남들에 불과했습니다. 그럼에도 어리석은 우리를 버리시지 않고, 오늘도 주님께서 우리를 만나 주시는 기적을 베풀어 주시기 위해 우리 가운데 임해 계심을 감사합니다. 이 기적을 외면하는 우둔한 헤롯이 되지 않게 해주십시오. 오직 주님의 말씀을 통해, 이 기적적인 만남 속에서 사람들과의 만남을 꾀하는 지혜로운 바울과 바나바 그리고 마가와 마가의 부모가 되게 해주십시오. 주님과의 기적적인 만남으로 인해, 우리의 만남들이 신약성경의 첫 장인 마태복음 1장으로 엮어지게 해주십시오. 가족 간의 만남에 주님의 영원한 생명이 넘쳐 나게 해주십시오. 이웃과의 만남에 주님의 사랑이 충만하게 해주십시오. 세상과의 만남이 주님의 진리로 수놓아지게 해주십시오. 그래서 우리의 모든 만남들이 또 하나의 기적으로 승화되게 해주십시오. 사람 간의 만남을 통해 역사하시는 예수 그리스도의 이름으로 기도드립니다. 아멘.

부록

신년 0시 예배 **오직 나의 영으로**

2009년 1월 1일

2009년 1월 1일
오직 나의 영으로 신년 0시 예배

스가랴 4장 6-9절
그가 내게 대답하여 이르되 여호와께서 스룹바벨에게 하신 말씀이 이러하니라 만군의 여호와께서 말씀하시되 이는 힘으로 되지 아니하며 능력으로 되지 아니하고 **오직 나의 영으로** 되느니라 큰 산아 네가 무엇이냐 네가 스룹바벨 앞에서 평지가 되리라 그가 머릿돌을 내놓을 때에 무리가 외치기를 은총, 은총이 그에게 있을지어다 하리라 하셨고 여호와 말씀이 또 내게 임하여 이르시되 스룹바벨의 손이 이 성전의 기초를 놓았은즉 그의 손이 또한 그 일을 마치리라 하셨나니 만군의 여호와께서 나를 너희에게 보내신 줄을 네가 알리라 하셨느니라

요즈음 젊은이들은 이성 친구와 교제하게 되면, 서로 만난 날을 기점으로 날수를 계산합니다. 그래서 만난 지 100일째 되는 날, 500일 되는 날, 혹은 1,000일 되는 날을 자축하곤 합니다. 또 교우님들 가운데에는, 자신이 태어난 날을 기점으로 날수를 계산하는 분도 있습니다. 이를테면 오늘은 자신이 태어난 지 1만 9,500번째 되는 날, 하는 식입니다. 그래서 오늘 설교를 준비

하면서 제 날수를 계산해 보았더니, 2009년 1월 1일인 오늘은 제가 이 세상에 태어난 지 2만 1,800일째 되는 날이었습니다. 그리고 참 많은 세월을 살았음을 새삼 느낄 수 있었습니다.

만약 하나님께서 천지를 창조하신 이래, 인간이 매 하루를 계속 합산하는 방법으로 날수를 계산해 왔다면 어떻게 되었겠습니까? 예를 들어 오늘이 며칠이지 하고 물었을 때, 오늘은 6조 7,000억 602만 2,723일째 되는 날이라고 대답하는 식으로 우리가 살고 있다면 세월에 대한 우리의 인식이 어떻겠습니까? 사람이 80년 산다면 2만 9,200일을 사는 것이요, 90년일 경우에는 3만 2,850일입니다. 숫자가 1천 미만일 때는 100이나 200처럼 꽉 찬 백 단위의 수가 의미를 지닐 수 있습니다. 그러나 수가 1천을 넘어서면 백 단위의 수는 더 이상 의미를 지니지 못합니다. 그때는 1천, 2천과 같이 천 단위의 수가 의미를 지니게 됩니다. 같은 근거로 숫자가 1만 단위를 넘어서면 1천 혹은 2천은 무의미해지고, 1만이나 2만처럼 만 단위의 수가 기념되게 될 것입니다. 만약 우리가 천지창조 이래의 모든 날수를 합산하여 조 단위의 숫자로 표시한다면, 그때는 최소한 천만 혹은 억 단위의 수가 되어야 겨우 의미를 지니게 될 것입니다. 그렇다면 길어야 고작 3만여 일밖에 살지 못하는 인간의 날수가, 그 천문학적 숫자 앞에서 무슨 의미를 지닐 수 있겠습니까? 그 천문학적 숫자 앞에서 1천 번째 날이, 혹은 1만 번째 날이 무슨 대단한 의미를 지닐 수 있겠습니까? 인간은 시간의 흐름에 민감하거나 민감할 필요도 없이, 그저 시간에 대해 무감각하게 하루하루를 살지 않겠습니까?

이런 의미에서 365일을 단위로 한 해를 정하고, 우리 생애에 수십 번씩 새로운 해를 맞게 하신 것은 하나님께서 인간에게 베푸신 특별한 은총입니다. 한 해가 끝나고 또 다른 해가 시작될 때마다 우리는 자기 삶을 되돌아보고 자기 자신이 가야 할 길을 내다보면서, 그릇된 삶의 방향과 궤도를 수

정하여 매번 새롭게 시작할 수 있기 때문입니다. 특히 오늘날과 같은 세계적인 경제 위기 속에서 맞는 새해는 더없이 중요합니다. 석 달 전 미국발 금융 대란으로 촉발된 세계적 경제 위기로 온 세계가 몸살을 앓고 있는 가운데, 우리의 실물경제 역시 심각한 위기 속에 빠져 있습니다. 전문가들은 위기에 빠진 우리 경제가 회복되기 위해서는 최소한 3년을 필요로 하고, 또 올해의 경제적 여건이 작년보다 더 어려울 것이라는 데에 대체적으로 의견을 같이 하고 있습니다. 말하자면 우리는 작년에 비해 훨씬 어려운 상황 속으로 우리의 발을 막 내디딘 셈입니다.

그러나 하나님을 믿는 우리는, 세상의 위기가 도리어 우리에게는 더없이 좋은 영적 기회임을 우리 삶의 경험으로 이미 알고 있습니다. 1989년 하나님을 부정하던 동구 공산국가들이 차례로 몰락하면서 역사의 무대에서 사라지고 말았습니다. 아무도 상상할 수 없었던 그 놀라운 역사의 대변혁을 목격하면서, 온 세계는 역사의 주관자이신 하나님을 경외하고 하나님의 뜻을 좇아야만 했습니다. 그러나 공산주의의 몰락을 하나님의 섭리가 아니라 자본주의의 승리로 간주한 온 세계는 그 이후부터 경제, 돈이라는 우상을 섬기기 시작했습니다. 하나님을 믿는 그리스도인들도 예외가 아니었습니다. 온 세계가 무한 경쟁의 경제 전쟁을 벌였고, 경제가 인간의 삶에서 지고의 선이 되면서 지난 20년 동안 거의 모든 분야에 걸쳐 심각한 문제와 부작용이 야기되었습니다.

정말 하나님께서 살아 계신다면, 하나님께서 진정 역사의 주관자시라면, 하나님께서 정녕 당신의 백성을 사랑하신다면, 그 모든 상황을 가만히 내버려 두실 리가 없지 않습니까? 이스라엘 백성이 욕망에 눈이 멀어 세상을 섬길 때마다 그들의 삶을 뒤흔들어 그들을 바로 세우시듯, 경제라는 우상에 눈먼 온 세상을 뒤흔들어 당신의 백성을 바로 세우시지 않겠습니까? 그렇다면 현재 온 세계가 동시에 겪고 있는 경제 위기야말로 하나님의 섭리가 아니겠습니까? 그동안 인간이 맹목적으로 섬기던 경제라는 우상을 하나님께서 친히 깨뜨리시고, 당신의 백성을 진리 위에 바르게 세워 주시기 위한 하나님의 은총 아니겠습니까? 이런 의미에서 우리가 지금 맞고 있는 새해 첫날 첫 시간은 참으로 중요합니다. 우리가 지금 하나님 앞에서 어떤 마음가짐으로 올해를 시작하느냐에 따라 우리가 이 위기 속에서 오히려 더욱 반듯하게 설 수도 있고, 반대로 완전히 무너질 수도 있기 때문입니다.

2600년 전 하나님의 선민이었던 이스라엘 백성은 하나님의 말씀을 좇지 않았습니다. 입으로는 하나님을 믿는다면서도 실제로는 세상을 섬겼습니다. 타락할 대로 타락한 제사장들 역시 종교적 지위를 이용하여 사익만을 추구하면서, 예루살렘성전에서 형식적인 제사를 주관하는 것만으로 제사장의 의무를 다하는 것처럼 착각하고 있었습니다. 인간의 삶 속에서 하나님의 말씀은 실종되었고, 욕망에 눈먼 인간의 탐욕을 부추기는 거짓 선지자들의 거짓 사설만 난무했습니다.

주전 597년 바빌로니아 제국의 느부갓네살 왕이 예루살렘을 침공하여 금은보화를 약탈하고, 지배 계층이던 수많은 유대인들을 포로로 끌고 갔습니다. 역사의 주관자이신 하나님께서 세상에 눈먼 당신의 백성을 흔들어 깨우시려는 섭리였습니다. 하지만 이스라엘 백성의 각성은 한순간에 머물렀을 뿐, 그들의 삶은 근본적으로 달라지지 않았습니다. 마침내 주전 586년 예루살렘을 다시 침공한 느부갓네살 왕에 의해 예루살렘은 멸망당하고 말았습니다. 수많은 사람들이 죽었고, 또다시 수많은 사람들이 바빌로니아로 포로로 끌려갔습니다. 그것으로 그치지 않고 느부갓네살 왕은 예루살렘성전마저 파괴했습니다. 그 또한 하나님의 섭리였음은 두말할 나위도 없습니다. 이스라엘 백성이 하나님의 말씀은 좇지도 않으면서 단지 예루살렘성전의 종교 행위에 참가하는 것만으로 마치 자신들이 하나님을 경외하는 것처럼 착각하게 하는 예루살렘성전은, 하나님 보시기에는 하나님께 나아가는 통로가 아니라 도리어 하나님과 인간의 관계를 차단하는 장애물이었기 때문입니다.

순식간에 예루살렘 멸망과 성전 파괴를 목격하고 자신들이 바빌로니아로 포로로 끌려가는 극한 상황 속에 내몰려서야, 그들은 비로소 자신들이 섬길 분은 오직 여호와 하나님 한 분뿐이심을 깨닫고 회개하였습니다. 주전 538년 페르시아 제국의 초대 왕 고레스가 바빌로니아 제국을 정복하였습니다. 하나님께서는 고레스 왕으로 하여금 바빌로니아에 끌려와 살던 유대 포로들을 예루살렘으로 되돌려 보내도록 하셨고, 이듬해인 주전 537년 4만 2,360명의 바빌로니아 포로들이 예루살렘으로 귀환하였습니다. 예루살렘이 멸망당한 지 50년째 되는 해의 일이었습니다. 당시 유대인들의 지도자는 유대 왕족이었던 스룹바벨이었습니다. 그는 페르시아 제국의 고레스 왕에 의해 귀환하는 유대인들의 총독으로 임명되었지만, 단지 명목상의 총독이었을 뿐 그 명칭에 걸맞은 군대나 권력은 전혀 없었습니다.

예루살렘으로 귀환한 스룹바벨과 바빌로니아 포로들은 제일 먼저 예루살렘성전 재건에 착수했습니다. 그러나 예루살렘 멸망 50년 만에 되돌아온 예루살렘은 더 이상 예전의 예루살렘이 아니었습니다. 50년이란 세월 동안 예루살렘을 장악하고 있던 이방 민족과 혼혈 집단, 그리고 예루살렘에 깊은 이해관계를 갖고 있던 인근 국가들은, 어느 날 갑자기 예루살렘으로 귀환한 유대인 집단을 달가워하지 않았습니다. 그들은 귀환한 유대인들에게 예루살렘의 지배권이 넘어갈 것을 우려하여 귀환한 유대인들이 예루살렘성전을 재건하려는 것을 집요하게 방해했습니다. 그 거대한 세력 앞에서 귀환한 유대인들은 군대도 권력도 갖지 못한 소수집단에 지나지 않았습니다. 그들은 겨우 성전의 기초를 닦는 것으로 공사를 중단할 수밖에 없었고, 모두 실의에 빠지고 말았습니다. 그리고 자신들의 본토이면서도 마치 객지 같은 예루살렘에서 희망도 없어 보이는 세월이 무려 16년이나 흘렀습니다. 마침내 주전 520년에 선지자 학개가 성전 재건을 다시 시작할 것을 부르짖었지만, 유대인들은 과연 성전 재건이 완공될 수 있을지 반신반의했습니다. 바로 그때 하나님의 말씀이 선지자 스가랴에게 임했습니다.

그가 내게 대답하여 이르되 여호와께서 스룹바벨에게 하신 말씀이 이러하니라 만군의 여호와께서 말씀하시되 이는 힘으로 되지 아니하며 능력으로 되지 아니하고 오직 나의 영으로 되느니라(6절).

하나님께서는 귀환한 유대인들의 지도자였던 스룹바벨에게 하신 말씀을 스가랴에게도 똑같이 일러 주셨습니다. 본문에서 우리말 '힘'으로 번역된 '하일חיל'은 '군대'를 의미하고, '능력'으로 번역된 '코아흐כח'는 '권력'을 뜻합니다. 예루살렘성전 재건이 예루살렘을 장악하고 있던 이방 세력에 의해 무산되자, 스룹바벨을 위시한 유대인들은 자신들에게 군대나 권력이 없기 때문이라고 한탄했습니다. 그러나 하나님께서는 그것이 아니라고 말씀하셨습니다. 인간의 군대나 권력이 있다고 하나님의 성전을 지을 수 있는 것도 아니요, 군대나 권력이 없다고 하나님의 성전을 건축할 수 없는 것도 아닌즉, 하나님의 성전은 오직 하나님의 영이신 성령님에 의해서만 회복되고 세워질 수 있음을 하나님께서 친히 천명하신 것이었습니다.

큰 산아 네가 무엇이냐 네가 스룹바벨 앞에서 평지가 되리라(7절 상).

'큰 산'이란 세상의 군대와 권력을 이용하여 스룹바벨이 예루살렘성전을 재건하는 것을 방해하던 세력과 집단을 일컫습니다. 하나님께서 그들에게 말씀하셨습니다. 너희들이 세상의 군대와 권력을 이용하여 아무리 하나님의 백성을 방해해도, 너희들은 군대와 권력을 갖지 못한 스룹바벨 앞에서 평지로 무너져 내릴 것이라고 말입니다. 어떻게 그것이 가능할 수 있겠습니까? 만군의 여호와이신 하나님의 영, 성령님께서 스룹바벨과 함께하시기 때문이었습니다.

> 그가 머릿돌을 내놓을 때에 무리가 외치기를 은총, 은총이 그에게 있을 지어다 하리라(7절 하).

머릿돌은 예루살렘성전 재건이 끝났을 때 완공 기념으로 세우게 될 돌이었습니다. 그리고 우리말 '은총'으로 번역된 '헨 חֵן'은 '아름다움', '즐거움'이란 뜻을 동시에 지니고 있습니다. 성전이 완공되었을 때 성전의 아름다움에 많은 사람이 즐거워하며 하나님의 은총을 찬양할 것이란 의미였습니다. 겨우 기초만 닦은 성전 터가 무려 16년 동안이나 황무지처럼 방치되어 있을 뿐인데, 어떻게 그곳에 아름다운 성전이 재건될 수 있겠습니까? 전능하신 하나님의 영이신 성령님께서 행하시기에 가능한 일이었습니다.

> 스룹바벨의 손이 이 성전의 기초를 놓았은즉 그의 손이 또한 그 일을 마치리라(9절).

당시 예루살렘을 장악하고 있던 세력과 집단들의 집요한 방해로 성전 재건 공사를 중단할 수밖에 없었던 스룹바벨과 유대인들은, 자신들에게 군대와 권력이 없어 공사를 더 이상 진행할 수 없다고 여겼습니다. 그러나 하나님께서는 스룹바벨의 손에 의해 예루살렘성전의 기초가 닦였으므로, 비록 군대와 권력을 지니지 못한 빈손일지언정 반드시 스룹바벨의 손에 의해 예루살렘성전 재건이 마무리되리라고 단언하셨습니다. 그리고 그로부터 4년이 지난 주전 516년, 불가능하게만 여겨졌던 예루살렘성전 재건 공사는 마침내 완공되었습니다. 주전 586년 예루살렘성전이 파괴된 지 정확하게 70년 만의 일이었습니다. 그것은 인간의 힘이나 능력, 다시 말해 인간의 군대나 권력으로 이루어진 일이 아니었습니다. 그것은 오직 하나님의 영이신 성령님께서 행하신 일이었습니다.

그 성전은 2516년 전에 예루살렘에 재건되었던, 돌과 나무로 지어진 인간의 건축물만을 의미하지 않습니다. 그것은 예수 그리스도 안에서 하나님의 성전으로 부름 받은 우리 자신이요, 우리를 통해 하나님 앞에 바로 서야 할 우리의 가정과 일터요, 이 땅의 교회요, 우리나라요, 온 세계입니다.

이제 다시 경제 위기에 빠져 있는 온 세계를 바라보십시다. 나라마다 군대와 권력이 없어 온 세계가 지금 경제 위기에 빠져 있습니까? 결코 그렇지 않습니다. 오히려 세계에서 가장 강력한 군사력을 지니고, 세계에서 가장 큰 권력을 행사하는 초강대국 미국이 이번 경제 위기의 진원지입니다. 이것은 우리에게 얼마나 큰 교훈을 안겨 줍니까? 돈과 벽돌로 집을 지을 수는 있지만 행복한 가정을 일굴 수는 없듯이, 군대와 권력으로 영토는 지킬 수 있으나 그 영토에 속한 개인과 가정, 일터와 교회, 사회와 나라를 바로 세울 수는 없습니다. 개인이든, 공동체든, 국가든, 오직 하나님의 영이신 성령님에 의해서만 바로 세워질 수 있습니다.

이것이 올해 우리 교회의 표어를 '오직 나의 영으로'라고 정한 이유입니다.

아무리 세계적인 경제 위기가 우리 삶의 터전을 뒤흔들어도, 우리에게 힘과 능력이 없고 군대와 권력이 없어도, 비록 우리가 아무것도 지니지 못한 빈손이라 해도, 오직 하나님의 영이신 성령님께서는 우리 자신과 우리 가정을, 우리의 일터와 교회를, 이 사회와 나라를 바르게 세우실 수 있기 때문입니다.

성령으로 아니하고는 누구든지 예수를 주시라 할 수 없느니라
(고전 12:3하).

우리가 우리 눈으로 직접 뵌 적도 없는 예수님을 우리의 주인으로 모시고 2009년 1월 1일 0시부터 이 자리에 앉아 있는 것 자체가, 하나님의 영이신 성령님께서 이미 우리에게 임해 계심의 증거입니다.

사랑하는 교우 여러분!

올 1년 동안 우리에게 임해 계시는 성령님께 민감하게 깨어 있으십시다. 오직 말씀과 기도로 성령님과 동행하십시다. 비록 우리에게 군대와 권력이 없어도, 힘도 없고 능력이 없어도, 하나님의 영이신 성령님께서 그 어떤 위기 속에서도 반드시 우리를 바르게 세워 주실 것입니다. 성령님께서 우리를 통해 우리의 가정과 일터를 바로 세워 주실 것입니다. 성령님께서 우리를 통해 이 땅의 교회와 이 나라를 바르게 세워 주실 것입니다. 그래서 2009년이 오직 성령님에 의해 매일 새날, 새해로 엮어지게 될 것입니다.

성령님께서 우리로 하여금 세계적인 경제 위기 속에서 2009년을 맞게 하신 것은, 우리에게 바로 이 은총을 주시기 위함입니다.

하나님께서는 예레미야애가 3장 33절을 통해, 인간으로 하여금 고생하게 하시며 근심하게 하심은 하나님의 본심이 아니시라고 밝혀 주셨습니다. 부모가 자식에게 무엇을 시키든 부모의 본심도 자식을 바로 세워 주려는 데 있거늘, 인간으로 하여금 고생하게 하시고 근심하게 하시는 것 자체가 어찌 하나님의 본심일 수 있겠습니까? 예루살렘이 멸망당하게 하시고, 예루살렘성전이 파괴되게 하시고, 수많은 유대인들이 바빌로니아 포로로 끌려가게 하신 하나님의 본심은, 어리석게도 세상을 섬기느라 자신의 생명을 헛되이 갉아먹는 그들에게 영원한 생명의 삶을 주시기 위함이었습니다. 예루살렘으로 귀환한 그들이 성전을 재건하려 했지만, 군대와 권력을 앞세운 사람들의 방해로 16년간이나 공사를 중단할 수밖에 없게 하신 하나님의 본심은, 하나님의 성전은 오직 하나님의 영이신 성령님에 의해서만 회복될 수 있음을 그들에게 확인시켜 주시기 위함이었습니다.

2009년이 새로이 시작되는 첫 시간부터, 하나님께서 미천한 우리에게 이처럼 하나님의 본심을 확인시켜 주셔서 감사합니다. 세계적인 경제 위기 속에서 우리로 하여금 또다시 한 해를 시작하게 하신 하나님의 본심은, 세상의 물질을 우상으로 섬기던 어리석은 우리로 하여금 영원한 생명의 삶을 살게 해주시기 위함임을 깨닫게 해주셔서 감사합니다. 그래서 우리는 올해 우리의 표어를 '오직 나의 영으로'라고 정했습니다.

이미 우리에게 임해 계시는 성령님께서 이제부터 우리의 삶을 온전히 주관해 주십시오. 그것이 가능할 수 있도록 우리가 오직 말씀과 기도로 우리 자신을 성령님께 온전히 맡기게끔 우리를 도와주십시오. 우리는 할 수 없지만, 성령님께서 우리를 하나님의 성전으로 바르게 세워 주실 줄 믿습니다. 우리에게는 힘과 능력이 없지만, 성령님께서 우리를 통해 우리의 가정과 일터와 교회를 바르게 세워 주실 줄 믿습니다. 우리에게 군대와 권력도 없지만, 성령님께서 우리를 통해 어지러운 이 나라와 세계의 경제 질서를 바르게 세워 주실 줄 믿습니다.

오직 하나님의 영으로 살아갈 우리의 올 1년이 진정한 새날, 새해로 일구어지게 해주십시오. 아멘.